Kompetenzmanagement in Organisationen

Simone Kauffeld, Institut für Psychologie, Technische Universität Braunschweig, Braunschweig, Niedersachsen, Deutschland   *Reihenherausgeber*

Inga Truschkat, Institut für Sozial- und Organisationspädagogik, Stiftung Universität Hildesheim, Hildesheim, Niedersachsen, Deutschland   *Reihenherausgeber*

Ralf Knackstedt, Institut für Betriebswirtschaft und Wirtschaftsinformatik, Stiftung Universität Hildesheim, Hildesheim, Niedersachsen, Deutschland   *Reihenherausgeber*

Bände in der Reihe „Kompetenzmanagement in Organisationen": Kauffeld, Frerichs: Kompetenzmanagement in kleinen und mittelständischen Unternehmen, ISBN 978-3-662-54829-5 Ahrens, Molzberger: Kompetenzentwicklung in analogen und digitalisierten Arbeitswelten, ISBN 978-3-662-54955-1 Janneck, Hoppe: Gestaltungskompetenzen für gesundes Arbeiten, ISBN 978-3-662-54949-0 Bornewasser: Vernetztes Kompetenzmanagement, ISBN 978-3-662-54953-7 Hasebrook, Zinn, Schletz: Lebensphasen und Kompetenzmanagement, ISBN 978-3-662-55157-8

Weitere Bände in der Reihe ▶ http://www.springer.com/series/15234

Angelika C. Bullinger-Hoffmann
(Hrsg.)

Zukunftstechnologien und Kompetenzbedarfe

Kompetenzentwicklung in der Arbeitswelt 4.0

Mit 31 Abbildungen

Hrsg.
Angelika C. Bullinger-Hoffmann
Professur Arbeitswissenschaft
und Innovationsmanagement
Technische Universität Chemnitz
Chemnitz, Deutschland

ISSN 2522-8110   ISSN 2522-8102   (electronic)
Kompetenzmanagement in Organisationen
ISBN 978-3-662-54951-3   ISBN 978-3-662-54952-0   (eBook)
https://doi.org/10.1007/978-3-662-54952-0

Die Deutsche Nationalbibliothek verzeichnet diese Publikation in der Deutschen Nationalbibliografie; detaillierte bibliografische Daten sind im Internet über http://dnb.d-nb.de abrufbar.

© Springer-Verlag GmbH Deutschland, ein Teil von Springer Nature 2019
Das Werk einschließlich aller seiner Teile ist urheberrechtlich geschützt. Jede Verwertung, die nicht ausdrücklich vom Urheberrechtsgesetz zugelassen ist, bedarf der vorherigen Zustimmung des Verlags. Das gilt insbesondere für Vervielfältigungen, Bearbeitungen, Übersetzungen, Mikroverfilmungen und die Einspeicherung und Verarbeitung in elektronischen Systemen.
Die Wiedergabe von allgemein beschreibenden Bezeichnungen, Marken, Unternehmensnamen etc. in diesem Werk bedeutet nicht, dass diese frei durch jedermann benutzt werden dürfen. Die Berechtigung zur Benutzung unterliegt, auch ohne gesonderten Hinweis hierzu, den Regeln des Markenrechts. Die Rechte des jeweiligen Zeicheninhabers sind zu beachten.
Der Verlag, die Autoren und die Herausgeber gehen davon aus, dass die Angaben und Informationen in diesem Werk zum Zeitpunkt der Veröffentlichung vollständig und korrekt sind. Weder der Verlag, noch die Autoren oder die Herausgeber übernehmen, ausdrücklich oder implizit, Gewähr für den Inhalt des Werkes, etwaige Fehler oder Äußerungen. Der Verlag bleibt im Hinblick auf geografische Zuordnungen und Gebietsbezeichnungen in veröffentlichten Karten und Institutionsadressen neutral.

Springer ist ein Imprint der eingetragenen Gesellschaft Springer-Verlag GmbH, DE und ist ein Teil von Springer Nature
Die Anschrift der Gesellschaft ist: Heidelberger Platz 3, 14197 Berlin, Germany

Vorwort der Reihenherausgeber/-innen

Der demografische Wandel führt zu einer Veränderung der Altersstruktur in Deutschland. Die erwerbsfähige Bevölkerung wird abnehmen, die Belegschaften älter und heterogener (z. B. hinsichtlich ihres Qualifizierungshintergrunds und demografischer Merkmale). Eine über die Berufsausbildung hinausgehende, kontinuierliche Weiterentwicklung und Qualifizierung von Beschäftigten wird zur zentralen Aufgabe für Unternehmen, Gesundheitseinrichtungen, öffentliche Institutionen, soziale Dienste, Handwerksbetriebe etc., um ihre Wettbewerbsfähigkeit zu erhalten. Neben dem demografischen Wandel führen technologische Veränderungen sowie die zunehmende Digitalisierung zu veränderten Aufgabenfeldern.

Die Digitalisierung wird in rasanter Geschwindigkeit bisherige Kompetenzbedarfe verändern. Für den Erfolg von Organisationen wird es entscheidend sein, zukünftige Kompetenzbedarfe frühzeitig zu identifizieren, um geeignete Eingriffe vornehmen zu können und wirksam werden zu lassen. Darüber hinaus treten Organisationen in Wettbewerb miteinander, die Potenziale der Digitalisierung auch für die Erhöhung der Effektivität und Effizienz der Diagnose- und Steuerungsaufgaben des Kompetenzmanagements selbst einzusetzen.

Gleichzeitig bieten die sich abzeichnenden Zukunftstechnologien neue Potenziale für das betriebliche Kompetenzmanagement. Digitale Managementtools und innovative Lerntechnologien ermöglichen Organisationen die Virtualisierung und arbeitsplatznahe Gestaltung von Lehr-/Lernprozessen. Deren Umsetzung in Form von Online- bzw. Blended-Learning-Ansätzen erfordert neben der Beherrschung der Technologie und dem Erkennen der Innovationspotenziale ein neues Abwägen von Chancen und Risiken im Kompetenzmanagement.

Genau diesen Herausforderungen, die mit der Digitalisierung und weiteren Zukunftstechnologien verbunden sind, ist der Band *Zukunftstechnologien und Kompetenzbedarfe* gewidmet. Die einzelnen Beiträge stellen Ergebnisse aus dem BMBF-Förderschwerpunkt „Betriebliches Kompetenzmanagement im demografischen Wandel" vor. Neben Strategien zur Identifikation neuer Kompetenzbedarfe werden sowohl die Virtualisierung der Lernumgebungen von Führungskräften als auch von ungelerntem Personal diskutiert. An konkreten Fallbeispielen werden die sich ändernden Kompetenzprofile u. a. in modernen Logistiksystemen, speziell im „Hafen der Zukunft", bei Einsatz automatisierter Fertigungstechnologie in der „Smart Factory" bzw. in cyber-physischen Systemen, in kleinen und mittelständischen Unternehmen sowie in den Branchen der optischen Technologien und der Mikrosystemtechnik untersucht. Die vorgestellten Managementansätze zur digitalen Kompetenzentwicklung adressieren dabei die wachsenden Flexibilitäts- und Individualisierungsanforderungen etwa durch Modularisierung und die Integration zu ganzheitlichen Lösungen sowie den Entwurf eines umfassenden Unternehmenscoachings. Indem der Band die Veränderungen des Kompetenzmanagements durch Zukunftstechnologen auf mehreren organisatorischen Ebenen und in unterschiedlichen Anwendungsbereichen untersucht sowie die Erkenntnisse konstruktiv für neue Diagnose- und Steuerungsverfahren verknüpft, wird ein spezifischer Beitrag in der Reihe *Kompetenzmanagement in Organisationen* geleistet. Die Einbindung in konkrete betriebliche Projekte stellt dabei sicher, dass die Handreichungen nicht nur wissenschaftlich fundiert sind, sondern auch hohe praktische Relevanz entfalten.

Simone Kauffeld
Inga Truschkat
Ralf Knackstedt
Braunschweig und Hildesheim, im Oktober 2018

Vorwort der Bandherausgeberin

Die digitale Transformation unserer Arbeitswelt hat sich von einer Zukunftsvision in politischen und medialen Diskursen zu einer realen Handlungswirklichkeit entwickelt. Unsere Gesellschaft ist heute geprägt von rasanten technologischen Entwicklungen, die immer neue Möglichkeiten eröffnen, Produktionsprozesse noch effizienter zu gestalten, Produkte klüger zu machen oder neue Geschäftsmodelle unter Einbezug digitaler Welten zu etablieren. Voraussetzung für den Erfolg dieser Innovationen ist und bleibt jedoch der Mensch, der kompetent und mutig Veränderungen seines Arbeits- und Lebensalltags gestaltet.

Ziel von Forschung muss es daher sein, die Menschen bei der Gestaltung zu unterstützen – und dies beginnt mit dem Aufbau von Wissen und Fähigkeiten zur digitalen Transformation. Es gilt also, herauszufinden, welche Kompetenzen nötig sind und sein werden. Dabei muss beständig hinterfragt werden, welche Herausforderungen und Chancen die neuen Technologien in Bezug auf wichtige Zukunftsfragen wie dem Umgang mit dem demografischen Wandel, der Gestaltung von Aus- und Weiterbildung oder der Entwicklung neuer Arbeitsstrukturen bergen. Es geht darum, zu verstehen, wie die digitalen Technologien genutzt werden können, um den neuen Kompetenzbedarfen zu entsprechen.

Im Rahmen des vom Bundesministerium für Bildung und Forschung (BMBF) geförderten Programms „Arbeiten – Lernen – Kompetenzen entwickeln. Innovationsfähigkeit in einer modernen Arbeitswelt" wurde an genau diesen Fragestellungen in fünf Verbundprojekten (4C4Learn, ABEKO, AlFaClu, ArKoH und KM^3) gearbeitet. Deren Ergebnisse, alle basierend auf einem Zusammenspiel von Wissenschaft und Wirtschaft, akademisch fundiert und praktisch erprobt, sind in diesem Buch zusammengetragen. Ich lade Sie ein, Gestaltungsperspektiven auszuloten, Ihre Erfahrungen in unseren Arbeiten zu spiegeln und die Erkenntnisse aus den fünf Projekten als Anregungen für Ihre eigene Arbeit zu nutzen!

Auch ein Buch über digitale Transformation ist ein Projekt, das viel Zeit und Mühe braucht und das ohne zahlreiche Mitwirkende nicht zu bewältigen wäre. Darum möchte ich an dieser Stelle ein herzliches Dankeschön an all diejenigen aussprechen, die am Entstehen dieses Buches mitgewirkt haben. Mein besonderer Dank richtet sich an die zahlreichen Beschäftigten der Praxispartner und die Forschenden der Projekte, die Arbeit 4.0 und Kompetenzmanagement als Chance begriffen haben und mutig in einen Diskurs getreten sind, um gemeinsam Lösungen zu finden und diese nun in Beiträgen darzulegen. Ich danke auch den Kollegen und Kolleginnen des BMBF, des Deutschen Zentrums für Luft- und Raumfahrt (DLR) als Projektträger und den Reihenherausgebern/-herausgeberinnen, die dieses Buch gewünscht, begleitet und ermöglicht haben. Auch den Mitarbeiterinnen des Springer-Verlages, namentlich Frau Danziger und Frau Krämer, sowie Frau Teichert danke ich für ihre Unterstützung. Bei aller Unterstützung von außen wäre dieses Buch ohne meine Kolleginnen Yvonne Heim und Annegret Melzer nie fertig geworden – Danke für die umsichtige und detailgenaue Arbeit vom ersten Plan bis zur letzten Korrektur!

Vor uns allen liegen spannende Zeiten in der Arbeitswelt 4.0. Lassen Sie uns digitale Technologien nutzen und die Zukunft so gestalten, dass der Mensch als Gestalter und Visionär im Zentrum unserer Arbeitswelt bleibt.

Angelika C. Bullinger-Hoffmann
Chemnitz, im September 2018

Inhaltsverzeichnis

1	**Zukünftige Technologien und bedarfsgerechtes Kompetenzmanagement – Herausforderungen und Potenziale**	1
	Yvonne Heim, Tobias Sanders und Angelika C. Bullinger-Hoffmann	
1.1	Einführung	2
1.2	Zum Aufbau des Buches	6
	Literatur..	10
2	**Zur Zukunft des Kompetenzmanagements**	11
	Annegret Melzer, Yvonne Heim, Tobias Sanders und Angelika C. Bullinger-Hoffmann	
2.1	Veränderte Arbeitswelt	12
2.2	Veränderte Weiterbildungsanforderungen in der digitalisierten Welt	14
2.2.1	Lernen und neue Lernkultur..	14
2.2.2	Arbeitsprozessintegriertes, non-formales und informelles Lernen	15
2.2.3	Kompetenzmanagement..	17
2.3	Zukunftstechnologien zur Kompetenzentwicklung	20
	Literatur..	22

I Kompetenzbedarfe analysieren und antizipieren

3	**Identifikation von Kompetenzbedarfen in Spitzentechnologien**..................	27
	Franziska Scheier, Florian Schramm, Stephan Duschek, Wiebke Kannenberg und Christian Gärtner	
3.1	Licht als wichtiger wirtschaftlicher Wachstumsfaktor	28
3.2	Begrenztes Angebot bei stetigem Bedarf......................................	30
3.3	Konzeptionelle Überlegungen: Kompetenz statt Qualifikation.....................	31
3.4	Methodisches Vorgehen	33
3.5	Ergebnisse	34
3.5.1	Anforderungen in der Optischen Technologie und Mikrosystemtechnik	34
3.5.2	Ist-Zustand der Beschäftigtenkompetenzen...................................	38
3.5.3	Bedarf an Kompetenzentwicklung	39
	Literatur..	42
4	**Identifikation von Kompetenzbedarfen für den Hafen der Zukunft**	45
	Daniela Ahrens und Sven Schulte	
4.1	Einführung: Herausforderungen für die Hafenarbeit	46
4.2	Kompetenzverständnis und Methoden zur Identifizierung von Kompetenzbedarfen	48
4.2.1	Anmerkungen zum Kompetenzbegriff	48
4.2.2	Kompetenzentwicklung...	50
4.2.3	Ansätze zur Identifizierung von Kompetenzen.................................	51
4.3	Ergebnisse zur Identifizierung von Kompetenzbedarfen in der Hafenwirtschaft	52

4.4	Innovatives betriebliches Kompetenzmanagement durch das ArKoH-Hafenspiel...	54
4.4.1	Ansatz des Serious Game..	54
4.4.2	Umsetzung für ein betriebliches Kompetenzmanagement: das ArKoH-Hafenspiel..	55
	Literatur..	58

5	**Voraussetzungen der erfolgreichen Implementierung von Kompetenzmanagement in KMU**...	61
	Nicole Sprafke, Saskia Hohagen, Mara Erlinghagen, Alexander Nolte, Philipp Wenig, Andreas Zechmann, Uta Wilkens, Heiner Minssen und Thomas Andreas Herrmann	
5.1	Besonderheiten des betrieblichen Kompetenzmanagements in KMU.............	62
5.2	Voraussetzungen für ein nachhaltiges Kompetenzmanagement in KMU.............	67
5.2.1	Ökonomische Rahmenbedingungen als Implementierungskontext...............	68
5.2.2	Soziale Rahmenbedingungen als Implementierungskontext...................	69
5.2.3	Technische Rahmenbedingungen und Implementierung des Tools..............	77
	Literatur..	79

6	**Kompetenzmanagement in der Dienstleistungs- und Maschinenbaubranche – ein Status quo**...	83
	Tobias Sanders, Yvonne Heim, Annegret Melzer und Angelika C. Bullinger-Hoffmann	
6.1	Einführung: Kompetenzmanagement in der betrieblichen Praxis..................	84
6.2	Methoden der Ausgangserhebung — Status quo und Rahmenbedingungen von Kompetenzmanagement...........................	85
6.2.1	Workshop zu Lernen und Kompetenzen – Strategie der Managementebene..	87
6.2.2	Interview zu Lernen und Kompetenzen – Umsetzung der Bereichsleitung und Führungskräfte...	88
6.2.3	Fragebogen zu Lernen und Kompetenzen – Erleben der Lernenden..............	88
6.3	Ergebnisse...	89
6.3.1	Kompetenz und Kompetenzmanagement.....................................	89
6.3.2	Bedeutung und Organisation von Lernen....................................	92
6.4	Bedeutung und Status von Kompetenzmanagement und Lernen...................	99
	Literatur..	102

7	**Identifikation zukünftiger Kompetenzbedarfe in der Logistik**.................	103
	Tobias Hegmanns, Natalia Straub, Sandra Kaczmarek, Dominik May, Monika Radtke, Tobias Haertel und Daniel Neubauer	
7.1	Logistikprozesse im Wandel: operative Logistik im Kontext der Digitalisierung von Arbeit 4.0..	104
7.2	Neue Kompetenzbedarfe in der Logistik – das ABEKO-Kompetenzmodell............	107
7.2.1	Die Rolle des Menschen in der Logistik 4.0 und Analyse zukünftiger Kompetenzbedarfe...	107
7.2.2	Kompetenzmodell für die operative Logistik in der Arbeitswelt 4.0...............	112
	Literatur..	123

II Kompetenzen technikbasiert managen – aktuelle Anwendungsfälle

8 Kompetenzmanagement im Spannungsfeld von Kooperation und Wettbewerb 129
Stephan Duschek, Christian Gärtner, Wiebke Kannenberg, Florian Schramm und Franziska Scheier
8.1 Cluster Optik in der Region Berlin-Brandenburg 130
8.2 Kompetenzmanagement in einem regionalen Markt knapper Fachkräfte – oder: eine Tragödie kollektiver Ressourcen. 131
8.3 Kompetenzmanagement durch Wissenstransformation. 133
8.4 Koordinations- und Anreizmechanismen gestalten den Wissenstransfer 134
8.5 Transfer von Wissen auf Individual-, Organisations-, Netzwerk- und Clusterebene 135
8.6 Kompetenzmanagementmaßnahmen im Projekt AlFaClu 137
Literatur. 141

9 Serious Gaming als Instrument zur Kompetenzentwicklung für Hafenfachkräfte 145
Heiko Duin, Christian Gorldt und Klaus-Dieter Thoben
9.1 Einführung 146
9.2 Szenarioanalyse 147
9.2.1 Vorgehensweise zur Szenarioanalyse 147
9.2.2 Ergebnisse der Szenarioanalyse. 149
9.3 Das ArKoH-Hafenspiel. 156
9.3.1 Konzeption. 156
9.3.2 Realisierung 156
9.4 Erprobung und Evaluation 158
9.4.1 Ansätze der Erprobung und Evaluation 158
9.4.2 Erste Ergebnisse der Erprobung und Evaluation 159
Literatur. 161

10 Nachhaltige Implementierung betrieblicher Kompetenzmodelle in KMU durch Unternehmenscoaching und Softwareintegration 163
Nicole Sprafke, Saskia Hohagen, Alexander Nolte, Philipp Wenig, Andreas Zechmann, Mara Erlinghagen, Uta Wilkens, Thomas Andreas Herrmann und Heiner Minssen
10.1 Vorgehensweise zur nachhaltigen Implementierung. 164
10.1.1 Prozessbasierte Entwicklung von unternehmensspezifischen Kompetenzmodellen. 165
10.1.2 Verzahnung von Kompetenzmanagement und Unternehmensstrategie 167
10.1.3 Instrumente zur Implementierung 172
10.2 Unternehmenscoaching als technologiegestützter Implementierungsansatz von Kompetenzmodellen in der betrieblichen Praxis. 172
10.2.1 Kompetenzorientiertes 4C4Learn-Unternehmenscoaching. 173
10.2.2 Lessons Learned 175
Literatur. 176

11	**Modulares Kompetenzmanagement – prozessuale und softwaregestützte Einführung und Umsetzung strategischen Kompetenzmanagements**	179
	Annegret Melzer, Tobias Sanders, Yvonne Heim und Angelika C. Bullinger-Hoffmann	
11.1	Digitalisierung im Kompetenzmanagement	180
11.2	Analog: Beschreibung der Einführung eines modularen Prozesses zum Kompetenzmanagement	182
11.2.1	Kompetenz-Map – Vorarbeit zum modularen Kompetenzmanagement und Beispiel einer Prinziplösung	183
11.2.2	Modulkonzept – Kompetenzmanagement passend zu jedem Unternehmen	186
11.3	Digital: Fallbeispiel technologiegestützte Umsetzung in der Praxis	189
11.3.1	Digitales Kompetenzmanagement	190
11.3.2	Erhebung der Gebrauchstauglichkeit und Prozessgestaltung	193
11.4	Modulares, digitales Kompetenzmanagement für KMU	194
	Literatur	197
12	**Kompetenzmanagement in der Logistik der Zukunft – ein Umsetzungsbeispiel von der Modellierung und Diagnostik zur unternehmensspezifischen und individuellen Kompetenzentwicklung**	199
	Tobias Hegmanns, Natalia Straub, Sandra Kaczmarek, Birte Rudolph, Dirk Sobiech, Sören Müller, Johanna Dehler, Tobias Haertel, Dominik May, Monika Radtke, Daniel Neubauer, Adrian Möllmann und Boris Zaremba	
12.1	Einführung	201
12.2	Betriebliches demografiesensibles Kompetenzmanagement in der operativen Logistik 4.0	202
12.2.1	Aufgaben des betrieblichen Kompetenzmanagements und Herausforderungen im Kontext der Industrie 4.0	202
12.2.2	ABEKO-Kompetenzmanagement-Assistenzsystem	204
12.2.3	Betriebsspezifische Einführung und Nutzung des ABEKO-Kompetenzmanagement-Assistenzsystem	215
12.3	ABEKO-Kompetenzmanagement-Assistenzsystem in der Praxis	217
12.3.1	Anwendungsfall – die MAHLE Aftermarket GmbH	217
12.3.2	Betriebsspezifische Einführung und Nutzung des ABEKO-Kompetenzmanagement-Assistenzsystems	219
	Literatur	230

III Kompetenzmanagement und Zukunftstechnologien – der Blick nach vorn

13 Von Kompetenzbedarfen zu Kompetenzmanagement unter Unsicherheit 235
Yvonne Heim, Tobias Sanders und Angelika C. Bullinger-Hoffmann
13.1 Kompetenzmanagement und Zukunftstechnologien – Quo vadis? 236
13.2 Schaufenster Fokusgruppe 238
13.2.1 Konkrete Ergebnisse der Verbundprojekte – Fallbeispiele für
Kompetenzmanagement mit Zukunftstechnologien 239
13.2.2 Dimensionen zukünftigen Kompetenzmanagements 240
Literatur. 244

Die Autorinnen und Autoren

Dr. Daniela Ahrens
ist wissenschaftliche Mitarbeiterin an der Universität Bremen, Institut Technik und Bildung. Ihre Arbeitsschwerpunkte liegen in den Bereichen Kompetenzentwicklung, soziale Ungleichheiten, Wandel des Erwerbssystems und mediengestützte Lernprozesse.

Birte Rudolph
M.A., B. Eng. Mediendidaktikerin der Materna TMT GmbH. Als Mediendidaktikerin entwickelt sie neue E-Learning- und Bleded-Learning-Konzepte für die betriebliche Weiterbildung. Im Rahmen des Projektes ABEKO war sie in die Konzeption der technischen Umsetzung involviert.

Prof. Dr. Angelika C. Bullinger-Hoffmann (Hrsg.)
leitet seit April 2012 die Professur Arbeitswissenschaft und Innovationsmanagement der Technischen Universität Chemnitz. Sie studierte an der Universität St. Gallen – Hochschule für Wirtschafts-, Rechts- und Sozialwissenschaften sowie Internationale Beziehungen (HSG) und der École des hautes études commerciales (HEC) Paris. Im Anschluss war sie drei Jahre Forschungsassistentin an der Technischen Universität München, wo sie zu „Innovation and Ontologies" summa cum laude promovierte. Ihre Habilitation zum Thema „IT-based Interactive Innovation" erarbeitete Prof. Dr. Bullinger-Hoffmann an der Universität Erlangen-Nürnberg und der University of Pennsylvania. Arbeitsschwerpunkte sind das Innovation Engineering, die Mensch-Technik-Interaktion und das strategische Technologiemanagement.

Die Autorinnen und Autoren

Johanna Dehler
war Diplom-Psychologin und Referentin Learning, Training and Development der Materna TMT GmbH. Ihre Arbeitsschwerpunkte lagen in der Konzeption und Durchführung moderner Schulungs- und Weiterbildungsangebote im betrieblichen Umfeld. Mit methodisch-didaktischem Knowhow konzipierte sie moderne Qualifizierungsprogramme von Präsenzveranstaltungen über Blended-Learning-Programme bis hin zu reinen E-Learning-Angeboten. Sie ist jetzt im Fachbereich 5 Führungsmanagement und Personalentwicklung an der Polizeiakademie Hessen tätig.

Heiko Duin
ist wissenschaftlicher Mitarbeiter in der Abteilung Collaborative Business in Unternehmensnetzwerken des Bereichs Informations- und kommunikationstechnische Anwendungen in der Produktion am BIBA – Bremer Institut für Produktion und Logistik GmbH an der Universität Bremen.

Prof. Dr. Stephan Duschek
ist Professor für Betriebswirtschaftslehre, insbesondere Organisationstheorie an der Helmut-Schmidt-Universität – Universität der Bundeswehr Hamburg. Seine Arbeitsschwerpunkte umfassen Organisations- und Managementtheorien sowie das Management von Netzwerken und Clustern.

Mara Erlinghagen
ist Sozialwissenschaftlerin (Dipl. Soz-Wiss.) und wissenschaftliche Mitarbeiterin am Lehrstuhl für Arbeitsorganisation und Arbeitsgestaltung des Instituts für Arbeitswissenschaft an der Ruhr-Universität Bochum. Ihre Forschungsinteressen liegen im Bereich der menschengerechten und partizipativen Gestaltung von Veränderungsprozessen in Organisationen.

Prof. Dr. Christian Gärtner
ist Professor für Betriebswirtschaftslehre mit dem Schwerpunkt Digitale Transformation & Leadership an der Quadriga Hochschule Berlin. Seine Arbeitsschwerpunkte sind die Themen strategische Organisationsentwicklung und Change Management.

Christian Gorldt
leitet die Abteilung Collaborative Business in Unternehmensnetzwerken des Bereichs Informations- und kommunikationstechnische Anwendungen in der Produktion am BIBA – Bremer Institut für Produktion und Logistik GmbH an der Universität Bremen.

Dr.-Phil. Tobias Haertel
hat Sozialwissenschaften in Duisburg studiert und sich seitdem mit den Schwerpunkten Technikgestaltung, Innovationsmanagement und Kreativitätsforschung befasst. Seit 2009 arbeitet er am Zentrum für HochschulBildung (zhb) der Technischen Universität Dortmund und verknüpft seine Tätigkeitsfelder mit der Erforschung und Gestaltung von Lehr- und Lernszenarien in der Hochschule und beruflichen Weiterbildung.

Dr.-Ing. Tobias Hegmanns
war als stellvertretender Leiter des Lehrstuhls für Unternehmenslogistik der Technischen Universität Dortmund und akademischer Direktor Institutsbereich Unternehmenslogistik am Fraunhofer Institut tätig. Aktuell ist er Habilitand am Lehrstuhl für Unternehmenslogistik der Technischen Universität Dortmund.

Die Autorinnen und Autoren

Yvonne Heim
M.A., studierte Pädagogik, Psychologie und Soziologie an der Technischen Universität Chemnitz. Seit 2014 leitet sie das Cluster Competence Engineering an der Professur Arbeitswissenschaft und Innovationsmanagement der Technischen Universität Chemnitz. Ihre Arbeitsschwerpunkte liegen in strategischem Kompetenzmanagement, innovativen Lehr- und Lernsystemen und im Innovationsmanagement.

Prof. Dr.-Ing. Thomas Andreas Herrmann
ist geschäftsführender Leiter des Instituts für Arbeitswissenschaft der Ruhr-Universität Bochum, Mitglied bei Paluno – The Ruhr Institute for Software Technology. Seine Tätigkeitsschwerpunkte liegen in der interdisziplinären Forschung und Lehre in den Bereichen soziotechnisches Design und Digitalisierung der Arbeitswelt, Groupwareunterstützung für Wissensmanagement, Prozessmanagement, Kreativitätsförderung und kollaboratives Lernen.

Saskia Hohagen
ist Wirtschaftspsychologin (M.Sc.) und wissenschaftliche Mitarbeiterin am Lehrstuhl Arbeit, Personal und Führung des Instituts für Arbeitswissenschaft an der Ruhr-Universität Bochum. Ihre Forschungsinteressen erstrecken sich über Kompetenzmanagement und Organizational Citizenship Behavior.

Sandra Kaczmarek
Dipl.-Päd. Sie studierte Erziehungswissenschaft mit dem Schwerpunkt der Berufspädagogik an der Technischen Universität Dortmund. Seit 2014 arbeitet sie als wissenschaftliche Mitarbeiterin am Lehrstuhl für Unternehmenslogistik der Technischen Universität Dortmund.

Wiebke Kannenberg
Volkswirtin und Soziologin (M.A.), ist wissenschaftliche Mitarbeiterin am Lehrstuhl für Organisationstheorie der Universität der Bundeswehr Hamburg mit dem Arbeitsschwerpunkt Personal- und Organisationsentwicklung und ehemals Competence and Knowledge Management Consultant bei Airbus SAS.

Dr.-Ing. Dominik May
war von 2010 bis 2017 als wissenschaftlicher Mitarbeiter am Zentrum für HochschulBildung (zhb) der Technischen Universität Dortmund tätig. Seine Forschungsschwerpunkte lagen in der Gestaltung universitärer Lehre in virtuellen Lernwelten sowie in der Kompetenzentwicklung und Kompetenzerfassung. Ein besonderer Fokus lag dabei auf der Forschung und Lehre bezüglich interkultureller Kompetenzentwicklung in transnationalen Lehr-/Lernszenarien und der Einbindung teleoperativer Labore. Seit 2018 ist er Assistant Professor an der University of Georgia/USA.

Annegret Melzer
M.Sc. M.A., studierte an der Technischen Universität Chemnitz im Bachelorstudiengang Pädagogik sowie International Vocational Education im Masterprogramm an der Otto-von-Guericke Universität in Magdeburg und der Anglia Ruskin University in Cambridge und Chelmsford (UK). Seit November 2014 arbeitet sie an der Professur Arbeitswissenschaft und Innovationsmanagement der Technischen Universität Chemnitz im Cluster Competence Engineering. Ihre Arbeitsschwerpunkte liegen im strategischen Kompetenzmanagement, Lernen im Web 2.0 und Innovation Engineering.

Prof. Dr. Heiner Minssen
ist Inhaber des Lehrstuhls Arbeitsorganisation und Arbeitsgestaltung des Instituts für Arbeitswissenschaft an der Ruhr-Universität Bochum. Seine Forschungsinteressen umfassen sie Arbeitssoziologie, Organisationssoziologie und Managementsoziologie.

Die Autorinnen und Autoren

Adrian Möllmann
Wirtschaftsingenieur (M.Eng.) und Berater bei der MAHLE Aftermarket GmbH. Er studierte Logistik und Supply Chain Management an der Autonomen Universität Barcelona (UAB). Seine Arbeits- und Interessenschwerpunkte liegen in der Entwicklung und Umsetzung von zukunftsweisenden Intralogistikprojekten sowie der Kompetenzentwicklung und Schulung von Logistikmitarbeitern im direkten und indirekten Bereich.

Sören Müller
Softwareentwickler der Materna TMT GmbH. Er ist für die stetige Weiterentwicklung bestehender Softwareprodukte und für die technische Umsetzung von ABEKO zuständig.

Daniel Neubauer
MA Erziehungswissenschaft. Seine Arbeitsschwerpunkte liegen im Bereich der Erwachsenen- und Weiterbildung (insbesondere E-Learning, betriebliche Kompetenzentwicklung).

Dr. Alexander Nolte
Post-doc am Lehrstuhl Informations- und Technikmanagement an der Ruhr-Universität Bochum und Visiting Research Fellow an der University of Pittsburgh. Sein Forschungsinteresse erstreckt sich über Mensch-Computer-Interaktion und computergestützte Zusammenarbeit mit besonderem Fokus auf der Beteiligung von Fachexperten/-expertinnen an der Analyse und Neu- oder Umgestaltung von Prozessen durch Modellierung.

Monika Radtke
studierte Diplom-Physik an der Heinrich Heine Universität in Düsseldorf und ist wissenschaftliche Mitarbeiterin im Zentrum für Hochschulbildung an der Technischen Universität Dortmund. Ihre Arbeitsschwerpunkte liegen im Bereich der Ingenieurdidaktik mit einem besonderen Fokus auf das Forschende Lernen und wissenschaftliche Arbeiten im Rahmen der universitären und beruflichen Aus- und Weiterbildung.

Tobias Sanders
M.A., ist Soziologe und war von 2014 bis 2018 an der Professur Arbeitswissenschaft und Innovationsmanagement an der Technischen Universität Chemnitz im Cluster Competence Engineering tätig. Seine Interessen liegen in Forschung und Gestaltung von industriellen und Arbeitsbeziehungen im Kontext der Digitalisierung.

Dr. Franziska Scheier
arbeitet als wissenschaftliche Mitarbeiterin am IMU-Institut Berlin GmbH. Zuvor war sie an der Professur für Personalwirtschaft an der Universität Hamburg tätig. Ihre Forschungsschwerpunkte umfassen die betriebliche Arbeitszeit- und Weiterbildungspraxis, die Qualität von Beschäftigungsverhältnissen sowie die industriellen Beziehungen und betrieblichen Interessenvertretungen.

Prof. Dr. Florian Schramm
ist Professor für Betriebswirtschaftslehre, insbesondere Personalwirtschaft an der Universität Hamburg. Seine Arbeitsschwerpunkte liegen in der Karriereforschung, in der personalwirtschaftlichen Analyse des Arbeitsrechts und der Qualität des Arbeitslebens.

Dr. Sven Schulte
war als wissenschaftlicher Mitarbeiter am Institut Technik und Bildung (ITB) an der Universität Bremen tätig. Seine Schwerpunkte waren das arbeitsprozessorientierte Lernen, mediengestützte Lernprozesse in der beruflichen Bildung sowie die Evaluation von Bildungsmaßnahmen. Jetzt arbeitet er im Institut für Allgemeine Erziehungswissenschaft und Berufspädagogik an der Technischen Universität Dortmund.

Dirk Sobiech
Dipl.-Informatiker (FH) und Softwareentwickler der Materna TMT GmbH. Kernthemen seiner Arbeit sind die Konzeptionierung und das Design von datenbankgestützten Anwendungen im Umfeld der betrieblichen Weiterbildung. Sein besonderes Interesse gilt der Entwicklung von Algorithmen zur Abbildung theoretischer Modelle der Kompetenzentwicklung und Analyse.

Dr. Nicole Sprafke
Die Wirtschaftspsychologin und promovierte Betriebswirtin ist am Lehrstuhl Arbeit, Personal und Führung der Ruhr-Universität Bochum tätig. Mit ihrer Forschung im Bereich des strategischen Kompetenzmanagements widmet sie sich Fragen der betrieblichen Wandlungsfähigkeit. Ihr spezifisches Interesse gilt der Aktivierung des individuellen Wandlungspotenzials der Mitarbeiter/-innen über strukturelle, interaktionale und personale Bedingungsfaktoren.

Natalia Straub
Dipl.-Logist. Sie ist als Oberingenieurin am Lehrstuhl für Unternehmenslogistik der Technischen Universität Dortmund tätig. Ihre Forschungsschwerpunkte liegen in der Prozessanalyse und -gestaltung und in dem Kompetenzmanagement in der Logistik im Kontext der Digitalisierung.

Prof. Dr.-Ing. Klaus-Dieter Thoben
leitet als geschäftsführender Direktor das BIBA – Bremer Institut für Produktion und Logistik GmbH an der Universität Bremen und ist zugleich Dekan des Fachbereichs FB04 Produktionstechnik der Universität Bremen.

Dr. Philipp Wenig
war wissenschaftlicher Mitarbeiter am CEPRA – Center for Performance Research & Analytics an der Universität Augsburg sowie Doktorand am Lehrstuhl für Controlling/Performance Management an der Universität St. Gallen. Im Rahmen seiner Forschung befasste er sich mit der Ausgestaltung und Implementierung von Performance-Management-Systemen sowie dem Performance Measurement.

Prof. Dr. Uta Wilkens
ist Inhaberin des Lehrstuhls Arbeit, Personal und Führung am Institut für Arbeitswissenschaft der Ruhr-Universität Bochum. Ihr besonderes Forschungsinteresse gilt dem Zusammenspiel individueller und organisationaler Kompetenzen und der Entwicklung innovativer Lehr-Lern-Settings zur Vorbereitung auf zukünftige Arbeitswelten.

Dr. Boris Zaremba
Dipl.-Wirtschaftsingenieur und Berater bei der MAHLE Aftermarket GmbH. Er promovierte an der Eidgenössischen Technischen Hochschule (ETH) Zürich im Bereich Logistik. Seine Arbeits- und Interessenschwerpunkte liegen in der Entwicklung und Optimierung von Logistik- und Produktionssystemen sowie in der Integration neuer Technologien in die Unternehmenswelt.

Dr. Andreas Zechmann
war wissenschaftlicher Mitarbeiter am CEPRA – Center for Performance Research & Analytics an der Universität Augsburg sowie Doktorand am Lehrstuhl für Controlling/Performance Management an der Universität St. Gallen. Forschungsschwerpunkt war die Steuerung und Bewertung immaterieller Werte sowie des Intellectual Capital.

Förderhinweis

Diese Forschungs- und Entwicklungsprojekte wurden mit Mitteln des Bundesministeriums für Bildung und Forschung (BMBF) im Programm „Arbeiten – Lernen – Kompetenzen entwickeln. Innovationsfähigkeit in einer modernen Arbeitswelt" gefördert. Die Verantwortung für den Inhalt dieser Veröffentlichung liegt bei den Autoren.

GEFÖRDERT VOM

Zukünftige Technologien und bedarfsgerechtes Kompetenzmanagement – Herausforderungen und Potenziale

Yvonne Heim, Tobias Sanders und Angelika C. Bullinger-Hoffmann

1.1 Einführung – 2

1.2 Zum Aufbau des Buches – 6

Literatur – 10

© Springer-Verlag GmbH Deutschland, ein Teil von Springer Nature 2019
A. C. Bullinger-Hoffmann (Hrsg.), *Zukunftstechnologien und Kompetenzbedarfe*,
Kompetenzmanagement in Organisationen, https://doi.org/10.1007/978-3-662-54952-0_1

Zusammenfassung

Die fortschreitende Digitalisierung, der demografische Wandel und der damit einhergehende Mangel an Fachkräften, die benötigt werden, um flexibel und erfolgreich auf die sich stetig veränderten Anforderungen in allen Bereichen unseres Lebens zu reagieren, stehen im Fokus des aktuellen Diskurses in Politik und Wirtschaft. Das Zusammenspiel der Faktoren Mensch, Technik und Organisation wird einmal mehr zum Stellhebel unternehmerischen Erfolges und gesellschaftlicher Teilhabe. Auf der Suche nach Bewältigungsstrategien wird betriebliches Kompetenzmanagement zum Instrument für den erfolgreichen Umgang mit Veränderung. Dieses einführende Kapitel legt dar, welche Bedeutung Kompetenzmanagement im Kontext der Digitalisierung und der gesellschaftlichen Entwicklung für Deutschland hat und welche relevanten Forschungsthemen sich heraus ergeben.

1.1 Einführung

Die derzeitige Arbeitswelt in Deutschland ist stark geprägt von Herausforderungen, die im Kontext der Digitalisierung auftreten. Dazu gehört vor allem die interne und externe digitale Vernetzung von Unternehmen und deren Untereinheiten über neue Wege der Kommunikation und des Datentransfer (z. B. Social Media, Cloud-Computing) sowie die Entstehung großer Datenmengen (Big Data). In dieser Situation entstehen für die Beschäftigten regelmäßig neue Aufgaben- und Kooperationssituationen (Foth 2017). Um die Beschäftigen entlang des Digitalisierungsprozesses bei ihrer Kompetenzentwicklung zu unterstützen, müssen die Unternehmen strategisch auf ein flexibles Kompetenzmanagement setzen. Mit der Chance proaktiver (Zukunfts-)Gestaltung ist es Teil dieser Bemühungen, bereits heute Antworten auf zukünftige Fragestellungen zu formulieren (Melzer und Bullinger 2017).

In der betrieblichen Realität ist der Prozess des Kompetenzmanagements allerdings an zahlreiche Anforderungen geknüpft, die nicht selten zu Herausforderungen werden. Je nach Ausgangssituation wird eine neue Komplettlösung in Form eines Softwaretool eingeführt oder bestimmte Bereiche mit vorhandener Geschäftssoftware verknüpft. In diesem Fall ist die Einführung eines Kompetenzmanagementsystems ein komplexer organisationsverändernder Prozess (Melzer und Bullinger 2017). Kompetenzmanagement **bedarfsgerecht** zu gestalten, kann bedeuten, entweder spezifische für die Branche zugeschnittene Gesamt- und Teilprozesse zur Verfügung zu stellen oder adaptierbare, skalierbare Systeme zum Kompetenzmanagement zu erstellen, deren grundlegende Methodik unabhängig von den jeweiligen Unternehmen anwendbar ist. Beide Vorgehensmodelle werden in diesem Band beschrieben. Er bietet somit eine Orientierungshilfe auf dem Weg zur Etablierung eines nachhaltigen Kompetenzmanagements in der betrieblichen Praxis und liefert auf der Basis wissenschaftlicher Erkenntnisse Antworten auf die Frage, wie Kompetenzbedarfe identifiziert und ein nachhaltiges Kompetenzmanagement unter Berücksichtigung einer sich wandelnden Arbeitswelt etabliert werden kann. Dabei kommt Zukunftstechnologien, Netzwerkstrukturen und demografischen Herausforderungen eine besondere Rolle zu. Es soll aufgezeigt werden, wie innovative Bewältigungsstrategien entwickelt und technologiegestützt umgesetzt werden können, die praxisnah den Umgang mit steigenden Kompetenzbedarfen unterstützen.

Der zunehmende Einfluss technologischer Neuerungen und die Komplexitätssteigerung/Diversifikation der menschlichen Arbeit stellen zentrale Herausforderungen in Wissenschaft und Praxis dar. Gleichwohl liegt in der Digitalisierung die Chance, Lernen und Kompetenzentwicklung am Arbeitsplatz und dessen Umfeld vollkommen neu zu begreifen. In der Fokusgruppe „Zukunftstechnologien und Kompetenzbedarfe im demografischen Wandel" sind im Förderschwerpunkt „Betriebliches Kompetenzmanagement im demografischen Wandel" verschiedene Forschungs- und Entwicklungsprojekte organisiert, in denen sich jeweils Verbundpartner und -partnerinnen aus Wissenschaft und Praxis engagieren. Deren Ziel ist es, spezifische Lösungen und Technologien zu entwickeln, die es Unternehmen ermöglichen, den veränderten betrieblichen und demografischen Einflüssen erfolgreich zu beggenen. Vor dem Hintergrund des demografischen Wandels werden in Zukunft Anpassungen von Arbeitsplätzen sowie die veränderte Organisation gesamter Arbeitssysteme notwendig, um die Produktivität und die Beschäftigungsfähigkeit des Personals zu erhalten. Hierfür werden Instrumente benötigt, die die konkreten Anpassungsbedarfe aufzeigen und Unternehmen dabei unterstützen, neue Organisationsstrategien zu entwickeln.

Die Inhalte dieses Buches speisen sich aus den Erfahrungen und empirischen Ergebnissen dieser Forschungs- und Entwicklungsprojekte, die im Folgenden kurz vorgestellt werden sollen. Die methodischen Ansätze und Zielsetzungen der Projekte adressieren dabei verschiedene Branchen und Leistungsebenen der betrieblichen Praxis.

- **4C4Learn: Kompetenzorientiertes Unternehmenscoaching für ein nachhaltiges Kompetenzmanagement in KMU**

Der Wandel von Märkten und Technologien, der sich zunehmend dynamisch darstellt, macht es für Unternehmen schwierig, ihre Wettbewerbsstärke unter einer Vielfalt der daraus resultierenden Anforderungen zu behaupten.

Ziel des Projektes ist es, eine Implementierungsmethode zu entwickeln, die am Reifegrad der Kompetenzentwicklung von kleinen und mittleren Unternehmen (KMU) ansetzt. Der Stand von Kompetenzmanagement wird zunächst in verschiedenen Unternehmen erfasst. Aus dessen Abstufung ergibt sich der Reifegrad. Darauf aufbauend wird eine Unternehmenscoachingmethode entwickelt (4C: **C**ustomized **C**orporate **C**ompetence **C**oaching), die auf die Entwicklung und Implementierung übertragbarer Kompetenzmodelle unter besonderer Berücksichtigung demografiebedingter Herausforderungen abzielt. Die Methodik 4 C4Learn wird inklusive aller Instrumente als hybride Produkt-Service-Leistung auf einer Online-Plattform angeboten, die für KMU ein Instrumentarium bereitstellt, um den eigenen Reifegrad für ein demografiefestes Kompetenzmanagement zu ermitteln, und es erlaubt, durch die Einbindung in vorhandene Strukturen sowie einer Verzahnung mit dem Unternehmenscontrolling selbst gesteuert Kompetenzmodelle zu erstellen und in eine nachhaltige Nutzung zu überführen.

- **ABEKO: Assistenzsystem zum demografiesensiblen betriebsspezifischen Kompetenzmanagement für Produktions- und Logistiksysteme der Zukunft**

Produktions- und Logistiksysteme der Zukunft werden hoch interaktive soziotechnische Systeme sein. Intelligente Objekte wie Behälter, Packstücke oder Container sowie intelligente Arbeits- und Betriebsmittel werden durch Internettechnologien vernetzt, können interagieren und revolutionieren die Produktionssteuerung. Der

Aufgabenfokus der Beschäftigten verschiebt sich von ausführenden Tätigkeiten hin zur Steuerung und Überwachung, Störungs- und Fehlerbehebung. Hohe Wissensintensivierung, Komplexität sowie ständiger Wandel prägen diese neuen Aufgaben. Für Unternehmen der Produktions- und Logistikbranche erzeugen diese Entwicklungen hohen Handlungsbedarf in der Kompetenzentwicklung der Beschäftigten.

Ziel des Projektes ist die methodische sowie informationstechnische Konzeption und Entwicklung eines **A**ssistenzsystems zum demografiesensiblen **be**triebsspezifischen **Ko**mpetenzmanagement (ABEKO) für Produktions- und Logistiksysteme der Zukunft. Dazu werden werkzeuggestützte Methoden entwickelt, mit denen betriebliche Prozesse aufgenommen (Prozessmodellierung), ihre Kompetenzanforderungen modelliert (katalogbasiertes Prozess-Kompetenzstrukturmodell für Fach-, Sach-, Methoden- und Sozialkompetenzen) und in die Zukunft projiziert werden können. Aktuelle und zukünftige Kompetenzanforderungen werden erkennbar. Über einen Abgleich mit den Kompetenzen der Belegschaft wird die Identifizierung möglicher Kompetenzlücken unterstützt (Kompetenz-Gap-Analyse). Abgestimmt auf diese werkzeugtechnische Entwicklung werden in diesem Projekt geeignete, demografiesensible Qualifizierungs- und Lernkonzepte als Grundlage für die Gestaltung von betriebsspezifischen Programmen zur individuellen Kompetenzentwicklung der Beschäftigten erarbeitet. Werkzeuge sowie die Lerninhalte werden technisch in eine gemeinsame IT-Plattform zur Verwaltung, Abwicklung und Steuerung betrieblicher Qualifikations- und Lernprogramme integriert.

- **AlFaClu: Altersgerechte und -übergreifende Fachkräfteentwicklung in Hochtechnologie-Clustern am Beispiel optischer Technologien und Mikrosystemtechnik in Berlin und Brandenburg**

Im Cluster Optik in der Region Berlin-Brandenburg bündeln ca. 400 Partnerunternehmen Technologien aus verschiedenen Disziplinen der Laser-, Licht-, Kommunikations- und Messtechnik. Diese Unternehmen sehen sich zunehmend mit einer alternden Belegschaft und mit einem Mangel an Nachwuchs konfrontiert, der es ihnen sehr erschwert für das Feld der Hochtechnologie dringend notwendige Fachkräfte zu rekrutieren und das Kompetenzniveau auf einem angemessenen hohen Stand zu halten. Dieser Engpass – gepaart mit der Notwendigkeit zunehmender Vernetzung der KMU, um die Innovations- und Arbeitsprozesse im Hochtechnologiecluster im internationalen Wettbewerb konkurrenzfähig gestalten zu können –, verlangt inhaltlich (bezüglich der geforderten Kompetenzen) und strukturell (bezüglich der Ausgestaltung eines Kompetenzmanagements) nach neuen Konzepten. Im Cluster Optik sind die Unternehmen vor widersprüchliche Situationen gestellt, indem z. B. konkurrierende Firmen angesichts hoher Weiterbildungskosten kooperieren und gleichzeitig als Konkurrenten um das (weiter-)gebildete Personal werben. In Anbetracht der steigenden Cluster- und Netzwerkarbeit besteht hier dringender Bedarf, die clusterspezifischen Konkurrenz- und Kooperationsbeziehungen auf dem Arbeits- und Weiterbildungsmarkt zu beachten und deren Implikationen auf ein demografiesensibles Kompetenzmanagement in Clustern zu untersuchen.

Ziel des Projektes ist es, ein integratives Kompetenzmanagementkonzept zur altersgerechten und -übergreifenden Fachkräfteentwicklung im Cluster Optik zu entwickeln, zu erproben, zu optimieren und einer breiten Fachöffentlichkeit und anderen Clustern zur Verfügung zu stellen. Das Projekt greift dabei zusammen mit 11 Umsetzungspartnern das Spannungsfeld von Kooperation und Konkurrenz auf und entwickelt Anreiz- und Koordinationsmechanismen auf Clusterebene sowie Maßnahmen zur Umsetzung auf Unternehmensebene (z. B. spezifische Lernmethoden oder spezielle Themen beim Wissenstransfer zwischen Alt und Jung).

- **ArKoH: Arbeitsprozessorientierte Kompetenzentwicklung für den Hafen der Zukunft**

Hafenunternehmen stehen wie andere Logistikunternehmen in nationaler und internationaler Konkurrenz, die nicht nur eine wirtschaftliche Betriebsweise oktroyiert, sondern ebenfalls zu einem Wettbewerb immer effizienterer Prozesse und Technologien führt. In der Folge entstehen neben traditionellen Facharbeitendentätigkeiten zunehmend Betätigungsfelder, die nur durch hoch spezialisierte, bestens ausgebildete Fachkräfte bearbeitet werden können.

Ziel des Verbundes ist es, bei neuen technologischen Entwicklungen mit passenden Weiterbildungskonzepten auf die geänderten Arbeitsprozesse zu reagieren. Im Verbundprojekt ArKoH wird die Zukunft von Technik, Altersstrukturen, Arbeitsorganisation und notwendiger Kompetenzen von Arbeit im Hafen der Zukunft analysiert. Dementsprechend werden die regionalen sowie betriebs- und branchenspezifischen Aspekte hinsichtlich der Gestaltung demografiegerechter Arbeit und Kompetenzentwicklung berücksichtigt. Speziell werden die zukünftige Entwicklung in der Fertigung und Installation von Offshore-Komponenten und anderer hafenbezogener Tätigkeiten antizipiert und untersucht. Die Ergebnisse werden als Konzept für ein Lernen am Arbeitsplatz formuliert, das über herkömmliche Ansätze wie Seminarphasen hinausgeht und spielerische Methoden des Lernens (Game-based Learning, Serious Gaming) einsetzt.

- **KM³: Modulares Kompetenzmanagement – Nachhaltiger Kompetenzerwerb in der betrieblichen Praxis**

Die individuelle Beschäftigungsfähigkeit, die Resilienz des Unternehmens und der Beschäftigten sowie die Innovationsfähigkeit der Unternehmen bilden ein wichtiges Fundament für erfolgreiches, robustes Unternehmensmanagement. Diese Zielgrößen lassen sich insbesondere durch Kompetenzmanagement positiv beeinflussen. Entsprechende Prinziplösungen sind allerdings vor allem für große Unternehmen optimiert. Vor allem KMU sind daher nicht in der Lage, sich mit Aufwand und Nutzen von Kompetenzmanagement zu beschäftigen.

Ziel des Projektes ist die Entwicklung eines modularen Konzeptes von Kompetenzmanagement, das durch eine entsprechende Softwarelösung technologisch implementiert wird und dementsprechend für die Bedürfnisse von KMU angepasst und skaliert werden kann. Dazu werden Unternehmen in der industriellen Produktion und dem Dienstleistungsbereich untersucht und aus dem entstehenden generalisierten Vorgehensmodell das modulare Kompetenzmanagementsystem abgeleitet. Sowohl die Strategie und Umsetzung der Erstellung des Modulprinzips und die Übersetzung in die webbasierte Tool-Lösung werden durch ein mehrstufiges qualitatives und quantitatives Erhebungsdesign begleitet, das die bedarfsgerechte Konzeption ermöglicht und die entsprechenden Prozesse evaluiert.

1.2 Zum Aufbau des Buches

In den einzelnen Kapiteln dieses Buches werden derzeitige betriebliche Realitäten und zukünftige Herausforderungen hinsichtlich des **betrieblichen Lernens und Kompetenzmanagements** aufgegriffen, mit denen sich die Projekte befassten und die dazu entstandenen Lösungen, Vorgehensmodelle sowie empirischen Ergebnisse vorgestellt. Diese umfassen Ansätze für ein kompetenzorientiertes technikgestütztes Unternehmenscoaching (4C4Learn) ebenso wie Assistenzsysteme für ein demografiesensibles betriebsspezifisches Kompetenzmanagement in der Logistik (ABEKO), altersgerechte und -übergreifende Fachkräfteentwicklung in Hochtechnologie-Clustern (AlFaClu) sowie arbeitsprozessorientierte Kompetenzentwicklung im Hafen der Zukunft (ArKoH) und ein branchenoffenes, modulares Kompetenzmanagement (KM^3).

In ► Kap. 2 „Zur Zukunft des Kompetenzmanagements" leiten Melzer, Heim, Sanders und Bullinger-Hoffmann inhaltlich in die Thematik des Kompetenzmanagements ein. Sie erörtern, ausgehend von der sich wandelnden Arbeitswelt von Unternehmen, die veränderten Weiterbildungsanforderungen, die daraus resultieren. Im Rahmen dieser Anforderungen wird der Vorteil des Begriffes „Kompetenz" für das arbeitsbezogene Lernen dargestellt. Das geschieht vor dem Hintergrund der sich abzeichnenden Digitalisierung, die ihrerseits den Unternehmen neue und ungeahnte Möglichkeiten im Bereich der Kompetenzentwicklung gibt. Dieses Potenzial wurde von der Fokusgruppe als zweites wichtiges Themenfeld neben der Kompetenzentwicklung für Unternehmen gewählt.

Das ► Kap. 3 „Identifikation von Kompetenzbedarfen in Spitzentechnologien" von Scheier, Schramm, Duschek, Kannenberg und Gärtner hat die Kompetenzbedarfe von Beschäftigten in Betrieben zum Gegenstand, die im **Bereich der Spitzentechnologie** angesiedelt sind. Dieser Bereich, der im Wesentlichen die Herstellung von Technik umfasst, die dem aktuellen technologischen Entwicklungsstand in der jeweiligen Branche entspricht, gilt gemeinhin als Beschäftigungsfeld mit sehr gut ausgebildeten Fachkräften. Im Zuge des Fachkräftemangels sind vor allem die Unternehmen des Bereichs Spitzentechnologie unter dem Zugzwang, Fachkräfte anzuwerben, zu implementieren und deren Kompetenzen aktuell zu halten. Damit diese Betriebe ihre Innovations- und Wettbewerbsfähigkeit halten und ausbauen sowie ihren Unternehmenserfolg sichern können, sind sie fortwährend auf qualifiziertes Personal angewiesen. Die Autorinnen und Autoren erörtern am Beispiel des Clusters Optik in Berlin-Brandenburg, wie in einem mehrstufigen und kombinierten Vorgehen anhand einer qualitativen und quantitativen Datenbasis die Erhebung der wesentlichen Kompetenzen realisiert werden kann, um effektives, bedarfsgerechtes Kompetenzmanagement zu planen und zu realisieren.

In dem ► Kap. 4 „Identifikation von Kompetenzbedarfen für den Hafen der Zukunft" beschäftigen sich Ahrens und Schulte mit der Entwicklung der **Arbeitswelt im Hafensektor**, die durch verschiedene technologische Entwicklungen maßgeblich geprägt ist. Die Fachkräfte sind mit einer zunehmenden Automatisierung logistischer Prozesse konfrontiert, die einerseits eine effektivere Gestaltung der Arbeit ermöglicht, andererseits zu neuen Formen der Arbeitsorganisation führt. Dadurch verändern sich die Anforderungen an die Beschäftigten. Welcher Art diese Anforderungen sind, ist nach wie vor umstritten und hängt in hohem Maße von den betriebsspezifischen Eigenheiten und dem Automatisierungsgrad ab. Zwar ist durch die Digitalisierung beispielsweise eine Vereinfachung von Tätigkeiten und eine körperliche Entlastung erfolgt, gleichzeitig werden jedoch von den Fachkräften zunehmend physikalische und mathematische

Kenntnisse sowie wachsende Anforderungen an die logistischen Fertigkeiten, Teamarbeit, Prozessorientierung und selbstständiges Arbeiten erwartet. Vor dem Hintergrund dieser aktuellen Herausforderungen in der Hafenwirtschaft wird in diesem Kapitel in einem ersten Schritt die Vorgehensweise für die Identifizierung der Kompetenzbedarfe vorgestellt. Im Mittelpunkt der Erschließung der Kompetenzbedarfe steht dabei der Bezug zu den Arbeitsprozessen, um die arbeitsrelevanten Fertigkeiten zu identifizieren, da sich erst im konkreten Arbeitshandeln das Verhältnis zwischen fachsystematischem Wissen und überfachlichen Kompetenzen konkretisiert. In einem zweiten Schritt werden die identifizierten Kompetenzen mit Bezug auf die zunehmende Digitalisierung der Arbeitswelt im Hafen diskutiert.

In dem ► Kap. 5 „Voraussetzungen der erfolgreichen Implementierung von Kompetenzmanagement in kleinen und mittleren Unternehmen" beschreiben Sprafke, Hohagen, Erlinghagen, Nolte, Wenig, Zechmann, Wilkens, Minssen und Herrmann, wie Unternehmen unterschiedlicher Größe und aus verschieden Branchen ihre Wettbewerbsfähigkeit unter einer Vielzahl von Anforderungen und Veränderungsimpulsen auf Basis eines betrieblichen Kompetenzmanagements sichern können. Entscheidend sind die Verzahnung von Unternehmenssteuerung und Kompetenzentwicklung unter Nutzung von Kompetenzmodellen sowie die an betriebsspezifischen und konkreten Prozessabläufen der Organisation erfolgte Ausrichtung der Kompetenzmodelle. Mit Blick auf eine **nachhaltige Implementierung** kommt es zudem darauf an, dass eine Anpassung an die Voraussetzungen der Organisation, die sich vor allem in der betrieblichen Sozialordnung manifestieren, vorgenommen wird. Dabei kann zwischen Faktoren des Implementierungskontextes und Kriterien zur Gestaltung des Implementierungsprozesses unterschieden werden. Letztere betreffen u. a. Vorerfahrungen und Prägungen hinsichtlich der Kommunikation und Partizipation und der Einbindung in die strategische Steuerung. Die im Rahmen des Projektes 4C4Learn empirisch erhobenen Kriterien werden aufbauend auf einer Erläuterung der Besonderheiten des Kompetenzmanagements in KMU dargestellt.

In dem ► Kap. 6 „Kompetenzmanagement in der Dienstleistungs- und Maschinenbaubranche – ein Status quo" beschreiben Sanders, Heim, Melzer und Bullinger-Hoffmann die Fähigkeit des Einzelnen zum **selbstständigen, kreativen Handeln** als ein wesentliches Kriterium für die Sicherung des unternehmerischen Erfolges. Die veränderten Anforderungen, die damit an die Beschäftigten gestellt werden, erfordern neue Formen des Lernens und der Kompetenzentwicklung. Es werden qualitative und quantitative empirische Instrumente, die in einem mehrstufigen Verfahren deduktiv (von strategischer Management- bis zur operativen Beschäftigtenebene) angewendet wurden, vorgestellt. Sie dienen u. a. der Beantwortung der Fragen, welche Bedeutung Lernen und Weiterbildung in den untersuchten Unternehmen hat, wie Weiterbildungsprozesse strukturiert sind und ob bzw. wie die Unternehmen Methoden zum Kompetenzmanagement nutzen. Diese qualitativen und quantitativen Teilergebnisse wurden im Laufe der empirischen Analysen zu einer Typologie verdichtet, wodurch wissenschaftlich fundiert beschrieben werden kann, wie die Lernkulturen sowie die Gestaltung von Weiterbildungsprozessen und Kompetenzmanagement in der Realität divergieren.

Das ► Kap. 7 „Identifikation zukünftiger Kompetenzbedarfe in der Logistik" von Hegmanns, Straub, Kaczmarek, May, Radtke, Haertel und Neubauer gibt einen Überblick über die zukünftigen Kompetenzbedarfe in der **operativen Logistik,** die durch die organisatorischen und technologischen Innovationen im Kontext der Industrie 4.0

entstehen. Es ist essenziell für Unternehmen, dass zukünftige Kompetenzbedarfe frühzeitig identifiziert und proaktiv in die betriebliche Weiterbildung integriert werden, damit Beschäftigte in Bezug auf technische, soziale und organisationale Änderungen im Betriebsablauf adäquat vorbereitet werden können. Dieses domänenspezifische Kompetenzmodell erfasst gegenwärtige sowie zukünftige Anforderungen der Arbeitswelt 4.0 an die Mitarbeiter/-innen in der operativen Logistik, die auf Szenarioanalysen beruhen. So wird es möglich, auch zukünftige Kompetenzbedarfe festzustellen und eine systematische Ableitung notwendiger Entwicklungsbedarfe abzuleiten.

Das ► Kap. 8 „Kompetenzmanagement im Spannungsfeld von Kooperation und Wettbewerb" von Duschek, Gärtner, Kannenberg, Schramm und Scheier hat die Funktionsweise des **Clusters Optik** in der Region Berlin und Brandenburg, das aus Unternehmen und Einrichtungen der Optik- und Laserindustrie besteht, zum Gegenstand. Diese zeichnet sich wie andere Cluster auch durch Coopetition aus. Sie werben einerseits dieselbe Art von Fachkräften an, kooperieren aber oft untereinander im Bereich der (Weiter-)Qualifizierung von Beschäftigen in einem einheitlichen Netzwerk. Durch Ressourcenmangel bzw. eine mangelnde Beteiligung der Unternehmen und Einrichtungen am gemeinsamen Netzwerkmanagement fehlt es an Fachkräften. Im Hochtechnologiecluster tragen zum Fachkräftemangel zudem eine alternde Belegschaft und Nachwuchsmangel bei. Dieser doppelten Herausforderung – Kooperation unter Wettbewerbern um Fachkräfte und der demografische Wandel – kann durch ein **demografiesensibles Kompetenzmanagement** begegnet werden. Insbesondere bedarf es neuer Anreiz- und Koordinationsmechanismen, die einen Transfer von explizitem und implizitem Wissen auf verschiedenen Ebenen des Clusters fördern und auf diese Weise die Qualifizierung von Fachkräften begünstigen.

In dem ► Kap. 9 „Serious Gaming als Instrument zur Kompetenzentwicklung für Hafenfachkräfte" beschreiben Duin, Gorldt und Thoben die besonderen Herausforderungen im Hafen der Zukunft. Hierzu gehören der demografische Wandel, der damit verbundene Verlust von Erfahrungswissen und der zu erwartende Fachkräftemangel sowie die technologische Entwicklung aus dem Bereich der Industrie 4.0. Nach der Identifikation von vier möglichen Szenarien wird die Strategie gewählt, den drohenden Fachkräftemangel mit effizienten Prozessen und integrierter Informationstechnik aufzufangen. Konkret wird dazu die digital implementierte Methode des **Serious Gaming** angewendet. Insbesondere kleine und mittelständische Betriebe könnten hiervon profitieren, die zumeist schlechter in der Lage sind, finanzielle und zeitliche Ressourcen für die notwendige Weiterbildung und Personalentwicklung aufzubringen. Das Serious Gaming kann neben dem eigentlichen Arbeitsprozess eingesetzt werden. Es handelt sich um (Computer-)Spiele, die nicht ausschließlich der Unterhaltung dienen, derartige Elemente aber zwingend enthalten. Sie haben primär die Vermittlung von Wissen und Bildung zum Ziel. Im Bereich der betrieblichen Aus- und Weiterbildung eignen sich Serious Games zur unterhaltsamen Vermittlung von sowohl technischen und anspruchslosen als auch schwierigen und komplexen Lerninhalten, um Kompetenzen zu entwickeln und Erfahrungswissen aufzubauen. Die Autoren verfolgen das Ziel, aufzuzeigen, inwiefern Serious Gaming als Instrument zur Kompetenzentwicklung für Hafenfachkräfte genutzt werden kann. Dazu wurde das **Hafenspiel** konzipiert, implementiert und im praktischen Umfeld erprobt und evaluiert.

In dem ► Kap. 10 „Nachhaltige Implementierung betrieblicher Kompetenzmodelle in KMU durch Unternehmenscoaching und Softwareintegration" beschreiben Sprafke, Hohagen, Nolte, Wenig, Zechmann, Erlinghagen, Wilkens, Herrmann und Minssen, wie Kompetenzmanagement in KMU strukturiert sein muss, um Nachhaltigkeit zu sichern. Es wird ein Ansatz zur Implementierung eines softwaregestützten Kompetenzmanagements für KMU dargestellt, der diese Kriterien erfüllt. Zum einen ist die Methodik als **begleitendes Unternehmenscoaching** angelegt, in dessen Rahmen KMU befähigt werden, betriebliche Kompetenzmodelle so zu entwickeln und zu nutzen, dass neue inner- und überbetriebliche Lösungsstrategien vor dem Hintergrund technologischer und demografischer Herausforderungen identifiziert und umgesetzt werden können. Zum anderen wird das Kompetenzmanagement an **wertschöpfungsrelevanten Prozessen** ausgerichtet, um von einer oftmals individuumsbezogenen Betrachtung von Kompetenzen hin zu einer strategischen Perspektive der Gesamtunternehmensentwicklung zu gelangen. Der Ansatz berücksichtigt zudem explizit die Bedeutung organisationaler Rahmenbedingungen bei der Implementierung, aber auch der Entfaltung und dem Management von Kompetenzen. In diesem Rahmen wurden betriebsspezifische Kompetenzmodelle, Fragebögen zur Kompetenzerfassung und eine Software entwickelt. Die Tools greifen in Form softwaregestützter Kompetenzmeetings zusammen, die in den KMU realisiert werden. Die Erfahrungen und Lessons Learned aus dem Einsatz der Tools werden im zweiten Teil des Kapitels reflektiert. Im Zentrum stehen kritische Rahmenbedingungen, Gemeinsamkeiten und Unterschiede bei den Praxispartnern.

Das ► Kap. 11 „Modulares Kompetenzmanagement – prozessuale und softwaregestützte Einführung und Umsetzung strategischen Kompetenzmanagements" von Melzer, Sanders, Heim und Bullinger-Hoffmann beschäftigt sich mit der digitalen Umsetzung von Kompetenzmanagement. Ausgehend von einem Standardprozess wird ein **modulares Prinzip von Kompetenzmanagement** vorgestellt. Dieses analoge, modulare Vorgehensmodell adressiert konkret KMU; die fakultativen Module können dementsprechend eingeführt werden, sobald die Ressourcenausstattung und die Unternehmensstrategie das ermöglicht und für notwendig erachtet. Im Weiteren wird die digitale Implementierung des analogen Kompetenzmanagements erörtert. Es erlaubt die verbesserte Organisation der Weiterbildungsprozesse durch entsprechende Informations- und Kommunikationstechnologien und darüber hinaus durch elektronische Datenverarbeitung die Einbindung digitaler Lernmethoden wie Online- oder Blended-Learning-Methoden. Außerdem werden die angewendeten empirischen Methoden (qualitative Workshops, Interviews, Cognitive Walkthroughs sowie quantitative Fragebogen zur Nutzererfahrung) und deren Ergebnisse vorgestellt, die im Rahmen einer Realerprobung erhoben worden sind.

In dem ► Kap. 12 „Kompetenzmanagement in der Logistik der Zukunft – ein Umsetzungsbeispiel von der Modellierung und Diagnostik zur unternehmensspezifischen und individuellen Kompetenzentwicklung" beschreiben Hegmanns, Straub, Kaczmarek, Rudolph, Sobiech, Müller, Dehler, Haertel, May, Radtke, Neubauer, Möllmann und Zaremba die Umsetzung des Kompetenzmanagements in der Logistik mithilfe des **ABEKO-Kompetenzmanagement-Assistenzsystems** anhand des Anwendungsfalls „Distributionslager für Ersatzteile". Mithilfe dieses Kompetenzmanagementsystems wird auf dringliche Anforderungen reagiert, die sich durch kontinuierlich und zunehmend schneller wandelnde berufliche Kontexte ergeben. Das System ABEKO bietet nunmehr einen Ansatz zum webbasierten, plattformunabhängigen, demografiesensiblen Kompetenzmanagement für die Domäne „Logistik" und umfasst eine fachspezifische Kompetenzmodellierung sowie eine adäquate Kompetenzdiagnostik. Die Autoren und Autorinnen präsentieren anhand eines konkreten Unternehmensbeispiels die Anwendung des Kompetenzmanagementansatzes, der die gesamte Kette von der Modellierung über die Diagnostik bis hin zur Kompetenzentwicklung abbildet und damit durchgängig Anwenderunternehmen methodisch und informationstechnisch beim Kompetenzmanagement unterstützt. Basis ist ein umfassender Kompetenzkatalog für heutige und zukünftige Aufgaben in der Arbeitswelt 4.0 in der Logistik. Der Aufbau und die Funktionalität der einzelnen Systemmodule werden erläutert, die die „Kompetenzmodellierung", die „Kompetenz-Gap-Analyse" sowie die „Kompetenzentwicklung" unter demografiesensiblen Merkmalen umfassen. Zu dem Modul „Kompetenzentwicklung" wird außerdem ein Praxis-Leitfaden zur Gestaltung demografiesensibler beruflicher Weiterbildung vorgestellt. Abschließend wird der Ansatz zur betriebsspezifischen Einführung und Nutzung des ABEKO-Kompetenzmanagement-Assistenzsystems dargelegt und dessen Anwendung anhand des Unternehmensbereichs „Kommissionierung" aufgezeigt.

Mit dem ▶ Kap. 13 „Von Kompetenzbedarfen zu Kompetenzmanagement unter Unsicherheit" von Heim, Sanders und Bullinger-Hoffmann findet das Werk inhaltlich seinen Abschluss. Zum einen werden, basierend auf den in ▶ Kap. 2 aufgeworfene Fragen zum Potenzial und zur Wirkungsweise der Digitalisierung auf Kompetenzentwicklung, ausgewählten Ergebnisse der Verbundprojekte zusammengefasst. Aus den Projektergebnissen werden zum anderen Dimensionen abgeleitet, die es erlauben, die Entwicklung des Kompetenzmanagements unter Nutzung der digitalen Technologien in Zukunft abzuschätzen.

Literatur

Foth, E. (2017). *Erfolgsfaktoren für eine digitale Zukunft: IT-Management in Zeiten der Digitalisierung und Industrie 4.0.* Springer: Berlin.
Melzer, A., & Bullinger, A. C. (2017). Erfolgsfaktor Skalierbarkeit. Digitales Kompetenzmanagement, das mitwächst. *HMD Praxis der Wirtschaftsinformatik, 54*(6), 977–992.

Zur Zukunft des Kompetenzmanagements

Annegret Melzer, Yvonne Heim, Tobias Sanders und Angelika C. Bullinger-Hoffmann

2.1 Veränderte Arbeitswelt – 12

2.2 Veränderte Weiterbildungsanforderungen in der digitalisierten Welt – 14
2.2.1 Lernen und neue Lernkultur – 14
2.2.2 Arbeitsprozessintegriertes, non-formales und informelles Lernen – 15
2.2.3 Kompetenzmanagement – 17

2.3 Zukunftstechnologien zur Kompetenzentwicklung – 20

Literatur – 22

© Springer-Verlag GmbH Deutschland, ein Teil von Springer Nature 2019
A. C. Bullinger-Hoffmann (Hrsg.), *Zukunftstechnologien und Kompetenzbedarfe*, Kompetenzmanagement in Organisationen, https://doi.org/10.1007/978-3-662-54952-0_2

Zusammenfassung

Die neuen digitalen Entwicklungen, die Cloud Computing, Big Data oder andere webbasierte Anwendungsmöglichkeiten eröffnen, verändern unsere Arbeit grundlegend. Dies und der zeitgleiche Wandel der Arbeitsumwelt, wie er im demografischen Wandel und dem fortschreitenden Fachkräftemangel deutlich wird, machen es notwendig, Weiterbildung im betrieblichen Kontext neu zu denken.

Vor allem die Schnelllebigkeit im Produktions- und Dienstleistungsbereich zeigt, dass Beschäftigte zunehmend situationsunabhängig handlungsfähig sein müssen, um auf die immer vielfältiger werdenden Problemstellungen im Arbeitsalltag situationsabhängig reagieren zu können. Als übergeordnetes Ziel betrieblicher Weiterbildung wird damit der Kompetenzbegriff zum Schlüsselbegriff und Kompetenzmanagement zum angemessenen Modus betrieblicher Weiterbildungsarbeit, der es ermöglicht, eine Handlungsfähigkeit der Beschäftigten aufzubauen, auf die in verschiedenen Situationen zurückgegriffen werden kann. Kompetenzmanagement erfordert und ermöglicht gleichermaßen ein neues Verständnis betrieblicher Lernprozesse, das über die bloße Erreichung curricularer Lernziele hinausgeht und konkret bedarfsbasiert und handlungsorientiert funktioniert.

Während die zunehmende Digitalisierung einerseits neue Anforderungen an die Beschäftigten stellt, ermöglicht sie andererseits auch die Nutzung völlig neuer Lernmethoden und -medien. Lernen und Arbeiten werden mehr und mehr zu einem nicht trennbaren Prozess.

Dieses Kapitel liefert einen Überblick, wie sich unsere Arbeitswelt und das Verständnis des Lernbegriffes im Spannungsfeld Mensch – Technik – Organisation verändern. Zudem werden Leitfragen formuliert, die darauf abzielen, wie Kompetenzprofile entwickelt und mit Zukunftstechnologien kombiniert werden können, damit Organisationen die Möglichkeit haben, modernes und innovatives Kompetenzmanagement und Lernorganisation zu etablieren und einzubinden.

2.1 Veränderte Arbeitswelt

Die moderne Arbeitswelt befindet sich im fortwährenden Wandel. Unter Begriffen wie **Industrie 4.0, Internet of Things (IoT), Internet der Dienste und Daten** sowie **Cyber-Physical Systems (CPS)** werden Entwicklungen in Produktion und Dienstleitung beschrieben und diskutiert, die der Digitalisierung zugeordnet sind (Kagermann 2017). Darüber hinaus treten eine Reihe Herausforderungen zutage, die nicht technologischer, sondern gesellschaftlicher Natur sind und Unternehmen entsprechende Reaktionen abverlangen. Im Kontext der Digitalisierung ist es für Unternehmen möglich, strategisch zu handeln und proaktiv zu gestalten, sodass innovative Unternehmen mit Aufgeschlossenheit gegenüber der Digitalisierung erhebliche Wettbewerbsvorteile gegenüber Mitbewerbern und Mitbewerberinnen erzeugen können. Gesellschaftliche Entwicklungen aktiv zu gestalten, liegt in der politischen und gesellschaftlichen Verantwortung. Unternehmen haben in der Regel nicht die Wirkung und den Einfluss, um als gewichtige Akteure und Akteurinnen in dem Feld auftreten zu können. So ist der Fachkräftemangel, der im Wesentlichen aus dem demografischen Wandel resultiert, ein Umstand, den Unternehmen bestenfalls reaktiv begegnen können. Durch ihn ist es für Unternehmen schwer, die in den Ruhestand ausscheidenden Fachkräfte zu ersetzen, da auf dem Arbeitsmarkt weniger gut ausgebildete, passend qualifizierten Fachkräfte zur Verfügung stehen, die akquiriert werden könnten. Hinzu kommt, dass rekrutierte Fachkräfte an das jeweilige

Unternehmen gebunden werden müssen, um eine mögliche Fluktuation und somit die weitere Notwendigkeit einer neuerlichen Rekrutierung zu vermeiden.

Angesichts der beschleunigenden Technologieentwicklung, verkürzten Wissenshalbwertszeiten und veränderten Arbeitssituationen (Dul et al. 2012; Spath et al. 2013) entstehen neuen Aufgaben- und Kooperationssituationen, woraus neue Kompetenzanforderungen erwachsen, die zusätzlich schneller neu entstehen, sich verändern und obsolet werden (Foth 2017). Dementsprechend besteht die Notwendigkeit, neue Formen des betrieblichen Lernens im Unternehmen zu nutzen (Kuhlmann und Sauter 2008), um einer möglichen Dequalifizierung der Beschäftigten frühzeitig, durch neue Ansätze zur Kompetenzentwicklung und die Gestaltung einer betrieblichen Lernkultur entgegenzuwirken. So wird es möglich, die Innovations- und Produktionsfähigkeit des Unternehmens wettbewerbsfähig zu halten und die Beschäftigungsfähigkeit der Beschäftigten sicherzustellen. Gerade diese Beschäftigungsfähigkeit ist erstens die notwendige Voraussetzung für Produktion und Dienstleistung und deren Innovationen und zweitens eine wichtige Strategie der Bindung der Beschäftigten an das Unternehmen. Daher gewinnt die Entwicklung von Strategien zur Nachwuchskräftegewinnung und zur Sicherung der Beschäftigungsfähigkeit bis zur Rente in der strategischen Unternehmensplanung zunehmend an Bedeutung.

Eine neue Lernkultur (▶ Abschn. 2.2.1) dient dazu, die Bedürfnisse nach Flexibilität und Befähigung zur Anpassung an die Erfordernisse der heutigen dynamischen Arbeitsprozesse zu erfüllen. Kompetenzentwicklung wird damit ein Bestandteil der Arbeit und ist zu verstehen als integrierter Prozess von Arbeiten und Lernen mit dem Ziel, die Handlungsfähigkeit des Einzelnen zu sichern (Petzoldt 2015).

Die Grundlage eines erfolgreichen Unternehmens ist seine betriebliche Leistungsfähigkeit. Sie ergibt sich einerseits aus der individuellen Beschäftigungs- (Brenscheidt et al. 2012; Rothe und Hinnerichs 2005) und Innovationsfähigkeit (Hansen et al. 2011; Dul et al. 2012) der Beschäftigten, anderseits aus der Fähigkeit des Unternehmens, gesellschaftlichen und wirtschaftlichen Herausforderungen zu begegnen und im Sinne der Resilienz auf unvorhersehbare unternehmensinterne und -externe Ereignisse zu reagieren sowie Rückschläge als Impulse für notwendige Veränderungen zu nutzen (Gaedke 2013; Weick und Sutcliffe 2010; Exkurs).

> **Exkurs**
>
> Unternehmen mit hoher Beschäftigungsfähigkeit, hoher Innovationsfähigkeit sowie hoher Anpassungsfähigkeit und Resilienz zeichnen sich durch folgende Attribute aus:
> - **Unternehmen mit hoher Beschäftigungsfähigkeit** (Brenscheidt et al. 2012; Rothe und Hinnerichs 2005):
> - Umfangreiche Weiterbildungs- und Lernaktivitäten.
> - Zusätzliche Lernaktivitäten ohne Arbeitsbezug.
> - Flexible Arbeitsstrukturen im Unternehmen berücksichtigen individuelle Arbeits- und Privatsituationen der Beschäftigten und ermöglichen optimale Lernprozesse.
> - Die physische und psychische Gesundheit der Beschäftigten wird regelmäßig festgestellt.

- **Unternehmen mit hoher Innovationsfähigkeit** (Hansen et al. 2011; Dul et al 2012):
  - Offener, motivationaler Führungsstil, der die Kreativität der Beschäftigten fördert.
  - Substanzielle Forschungs- und Entwicklungsaktivitäten sowie eine gut ausgestattete Forschungsabteilung und viele Patentanmeldungen.
  - Entsprechende Kultur, beispielsweise eine Lern- und Fehlerkultur, die Freiraum und eine offene und transparente Kommunikation ermöglicht.
- **Unternehmen mit hoher Anpassungsfähigkeit und Resilienz** (Gaedke 2013; Weick und Sutcliffe 2010):
  - Flexibilität, da Handlungsweisen auch kurzfristig verändert werden können und alternative Handlungsweisen und Vorgehensmodelle zur Verfügung stehen.
  - Kurze, effektive Kommunikationswege.
  - Flache Hierarchien.
  - Problemlösungen und Ideen der Beschäftigten wird aufgeschlossen- und vertrauensvoll begegnet.
  - Kohärenz im Sinne der Pflege gemeinsamer Ziele und Strategien sowie ein Zusammenhalt unter den Beschäftigten.
  - Nutzung der individuellen Resilienz der Beschäftigten wie emotionale Regulierung, Impulskontrolle, Optimismus, Ursachenanalyse, Selbstwirksamkeit, Empathie und zur Verfügung stehende Netzwerke.

2.2 Veränderte Weiterbildungsanforderungen in der digitalisierten Welt

2.2.1 Lernen und neue Lernkultur

Als Lernen wird jede dauerhafte Status- und Verhaltensänderung bezeichnet, die auf der Grundlage von subjektiven Erfahrungen basiert. Es schließt eine Erweiterung des Wissens, der Fähigkeiten und Fertigkeiten zur Bewältigung von Lebenssituationen ein, die behilflich sind, die individuellen Handlungen besser auf die Umgebung und das Umfeld auszurichten (Kirchhöfer 2004). Auch die Umstrukturierung des Gelernten und sein Vergessen sind in diesen Lernbegriff eingeschlossen, da dadurch entsprechende Änderung von Status und Verhalten gegeben sind (Kirchhöfer 2004).

> Lernen bezeichnet die Veränderung eines aktuellen Zustands eines individuellen oder kollektiven Subjekts, die als Resultat der Interaktion des Subjekts mit seiner Umwelt eintritt (Kirchhöfer 2004, S. 55).

Lernen wird verstanden als individueller Prozess, in dem die lernende Person Informationen aufnimmt und entsprechend des individuellen Vorwissens so interpretiert und verknüpft, dass daraus neue Konzepte und Handlungsgrundlagen entstehen (Petzoldt et al. 2015).

Das Lernen in Unternehmen ist stärker auf die Vermittlung von Fähigkeiten und Fertigkeiten beschränkt. Aus pragmatischen Gründen wurden die von den Beschäftigten abgeleisteten Weiterbildungen als handlungsförderlich angenommen. Dieser Ansatz folgt eher der behavioristischen Interpretation von Lernen und Bildung. Es geht um die Assoziationen zwischen Reiz und Reaktion, wobei nur konkret beobachtbares Lernverhalten betrachtet wird. Der interne Prozess der Informationsverarbeitung wird als Blackbox gesehen (Petzoldt et al. 2015). Ein dem Input gegenüberstehender Output wird ggf. durch Lernkontrollen überprüft, zielt aber auf das Gelernte ab und nicht auf die Handlungsfähigkeit.

Die Integration individueller sowie organisationaler Lernprozesse hängt maßgeblich von der im Unternehmen existierenden Lernkultur ab. Bei Betrachtung einer Lernkultur wird zunächst der Stellenwert, den Lernen im Unternehmen hat, ersichtlich. Sie drückt sich dann in lernbezogenen Werten, Normen, Einstellungen und Erwartungen des Unternehmens und der Unternehmensmitglieder aus (Petzoldt et al. 2016).

» Lernkultur bezeichnet das kognitive, kommunikative und sozialstrukturelle Ausführungsprogramm für alle mit Lernprozessen befasste Sozialität. Im Zentrum stehen die dafür notwendigen fachlich-methodischen, sozial-kommunikativen, personalen und aktivitätsorientierten Kompetenzen, die sich in einem Lernhandeln unter institutionellen und nicht institutionellen Bedingungen herausbilden (Erpenbeck 2003, S. 8 ff.).

Lernkultur dient u. a. der Schaffung von Lernräumen und der Unterstützung individuellen, kollektiven und organisationalen Lernens durch Realisierung neuer Lernformen. Darüber hinaus werden mit einer bestimmten Lernkultur unternehmens- und personalbezogene Ziele verfolgt, die die Integration individueller sowie organisationaler Lernprozesse maßgeblich aufnimmt (Petzoldt et al. 2016). Hierbei stehen dauerhafte Kompetenzentwicklung, stetiger Wissenserwerb sowie die Steigerung der Innovations- und Veränderungsfähigkeit im Fokus. Im Zuge der veränderten betrieblichen Realität durch die Entwicklungen der Digitalisierung unterliegt auch die Lernkultur einem sich wandelnden Verständnis.

◘ Tab. 2.1 zeigt einen Vergleich zwischen tradierter und veränderter Lernkultur. Um den neuen Rahmenbedingungen, Potenzialen und Herausforderungen von Unternehmen gerecht zu werden, muss Lernen stärker in den praktischen Arbeitsprozess integriert werden. Das ermöglicht praxisnäheres und damit anwendungsbereites sowie räumlich-zeitlich effektiveres Lernen, um der steigenden Weiterbildungsfrequenz heute und in Zukunft gerecht zu werden. Aus ◘ Tab. 2.1 ist zu entnehmen, dass sich arbeitsprozessintegriertes Lernen vor allem dadurch auszeichnet, das es informell, erfahrungsbasiert, konstruktivistisch-selbstreflexiv, lebensbereichsübergreifend, individuell, kontinuierlich, offen sowie selbstständig angeeignet ist.

2.2.2 Arbeitsprozessintegriertes, non-formales und informelles Lernen

Wird die Struktur von arbeitsprozessintegriertem Lernen untersucht, liegt der Schluss nahe, dass ein Bezug zum Phänomen der Entgrenzung des Lernens besteht, das durch neue Informations- und Kommunikationstechnologien ermöglicht wird (Kirchhöfer 2004). Dadurch entsteht die Hard- und Software, die eine gebrauchstaugliche Verschmelzung beider Sphären ermöglicht. Mit der Möglichkeit, Lernen in den Arbeitsalltag zu integrieren,

Tab. 2.1 Vergleich der tradierten und veränderten Lernkultur. (In Anlehnung an Kirchhöfer 2004)

Kriterium	Tradierte Lernkultur	Veränderte Lernkultur
Stellung des Individuums zum Lernen	Fremd organisiert und fremdbestimmt (von außen)	Eigenständig organisiert und selbstverantwortet
Inhalt des Lernens	Instrumentell- und qualifikationsorientiert	Kompetenzorientiert, allgemeine Handlungsfähigkeit fördernd
Bereich des Lernens	Bereichsspezifisch, separiert (schulisch, außerschulisch, weiterbildend, berufsbildend, allgemeinbildend)	Bereichsübergreifend (lebensweites soziales Umfeld), integrierend
Aneignungsform	Formell, instruktivistisch	Informell, erfahrungsbasiert, konstruktivistisch-selbstreflexiv
Lernkanon	Zentrale Curricula	Individuelle Lernarrangements
Kooperationsorganisation	Institutionell segregiert	Fluide Netzwerke
Zertifizierungsform	Abschlussorientiert	Kontinuierlich und offen
Lehrkultur	Vermittelt durch Lehrkraft, hierarchisiert	Selbstständig angeeignet, Lernberatung, Lernbegleitung, partnerschaftlich

sind – obwohl Entgrenzung per se als ambivalent gilt (Kratzer 2013) – funktionale Vorteile verbunden, die wichtig für eine zeitgemäße betriebliche Lernkultur sein können. Lernformen müssen insbesondere aufgrund der Geschwindigkeit der Veränderungsprozesse viel stärker in den Arbeitsprozess integriert werden, dynamisch an sich verändernde Anforderungen anpassbar sowie hoch flexibel sein (Kuhlmann und Sauter 2008; Hofert 2016). Vor allem diese Integration in den Arbeitsprozess ermöglicht es, die steigende Anzahl der notwendigen Weiterbildungen, die durch geringere Halbwertszeiten entstehen, zu organisieren und zu realisieren. Möglich wird das durch die Entwicklung neuer Technologien und Medien wie zunächst Computer und Internet, später mobile Endgeräte und mobiles Internet. Dadurch entstanden neue, technisch unterstützte Lernformen wie E-Learning und Blended Learning, die es nicht nur erlauben, näher an der betrieblichen Praxis zu lernen, sondern vermehrt Formen des non-formalen und informellen Lernens zu nutzen.

Informelles und non-formales Lernen sind abzugrenzen von formalem und organisiert gestaltetem Lernen. Innerhalb der Diskussion um informelle und non-formale Lernprozesse gibt es jedoch weitere definitorische Nuancierungen, die für die betriebliche Realität relevante Anknüpfungspunkte liefern. Wird eine Selbststeuerung und Selbstorganisation unterstellt, geht das mit der Annahme einher, dass ebenso von Bewusstsein und Reflexionsfähigkeit des/der Lernenden bezüglich des Lerngegenstands ausgegangen werden muss. Lernen erfolgt jedoch häufig beiläufig, unbewusst – ohne eine solche Intension. Diese als inzidentelles oder **implizites Lernen** beschriebene Einordnung ist besonders vor dem Hintergrund betrieblicher und situativer Lernprozesse wesentlich (Petzoldt et al. 2015).

Die Tab. 2.2 zeigt, dass non-formales und informelles Lernen fließend ineinander übergehen können und bei verschiedenen Lernformen keine klare Zuordnung möglich

Tab. 2.2 Vergleich formales, non-formales und informelles Lernen

Formales Lernen	Non-formales Lernen	Informelles Lernen
Fremd organisiert	Zumeist selbst organisiert	Nicht organisiert
Zielvorgabe, allgemeine Antizipation des Lernens (curriculare Lernziele)	Eigene oder gegebene Zielkonstruktion, konkrete Zielantizipation des Lernens	Nicht zielgerichtet, Veränderung als das antizipierte Resultat
Eigenständige Strategien und Operationen	Eigenständige und/oder abstrakte Strategien und Operationen	Integriert, als Nebenprodukt
Bewusst/reflektiert	Bewusst/reflektiert	Vorerst unreflektiert
Fremdbestimmter Lernrhythmus	Selbstbestimmter Lernrhythmus	Sporadisch
Problemunabhängig	Problemorientiert	Problemgebunden

ist. Wichtige empirisch belegte Formen von non-formalem und informellem Lernen im Arbeitsprozess sind Unterweisungen, Coaching, abteilungsübergreifende Projektarbeit und Beobachtungen. Darüber hinaus ist die Rezeption von Fachliteratur und der Besuch von Messen und Konferenzen nicht direkt am Arbeitsplatz zu verorten, aber trotzdem untrennbar mit den Arbeitsinhalten verbunden.

Der funktionale Vorteil dieser durch die Lernenden selbst gesteuerten Lernmethoden ist, dass gerade in Arbeits- und Lernkontexten, denen schnell veränderliche Wissensbestände zugrunde liegen, die Lehrinhalte klassischer, formeller Weiterbildungsarten schnell ihre Geltung verlieren. In der Regel machen sich Lernende demgegenüber durch non-formale und informelle Lernmethoden das aktuell geltende Wissen verfügbar.

2.2.3 Kompetenzmanagement

Dem Begriff der **Kompetenz** liegt kein einheitliches Verständnis zugrunde. Aus motivationspsychologischer Tradition heraus hat sich durchgesetzt, dass Kompetenz als etwas Immanentes, menschliches Handeln Bestimmendes zu verstehen ist (Baitsch 1998; Lederer 2014). Der Kompetenzbegriff dient der Beschreibung individueller Voraussetzungen und Ressourcen im Spannungsfeld gesellschaftlicher und betrieblicher Anforderungen (Koch und Straßer 2008). Ein entscheidendes Merkmal, das die Mehrheit der Kompetenzdefinitionen eint, ist, dass ihnen eine Ganzheitlichkeitsannahme zugrunde liegt. Denn während der Begriff der Qualifikation diejenigen Komponenten des Handelns beschreibt, die von der Handlung losgelöst erlernbar und prüfbar sind, rücken mit dem Kompetenzbegriff die individuellen Fähigkeiten der Selbstregulation und Selbstorganisation in den Fokus bildungspraktischer und bildungstheoretischer Überlegungen (Koch und Straßer 2008; Erpenbeck und von Rosenstiel 2017). Kappelhoff (2014) konstatiert, dass Kompetenzen die Fähigkeit reflexiven und kreativen Problemlösehandelns beschreiben, die sich aus situationsbezogenen Selbstorganisationsdispositionen entwickelt. Ein weiteres Merkmal des Kompetenzbegriffes bildet nach Probst (2000) die Fähigkeit, Wissen anforderungs- und situationsbezogen einzusetzen (Petzoldt et al. 2015).

> Kompetenz beschreibt die Relation zwischen den an eine Person oder Gruppe herangetragenen oder selbst gestalteten Anforderungen und ihren Fähigkeiten bzw. Potenzialen, diesen Anforderungen gerecht zu werden. Kompetenz ist ein in den Grundzügen eingespielter Ablauf zur Aktivierung, Bündelung und zum Einsatz von persönlichen Ressourcen für die erfolgreiche Bewältigung von anspruchsvollen und komplexen Situationen, Handlungen und Aufgaben (North et al. 2018, S. 335).

Kompetenz gilt als erlernbar. Beschäftigte, die in einem Bereich als kompetent eingeschätzt werden, können situationsunabhängig (Reetz 1999) und unter Anwendung individueller Wissensstände, Fähigkeiten und Erfahrungen adäquat handeln und agieren (Erpenbeck 2003; Koch und Straßer 2008). Er oder sie ist dementsprechend situationsunabhängig handlungsfähig. Die Charakterisierung der Kompetenzen erfolgt durch die Begutachtung beobachtbarer Handlungen (Melzer und Bullinger 2017). Kompetenz bedeutet aber auch, dass entsprechende Kompetenzträger/-innen nicht nur abstrakt handlungsfähig sind, sondern durch Motivation, Willen und soziale Bereitschaft die entsprechenden Fähigkeiten und Wissensbestände tatsächlich einsetzen und dabei von anderen Situationen abstrahieren und auf die einzelne Situation übertragen (Weinert 2001). Der Begriff konstituiert sich neben der prinzipiellen Handlungsfähigkeit also durch tatsächliche Handlung, der sogenannten Performanz.

Die individuellen Dispositionen, die die Kompetenzen beschreiben, können nach verschiedenen Gesichtspunkten klassifiziert werden. Diese Einteilung von Kompetenzarten erfolgt in Bezug auf das notwendige Handlungspotenzial für eine Situation oder ein Problem und kann damit variieren. In der Literatur hat sich eine Unterscheidung nach fachlichen, methodischen, sozialen und personalen Kompetenzen etabliert (◘ Tab. 2.3).

In Anlehnung an die Definition des Lernens und die Klassifizierung von Kompetenzen ist abzuleiten, dass insbesondere non-formale und informelle Lernprozesse mit ihrer Einbettung in die Handlungsrealität und ihrer Individualität für den Aufbau sozialer, methodischer und personaler Kompetenzen wichtig sind (Gnahs 2007). Die Entwicklung und Förderung dieser Kompetenzen ist im betrieblichen Kontext Aufgabe der Personalentwicklung und wird über die Kompetenzentwicklung und das Kompetenzmanagement gesteuert.

◘ **Tab. 2.3** Kompetenzklassifikation nach Rothe und Hinnerichs (2005)

Kompetenzart	Definition	Beispiele
Fachkompetenz	Disposition, um kognitiv selbst organisiert zu handeln	Fachwissen, EDV-Wissen, Allgemeinwissen, Sprachkenntnisse
Methodenkompetenz	Disposition, um instrumentell selbst organisiert zu handeln	Zusammenhänge und Wechselwirkungen erkennen, ganzheitliches und strukturiertes Denken, konzeptionelle Fähigkeiten
Sozialkompetenzen	Disposition, um kommunikativ und kooperativ selbst organisiert zu handeln	Kommunikations- und Teamfähigkeit, Kooperations- und Konfliktlösebereitschaft
Personale Kompetenz	Disposition, um reflektierend selbst organisiert zu handeln	Belastbarkeit, Flexibilität, Lern-, Leistungs- und Selbstentwicklungsbereitschaft

Betriebliche Weiterbildung diente bisher in der Regel der zertifizierten Beseitigung von (Wissens-)Defiziten und der Fortbildung. Dieses auf Können ausgerichtete Vorgehen ist nicht geeignet, der sinkenden Halbwertszeit von Wissen und der steigenden Komplexität der Arbeitsaufgaben zu begegnen (Melzer und Bullinger 2017). Stattdessen gilt es, die Beschäftigten durch Kompetenzentwicklung dazu in die Lage zu versetzen, Erlerntes und Erfahrungen selbst organisiert auf neue Situationen anzupassen (Melzer und Bullinger 2017).

Durch diesen starken Bezug des Kompetenzbegriffes zu Handlungsfähigkeit liegt es nahe, **Kompetenzentwicklung** vor allem als praxisnah und arbeitsplatzintegriert und damit als integrierten Prozess von Arbeiten und Lernen zu begreifen, mit dem das Ziel verfolgt wird, die Handlungsfähigkeit des Einzelnen und des Unternehmens zu steigern (Seufert et al. 2017). **Kompetenzentwicklung** beschreibt den Prozess zum Aufbau von Kompetenzen innerhalb der Arbeits- und Lebenswirklichkeit. Kompetenzmanagement ist das Planen zur Bildung individueller Handlungsfähigkeit. Sie schließt dabei Lern- und Entwicklungsprozesse ein. Neben formalisierten Lernformen zum Wissenserwerb bedarf es hierfür informeller Lernprozesse in der Lebens- und Arbeitswirklichkeit.

Es entsteht ein neues Bedingungsgefüge für erfolgreiche Kompetenzentwicklung im Unternehmen durch die steigende Selbstorganisation sowie die Flexibilisierung von Lernprozessen, die wiederum durch eine sich im Wandel befindliche neue Lernkultur sowie an Ergebnisstandards ausgerichtete Kompetenzorientierung betrieblicher Bildung getragen werden. Während traditionelle Weiterbildungsplanung allein durch Personalexperten/-expertinnen erfolgte, sind es nun auch die Beschäftigten, die selbst initiiert Lernprozesse anstoßen. Die Rolle der Personalabteilung verschiebt sich damit hin zu einer Steuerungs- und Ermöglichungsinstanz (Petzoldt et al. 2016).

Bestehen im Unternehmen Methoden zur Beschreibung und Einstufung von Kompetenzen (z. B. Kompetenzkataloge, -modelle) kombiniert mit Lernmethoden, die auch informelles und non-formales Wissen ermöglichen, sowie einer Würdigung der besonderen Bedeutung der Handlungsfähigkeit, dann kann die Gesamtheit dieser Methoden der Steuerung und Planung als **Kompetenzmanagement** bezeichnet werden. Kompetenzmanagement umfasst die Beschreibung, Entwicklung und das Monitoring der im Unternehmen bestehenden und benötigten Kompetenzen auf individueller oder organisationaler Ebene (North et al. 2018).

Kompetenzmanagement übernimmt eine Vielzahl von wichtigen Aufgaben zur Sicherung des unternehmerischen Erfolges. Eine dieser Aufgaben besteht in der kontinuierlichen Kompetenzentwicklung der Beschäftigten zur Realisierung strategischer Personalentwicklung. Dies umfasst die strategische Einbettung individueller Erwerbsbiografien, d. h., z. B. Nachwuchs gezielt zu fördern, ein nachhaltiges Nachfolgemanagement umzusetzen oder auch zukunftsorientierte, kontinuierliche Kompetenzentwicklung zu ermöglichen. Neben diesen Managementaufgaben ist die Schaffung einer Lernkultur der entscheidende Erfolgsfaktor für die Etablierung und die Steuerung informeller respektive non-formaler Lernprozesse, deren Ermöglichung eine wesentliche Aufgabe des Kompetenzmanagements ist (Petzoldt et al. 2016).

Die Herausforderung für ein nachhaltiges Kompetenzmanagement besteht in der bereits skizzierten veränderten Lernkultur. Die traditionelle Form der Organisation von Weiterbildung in Unternehmen sieht vor, dass Schulungspläne erstellt werden, die regeln, in welchem Zeitrahmen welche Fähigkeiten den Beschäftigten vermittelt werden. Vor allem auf die Lernart bzw. Lernmethode wird hierbei großen Wert gelegt. Nicht selten sind die Weiterbildungsangebote hier bereits vollumfänglich definiert.

2.3 Zukunftstechnologien zur Kompetenzentwicklung

Die technischen, digitalen Entwicklungen führen im Lernprozess, analog zur Entgrenzung der Arbeit (Kratzer 2013), zu einer Entwicklung hin zu zunehmend entgrenzten Formen des Lernens (Kirchhöfer 2004). Moderne Formen des Lernens sind charakterisiert durch eine tendenzielle Auflösung der räumlichen und zeitlichen Einheit und der Durchdringung nahezu aller Lebensbereiche. In diesem Sinne lösen sich traditionelle Strukturen des Lernens zunehmend auf (Kirchhöfer 2004). Eine wichtige Rolle spielt dabei die **technologische Entwicklung** im Bereich des Lernens. Durch die Entwicklung von Computer, Internet, mobilen Endgeräten und mobilem Internet basiert auch Lernen vielfach auf der Nutzung und Aneignung informationsverarbeitender Technologien, die sich in Form von E-Learning und Blended Learning in der betrieblichen Weiterbildung manifestieren.

Diese rasante Entwicklung der Informations- und Kommunikationstechnologien spielt in der heutigen Kompetenzentwicklung eine zentrale Rolle (Rump und Eilers 2006). Die Durchdringung sowohl der gesellschaftlichen wie auch der wirtschaftlichen Lebens- und Arbeitswelten durch diese Technologien kann als Grund, Chance sowie Herausforderung für die beschriebenen Entwicklungen gesehen werden (Böhle et al. 2012). Die zunehmenden gesellschaftlichen, technologischen und wirtschaftlichen Veränderungsprozesse ziehen eine weitreichende Umgestaltung heutiger Arbeitswelten nach sich. Die veränderten Anforderungen, die damit an die Beschäftigten gestellt werden, erfordern neue Formen des Lernens und der Kompetenzentwicklung (Kuhlmann und Sauter 2008). Sie sollte dazu geeignet sein, die Bedürfnisse nach Flexibilität und Befähigung zur Anpassung an die Erfordernisse der heutigen dynamischen Arbeitsprozesse zu erfüllen, sowie die Integration des Lernens in das Arbeiten ermöglichen.

Um für Lernende und Organisatoren des Kompetenzmanagements einen bestmöglichen und orts- und zeitunabhängigen Zugriff zu ermöglichen, haben sich webbasierte Systeme als Methode der technologischen Umsetzung von Kompetenzentwicklung unter Berücksichtigung der aktuellen technologischen Möglichkeiten als funktional erwiesen (Böhler et al. 2013). Diese basieren auf on demand Cloud-Lösungen und sind zumeist mit Standardsoftware zu erreichen. Das ermöglicht organisatorisch einen kollaborativen Zugriff. Lernende können unabhängig von Ort und Zeit verschiedene Online- bzw. Blended-Learning-Kurse absolvieren. Das schließt das Lernen am Arbeitsplatz ein, um beispielsweise Lerninhalte über Maschinen und Anlagen konkret am Gegenstand abzulegen. Hierbei kann ebenfalls der kollaborative Charakter des Lernsystems verwendet werden, um einen Wissensaustausch zu ermöglichen (Böhler et al. 2013).

Die betriebliche Realität stellt ein interdependentes Gefüge der Teilsysteme **Mensch, Technik und Organisation** dar (Grundmann et al. 2015; Gaedke 2013). Vor allem sind es Entwicklungen auf personaler und technologischer Ebene, durch die Organisationen ihr Selbstverständnis und ihre Funktionsweise verändern müssen (Frerichs 2015). Es sind der Fachkräftemangel und die Digitalisierung, die diese Entwicklungen im Wesentlichen ausmachen. Der Zusammenhang dieser drei Teilbereiche ist allerdings wechselhaft. Auch wenn Veränderungen der Bereiche Mensch und Technik die Organisation scheinbar unter Anpassungsdruck bringen, ist es doch nur durch die Veränderung der Organisation möglich, die Bereiche Mensch und Technik intern reaktiv oder proaktiv zu gestalten.

Kompetenzmanagement ist der Teil im Spannungsfeld Mensch, Technik und Organisation, der es der Organisation ermöglicht, auf die Herausforderungen im Bereich Mensch und Technik zu reagieren, da dadurch dringend benötigte Kompetenzen, die

die Branche und Unternehmenskultur betreffen, genauso gebildet und entwickelt werden können wie die, die durch die Nutzung der neuen digitalen Medien immer wichtiger werden.

In Bezug auf den Bereich **Mensch** sind die wesentlichen Rahmenbedingungen im Bereich der Sozialstruktur innerhalb der Unternehmen angesiedelt, also der durch den demografischen Wandel älter werdenden Beschäftigten in Unternehmen. Damit gehen Schwierigkeiten einher, erstens neue Fachkräfte zu rekrutieren und zweitens altersbedingt ausscheidende Beschäftigte fachlich und organisatorisch zu ersetzen – eine Entwicklung, die vor allem das Erfahrungswissen und die Innovationsfähigkeit im jeweiligen Metier sowie die Funktionsweise des Unternehmens betrifft. Dessen ungeachtet ist es notwendig, dass Kompetenzentwicklung effizient geschieht und Kompetenzen an die korrekten Stellen im Unternehmen verteilt werden. Im Zuge der Debatte um lebenslanges Lernen gilt es, die Kompetenzen der Beschäftigten über deren gesamte Erwerbsbiografie aktuell zu halten, um deren Innovationspotenzial und Beschäftigungsfähigkeit bestmöglich zu stärken. Wenn es gelingt, diese Herausforderungen zu bewältigen, resultieren für das Unternehmen erhebliche Potenziale und Chancen in Hinsicht auf Innovationsfähigkeit, Resilienz und Beschäftigungsfähigkeit für die Beschäftigten.

Der Bereich **Technik** bietet erhebliches Potenzial hinsichtlich der Innovationsfähigkeit und Resilienz. Abgesehen von den Chancen, die sich durch die Industrie 4.0 und Dienstleistung 4.0 indirekt oder direkt ergeben und die Einfluss auf die Produkte und Abläufe haben, ermöglicht die Digitalisierung erhebliche Vorteile im Bereich Weiterbildung und Kompetenzmanagement. Es ist möglich, mit Technologien und Software zur Prozessorganisation die gesamten Prozesse ganzheitlich und zentral abzubilden und zu gestalten. Sämtliche Teilprozesse sind so in einem Tool mit entsprechenden Verantwortlichkeiten, Zeithorizonten und Kausalabhängigkeiten definierbar. Bei der Umsetzung als Cloud- bzw. Weblösung kommt der Vorteil der räumlichen und zeitlichen Unabhängigkeit hinzu. Diese Vorteile sind bedeutsam für Innovations- und Arbeitsprozesse. Vor allem für die Organisation von Kompetenzentwicklung ist das eine zentrale Voraussetzung, da diese Prozesse in der Regel umfangreicher und komplexer als die Organisation von Weiterbildung sind. Erst durch diese technologischen Möglichkeiten wird aus **Kompetenzentwicklung** und Weiterbildung ein substanzielles **Kompetenzmanagement**.

Darüber hinaus wurde durch die Entwicklung im Software- und IT-Bereich erst die Nutzung von selbst organisierten Weiterbildungsmethoden möglich, die ebenfalls in der Regel webbasiert sowie räumlich und zeitlich unabhängig sind. Dadurch entstand Blended Learning und E-Learning, das oft mithilfe spezieller webbasierter Lernplattformen umgesetzt wird. Konsequent angewendet lässt sich durch die Kombination von Soft- und Hardware in vielen Fällen eine Integration von Arbeiten und Lernen erreichen.

Unternehmensexterne und -interne Bedingungen wirken sich auf den Bereich **Organisation** aus. Zu den externen Bedingungen zählt die sozialstrukturelle Konstitution der Gesellschaft (z. B. Geschlecht, Alter, Bildung) sowie die Situation auf den Märkten (z. B. Angebotsmärkte der eigenen Produkte, Nachfragemärkte nach Rohstoffen, Arbeit und Weiterbildung), in denen das Unternehmen agiert. Daraus resultieren für die Organisation bestimmte Anforderungen wie Wirtschaftlichkeit oder eine effiziente moderne Arbeitsorganisation. Kompetenzmanagement ist eine wichtige Variante, wie Unternehmen den Weiterbildungsbereich professionell und zukunftsorientiert gestalten können. In dieser Hinsicht müssen die Kompetenzen der Beschäftigten effektiv erhoben, gebildet und platziert werden, was durch eine starke Integration des

Kompetenzmanagements in die administrativen und operativen Prozesse der Organisation erreicht werden kann. Wie in ▶ Abschn. 2.1 erörtert, können durch Kompetenzmanagement die Arbeitsprozesse und damit die Innovations- und Wettbewerbsfähigkeit verbessert werden.

> **Fazit**
> Vor dem Hintergrund dieser sozial-gesellschaftlichen sowie organisational-wirtschaftlichen Entwicklungen und unter Berücksichtigung der Bedeutung dieser Entwicklungen für die beteiligten Akteure und Akteurinnen positionieren sich die Projekte der Fokusgruppe „Zukunftstechnologien und Kompetenzbedarfe". Allgemein geht es in der Fokusgruppe um die Frage, wie die Beschäftigten in die Lage versetzt werden können, diesen Entwicklungen kreativ und aufgeschlossenen zu begegnen, um dadurch auch die Organisationen positiv zu beeinflussen. Dazu werden innovative Methoden zu Lernen und zu Kompetenzentwicklung erstellt und unter Zuhilfenahme digitaler Methoden in Organisationen implementiert. Dieses Vorgehen wird durch folgende Leitfragen illustriert:
> - Wie können die neuen Kompetenzanforderungen konkret als Soll-Kompetenzen bzw. Kompetenzmodell bestimmt sowie durch Technologieunterstützung dokumentiert und verwaltet werden?
> - Wie können Zukunftstechnologien eingesetzt werden, um Ist- und Soll-Kompetenzen technologiegestützt abzugleichen und die Auswahl von geeigneten Maßnahmen zu unterstützen?
> - Wie werden diese Maßnahmen mit den Zukunftstechnologien durch digitales Lernmanagement neu organisiert?
> - Welche neuen Lernmethoden werden durch die Zukunftstechnologien ermöglicht?
> - Wie gestaltet sich digitales Kompetenzmanagement, wenn alle Einzelschritte der Kompetenzentwicklung digitalisiert werden?
> - Wie kann Kompetenzmanagement organisationsübergreifendes realisiert werden?
>
> Die folgenden Kapitel beschreiben die empirischen und praktischen Erfahrungen der Verbundprojekte im Spannungsfeld Mensch, Technik und Organisation sowie die Methoden, mit denen diese Leitfragen beantwortet werden.

Literatur

Baitsch, C. (1998). Lernen im Prozeß der Arbeit – zum Stand der internationalen Forschung. In Arbeitsgemeinschaft Qualifikations-Entwicklungs-Management (QUEM) (Hrsg.), *Kompetenzentwicklung '98: Forschungsstand und Perspektiven* (S. 269–337). Münster: Waxmann.

Böhle, F., Bürgermeister, M., & Porschen, St. (2017). *Innovation durch Management des Informellen. Künstlerisch, erfahrungsgeleitet, spielerisch*. Berlin: Springer.

Böhler, C., Lienhardt, C., Robes, J., Sauter, W., Süß, M., & Wessendorf, K. (2013). Webbasiertes Lernen in Unternehmen. Entscheider/innen, Zielgruppen, Lernformen und Erfolgsfaktoren. In M. Ebner & S. Schön (Hrsg.), *L3T. Lehrbuch für Lernen und Lehren mit Technologien*. ▶ http://l3t.eu/homepage/das-buch/ebook-2013/kapitel/o/id/96/name/webbasiertes-lernen-in-unternehmen.

Brenscheidt, F., Nöllenheidt, C., & Siefer, A. (2012). *Arbeitswelt im Wandel. Zahlen – Daten – Fakten*. Dortmund: Bundesanstalt für Arbeitsschutz und Arbeitsmedizin.

Dul, J., Bruder, R., Buckle, P., Carayon, P., Falzon, P., Marras, W. S., Wilson, J. R., & van der Doelen, B. (2012). A strategy for human factors/ergonomics: Developing the discipline and profession. *Ergonomics, 55*(4), 377–395.

Erpenbeck, J. (2003). Der Programmbereich „Grundlagenforschung". Zwei Jahre „Lernkultur Kompetenzentwicklung". Inhalte – Ergebnisse – Perspektiven. *QUEM-report, 79*, 7–90.

Erpenbeck, J., & von Rosenstiel, L. (2017). *Handbuch Kompetenzmessung. Erkennen, verstehen und bewerten von Kompetenzen in der betrieblichen, pädagogischen und psychologischen Praxis* (3. Aufl.). Stuttgart: Schäffer-Poeschel.

Foth, E. (2017). *Erfolgsfaktoren für eine digitale Zukunft: IT-Management in Zeiten der Digitalisierung und Industrie 4.0* (3. Aufl.). Berlin: Springer.

Frerichs, F. (2015). Demografischer Wandel in der Erwerbsarbeit – Risiken und Potentiale alternder Belegschaften. *Journal for Labour Market Research, 48*(3), 203–216.

Gaedke, G. (2013). Resilienz: Widerstandsfähigkeit von Organisationen. wissens.blitz (114). ▶ https://www.wissensdialoge.de/Resilienz. Zugegriffen: 31. Okt. 2018.

Gnahs, D. (2007). *Kompetenzen. Erwerb, Erfassung, Instrumente*. Bielefeld: W. Bertelsmann.

Grundmann, I., Petzoldt, A., Roscher, C., & Bullinger, A. C. (2015). KompetenzMap-Design zur Visualisierung von Kompetenzen in Unternehmen. In Gesellschaft für Arbeitswissenschaft e. V. (Hrsg.), *VerANTWORTung für die Arbeit der Zukunft. Tagungsband 61. Kongress der Gesellschaft für Arbeitswissenschaft* (elektronische Ressource). Karlsruhe: GfA.

Hansen, A., Trantow, S., Richert, A., & Jeschke, S. (2011). Strategien und Merkmale der Innovationsfähigkeit von kleinen und mittleren Unternehmen. In S. Jeschke (Hrsg.), *Innovation im Dienste der Gesellschaft. Beiträge des 3. Zukunftsforums Innovationsfähigkeit des BMBF* (S. 269–337). Frankfurt a. M.: Campus.

Hofert, S. (2016). *Agiler führen. Einfache Maßnahmen für bessere Teamarbeit, mehr Leistung und höhere Kreativität*. Springer: Berlin.

Kagermann, H. (2017). Chancen von Industrie 4.0 nutzen. In B. Vogel-Heuser, T. Bauernhansl, & M. ten Hompel (Hrsg.), *Handbuch Industrie 4.0* (Bd. 4, S. 237–248). Berlin: Springer.

Kappelhoff, P. (2014). Kompetenzentwicklung in Netzwerken: Die Sicht der Komplexitäts- und allgemeinen Evolutionstheorie. In A. Windeler & D. Sydow (Hrsg.), *Kompetenz: Sozialtheoretische Perspektiven* (S. 109–223). Wiesbaden: Springer VS.

Kirchhöfer, D. (2004). *Lernkultur Kompetenzentwicklung. Begriffliche Grundlagen*. Berlin: Arbeitsgemeinschaft Betriebliche Weiterbildungsforschung e. V.

Koch, M., & Straßer, P. (2008). Der Kompetenzbegriff. Kritik einer neuen Bildungsleitsemantik. In M. Koch & D. Sydow (Hrsg.), *In der Tat kompetent: Zum Verständnis von Kompetenz und Tätigkeit in der beruflichen Benachteiligtenförderung* (S. 25–52). Bielefeld: W. Bertelsmann.

Kratzer, N. (2013). Entgrenzung. In H. Hirsch-Kreinsen & H. Minssen (Hrsg.), *Lexikon der Arbeits- und Industriesoziologie* (S. 187–192). Baden-Baden: Nomos.

Kuhlmann, A. M., & Sauter, W. (2008). *Innovative Lernsysteme. Kompetenzentwicklung mit Blended Learning und Social Software*. Berlin: Springer.

Lederer, B. (2014). *Kompetenz und Bildung. Eine Analyse jüngerer Konnotationsverschiebungen des Bildungsbegriffs und Plädoyer für eine Rück- und Neubesinnung auf ein transinstrumentelles Bildungsverständnis*. Innsbruck: Innsbruck University Press.

Melzer, A., & Bullinger, A. C. (2017). Erfolgsfaktor Skalierbarkeit. Digitales Kompetenzmanagement, das mitwächst. *HMD Praxis der Wirtschaftsinformatik, 54*(6), 977–992.

North, K., Reinhardt, K., & Sieber-Suter, B. (2018). *Kompetenzmanagement in der Praxis. Mitarbeiterkompetenzen systematisch identifizieren nutzen und entwickeln. Mit vielen Fallbeispielen* (3. Aufl.). Wiesbaden: Springer Gabler.

Petzoldt, A., Sanders, T., & Bullinger, A. C. (2015). *Informelles und non-formales Lernen. Tagungsband 9th SKM Symposium: Explicating the Multi-Level-Perspective of Dynamic Capability Research. 21.–22.09.2015*. Bochum: SKM.

Petzoldt, A., Sanders, T., Heß, J., Heim, Y., & Bullinger, A. C. (2016). Kompetenzpfade – strategische Personalplanung und effektive Mitarbeiterentwicklung. In E. Müller & A. C. Bullinger (Hrsg.), *Smarte Fabrik und Smarte Arbeit – Industrie 4.0 gewinnt Kontur. Fachtagung Vernetzt planen und produzieren 2016* (elektronische Ressource). Chemnitz: Schriftenreihe des Instituts für Betriebswissenschaften und Fabriksysteme.

Probst, G. (2000). *Kompetenz-Management: Wie Individuen und Organisationen Kompetenz entwickeln*. Berlin: Springer.

Reetz, L. (1999). Zum Zusammenhang von Schlüsselqualifikationen – Kompetenzen – Bildung. In T. Tramm & A. C. Bullinger (Hrsg.), *Professionalisierung kaufmännischer Berufsbildung: Beiträge zur Öffnung der Wirtschaft für die Anforderungen des 21. Jhd. Festschrift zum 60. Geburtstag von Franz Achtenhagen* (S. 32–51). Frankfurt a. M.: Peter Lang.

Rothe, H.-J., & Hinnerichs, L. (2005). Wissens- und Kompetenzmanagement. Verhaltensbeeinflussende subjektive und organisationale Bedingungen (673–722). In Arbeitsgemeinschaft Betriebliche Weiterbildungsforschung e. V. (Hrsg.), *Kompetenzmessung im Unternehmen. Lernkultur- und Kompetenzanalysen im betrieblichen Umfeld*. Münster: Waxmann.

Rump, J., & Eilers, S. (2006). Managing employability. In J. Rump, T. Sattelberger, & H. Fischer (Hrsg.), *Employability Management: Grundlagen, Konzepte, Perspektiven* (S. 13–73). Berlin: Springer.

Seufert, S., Meier, C., Schneider, C., Schuchmann, D., & Krapf, J. (2017). Geschäftsmodelle für inner- und überbetriebliche Bildungsanbieter in einer zunehmend digitalisierten Welt. In J. Erpenbeck, W. Sauter, & H. Fischer (Hrsg.), *Handbuch Kompetenzentwicklung im Netz. Bausteine einer neuen Lernwelt* (S. 429–448). Stuttgart: Schäffer-Poeschel.

Spath, D., Ganschar, O., Gerlach, S., Hämmerle, M., Krause, T., & Schlund, S. (2013). *Produktionsarbeit der Zukunft – Industrie 4.0*. Stuttgart: Fraunhofer.

Weick, K. E., & Sutcliffe, K. M. (2010). *Das Unerwartete managen. Wie Unternehmen aus Extremsituationen lernen*. Stuttgart: Schäffer-Poeschel.

Weinert, F. E. (2001). *Leistungsmessungen in Schulen*. Weinheim: Beltz.

Kompetenzbedarfe analysieren und antizipieren

Inhaltsverzeichnis

Kapitel 3   Identifikation von Kompetenzbedarfen in Spitzentechnologien – 27
Franziska Scheier, Florian Schramm, Stephan Duschek, Wiebke Kannenberg und Christian Gärtner

Kapitel 4   Identifikation von Kompetenzbedarfen für den Hafen der Zukunft – 45
Daniela Ahrens und Sven Schulte

Kapitel 5   Voraussetzungen der erfolgreichen Implementierung von Kompetenzmanagement in KMU – 61
Nicole Sprafke, Saskia Hohagen, Mara Erlinghagen, Alexander Nolte, Philipp Wenig, Andreas Zechmann, Uta Wilkens, Heiner Minssen und Thomas Andreas Herrmann

Kapitel 6   Kompetenzmanagement in der Dienstleistungs- und Maschinenbaubranche – ein Status quo – 83
Tobias Sanders, Yvonne Heim, Annegret Melzer und Angelika C. Bullinger-Hoffmann

Kapitel 7   Identifikation zukünftiger Kompetenzbedarfe in der Logistik – 103
Tobias Hegmanns, Natalia Straub, Sandra Kaczmarek, Dominik May, Monika Radtke, Tobias Haertel und Daniel Neubauer

Identifikation von Kompetenzbedarfen in Spitzentechnologien

Franziska Scheier, Florian Schramm, Stephan Duschek, Wiebke Kannenberg und Christian Gärtner

3.1 Licht als wichtiger wirtschaftlicher Wachstumsfaktor – 28

3.2 Begrenztes Angebot bei stetigem Bedarf – 30

3.3 Konzeptionelle Überlegungen: Kompetenz statt Qualifikation – 31

3.4 Methodisches Vorgehen – 33

3.5 Ergebnisse – 34
3.5.1 Anforderungen in der Optischen Technologie und Mikrosystemtechnik – 34
3.5.2 Ist-Zustand der Beschäftigtenkompetenzen – 38
3.5.3 Bedarf an Kompetenzentwicklung – 39

Literatur – 42

© Springer-Verlag GmbH Deutschland, ein Teil von Springer Nature 2019
A. C. Bullinger-Hoffmann (Hrsg.), *Zukunftstechnologien und Kompetenzbedarfe*, Kompetenzmanagement in Organisationen, https://doi.org/10.1007/978-3-662-54952-0_3

Zusammenfassung

Dieses Kapitel beschäftigt sich mit den Kompetenzbedarfen von Beschäftigten in Betrieben, die im Bereich der Spitzentechnologie tätig sind. Spitzentechnologie als Technik, die dem aktuellen technologischen Entwicklungsstand entspricht, gilt als Beschäftigungsfeld mit sehr gut ausgebildeten Fachkräften. Allerdings ist das nicht garantiert. Damit diese Betriebe ihre Innovations- und Wettbewerbsfähigkeit halten und ausbauen können sowie ihren Unternehmenserfolg sichern, sind sie fortwährend auf sehr gut qualifiziertes Personal angewiesen. Sie sind gefordert, Investitionen in den kontinuierlichen Aus- und Aufbau von Kompetenzen ihrer Fachkräfte zu tätigen.

Um eine erfolgsgerechte Kompetenzentwicklung und -sicherung voranzutreiben, ist zuvor eine Identifikation der erforderlichen Bedarfe geboten. Am Beispiel des Clusters Optik in Berlin und Brandenburg, das Technologien aus verschiedenen Disziplinen der Laser-, Licht-, Kommunikations- und Messtechnik vereint, wird daher mittels eines mehrstufigen und kombinierten Vorgehens mit qualitativer und quantitativer Datenbasis untersucht, welche Kompetenzen bei den Beschäftigten wesentlich sind, um mit den Anforderungen an die sich stetig weiterentwickelnden Spitzentechnologien Schritt zu halten.

3.1 Licht als wichtiger wirtschaftlicher Wachstumsfaktor

Spitzentechnologien sind ein besonderer Wachstumsfaktor der Wirtschaft. Als Techniken, die dem aktuellen technologischen Entwicklungsstand entsprechen, tragen sie maßgeblich zum wirtschaftlichen Erfolg von Volkswirtschaften bei. Laut einer Studie der Wirtschaftsberatung BDO und des Hamburgischen Weltwirtschaftsinstituts (HWWI) befindet sich Deutschland auf Platz fünf der erfindungsreichsten Länder: In den Jahren 2012 bis 2014 wurden durchschnittlich 916 Patente je eine Million Einwohner/-innen gemeldet (Rische et al. 2016). Trotz der relativ guten Platzierung äußern die Studienherausgeber Bedenken. Zum einen sei der Abstand zum Erstplatzierten Südkorea mit 3134 Patenten sehr groß, und Länder wie die USA und China setzten zum Überholen an. Sorge bereite zum anderen der Befund, dass Deutschland in den hochtechnologischen Bereichen der digitalen Datenübertragung oder der mobilen Dienstleistungen nur eine geringe Rolle spiele. Hier müssten laut dem HWWI Anstrengungen unternommen werden, damit die internationale Position Deutschlands gehalten werden kann (ZEIT online 2016).

Spitzentechnologien oder High-Technologies sind in den verschiedenen Wirtschaftsbereichen zu finden, so auch in der Photonik-Branche mit den Technologiefeldern der optischen Technologien und der Mikrosystemtechnik. Die Photonik verwertet den Rohstoff Licht, indem sie „Technologien zur Erzeugung, Verstärkung, Formung, Übertragung, Messung und Nutzbarmachung von Licht" hervorbringt (Programmausschuss für Optische Technologien 2010, S. 10). Sie spielt damit eine bedeutende Rolle bei Technologien für einen modernen Produktionsstandort, in der Informationsgesellschaft, der Medizintechnik und des Klimaschutzes. So können beispielsweise bei der Beleuchtung mit LED und OLED bis zu zwei Drittel Energie eingespart und Kohlenstoffdioxidemissionen reduziert werden. Photonische Technologien wirken somit in alle Zweige der Wirtschaft. Sie sind Treiber für Innovationen und stellen die Grundlage für neue Produkte, Verfahren und Dienstleistungen anderer Branchen dar. Dem Leitbild einer nachhaltigen Entwicklung folgend, liefern sie als eine Schlüsseltechnologie des 21. Jahrhunderts „Lösungen für die Märkte von morgen" (Programmausschuss für Optische Technologien 2010, S. 7). Die Europäische Kommission (2012) zählt sie zu den sechs Key Enabling Technologies für Europa und hat sie in den ressortübergreifenden Strategieprozess Europa 2020 aufgenommen.

Auch wenn Deutschland laut der Studie von BDO und HWWI im internationalen Vergleich eine geringe Rolle bei ausgewählten Spitzentechnologien spielt, so gehören deutsche Unternehmen in zahlreichen Bereichen der Photonik wie Lasertechnik, LED und Mikroskopie dennoch zu den weltmarktführenden. So beschreibt der Satz: „Licht ist wichtig für Wachstum" (Auer 2010, S. 4), aus dem Branchenreport der Deutschen Bank von 2010 vortrefflich das Photonik-Marktgeschehen. Neben Organisationen mit langjähriger Tradition sind in den vergangenen 15–25 Jahren zahlreiche neue Unternehmen entstanden. Knapp 85 % der Unternehmen sind KMU (Programmausschuss für Optische Technologien 2010). Trotz des massiven wirtschaftlichen Einbruchs in der Fotovoltaik in Deutschland, erreichte die deutsche Photonik-Branche im Jahr 2014 ein Produktionsvolumen von rund 30 Mrd. EUR mit positiven Zuwachsraten sowohl beim Inlands- als auch Exportumsatz in der Lasertechnik, Bildverarbeitung und Messtechnik sowie der Lithografie, Medizintechnik und optischen Komponenten – zum Vergleich: im Jahr 2011 waren es 27 Mrd. EUR (SPECTARIS et al. 2015).

Es stellt sich also die Frage, wie es gelingt im Bereich der Spitzentechnologien Innovationen und Wettbewerbsfähigkeit hervorzubringen, diese zu halten und auszubauen. Technologien entstehen nicht aus dem Nichts oder entwickeln sich von selbst. Gefragt ist der Faktor Mensch, der mit seinen Kompetenzen Innovationen und Erfindungen hervorbringt. In der Photonik-Branche waren im Jahr 2014 deutschlandweit etwa 126.000 Menschen beschäftigt (Statista 2016). Davon weisen laut dem Programmausschuss Optische Technologien mehr als 20 % der Beschäftigten einen akademischen Abschluss auf. Das sind mehr als doppelt so viele wie im übrigen produzierenden Gewerbe (Programmausschuss für Optische Technologien 2010, S. 11). In Kernbereichen der Photonik wird der Anteil der Hochqualifizierten sogar noch höher ausgewiesen und beläuft sich auf ca. 30–35 % (Abicht 2004; Techen und Kampe 2016). Unternehmen sind also auf gutes, hoch qualifiziertes Personal angewiesen, das mit seinen Kompetenzen Spitzentechnologien vorantreibt. Dabei reicht jedoch einmal erworbenes Wissen nicht für ein gesamtes Berufsleben aus. Die schnellen Entwicklungszyklen der Technologien, die für das Wirtschaftswachstum enorme Potenziale bergen, stellen hohe, sich stetig ändernde Anforderungen an die Menschen, die mit der neuen Technik umgehen müssen (Pfeiffer et al. 2010, S. 18). Somit ist eine fortwährende Entwicklung und Förderung der Kompetenzen von Beschäftigten notwendig, um als Organisation dauerhaft erfolgreich zu sein. Bevor jedoch entsprechende Maßnahmen der Qualifizierung und Weiterentwicklung implementiert werden, ist zunächst die Ermittlung des Bedarfs erforderlich. Nur so können gezielt die Inhalte, Methodik und Dringlichkeit (kurz-, mittel- und langfristig) aufeinander abgestimmt werden, um nicht am eigentlichen Kompetenzbedarf vorbei zu entwickeln oder zu fördern. In diesem Kapitel wird daher der Forschungsfrage nachgegangen, welche Kompetenzen bei den Beschäftigten wesentlich sind, um den Anforderungen im Bereich der Spitzentechnologien nachzukommen. Diese Frage wird anhand einer empirischen Untersuchung in der Photonik-Branche mit den Spitzentechnologien der optischen Technologien und der Mikrosystemtechnik untersucht.

Im Folgenden werden zunächst der Forschungsstand skizziert und die Forschungsfrage spezifiziert (▶ Abschn. 3.2). Daran anschließend werden als Basis für die empirische Untersuchung konzeptionelle Überlegungen zum Begriff der Kompetenz besprochen (▶ Abschn. 3.3) und das Forschungsdesign beschrieben (▶ Abschn. 3.4). Die empirischen Ergebnisse werden im ▶ Abschn. 3.5 dargestellt und deren Bedeutung in Bezug auf die spezifizierten Fragen sowie Handlungsempfehlungen im abschließenden Fazit diskutiert.

3.2 Begrenztes Angebot bei stetigem Bedarf

Neben der Ausbildung von zukünftigen Fachkräften wird in der Photonik-Branche die Kompetenzsicherung und -entwicklung von bereits existierenden Fachkräften als eine wichtige Herausforderung des gemeinschaftlichen Handelns der Akteure – Unternehmen, Wissenschaft, Politik und Verbände – im Rahmen der Agenda Photonik 2020 angesehen (Programmausschuss für Optische Technologien 2010). Da zu Beginn der 2000er-Jahre keine aktuellen Erkenntnisse zum Qualifizierungsbedarf in der Photonik-Branche vorlagen, hat das BMBF im Jahr 2003 flächendeckende Analysen zum Angebot und Bedarf initiiert.

Mit den Untersuchungen zu den **Weiterbildungsangeboten** (Agemar et al. 2003) und den Bildungsangeboten der Hochschulen in den Optischen Technologien (Drieling und Rach 2004) wurde Transparenz bezüglich der verschiedenen bestehenden Angebote geschaffen und neue Kooperationen angeregt. So konnten für die Weiterbildung im Jahr 2002 insgesamt 343 Angebote von 109 Anbietenden identifiziert werden: Eine Dominanz besteht im Bereich der Anwendung von Lasertechnik in der Medizin und der Fertigungs- und Produktionstechnik. Ein flächendeckendes Angebot existiert für den Laserstrahlenschutz. In anderen Bereichen wie der Informationstechnologie konzentrieren sich die Angebote auf einzelne Regionen Deutschlands wie Baden-Württemberg oder Hessen (Agemar et al. 2003). Mithilfe dieser Studien können nun Aussagen über die Bildungs- und Qualifizierungsangebote getätigt werden.

Die Forschungslücke zum Qualifizierungsbedarf in der Photonik-Branche greifen die Studien von Abicht (2004) und Novello-von Bescherer (2005) auf. Anhand einer telefonischen Befragung von KMU konstatiert das Autorenteam um Abicht für Beschäftigte mit akademischen Abschlüssen einen Qualifizierungsbedarf bei Anwendungs- und Verfahrenswissen (21 %), technologischen Grundlagen (24 %) sowie fachübergreifendem Know-how und Soft Skills (41 %). Eine zunehmende Bedeutung erfährt die Projektarbeit (Abicht 2004), bei der Beschäftigte aus verschiedenen Fachdisziplinen für Produktinnovationen zusammenarbeiten (Novello-von Bescherer 2005). Weiterhin wurde der Bedarf an Mischqualifikationen des akademischen Personals mithilfe von Betriebsfallstudien identifiziert, wobei eine fachliche Spezialisierung der Beschäftigten nicht ausgelagert werden soll, sondern als eine Kernaufgabe der Unternehmen betrachtet wird (Novello-von Bescherer 2005, S. 81).

Um auch den **Bedarf von Facharbeitenden** zu erfassen, untersuchten Fischer et al. (2005) das Qualifizierungsangebot und den Bedarf im Handwerk. Das Autorenteam belegt, dass optische Technologien nicht nur in Kernbereichen der Photonik, sondern in verschiedensten Berufsfeldern – von der Augenoptik über die Gravur bis hin zur Zahntechnik – zum Einsatz kommen. Ebenso auf der Ebene der Facharbeitenden ist die neuere Studie von Hackel et al. (2015) angesiedelt. Hierbei werden verschiedene neue Technologien aus den Bereichen Leichtbau, Biotechnologie, Energiewende sowie (der Photonik zugehörigen) Lasertechnik vergleichend hinsichtlich der Qualifikationsveränderungen untersucht. In der übergreifenden Analyse konnten keine einheitlichen Ergebnisse zu veränderten Qualifikationsanforderungen festgestellt werden. Als übergreifender Trend zeigte sich jedoch die zunehmende Bedeutung der Automatisierungstechnik in der Produktion aller Technologien. So sind sowohl vertiefende Kenntnisse im Bereich der Störungsbehebung als auch Materialkenntnisse sowie Kenntnisse der Prozess- und Systemzusammenhänge erforderlich (Hackel et al. 2015, S. 22). In der industriellen Fertigung der

Lasertechnik geht die Arbeitsorganisation zudem mit einer größeren Arbeitsteilung einher, die jedoch nicht vom Ausbildungsgrad, sondern vom Aufgabengebiet (Produktion, Wartung, Fehlerbehebung, Einrichtung oder Entwicklung neuer Prozesse) abhängig ist (Hackel et al. 2015, S. 98 f.).

Mit den aufgezeigten Forschungsergebnissen in der Photonik-Branche wird deutlich, dass der Forschungsstand hierzu sehr übersichtlich ist. Erste Erkenntnisse über den Kompetenzbedarf von Beschäftigten werden geliefert, wobei die wenigen Studien – bis auf die Studie von Hackel et al. (2015), die mit der Lasertechnik jedoch nur einen Teilbereich der Photonik berücksichtigt – mehr als 10 Jahre zurückliegen. Durch die schnellen Entwicklungszyklen der Branche stellt sich daher erstens die Frage, ob sich die technologischen Anforderungen und damit die erforderlichen Kompetenzen bei den Beschäftigten innerhalb dieser Zeit geändert haben. Zudem konzentrieren sich die wenigen Studien zum Bedarf jeweils auf Beschäftigte eines Ausbildungsgrades – entweder akademische oder beruflich ausgebildete Fachkräfte. Da sich im Zeitverlauf das Arbeitsangebot wandelt und die Belegschaft in Organisationen heterogen zusammensetzt, stellt sich zweitens die Frage, ob bezüglich der Kompetenzen auch Unterschiede zwischen Beschäftigten unterschiedlichen Alters bestehen.

3.3 Konzeptionelle Überlegungen: Kompetenz statt Qualifikation

Kompetenzen können aus verschiedenen Perspektiven betrachtet werden (Scheier et al. 2015). Für die individuelle Ebene ist zunächst festzuhalten, dass es zu Beginn der 1990er-Jahre einen Trend „von der Qualifikation zur Kompetenz" gab (Grootings 1994). Dieser Trend ist mit einer Verschiebung der Begriffsinhalte einhergegangen, die Arnold (2000) auf Grundlage der Arbeiten von Lichtenberger (1999) systematisch einander gegenübergestellt hat. Einer **performanzorientierten Ausrichtung** folgend wird Kompetenz als Grundlage für die Realisierung von Handlungen gesehen. Sie beinhaltet als wichtigstes Unterscheidungsmerkmal von der Qualifikation eine Selbstorganisationsfähigkeit, die sich auf die ganze Person bezieht und damit einen ganzheitlichen Anspruch verfolgt (Arnold 2000). Im Vergleich hierzu richtet sich Qualifikation auf die Erfüllung vorgegebener Zwecke in Prüfungssituationen (fremdorientiert), sie ist auf unmittelbare tätigkeitsbezogene Kenntnisse und Fertigkeiten reduziert (Arnold 2000, S. 269) und zertifiziert das aktuelle Wissen sowie die vorhandenen Fertigkeiten (Erpenbeck und von Rosenstiel 2017). Aufgrund der Selbstorganisationsfähigkeit wird somit der Kompetenz eine besondere Relevanz zugeschrieben:

» Individuelle Kompetenz bildet die Grundlage für innovatives Handeln (Erpenbeck 2004) und stellt die Voraussetzung für die Sicherung der Wettbewerbsfähigkeit von Organisationen dar (Staudt et al. 2002) (Roth und Barthel 2011, S. 16).

Eine wichtige Grundlage der Kompetenz in der Performanzorientierung stellt Wissen dar. Im Zusammenspiel mit Motivation, Volition und der Fähigkeit der Selbstorganisation bewirkt Wissen letztendlich Kompetenz. In diesem Verständnis wird eine (mangelnde) Kompetenz handlungsbezogen, in der Bewältigung von Problemsituationen, beschrieben. Dabei ist zu berücksichtigen, dass zur Kompetenzentfaltung auch die situative Ermöglichung gehört. Daher ist bei der Kompetenz zwischen der Performanz und dem Potenzial zu unterscheiden (Schramm und Schlese 2011). Die **Performanz** basiert auf der Kompetenz zu einem bestimmten Zeitpunkt. Sie resultiert aus dem gezeigten Verhalten, das die Fähig- und Fertigkeiten zu diesem Zeitpunkt zum Ausdruck bringt. Bereits zu diesem Moment weist die Kompetenz über das gezeigte Verhalten hinaus, bleibt diesem aber wesentlich verbunden. Das **Potenzial** geht darüber hinaus. Es bringt Entwicklungsmöglichkeiten zum Ausdruck, die zum Zeitpunkt der Beurteilung (noch) nicht voll entwickelt sein müssen, die aber bei geeigneten Entwicklungsmaßnahmen entfaltet werden können. Das Potenzial spiegelt sich teilweise im gezeigten Verhalten wider (Schramm und Schlese 2011, S. 194 f.).

Kompetenzen können verschiedenartig für die individuelle Ebene systematisiert werden. Doch auch wenn heute die bekannteste und sicherlich am häufigsten genutzte Systematik die organisationspsychologisch geprägte Konzeption von Erpenbeck und von Rosenstiel (2017) darstellt, so wird als Rahmen für die empirische Untersuchung dieses Beitrags auf die **dreigliedrige Kompetenzkonzeption von Katz** aus dem Jahr 1974 zurückgegriffen und teils begrifflich präzisiert. Katz untersuchte in seinen Studien, welche individuellen Voraussetzungen oder „skills" für eine erfolgreiche Bewältigung von Managementaufgaben gegeben sein sollten. Das Management in seiner funktionalen Perspektive beinhaltet eine Gestaltung und Steuerung von Aufgaben und Abläufen zur Erfüllung von Organisationszielen (Steinmann und Schreyögg 2005). Damit weisen Managementleistungen eine Organisationsfähigkeit der handelnden Personen auf, die der Selbstorganisationsfähigkeit der Kompetenz gleicht und somit auf diese übertragen werden kann. Folgende Kompetenzen sind zu unterscheiden:

- Die **fachlich-methodische Kompetenz** meint die Fähigkeit, theoretisches Wissen, Methoden, Verfahren und Techniken auf den konkreten Einzelfall anzuwenden. So werden für Problemlösungen die entsprechenden Sachkenntnisse und Praktiken selbstbestimmt und situationsgerecht eingesetzt. Diese Kompetenz gilt als am einfachsten zu vermitteln (Steinmann und Schreyögg 2005, S. 23) und wird von Katz (1974, S. 91) als technische Kompetenz bezeichnet.
- Die **kommunikativ-kooperative Kompetenz** umfasst die Fähigkeit, mit anderen Menschen effektiv zusammenzuarbeiten und durch andere Menschen zu wirken. Zu dieser von Katz (1974, S. 91) als soziale Kompetenz betitelten Fähigkeit gehört die Artikulation der eigenen Gefühle und Auffassungen, die Fähigkeit, das Handeln anderer Menschen zu verstehen und sich in diese hineinzuversetzen (Empathie), sowie eine grundsätzliche Bereitschaft zur Zusammenarbeit mit anderen (Steinmann und Schreyögg 2005, S. 24). In Zeiten der Globalisierung erlangt zudem das interkulturelle Verstehen, d. h. die Fähigkeit, über kulturelle Grenzen hinweg zu kommunizieren und gemeinschaftlich zu handeln, eine besondere Bedeutung (Thomas et al. 2003).
- Die **konzeptionelle Kompetenz** versteht sich als Fähigkeit, komplexe Problemfelder zu strukturieren und diese in handhabbare Handlungskonzepte zu überführen. Diese Strukturierungsfähigkeit setzt ein grundsätzliches Verständnis sowie ein Erkennen von Zusammenhängen und Bewegungskräften des gesamten Prozesses voraus; nur so können für Einzelprobleme und -entscheidungen Anschlüsse an weitere Entscheidungen gefunden werden (Katz 1974, S. 93; Steinmann und Schreyögg 2005, S. 25). Sie beinhaltet letztlich die Fähigkeit, ein Problem aus verschiedenen Perspektiven betrachten zu können oder in verschiedenen Kategorien zu denken (Bartunek et al. 1983). Dabei verlangt sie eine grundsätzliche Lernfähigkeit, um den sich immer wieder verändernden Problemlagen gerecht werden zu können (Steinmann und Schreyögg 2005, S. 25).

Zur Bewältigung von Aufgaben wirken diese drei Kompetenzen zusammen, auch wenn sie individuell verschieden stark ausgeprägt sein mögen. Der Anwendung von geeigneten Methoden und Techniken zur Lösung eines Problems geht in der Regel eine Reflexion des Problems voraus, die ggf. mit weiteren Personen erörtert oder gemeinsam umgesetzt wird.

3.4 Methodisches Vorgehen

Für die Untersuchung von Kompetenzen bei Beschäftigten im Bereich der Spitzentechnologie wird als Untersuchungsfeld das Cluster Optik Berlin-Brandenburg gewählt. Ein **Cluster** stellt eine geografische bzw. regionale Konzentration von miteinander verbundenen Organisationen in einem Wirtschaftszweig dar. Aufgrund enger Lieferverpflichtungen und Kooperationsbeziehungen stehen diese Organisationen wie Unternehmen, Forschungs- und Wirtschaftseinrichtungen miteinander in Beziehung und entfalten eine hohe Wettbewerbsfähigkeit (Porter 1999). Das länderübergreifende Cluster Optik Berlin-Brandenburg mit seinen ca. 445 Organisationen im Clusterkern zählt dabei in der Photonik-Branche zu den international führenden Standorten. Zusammengefasst in sechs Handlungsfeldern – Lasertechnik, Lichttechnik, Kommunikation und Sensorik, Optische Analytik, Biomedizinische Optik und Mikrosystemtechnik – weist das Cluster mit über 17.688 Beschäftigten (Stand: 2016) einen steigenden Umsatz von 8,7 % zwischen 2008 und 2015 auf (Land Brandenburg und Land Berlin 2018).

Zur Beantwortung der Untersuchungsfrage: „Welche Kompetenzen sind bei den Beschäftigten wesentlich, um den Anforderungen an die Spitzentechnologien gerecht zu werden?", wurden empirische, aus verschiedenen Verfahren gewonnene Daten des vom BMBF geförderten Verbundprojektes „Altersgerechte und -übergreifende Fachkräfteentwicklung in Hochtechnologie-Clustern am Beispiel optischer Technologien und Mikrosystemtechnik in Berlin und Brandenburg" (AlFaClu, Projektlaufzeit 11/2013 bis 01/2017) herangezogen. Inhaltlich strukturiert in drei Bereiche wurden zunächst die (gewandelten) Anforderungen an die Kompetenzen von Beschäftigen identifiziert. Hierzu wurden die inhaltsanalytischen Auswertungsergebnisse (Mayring 1996, 2008) aus 25 problemzentrierten Interviews (Witzel 1985, 2000) mit Geschäftsführungen und Personalverantwortlichen sowie aus fünf Expertengesprächen (Meuser und Nagel 2005) mit Vertretern/Vertreterinnen des Clustermanagements, dem Clustersprecher und Lehrverantwortlichen je einer Berufs- und Hochschule herangezogen. Die Gespräche, die während der Projektlaufzeit von 2014 bis 2016 durchgeführt wurden, basierten auf einem offen gehaltenen Leitfaden (Hopf 1978) zum Thema Fachkräfteentwicklung innerhalb des Clusters und wurden für die Auswertung transkribiert.

Im zweiten Schritt wurde der Ist-Zustand für ausgewählte Kompetenzen der Beschäftigten des Clusters Optik erfasst. Neben qualitativen Aussagen der Clusterexperten/-expertinnen werden hierzu Analyseergebnisse aus der im AlFaClu-Projekt durchgeführten standardisierten Befragung zur Fachkräfteentwicklung im Cluster einbezogen. Die via E-Mail angeschriebenen Organisationen wurden mittels eines am PC ausfüllbaren Fragebogens u. a. gebeten, verschiedene Kompetenzen ihrer Beschäftigten anhand einer siebenstufigen, entlang von Gegensatzpaaren ausgerichteten Skala („semantisches Differenzial"; Paier 2010) zu beurteilen. Die verschiedenen Gegensatzpaare (z. B. lernbegeistert [=1] vs. lernverweigernd [=7]) können den Kompetenzen fachlich-methodisch, konzeptionell sowie kommunikativ-kooperativ zugeordnet werden. Bei der ersten Stichprobe wurden Berliner und Brandenburger Organisationen von November 2014 bis Januar 2015 befragt; bei der zweiten Stichprobe Betriebe aus weiteren Bundesländern im Sommer 2015. Der Rücklauf umfasste bei insgesamt 1035 angeschriebenen Organisationen 7 %.

Damit die Beschäftigten des Clusters auch zukünftig den Anforderungen nachkommen können, wurde in einem dritten Schritt der Kompetenzentwicklungsbedarf ergründet. Dabei wurde ebenso auf Ergebnisse der standardisierten AlFaClu-Befragung zurückgegriffen. So wurden die Organisationen, ohne Antworten vorzugeben, befragt, welches die drei wichtigsten Entwicklungs- und Qualifizierungsbedarfe ihrer Beschäftigten sind. Die Antworten wurden den Kompetenzdimensionen fachlich-methodisch, konzeptionell und kommunikativ-kooperativ zugeordnet und nach deren Häufigkeiten ausgewertet.

Abschließend kann festgehalten werden, dass der Untersuchungsfrage mittels eines mehrstufigen und kombinierten Vorgehens anhand einer qualitativen und quantitativen Datenbasis (Creswell 2010; Mayring 2001) nachgegangen wurde.

3.5 Ergebnisse

Das Cluster Optik Berlin-Brandenburg umfasst ungefähr 390 Unternehmen, 10 Hochschulen und knapp 26 außeruniversitäre Forschungseinrichtungen (Cluster Optik 2018). Insgesamt sind die Organisationen mehrheitlich jung.

Auch wenn Berlin-Brandenburg bei den Entstehungsjahren eine weite Spanne von 1920 bis 2015 aufweist, so sind die Organisationen durchschnittlich im Jahr 1995 gegründet worden. Bezogen auf die Beschäftigtenanzahl entsprechen die Organisationen zu weit mehr als 90 % KMU. Ein mit knapp 20 % nicht unerheblicher Anteil der Organisationen beschäftigen dabei weniger als 10 Beschäftigte und fallen somit in die Kategorie des Kleinstunternehmens. Mit weit über 70 % sind die Beschäftigten der Organisationen mit qualifizierten Tätigkeiten betraut: 35 % üben Tätigkeiten aus, die einen Hochschulabschluss benötigen, 33 % verrichten Tätigkeiten, die eine Berufsausbildung erfordern, für weitere 8 % ist ein Techniker- oder Meisterabschluss Voraussetzung.

Hinsichtlich der Altersstruktur zeigt sich für den Untersuchungszeitraum ein relativ ausgeglichenes Bild (◘ Abb. 3.1). Die Beschäftigten verteilen sich relativ ausgewogen auf die verschiedenen Altersgruppen: Jünger als 46 Jahre sind ungefähr 55 %, knapp 25 % sind zwischen 46 und 55 Jahre alt und ca. 20 % sind älter als 56 Jahre.

Vorgestellt werden im Folgenden die Ergebnisse der Interviews in anonymisierter Form.

3.5.1 Anforderungen in der Optischen Technologie und Mikrosystemtechnik

Für die Spitzentechnologien der Optischen Technologie und der Mikrosystemtechnik sind entlang der drei Kompetenzarten (▶ Abschn. 3.3) verschiedene Anforderungen an die Beschäftigten identifiziert worden (◘ Abb. 3.2). Als entscheidende Voraussetzung für eine Tätigkeit in diesem Bereich ist laut Clusterexperten/-expertinnen zunächst eine solide Grundausbildung, die entweder auf dem akademischen oder auf dem

Identifikation von Kompetenzbedarfen in Spitzentechnologien

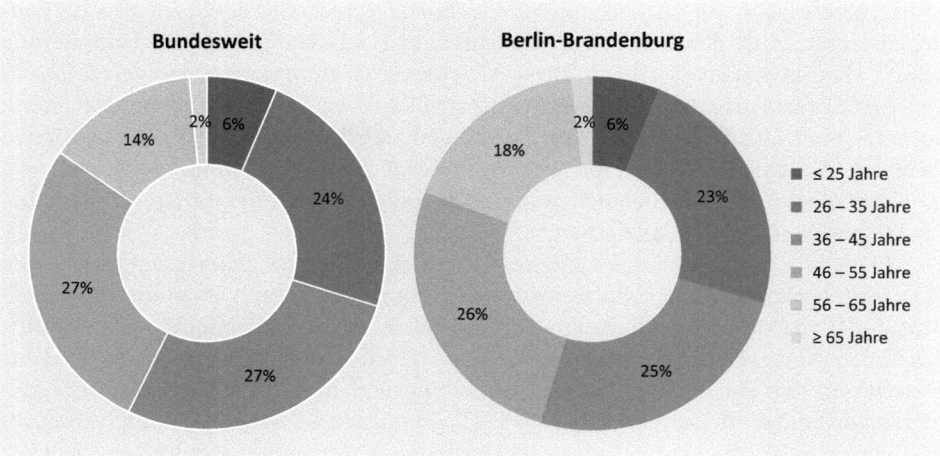

◘ **Abb. 3.1** Altersstruktur der Beschäftigten im Cluster Optik (Auswertung der standardisierten AIFaClu-Befragung, Daten aus 2014 und 2015; N bundesweit = 73, N Berlin-Brandenburg = 27)

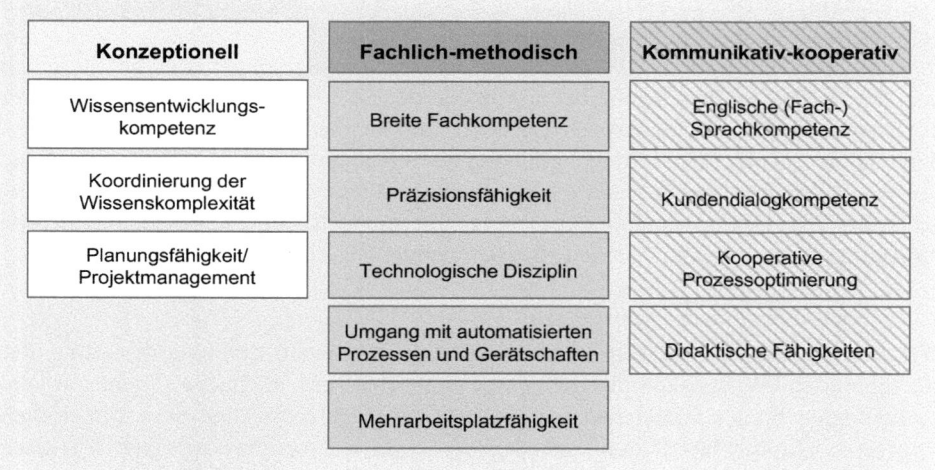

◘ **Abb. 3.2** Anforderungen an Kompetenzen der Beschäftigten (Auswertung qualitativer Interviews aus 2014 bis 2016)

beruflichen Ausbildungsweg erworben wird. Auf dieser Basis erfolgt mit der Arbeitstätigkeit die erforderliche Spezialisierung der ausgebildeten Fachkräfte im Betrieb. Das dauert ungefähr 5–10 Jahre und wird als „Reifung der Kompetenz" bezeichnet (Clusterexperte I, 2014).

- **Konzeptionelle Kompetenz**

Um technologische Innovationsprozesse mitzugestalten und Produktentwicklungen voranzutreiben, wird von den Beschäftigten eine **kontinuierliche Wissensentwicklung** verlangt. Beschäftigte sind stetig gefordert, sich und ihre Kompetenzen selbst weiterzuentwickeln, anstatt auf einem Wissensstand zu verharren. Laut den betrieblichen Experten ist dabei in dieser Branche „nichts beständiger als die Veränderung selbst" (Betriebsexperte I, 2014). Diese Wissensentwicklungskompetenz wird sowohl von den akademischen als auch von den beruflichen Fachkräften eingefordert, wenn auch in unterschiedlichem Ausmaß. So müssen sich beispielsweise in der optischen Analytik akademische Fachkräfte weiteres Wissen zur Entwicklung neuer oder verbesserter Messmethoden aneignen, während berufliche Fachkräfte die Anwendung dieser Methoden in der Praxis erlernen.

Mit dem ständigen Entwicklungsfortschritt der Branche geht eine zunehmende Wissenskomplexität einher. Sie zeichnet sich zum einen durch eine erhöhte **Spezifität der Produkte** aus. Grundtechnologien wie die der LED-Technologie haben sich seit vielen Jahren kaum verändert, sie haben sich jedoch ausdifferenziert. So sind zur Herstellung von roten LEDs andere Herstellungsverfahren als bei grünen oder gelben anzuwenden (Betriebsexperte II, 2014). Zum anderen wird die Komplexität des Wissens durch **Überschneidungen verschiedener Technologiebereichen** geprägt. Viele Produkte, die vormals mechanisch funktionierten, werden zunehmend mit elektronischen Bauteilen ausgestattet. Das erfordert ein koordiniertes Ineinandergreifen von fachlichen Kompetenzen, beispielsweise im Bereich der Medizintechnik (Betriebsexperte III, 2014). Beschäftigte sind somit gefordert, die zunehmende Wissenskomplexität zu koordinieren, d. h., sie zu erfassen und entsprechend den Erfordernissen in der Praxis anzuwenden.

Weiterhin wird von den Beschäftigten eine **Planungsfähigkeit** erwartet. Beruflich qualifizierte Fachkräfte sind hierbei angehalten, einzelne Vorgänge und Prozesse ihrer Tätigkeiten zu planen, zu überprüfen und ggf. zu korrigieren (Clusterexperte IV, 2016). Beschäftigte in Leitungspositionen, inklusive der mit Techniker- und Meisterausbildung, sowie Fachkräfte mit akademischen Abschlüssen sollen hingegen umfassend die Aufgaben des Projektmanagements mit Projektinitiierung, Ziel- und Arbeitsplanung sowie Projektkoordinierung wahrnehmen (Betriebsexperte VI, 2014).

- **Fachlich-methodische Kompetenz**

Wie bereits indirekt mit der konzeptionellen Kompetenz der Koordinierung der zunehmenden Wissenskomplexität dargelegt, wird das fachliche Spektrum der Technologien breiter (Clusterexperte V, 2016). Zum einen werden neue Materialien eingesetzt. Für die Herstellung von Sensoren und mikrotechnologischen Systemen werden neben dem Einsatz von Silicium zusehends weitere Materialien wie Siliciumcarbid, Galliumarsenid, Indiumphosphid oder Glas verwendet. Zum anderen werden neue oder verbesserte Messverfahren entwickelt, die den technologischen Ansprüchen entsprechen. Das erfordert eine **breitere Fachkompetenz** der Beschäftigten.

Mit der fortschreitenden Entwicklung der Nanotechnologie, insbesondere seit Beginn der 2000er-Jahre, sind mittlerweile Bearbeitungsschritte in den Optischen Technologien und der Mikrosystemtechnik möglich, die zuvor nicht vorstellbar waren. Bauteile und Systeme können nun nicht mehr „nur" im Mikrometerbereich, sondern auch in nanoskaliger Größenordnung (≤ 100 nm) zur Beugung des Lichts hergestellt und in Serie produziert werden (Clusterexperte VI, 2016). Mit diesen kleinsten Dimensionen steigen auch die Anforderungen an die Genauigkeit der herzustellenden Bauelemente und -gruppen. Zur Fehlervermeidung sind Beschäftigte daher mit einer **erhöhten Präzisionsfähigkeit** konfrontiert, die einerseits von ihnen in ihrer eigenen Tätigkeit verlangt wird und auf die sie andererseits bei der Überprüfung von Produkten wie Bauelementen und -gruppen achten müssen (Betriebsexperte VII, 2014; Betriebsexperte IV, 2015). Diese qualitätssetzenden Standards an Genauigkeit erfordern zudem eine technologische Disziplin von den Beschäftigten in den Bereichen der Produktion und der Fertigung. Sie haben sich an die exakte Abfolge von Prozessschritten und Arbeitsanweisungen zu halten. Eine Abweichung von diesen kann zu einer Störung oder Fehlermeldung führen (Betriebsexperte I, 2014).

Des Weiteren ändern sich auch die Anforderungen an die fachlich-methodische Kompetenz durch die zunehmende **Automatisierung der Geräte und Anlagen.** Früher haben Facharbeitende an einer Anlage gelernt und diese dann 10–20 Jahre bedient. Das ist heutzutage nicht mehr gegeben, was sich auch im geringer werdenden Anteil der manuellen Arbeit ausdrückt (Clusterexperte IV, 2016). Fachkräfte haben ein vertiefendes physikalisches Grundverständnis aufzubringen, um zu verstehen, welche Prozesse im Inneren der Geräte und Anlagen ablaufen. Nur so können sie Störungen vermeiden oder beheben. Dabei bestehen fortwährend Veränderungen bei der Bedienung, der Steuerung und der dazugehörigen Anwendungssoftware, die sie zu erlernen haben (Betriebsexperte VIII, 2014; Betriebsexperte IX, 2015; Clusterexperte V, 2016).

In diesem Zusammenhang wird auch die **Mehrarbeitsplatzfähigkeit** von gewerblichen Beschäftigten erwartet. Sie sollen aufgrund der durch die Automatisierung frei werdenden Kapazitäten vermehrt in der Lage sein, verschiedene Arbeitsplätze bedienen zu können (Betriebsexperte IV, 2015). Das erleichtert insbesondere bei KMU die Arbeitsorganisation bzw. -einteilung der Beschäftigten in der Fertigung (Betriebsexperte I, 2014). Fehlzeiten können so beispielsweise besser abgefedert werden.

- **Kommunikativ-kooperative Kompetenz**

In der Vergangenheit dominierte in den Spitzentechnologien die fachlich-methodische Kompetenz der Beschäftigten. Doch in zunehmendem Maße gewinnt neben der konzeptionellen auch die kommunikativ-kooperative Kompetenz an Bedeutung, die von den Betriebs- und Clusterexperten/-expertinnen auch als übergeordnete Fähigkeit bezeichnet wird (u. a. Betriebsexperte X, 2014; Clusterexperte IV, 2016).

Als zwingende Notwendigkeit werden hierbei als erstes von den Beschäftigten – sowohl von akademisch als auch beruflich qualifizierten – **englische Sprachkenntnisse** erwartet. Betriebsanleitungen von Anlagen und Gerätschaften werden mittlerweile fast ausschließlich in englischer Sprache verfasst. Das erfordert ein grundlegendes Leseverständnis der englischen Sprache mit entsprechenden Fachtermini (Clusterexperte IV, 2016). Zudem verlangen internationale Geschäfts- und Forschungsbeziehungen zumindest eine alltagsfähige englische Sprachkompetenz der Beschäftigten (Betriebsexperte XI, 2014).

Als zweites wird von den Beschäftigten in Unternehmen, auch jenseits des klassischen Vertriebs, eine **Kundendialogkompetenz** erwartet. So werden Beschäftigte des Entwicklungsbereichs zunehmend in den Kundenkontakt involviert. Neben dem Fachwissen ist dabei eine Präsentationsfähigkeit der Beschäftigten relevant, bei der die Produkte und Dienstleistungen des Unternehmens hinsichtlich ihrer Vorteile gegenüber dem Kunden verständlich und anschaulich erklärt werden sollten (Betriebsexperte XI, 2014; Clusterexperte IV, 2016).

Stärker innerhalb von Organisationen wird zudem als drittes die innerbetriebliche Zusammenarbeit zwischen Beschäftigten **verschiedener Organisationsbereiche** forciert. So werden Störungen und Probleme in Prozessen oder Prozessabläufen der Optischen Technologien und der Mikrosystemtechnik effizienter behoben, wenn sowohl Beschäftigte aus verschiedenen Bereichen wie den Entwicklungs- und Produktionsbereichen als auch in unterschiedlichen Positionen, z. B. Ingenieure oder gewerbliche Fachkräfte, gemeinsam an Lösungen arbeiten (Betriebsexperte VII, 2014). Mit dieser Kompetenz der kooperativen Prozessoptimierung stärken Beschäftigte insbesondere die **Innovationsfähigkeit** ihrer Organisationen.

Förderlich zum Tragen kommen außerdem in diesem Kompetenzbereich didaktische Fähigkeiten der Beschäftigten. Organisationen der Photonik-Branche sind ebenso wie Organisationen aus anderen Branchen auf die fachlich-methodischen Kompetenzen sowie auf das Erfahrungswissen ihrer Beschäftigten angewiesen. Um diese Ressourcen in den eigenen Organisationen zu sichern und auszubauen, sind bei den Beschäftigten Kompetenzen der **Wissensvermittlung** und des **Wissensaustausches** erforderlich (Betriebsexperte V, 2015). Entlang spezifisch didaktischer Methoden können erfahrene Beschäftigte ihr Know-how im Rahmen von internen Schulungen oder während betrieblicher Arbeitsprozesse an weniger erfahrene Beschäftigte weitergeben und so einen Beitrag zur Wissenssicherung innerhalb der Organisation leisten.

3.5.2 Ist-Zustand der Beschäftigtenkompetenzen

Die **gegenwärtigen Kompetenzen** der Beschäftigten im Cluster Optik (◘ Abb. 3.3, schwarze Linie), gemessen mittels einer siebenstufigen Skala, wirken in der Gesamtbetrachtung mit einem Wert von 4,97 unkritisch. Bei einem maximal zu erreichenden Wert von 7,0 weisen die einzelnen Kompetenzen jedoch noch ein Entwicklungspotenzial auf, das es auszubauen gilt. Dem folgen auch Aussagen der Clusterexperten/-expertinnen, die sich bei den Beschäftigten insbesondere im konzeptionellen Bereich der initiatorischen oder unternehmerischen Fähigkeiten eine höhere Ausprägung wünschen. Das „Bastler-Gen" oder die „Bissigkeit" bei Entwicklungstätigkeiten sei ihrer Auffassung ausbaufähig (Clusterexperte I und III, 2014). Gravierende Unterschiede zwischen den konzeptionellen, fachlich-methodischen sowie kommunikativ-kooperativen Kompetenzen sind nicht vorzufinden. Die sichtbare Auffälligkeit im Bereich der fachlich-methodischen Kompetenz hinsichtlich des generellen (=1) vs. detaillierten Wissens (=7) mit dem mittleren Wert von 3,81 stellt keine negative Ausprägung, sondern eine Besonderheit dar. Diese Wissensausprägung ist im Zusammenhang mit dem Aspekt des vielseitigen vs. einseitigen Wissens zu betrachten. So kann ein Spezialist mit einseitigem und detailliertem Wissen genauso wertvoll für ein Unternehmen sein wie ein Generalist mit vielseitigem und allgemeinem Wissen.

Bei der Differenzierung der Belegschaft nach **älteren und jüngeren Beschäftigten** sind hingegen Auffälligkeiten bei den Kompetenzausprägungen festzustellen (◘ Abb. 3.3, schwarz gestrichelte und hellgraue Linie). Im konzeptionellen Kompetenzbereich weisen die älteren Beschäftigten einen deutlich höheren Grad an vorausschauendem Handeln auf, wohingegen sich die jüngeren Beschäftigten durch höhere Lernbegeisterung auszeichnen. Bei den kommunikativ-kooperativen Kompetenzen verfügen die jüngeren Beschäftigten in allen drei Kompetenzarten über eine höhere Ausprägung, die jedoch mit einem Abweichungswert von 0,5 nicht als stark eingestuft werden können.

Identifikation von Kompetenzbedarfen in Spitzentechnologien

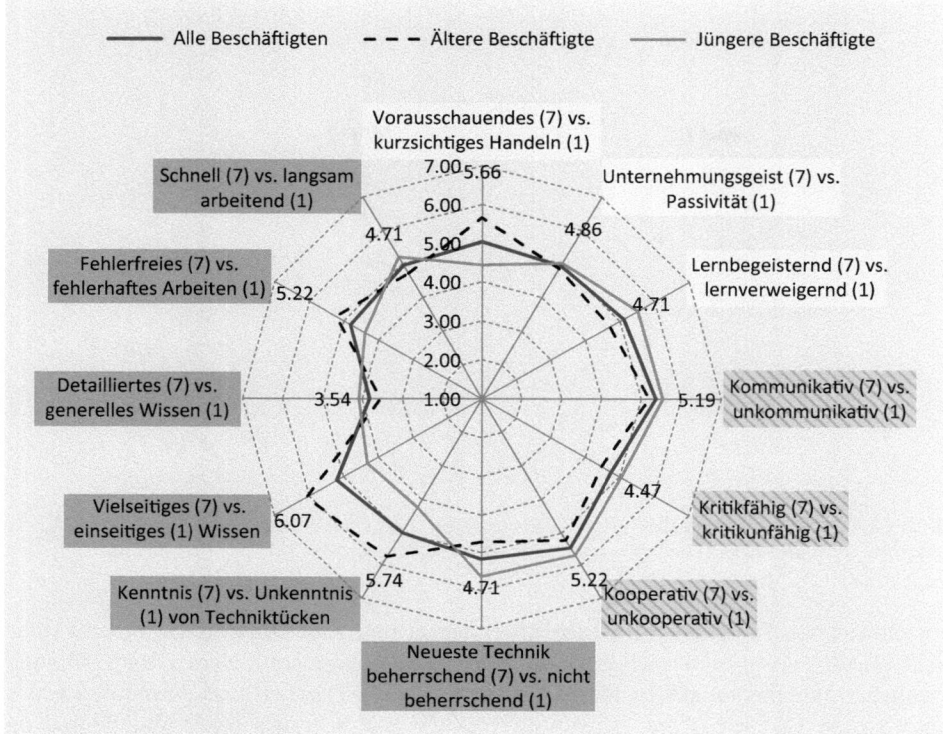

◘ **Abb. 3.3** Ist-Zustand der Kompetenzen (Darstellung der standardisierten AlFaClu-Befragung, Daten aus 2014 und 2015; N alle Beschäftigte = 70, N Ältere = 72, N Jüngere = 70)

Im fachlich-methodischen Kompetenzbereich sieht das anders aus. So werden den älteren Beschäftigten ein deutlich vielseitigeres Wissen, eine bessere Kenntnis von Techniktücken sowie ein fehlerfreieres Arbeiten bescheinigt. Im Gegensatz dazu werden den jüngeren Beschäftigten eine höhere Kompetenz bei der Beherrschung der neuesten Technik sowie ein schnelleres Arbeiten zugesprochen. Dieser Kompetenzsprung zwischen den Generationen liege laut den Clusterexperten/-expertinnen real vor, folge aber einer kontinuierlichen Entwicklung. Auch wenn ältere Beschäftigte Hemmnisse vor der Digitalisierung der Technik aufweisen, lernen auch diese nach einer gewissen Zeit mit dieser umzugehen. Sie kennzeichnen sich stattdessen durch ihr Spezialistentum aus, weshalb sie zusehends auch als Beschäftigte im ruhestandsfähigem Alter wieder in die Betriebe integriert werden (Clusterexperte I, 2014).

3.5.3 Bedarf an Kompetenzentwicklung

Die Unternehmen des Clusters Optik schätzen den Entwicklungsbedarf der Beschäftigtenkompetenzen am drängendsten im Bereich der fachlich-methodischen Kompetenzen ein (◘ Abb. 3.4). Bei der offenen Frage nach den drei wichtigsten Entwicklungsbedarfen wurden mehrheitlich Maßnahmen in diesem Kompetenzbereich angeführt. Begründet werden kann das zum einen mit dem Argument, dass die

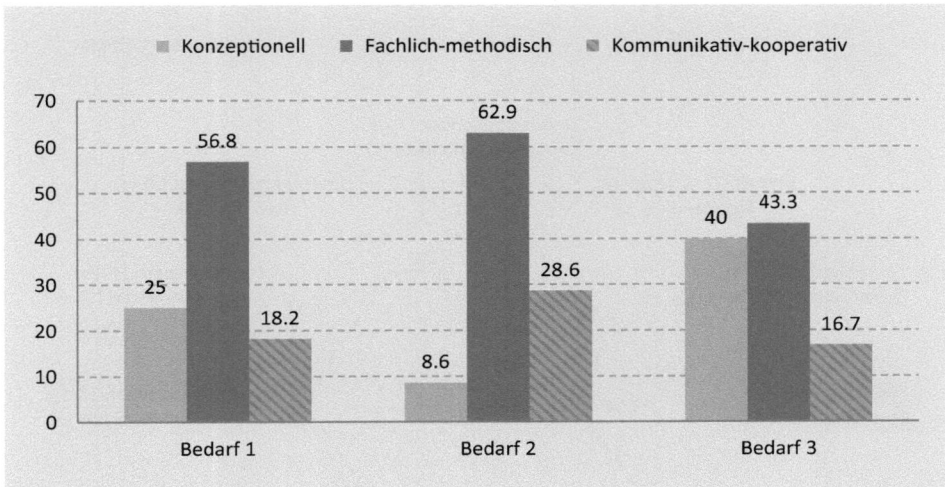

◘ Abb. 3.4 Kompetenzentwicklungsbedarfe (Auswertung der standardisierten AlFaClu-Befragung, Daten aus 2014 und 2015; N Bedarf 1 = 44, N Bedarf 2 = 35, N Bedarf 3 = 33)

entscheidenden Fähigkeiten im Fachlichen liegen, und zum anderen damit, dass fachliche Qualifizierungen vermeintlich einfacher zu realisieren sind. Neben der Vertiefung fachlicher Fähigkeiten zählen hierzu insbesondere das Erlernen und Anwenden neuer analytischer Verfahren, die Einhaltung von Qualitätskriterien sowie die Bedienung zunehmend automatisierter Anlagen und Gerätschaften.

Im Bereich der konzeptionellen Kompetenz wird der Bedarf in erster Linie im Projektmanagement sowie in der Anleitung weiterer Beschäftigten gesehen. So wird einerseits eine bessere Planungsfähigkeit, andererseits ein besseres Koordinieren der zu bewältigenden Aufgaben gewährleistet.

Bei der Entwicklung der kommunikativ-kooperativen Kompetenzen werden insbesondere Maßnahmen zum Ausbau von Fremdsprachenkenntnissen, zur Verbesserung der Arbeit im Team sowie zum Umgang mit Kunden angeführt.

Fazit
Spitzentechnologien als Technik mit dem aktuellen technologischen Entwicklungsstand sind auf gut ausgebildete Fachkräfte angewiesen. Damit Betriebe dieser Branchen ihre Technologien stetig weiterentwickeln und somit ihre Innovations- und Wettbewerbsfähigkeit sichern können, gilt für sie die fortwährende Entwicklung der Beschäftigtenkompetenzen als essenziell.
Wie die Analysen zum Cluster Optik zeigen, verfügen die Organisationen der Photonik-Branche sowohl im akademischen als auch im beruflichen Segment über qualifiziertes Personal. Aufgrund der aufgezeigten Entwicklungszyklen der optischen Technologien und der Mikrosystemtechnik kann die erste Frage nach den sich ändernden Anforderungen an die Kompetenzen der Beschäftigten mit einer Weiterentwicklung im Zeitverlauf beantwortet werden. Die Veränderungen beziehen sich dabei nicht nur auf die fachlich-methodische Dimension, sondern erstrecken

sich auch auf die konzeptionelle und die kommunikativ-kooperative Kompetenzen. Im konzeptionellen Bereich stellt in erster Linie der kompetente Umgang mit der zunehmenden Wissenskomplexität eine Herausforderung für die Beschäftigten dar. In diesem Zusammenhang sind sie verstärkt gefordert, eine Planungsfähigkeit ihrer Tätigkeiten hinsichtlich eines Projektmanagements zu etablieren. Diese im konzeptionellen Bereich zu verortenden Anforderungen wirken sich überdies auf die weiteren Kompetenzdimensionen aus. So forciert die Wissenskomplexität verstärkt die Zusammenarbeit in interdisziplinären Teams (Abicht 2004; Novello-von Bescherer 2005), um optimale Lösungen zu erzielen. Didaktische Fähigkeiten der Beschäftigten erleichtern dabei den Workflow und unterstützen den Erhalt und die Weitergabe des (Erfahrungs-)Wissens. Im fachlich-methodischen Bereich steigen die Anforderungen im Umgang mit der sich ausweitenden Automatisierung von Prozessen und Gerätschaften weiter. Zudem werden Mischqualifikationen nunmehr nicht ausschließlich vom akademischen Personal (Novello-von Bescherer 2005, S. 81) eingefordert, sondern eine Mehrarbeitsplatzfähigkeit wird zunehmend auch von beruflich qualifizierten Beschäftigten verlangt.

Mit der Betrachtung der gegenwärtigen Kompetenzausprägungen kann auch der zweiten Frage nach Unterschieden zwischen den Kompetenzen von Beschäftigten verschiedener Altersgruppen zugestimmt werden. Ältere Beschäftigte unterscheiden sich in verschiedenen Kompetenzbereichen von den jüngeren Beschäftigten und umgekehrt. Diese Differenzen müssen für die Organisationen jedoch per se keinen Nachteil darstellen. Vielmehr können sie von der Unterschiedlichkeit profitieren. Bei einer beständigen Weiterentwicklung hinsichtlich einer „Reifung der Kompetenz" (Clusterexperte I, 2014) können sich die verschiedenen Kompetenzausprägungen der Beschäftigten gegenseitig ausgleichen und ergänzen.

Im Sinne der gegenseitigen Ergänzung empfiehlt sich ein entsprechendes Vorgehen bei der Weiterentwicklung von Beschäftigtenkompetenzen. Der kontinuierliche Aus- und Aufbau von Kompetenzen erfordert von Organisationen Ressourcen, die jedoch begrenzt sind. Getreu dem Motto „Gemeinsam statt einsam" können sich Organisationen für Maßnahmen der Kompetenzentwicklung ihrer Beschäftigten zusammenschließen und diese miteinander durchführen. Mit dieser kooperativen Kompetenzentwicklung (▶ Kap. 8) werden begrenzte Ressourcen einzelner Organisationen gebündelt und Synergien für alle Beteiligten geschaffen.

Implikationen für die Praxis:
1. Erfassung und Systematisierung der Anforderungen an die Beschäftigten in regelmäßigen Abständen
2. Erarbeitung und kontinuierliche Überprüfung der Übersicht über die gegenwärtigen Kompetenzen der Beschäftigten
3. Ableitung des Kompetenzentwicklungsbedarf aus dem Abgleich von Anforderungen und den bestehenden Kompetenzen (Soll-Ist-Abgleich) unter Einbezug der Beschäftigten
4. Prüfung und Durchführung von Entwicklungsmaßnahmen in Unternehmensverbünden auf Netzwerk- und Clusterebene zur Bündelung von Ressourcen
5. Evaluation der Entwicklungsmaßnahmen

Weiterführende Literatur und Links
- Erpenbeck, J., & von Rosenstiel, L. (2017). *Handbuch Kompetenzmessung. Erkennen, verstehen und bewerten von Kompetenzen in der betrieblichen, pädagogischen und psychologischen Praxis* (3. Aufl.). Stuttgart: Schäffer-Poeschel.
- Schramm, F., & Schlese, M. (2011). Diversity-Kompetenz in KMU – ein Mosaikstein des nachhaltigen Managements? In: J.-A. Meyer (Hrsg.), *Nachhaltigkeit in kleinen und mittleren Unternehmen. Jahrbuch der KMU-Forschung und -Praxis* (S. 183–199). Lohmar: Josef Eul.
- Für weitere Informationen zum Projekt AlFaClu: ▶ http://www.alfaclu.net/
- Weiterbildungsangebote im Bereich Optik und Photonik in und für Berlin und Brandenburg: ▶ http://optecbb-weiterbildung.de/

Förderhinweis
Dieses Forschungs- und Entwicklungsprojekt wurde mit Mitteln des BMBF im Förderschwerpunkt „Betriebliches Kompetenzmanagement im demografischen Wandel" (Förderkennzeichen: 02L12A110) gefördert und vom Projektträger Karlsruhe (PTKA) betreut. Die Verantwortung für den Inhalt dieser Veröffentlichung liegt bei den Autoren.

Literatur

Abicht, L. (2004). *Weiterbildungsbedarf von Fach- und Führungskräften mit akademischem Abschluss in KMU bei den Optischen Technologien: Empirische Studie*. Düsseldorf: VDI-Technologiezentrum.

Agemar, T., Lentge, H., & Hartmann, H.-J. (2003). *Weiterbildungsangebote Optische Technologien: Bestandsaufnahme und Analyse*. Düsseldorf: VDI-Technologiezentrum.

Arnold, R. (2000). Qualifikation. In R. Arnold, S. Nolda, & E. Nuissl (Hrsg.), *Wörterbuch Erwachsenenpädagogik* (S. 269). Bad Heilbrunn: UTB.

Auer, J. (2010). *Licht bei der Arbeit: Licht als Werkzeug in der Fertigung und wie es Energie macht*. Frankfurt a. M.: Deutsche Bank Research.

Bartunek, J. M., Gordon, J. R., & Weathersby, R. P. (1983). Developing "complicated" understanding in administrators. *Academy of Management Review, 8*, 273–284.

Cluster Optik. (2018). Optik und Photonik – Schlüsseltechnologien der Zukunft. ▶ http://innobb.de/de/optik-und-photonik-0. Zugegriffen: 31. Oktober 2018.

Creswell, J. W. (2010). Mapping the developing landscape of mixed methods research. In A. Tashakkori & C. Teddlie (Hrsg.), *SAGE Handbook of mixed methods in social und behavioral research* (2. Aufl., S. 45–68). Thousand Oaks: SAGE Publications.

Deutscher Industrieverband für optische, medizinische und mechatronische Technologien e.V. (SPECTARIS), Verband Deutscher Maschinen- und Anlagenbau e. V. (VDMA), & Zentralverband Elektrotechnik- und Elektronikindustrie e. V. (ZVEI). (2015). Photonik Branchenreport: Aktuelle Lage 2015. ▶ https://www.bmbf.de/files/Aktueller_Lagebericht_Photonik_2015.pdf. Zugegriffen: 31. Okt. 2018.

Drieling, C., & Rach, L. (2004). *Bildungsangebote der Hochschulen in den Optischen Technologien: Bestandsaufnahme und Analyse*. Düsseldorf: VDI-Technologiezentrum.

Erpenbeck, J. (2004). Dimensionen moderner Kompetenzmessverfahren. In J. Hasebrook, O. Zawacki-Richter, & J. Erpenbeck (Hrsg.), *Kompetenzkapital. Verbindungen zwischen Kompetenzbilanzen und Humankapital* (S. 51–74). Frankfurt a. M.: Bankakademie.

Erpenbeck, J., & von Rosenstiel, L. (2017). *Handbuch Kompetenzmessung. Erkennen, verstehen und bewerten von Kompetenzen in der betrieblichen, pädagogischen und psychologischen Praxis* (3. Aufl.). Stuttgart: Schäffer-Poeschel.

Europäische Kommission (2012). Eine europäische Strategie für Schlüsseltechnologien – Eine Brücke zu Wachstum und Beschäftigung. Mitteilung der Kommission vom 26.6.2012. Nummer des Dokuments: COM(2012)341/F1. ▶ http://ec.europa.eu/transparency/regdoc/rep/1/2012/DE/1-2012-341-DE-F1-1.Pdf. Zugegriffen: 31. Okt. 2018.

Fischer, F., Albrecht, U., Frevel, A., & Krassau, W. (2005). *Optische Technologien im Handwerk. Qualifizierungsangebot und Bedarf: Einschätzung aus Sicht von Anwenderbetrieben, Herstellerunternehmen, Bildungsträgern und Technologietransferstellen des Handwerks*. Düsseldorf: VDI-Technologiezentrum.

Grootings, P. (1994). Qualifikation. *Europäische Zeitschrift Berufsbildung, 47*(1), 5–21.

Hackel, M., Bertram, B., Blötz, U., Reymers, M., Tutschner, H., & Wasiljew, E. (2015). *Diffusion neuer Technologien. Veränderungen von Arbeitsaufgaben und Qualifikationsanforderungen im produzierenden Gewerbe (DifTech): Abschlussbericht*. Bonn: Bundesinstitut für Berufsbildung.

Hopf, C. (1978). Die Pseudo-Exploration. Überlegungen zur Technik qualitativer Interviews in der Sozialforschung. *Zeitschrift für Sozialforschung, 7*(2), 97–115.

Katz, R. L. (1974). Skills of an effective administrator. *Harvard Business Review, 52*(5), 90–102.

Land Brandenburg, & Land Berlin (Hrsg.). (2018). *Jahresbericht 2017 zum Ergebnis- und Wirkungsmonitoring. Cluster Optik und Photonik Berlin Brandenburg. 27.06.2018*. ► http://www.optik-bb.de/sites/default/files/downloads/jb2017_optik_und_photonik_final.pdf. Zugegriffen: 31. Okt. 2018.

Lichtenberger, Y. (1999). Von der Qualifikation zur Kompetenz. Die neuen Herausforderungen der Arbeitsorganisation in Frankreich. In: Arbeitsgemeinschaft Qualifikations-Entwicklungs-Management (QUEM) (Hrsg.), *Kompetenzentwicklung '99. Aspekte einer neuen Lernkultur. Argumente, Erfahrungen, Konsequenzen* (S. 275–307). Münster: Waxmann.

Mayring, P. (1996). *Lehrbuch qualitativer Forschung. Eine Einführung in qualitatives Denken*. Weinheim: Psychologie Verlags Union.

Mayring, P. (2001). Kombination und Integration qualitativer und quantitativer Analyse. *Forum: Qualitative Sozialforschung, 2*(1), Art. 6. ► http://www.qualitative-research.net/index.php/fqs/article/view/967/2110. Zugegriffen: 31. Okt. 2018.

Mayring, P. (2008). *Qualitative Inhaltsanalyse: Grundlagen und Techniken*. Weinheim: Beltz.

Meuser, M., & Nagel, U. (2005). Experteninterviews – vielfach erprobt, wenig bedacht: Ein Beitrag zur qualitativen Methodendiskussion. In A. Bogner, B. Littig, & W. Menz (Hrsg.), *Das Experteninterview. Theorie, Methode, Anwendung* (S. 71–93). Wiesbaden: VS Verlag für Sozialwissenschaften.

Novello-von Bescherer, W. (2005). *Qualifizierungsbedarf Optische Technologien. Perspektive der Großunternehmen: Fallstudien*. Düsseldorf: VDI Technologiezentrum.

Paier, D. (2010). *Quantitative Sozialforschung: Eine Einführung*. Wien: Facultas.wuv.

Pfeiffer, I., Gramke, K., Heinzelmann, S., & Fischer, D. (2010). *Gemeinsame Fachkräftestudie Berlin-Brandenburg*. Potsdam, Berlin: Prognos AG.

Porter, M. E. (1999). Unternehmen können von regionaler Vernetzung profitieren. *Harvard Business Manager, 21*(3), 51–63.

Programmausschuss für Optische Technologien (Hrsg.). (2010). *Agenda Photonik 2020*. Düsseldorf: Der Programmausschuss für das BMBF-Förderprogramm Optische Technologien.

Rische, M.-C., Wenzel, L., & Wolf, A. (2016). *BDO International Business Compass 2016: Update und Themenfokus Innovationsfähigkeit*. Hamburg: BDO AG.

Roth, B., & Barthel, E. (2011). Integriertes Kompetenzmanagement. In E. Barthel, A. Hanft, & J. Hasebrook (Hrsg.), *Integriertes Kompetenzmanagement. Ein Arbeitsbericht* (S. 9–27). Münster: Waxmann.

Scheier, F., Schramm, F., & Jarren, J. (2015). Diversity Kompetenz und Führung – alter Wein in neuen Schläuchen? In P. Genkova & T. Ringeisen (Hrsg.), *Handbuch Diversity Kompetenz: Perspektiven und Anwendungsfelder* (S. 581–597). Wiesbaden: Springer Fachmedien.

Schramm, F., & Schlese, M. (2011). Diversity-Kompetenz in KMU – ein Mosaikstein des nachhaltigen Managements? In J.-A. Barthel, A. Hanft, & J. Hasebrook (Hrsg.), *Nachhaltigkeit in kleinen und mittleren Unternehmen. Jahrbuch der KMU-Forschung und -Praxis* (S. 183–199). Lohmar: Josef Eul.

Statista. (2016). *Anzahl der Beschäftigten in der deutschen Photonik-Industrie in den Jahren 2005 bis 2014*. ► http://de.statista.com/statistik/daten/studie/188156/umfrage/anzahl-der-beschaeftigten-in-der-photonik-industrie-in-deutschland-seit-2005/. Zugegriffen: 31. Okt. 2018.

Staudt, E., Kailer, N., Kriegesmann, B., Meier, A. J., Stephan, H., & Ziegler, A. (2002). Kompetenz und Innovation – Eine Bestandsaufnahme jenseits von Personalmanagement und Wissensmanagement. In E. Staudt, N. Kailer, B. Kottmann, B. Kriegesmann, A. J. Meier, & C. Muschik (Hrsg.), *Kompetenzentwicklung und Innovation. Die Rolle der Kompetenz bei Organisations-, Unternehmens- und Regionalentwicklung* (S. 127–235). Münster: Waxmann.

Steinmann, H., & Schreyögg, G. (2005). *Management. Grundlagen der Unternehmensführung: Konzepte – Funktionen – Fallstudien*. Wiesbaden: Gabler.

Techen, A., & Kampe, C. (2016). Arbeitsmarktstrukturanalyse für Kernbereiche der Optik- und Photonikindustrie in Berlin-Brandenburg. Potsdam: ZAB ZukunftsAgentur Brandenburg GmbH. ▶ http://optecbb-weiterbildung.de/media/download/ZAB_Arbeitsmarktstrukturanalyse_Cluster%20Optik.pdf. Zugegriffen: 31. Okt. 2018.

Thomas, A., Kinast, E.-U., & Schroll-Machl, S. (2003). *Handbuch Interkulturelle Kommunikation und Kooperation: Grundlagen und Praxisfelder* (Bd. 1). Göttingen: Vandenhoeck & Ruprecht.

Witzel, A. (1985). Das problemzentrierte Interview. In G. Jüttemann (Hrsg.), *Qualitative Forschung in der Psychologie* (S. 227–255). Weinheim: Beltz.

Witzel, A. (2000). Das problemzentrierte Interview. *Forum Qualitative Sozialforschung* 1, Art. 22. ▶ http://www.qualitative-research.net/index.php/fqs/article/view/1132/2519. Zugegriffen: 31. Okt. 2018.

ZEIT online (2016). Industrie: Deutschland fällt bei Hochtechnologie-Forschung zurück. Artikel vom 16. Mai 2016. ▶ http://www.zeit.de/news/2016-05/16/industrie-deutschland-faellt-bei-hochtechnologie-forschung-zurueck-16122604. Zugegriffen: 31. Okt. 2018.

Identifikation von Kompetenzbedarfen für den Hafen der Zukunft

Daniela Ahrens und Sven Schulte

4.1 Einführung: Herausforderungen für die Hafenarbeit – 46

4.2 Kompetenzverständnis und Methoden zur Identifizierung von Kompetenzbedarfen – 48
4.2.1 Anmerkungen zum Kompetenzbegriff – 48
4.2.2 Kompetenzentwicklung – 50
4.2.3 Ansätze zur Identifizierung von Kompetenzen – 51

4.3 Ergebnisse zur Identifizierung von Kompetenzbedarfen in der Hafenwirtschaft – 52

4.4 Innovatives betriebliches Kompetenzmanagement durch das ArKoH-Hafenspiel – 54
4.4.1 Ansatz des Serious Game – 54
4.4.2 Umsetzung für ein betriebliches Kompetenzmanagement: das ArKoH-Hafenspiel – 55

Literatur – 58

Zusammenfassung

Die Entwicklung der Arbeitswelt im Hafensektor wird durch parallel verlaufende Entwicklungen maßgeblich geprägt: Die Fachkräfte stehen einer technologischen Entwicklung gegenüber, die fortlaufend die logistischen Prozesse automatisiert und effektiver gestaltet sowie neue Formen der Arbeitsorganisation ermöglicht und einfordert. Dadurch verändern sich die Anforderungen an die Beschäftigten. Welcher Art diese Anforderungen sind, ist umstritten und hängt in hohem Maße von den betriebsspezifischen Eigenheiten und dem jeweiligen Automatisierungsgrad ab. So kann Digitalisierung zur Vereinfachung von Tätigkeiten und körperlichen Entlastung führen, oder aber die Arbeitsprozesse werden durch die Anreicherung mit zusätzlichen Informationen komplexer, sodass zusätzliche Planungs- und Problemlösekompetenzen gefordert sind. Die Betriebe stehen dabei vor der Herausforderung, ihre Fachkräfte auf diese Entwicklungen vorzubereiten und entsprechende Kompetenzen in die betriebliche Aus- und Weiterbildung zu integrieren. In dem Verbundprojekt „Arbeitsprozessorientierte Kompetenzentwicklung für den Hafen der Zukunft" (ArKoH), das in der Laufzeit vom 01.12.2013 bis 28.02.2017 vom BMBF gefördert wurde, ist es das Ziel, einen innovativen Ansatz für ein betriebliches Kompetenzmanagement zu erproben und zu evaluieren. Dies geschieht durch die Entwicklung eines „Serious Game", also eines Lernspiels, das inhaltlich auf den durchgeführten Arbeitsprozessanalysen und Unternehmensbefragungen basiert und in seiner didaktischen Umsetzung sektorspezifische Rahmenbedingungen berücksichtigt.

4.1 Einführung: Herausforderungen für die Hafenarbeit

Der Wandel der Hafenarbeit kennzeichnet sich durch unterschiedliche gesellschaftliche und technologische Entwicklungen, die zu neuen Kompetenzanforderungen auf der Beschäftigtenebene führen. Das Augenmerk liegt hier auf den Anwendungsfeldern „Be- und Entladung von Containern" und „High- und Heavy-Logistik" mit dem Schwerpunkt auf Offshore-Komponenten. Die Herausforderungen beziehen sich dabei auf folgende Bereiche:
- Kompetenzanforderungen auf individueller Ebene
- Gesellschaftliche und arbeitsmarktbezogene Rahmenbedingungen
- Digitalisierung der Arbeitswelt

- **Kompetenzanforderungen auf Beschäftigtenebene**

In der Hafenwirtschaft sind vielfach nicht einschlägig qualifizierte Fachkräfte beschäftigt. Diese haben eine anderweitige, vorrangig handwerkliche Ausbildung absolviert und werden durch Schulungen für die Arbeitsanforderungen im Hafen qualifiziert. Neben diesen nicht einschlägig qualifizierten Arbeitskräften sind ältere Fachkräfte mit einer langjährigen Berufserfahrung im Hafen zu finden (Arndt 2007).

Brückenfahrer/-innen einer Containerbrücke sind beispielsweise für den Container-Umschlag zwischen Schiff und Kai zuständig. Sie führen Aufsicht, weisen ein oder be- und entladen Schiffe und Lkw mit den zugewiesenen Containern. An ihrem meist hoch technisierten Arbeitsplatz in der schwebenden Kabine unter der Kranbrücke, der sogenannten „Katze", verrichten sie mit den über Tausend Tonnen schweren Anlagen Präzisionsarbeit. Die Container müssen dabei aus einer Entfernung von bis zu 40 Metern mit einer Genauigkeit von wenigen Zentimetern platziert werden. Ebenso wie beim Containerumschlag steigen die Kompetenzanforderungen beim Verladeprozess von High- und Heavy-Gütern, beispielsweise bei der Verladung von Offshore-Komponenten.

- **Gesellschaftliche und arbeitsmarktbezogene Rahmenbedingungen**

Die Rahmenbedingungen sind einerseits durch die demografische Entwicklung und die damit einhergehende betriebliche Alters- und Alternsstruktur bestimmt. Ein drohender Fachkräftemangel zeichnet sich dadurch ab, dass nach vorliegenden Zahlen das Durchschnittsalter der Hafenfachkräfte in der Region Bremen bereits im Jahre 2006 bei ca. 41 Jahren lag. Knapp ein Viertel der Belegschaft in der Hafenlogistik war bereits vor rund 10 Jahren über 50 Jahre (Jürgenhake et al. 2006).

Insgesamt besitzt die Hafenwirtschaft für das Land Bremen als zweitgrößter Hafenstandort Deutschlands eine hohe Wirtschaftskraft: 20 % der Wertschöpfung im Bundesland Bremen sind hafenabhängig (Senator für Wirtschaft, Arbeit und Hafen u. bremenports 2014). In den Häfen Bremerhaven und Bremen der Freien Hansestadt Bremen wurden 2013 gut 22,5 % der auf dem Wasserweg transportierten Güter umgeschlagen (Freie und Hansestadt Hamburg Behörde für Wirtschaft, Verkehr und Innovation 2015).

Die konjunkturelle Entwicklung einerseits und die demografische Entwicklung auf der anderen Seite verschärfen die Stellenbesetzungsprobleme der maritimen Wirtschaft. Aufgrund der hafentypischen Arbeitsbedingungen – Arbeiten bei Wind und Wetter an sieben Tagen in der Woche bei nur fünf offiziellen Feiertagen im Jahr, körperlich belastende Tätigkeiten, hoher Zeit- und Kostendruck angesichts kurzfristiger und wetterabhängiger Planung – büßt die Hafenwirtschaft darüber hinaus an Attraktivität ein. Auf die konjunkturellen Schwankungen reagieren viele Hafenbetriebe mit einem Ausbau der Leiharbeit. Diese ermöglicht zwar einen flexiblen Personaleinsatz entsprechend der aktuellen Auftragslage, drängt aber die Arbeitnehmer/-innen in unsichere bzw. teils prekäre Beschäftigungsverhältnisse (Döll 2012).

Auf ordnungspolitischer Ebene ist auf diese Rekrutierungsproblematik 2006 mit der Entwicklung eines hafenspezifischen Berufsbilds („Fachkraft für Hafenlogistik") reagiert worden. Der neu geordnete Ausbildungsberuf „Fachkraft für Hafenlogistik" löste den Ausbildungsberuf „Seegüterkontrolleur" ab und integrierte in seinen Lehrplänen die neuen Anforderungen in der Hafenarbeit. Gleichwohl zeigt die Rekrutierungspraxis der norddeutschen Hafenwirtschaft, dass der Ausbildungsberuf kaum in Anspruch genommen wird, sondern traditionelle Rekrutierungsverfahren beibehalten werden.

Zudem führte die Wirtschaftskrise in dem exportabhängigen Sektor im Jahre 2009 zu einem deutlich sichtbaren Einbruch und steigenden Zahlen bei der Kurzarbeit (Mehlis et al. 2010). Den Hafenbetrieben im Land Bremen wird der Rückgriff auf Kurzarbeit durch den GHBV (Gesamthafenbetriebsverein, ▶ https://www.ghbv.de/) erleichtert. Als Personaldienstleister für das Land Bremen hat sich der GHBV auf die Branchen Hafen und Logistik spezialisiert. Die Fachkräfte werden von der GHBV für einen Garantielohn eingestellt und bedarfsabhängig an die Hafenbetriebe verliehen.

- **Digitalisierung der Arbeitswelt**

Die Digitalisierung erstreckt sich von der Nutzung von PCs und Smartphones über die digitale Erfassung von Informationen bis zur Planung und Koordination logistischer Prozesse. Wie weit die Automatisierung der Arbeitsprozesse voranschreitet, lässt sich am Containerterminal Altenwerder beobachten. Dort wird auf Van Carriers zugunsten von Automated Guided Vehicles (AGV) und automatisierten Portalkränen verzichtet. Die automatisierten Fahrzeuge übernehmen den Transport zwischen den Brücken und dem Containerlager. Den schnellsten Weg sucht eine eigens hierfür entwickelte Software anhand von mehr als 19.000 Transpondern, die in die AGV-Fläche eingelassen sind. Deren Signale dienen zur Positionsbestimmung der Fahrzeuge. Sie tanken bei Bedarf auch selbstständig oder fahren zur Ladestation für den Batteriewechsel. Diese automatisierte Abstimmung von Umschlag und Lagerung auf dem gesamten Terminal setzt jedoch qualifizierte Beschäftigte im Leitstand sowie in anderen Schnittstellen voraus (Arndt 2007). Für die Betriebe stellt sich daher gerade mit Blick auf die betriebliche Altersstruktur die Frage der betrieblichen Weiterbildung, damit die Beschäftigten zukünftig mit computergestützten Steuerungen, digitaler Dokumentation und automatisierten Teilarbeitsprozessen umgehen können. Ältere Beschäftigte hingegen sorgen sich angesichts fortschreitender Digitalisierung und Automatisierung um den Erhalt ihrer Beschäftigungsfähigkeit.

Vor diesem Problemhintergrund wurde mittels einer Szenarioanalyse eine Prognose für die Entwicklungen eines „Hafens der Zukunft" für das Jahr 2020 erstellt (Duin und Thoben 2015). Die Szenarioanalyse hat die relevanten Stakeholder und Einflussfaktoren identifiziert, gewichtet und mittels einer Matrix entlang der Dimensionen „Mensch und Demografie" sowie „Prozesse und Technik" auf vier Szenarien verdichtet. Aus diesen vier Szenarien mit jeweils positiven und negativen Prognosen für die Entwicklung der beiden Dimensionen wurde dem Szenario „Smart Port" die größte Eintrittswahrscheinlichkeit zugeschrieben. Der „Smart Port" beschreibt eine durch den demografischen Wandel negative Entwicklung hinsichtlich der Verfügbarkeit und Qualifikation der Fachkräfte, wobei dieser Fachkräftemangel gleichzeitig durch die Rationalisierungseffekte der Digitalisierung der Arbeitswelt zu kompensieren sei (Duin und Thoben 2015).

Dieses Szenario wurde als Herausforderung für die Arbeit im Forschungsprojekt „Arbeitsprozessorientierte Kompetenzentwicklung für den Hafen der Zukunft" (ArKoH) angesehen, da es auf die Rationalisierungspotenziale des Digitalisierungsprozesses und die Automatisierungsrisiken verweist. Gerade mit der skizzierten Problematik auf dem Arbeitsmarkt (Leiharbeit und Fremdrekrutierung durch die Abwerbung von Arbeitskräften aus anderen Branchen) sowie der dazu bekannten grundsätzlich „stark unterproportionalen Beteiligung von gering qualifizierten Personen an beruflicher Weiterbildung" (Mehlis et al. 2010, S. 1) war es das Ziel des Verbundprojektes ArKoH, mittels eines handlungsorientierten Kompetenzverständnisses ein arbeitsprozessorientiertes betriebliches Kompetenzmanagement zu entwickeln, unter realen Einsatzbedingungen zu erproben und mit Blick auf Transfer- und Einsatzmöglichkeiten für Betriebe zu evaluieren. Die empirische Untersuchung konzentrierte sich auf die Anwendungsfelder: „Be- und Entladung von Containern" und „High-und Heavy-Logistik" mit dem Schwerpunkt auf Offshore-Komponenten.

4.2 Kompetenzverständnis und Methoden zur Identifizierung von Kompetenzbedarfen

4.2.1 Anmerkungen zum Kompetenzbegriff

Als Grundlage für ein betriebliches Kompetenzmanagement ist es notwendig, die relevanten Kompetenzbedarfe der Fachkräfte und die betrieblichen Anforderungen zu identifizieren. Dies setzt ein Kompetenzverständnis voraus, das das berufliche Handeln der Beschäftigten ebenso berücksichtigt wie den betrieblichen Kontext.

Ungeachtet zahlreicher Forschungsaktivitäten und entsprechender Publikationen (Jude et al. 2008) bleibt der Kompetenzbegriff ein kontroverser Begriff. In der Literatur finden sich unterschiedliche Begriffsdefinitionen. Weit verbreitet ist das Verständnis von Kompetenz als eine innere Disposition, die sich in beobachtbaren Situationen zeigt. Kompetenzen lassen sich somit nur über ihre Manifestationen auf der Handlungsebene indirekt bzw. interpretierend beschreiben (Beck 2005; Erpenbeck und von Rosenstiel 2017).

Martin Fischer (2010) fasst verschiedene Faktoren zusammen, die die Kompetenz als eine individuelle Disposition umschreiben, die zunächst ein gewisses Potenzial an Handlungen beinhaltet, die kognitiv verankert sind (im Sinne kognitiver Eigenschaften, um Problemlösungen zu entwickeln und anzuwenden), generativ auf neue Situationen bezogen werden können (Anwendung/Transfer von Handlungsmustern auf neue Aufgaben/Situationen) und auch normativ begrenzt sind aufgrund des jeweiligen Handlungskontextes und damit einhergehenden Vorgaben – beispielsweise im Bereich der Bildung durch Bildungsstandards und Curricula.

Beim handlungsorientierten Kompetenzverständnis geht es um die Berücksichtigung des Wechselverhältnisses zwischen Subjekt, Handlung und organisatorischen bzw. betrieblichen Rahmenbedingungen. Dieses handlungsorientierte Kompetenzverständnis grenzt sich von einem kognitionsbezogenen Kompetenzansatz ab, der Kompetenz in erster Linie als kognitive Disposition begreift. Kontextbezüge werden hier als Einflussfaktoren, nicht aber als konstituierende Aspekte von Kompetenz begriffen (Zlatkin-Troitschanskaia und Seidel 2011).

Im vorliegenden Kapitel kann die vielschichtige Debatte um den Kompetenzbegriff bei Weitem nicht vollständig dargestellt werden, zumal die Suche nach einer einheitlichen Definition vergeblich ist. Die beiden folgenden, für die weiterführende Argumentation zentralen Aspekte hinsichtlich des hier zugrunde liegenden Kompetenzverständnisses sind hervorzuheben.

- **Hinwendung zum handlungsorientierten Kompetenzbegriff**

Der zentrale Unterschied des Kompetenzverständnisses in Abgrenzung zum Qualifikationsbegriff liegt darin, dass Kompetenzen „Dispositionen selbst organisierten Handelns" (Erpenbeck und von Rosenstiel 2017) bezeichnen. Kompetenzen werden damit erst im konkreten Handeln sichtbar, während Qualifikationen als zertifizierte Ergebnisse auf vorhandenes Wissen verweisen. Ob aber dieses Wissen auch handlungswirksam ist, wird mit dem Qualifikationsbegriff nicht erklärt. Kompetenzen lassen sich insofern als „Selbstorganisationsdispositionen" gegenüber den „Wissens- und Fertigkeitspositionen" der Qualifikationen begreifen. Der Kompetenzbegriff betont die Handlungsebene ebenso wie den Kontextbezug der jeweiligen Situation.

- **Verständnis von beruflicher Handlungskompetenz**

In der beruflichen Bildung hat sich ein Verständnis von beruflicher Handlungskompetenz als Einheit der „Dimensionen" Fach-, Sozial- und Humankompetenz etabliert. Dabei werden auch Methodenkompetenz, Lernkompetenz und kommunikative Kompetenz als integraler Bestandteil dieser Trias verstanden, die keine eigene Dimensionen, sondern „prägnante Akzentuierungen" darstellen, die sich erst im Zusammenspiel mit den drei genannten Dimensionen entfalten (Bader und Müller 2002). Die Etablierung dieses Modells in der beruflichen Bildung ergab sich durch die damaligen

Bestrebungen des Deutschen Bildungsrates, die Handlungskompetenz in der schulischen und betrieblichen Ausbildung zu stärken. Im Zuge dessen kam es auch zu umfangreichen Neugestaltungen der Rahmenlehrpläne nach dem Lernfeldkonzept und dem formulierten Ziel der (beruflichen) Handlungskompetenz. Diese – ursprünglich von Heinrich Roth (1971) ins Spiel gebrachte – Trias von Selbst-, Sach- und Sozialkompetenz ist mit leichten Veränderungen noch heute grundlegend für Kompetenzdiskussionen in der Berufs- und Wirtschaftspädagogik (Bader und Müller 2002).

4.2.2 Kompetenzentwicklung

Ebenfalls im Kontext dieses Modells der beruflichen Handlungskompetenz bleiben für die Forschung noch Fragen offen: Wie entwickelt sich aus einer vorhandenen Kompetenz eine Performanz? Welchen Einfluss haben z. B. das Erfahrungswissen oder das Arbeitsprozesswissen auf die Expertise von Fachkräften?

Zum einen wird bereits seit den 1990er-Jahren von der „kompetenzorientierten Wende" gesprochen, also von der Hinwendung zu einem Lernverständnis, bei dem die Entwicklung von Kompetenzen als ganzheitliches und prozessbezogenes Lernziel in der beruflichen Bildung priorisiert wird. In diesem Kontext wurde auch der Arbeitsprozess als Lerngegenstand wiederentdeckt sowie die Outputorientierung in der Bildung in den Vordergrund gerückt. Zum anderen sind aber auch praxistaugliche Konzepte notwendig, wenn es darum geht, die Erkenntnisse aus den Forschungsaktivitäten für ein betriebliches Kompetenzmanagement nutzbar zu machen. Im Rahmen dieser Diskussionen sind die beiden folgenden Prinzipien leitend für die Kompetenzentwicklung im Projekt ArKoH.

- **Lernen im Arbeitsprozess**

Spätestens seit den 1990er-Jahren rückt der Arbeitsprozess als Lernort und Lernanlass in den Vordergrund (Georg 1996). Demnach habe die historische Entwicklung in den Erziehungswissenschaften lange Zeit dazu geführt, dass der Arbeitsplatz als ein möglicher Lernort außer Acht gelassen wurde.

> Die Dominanz des Arbeitsplatzes als Lernort in der betrieblichen Aus- und Weiterbildung blieb weitgehend unbeachtet, obwohl die Erziehungswissenschaft nach ihrem Selbstverständnis immer schon auf die Probleme pädagogischer Praxis, also auf die Ziele, Inhalte und Methoden des Lernens in all seinen Erscheinungsformen bezogen war (Georg 1996, S. 637).

Eine weitere Herausforderung ist darin zu sehen, dass die Kompetenzentwicklung bei dem Thema „Lernen im Prozess der Arbeit" einerseits pädagogische (Bildung des Subjekts), andererseits auch betriebliche Interessen (Gestaltung des Arbeitsplatzes) zu berücksichtigen hat. Erst die viel zitierte arbeitsprozessorientierte, „realistische" Wende habe dazu geführt, dass das „Lernen im Prozess der Arbeit" vorrangiges und gemeinsames Interesse der Berufspädagogik wurde (Georg 1996) und der Arbeitsplatz als Lernort anerkannt wird. Im Zuge dieser Entwicklung wird vermehrt eingefordert, dieses „Potenzial des Arbeitsplatzes als Ort selbst gesteuerten und angeleiteten Lernens stärker für Lernprozesse bzw. Kompetenzentwicklung zu nutzen" (Bauer et al. 2007, S. 5). In dem vorliegende Kapitel und dem Projekt ArKoH wird dementsprechend das Ziel verfolgt, das Lernen in die Arbeitsprozesse zu verlagern.

- **Unterscheidung der Kompetenzniveaus**

Ein zweiter Fokus liegt auf der Umsetzung eines entwicklungslogischen Prozesses der Kompetenzentwicklung, der sich auf eine Differenzierung der Anforderungen entsprechend des jeweiligen Kompetenzniveaus bezieht: So wurden im Vorhaben Unterscheidungen zwischen der (durchführenden) Fachkräfteebene und der (planenden) Meister- und Ingenieurebene vorgenommen. Der theoretische Hintergrund dieses entwicklungslogischen Ansatzes knüpft an die Arbeiten der Brüder Hubert und Stuart Dreyfus in den 1980er-Jahren an. Dreyfus und Dreyfus (1986) entwickelten ein Modell zum Prozess des Kompetenzerwerbs außerhalb des Berufes (Schach, Lenken eines Fahrzeugs, Sprachenlernen), das aufgrund seiner Entwicklungslogik – von Anfänger/-innen zu Experten/Expertinnen – für die Berufsbildung adaptiert wurde.

4.2.3 Ansätze zur Identifizierung von Kompetenzen

Für die Identifizierung der notwendigen Kompetenzen der Hafenfachkräfte wurden folgende Forschungsansätze bzw. -methoden verwendet.

- **Arbeitsprozessanalysen und Leitfadeninterviews**

Basierend auf Arbeitsprozessanalysen und Leitfadeninterviews (zusammen n = 12) wurden gegenwärtige und zukünftige Kompetenzbedarfe der Fachkräfte im Hafensektor identifiziert. Die Analysen und Interviews zeigten auf, welche Kompetenzen für die Bewältigung typischer Arbeitsprozesse im Hafen erforderlich sind. Die Arbeitsprozessanalysen wurden im Arbeitsbereich Offshore-Logistik (Verladung von Turmsegmenten bzw. Verladung von Trägerstrukturen) und im Containerumschlag (einschließlich verwandter Stauerei-Prozesse) durchgeführt. Die Dauer der Arbeitsprozessanalysen währte zwischen einem halben bis zu einem ganzen Arbeitstag und wurden von zwei Wissenschaftlern/Wissenschaftlerinnen dokumentiert. Im Rahmen der situativen Möglichkeiten wurden die Beobachtungen um Interviews mit den Hafenfachkräften ergänzt.

- **Validierungsworkshop**

Die Ergebnisse der Arbeitsprozessanalysen und Leitfadeninterviews wurden entlang der Kompetenzebenen nach fachlichen, sozialen und personalen Kompetenzen ausgewertet und verdichtet. In einem Facharbeiterworkshop von Experten/Expertinnen wurden die erhobenen Cluster durch die Fachkräfte aus der Hafenwirtschaft validiert und angepasst. Zudem wurden sowohl der Weiterbildungsbedarf in der Hafenbranche als auch der „Bedarf für den eigenen Betrieb" der erhobenen Kompetenzbedarfe diskutiert.

- **Durchführung einer Unternehmensbefragung**

Ergänzend wurde eine quantitativ ausgerichtete Online-Befragung durchgeführt. Dabei wurde insgesamt eine Stichprobe von $n = 54$ Personen angesprochen, von denen insgesamt 25 Fragebogen ausgewertet werden konnten (Schulte und Ahrens 2015). Die Befragung erfasste die demografischen und betrieblichen Strukturen des Sektors, Merkmale zentraler Arbeitsprozesse im Hafen, Aspekte der Personalrekrutierung und Qualifizierungsstrategien, die zu erwartenden technologischen Entwicklungen in der Hafenindustrie sowie grundsätzliche Einschätzungen zum Hafen der Zukunft.

4.3 Ergebnisse zur Identifizierung von Kompetenzbedarfen in der Hafenwirtschaft

Die Zusammenführung und Validierung der Ergebnisse zur Identifizierung der Kompetenzbedarfe (◘ Abb. 4.1) ergab insgesamt neun Kompetenzbereiche innerhalb der drei Dimensionen:

1. **Kompetenzbereiche für die fachliche Dimension:** Diese Dimension wurde entsprechend den jeweils verwendeten Werkzeugen und Arbeitsmitteln in fünf Bereiche gegliedert:
   - Zunächst wurden **grundlegende fachliche Kenntnisse** aufgeführt, die aus „Lese- und Schreibkompetenzen", dem „Maritimen Englisch", dem „Gabelstaplerschein", „handwerklichen Fähigkeiten (Lagerungs- und Befestigungstechniken)" und der „ladungsspezifischen Kontrolle von Gütern" zusammengesetzt waren.
   - Ebenfalls ausführlich erfasst waren die **Anschlage- und Verladetechniken**. Hier wurden „Safe Working Load und Working Loading Limit", die „Kenntnisse des Anschlagens, der Tragkraft und Zuglast von Traggeschirr", das „Erkennen von Mängeln am Anschlaggeschirr", das „Befestigen von Hebegeschirr (z. B. Tragrost, Schäkel, J-Hook, Hebegeschirr, Verschraubungstechniken)" ebenso genannt wie „Sichtkontrolle auf Fehler", „Schweißarbeiten für die Ladungssicherung" und Kenntnisse zu „Gefahrgütertransport" bzw. zu „Sichtzeichen".
   - **Kenntnisse über Vorschriften/gesetzliche Vorgaben** betrafen das „Einhalten von Arbeitsschutzvorschriften", die „Kenntnisse über Vorschriften für Transportsicherheit auf dem Hafengelände" sowie die „Kenntnis der Logistik Incoterms".
   - **Kenntnisse in Physik und Mathematik** beziehen sich in erster Linie auf „Kenntnisse der physikalischen Grundlagen (u. a. Hydraulik, Statik, Gewichte)", dem „Einschätzen großer Gewichte und Kräfte", dem „Umgang und Gefühl für Waren",

Fachliche Dimension								
Beschreibung der Kompetenzen	Weiterbildungsbedarf				Bedeutung (für den Betrieb)			
	-	o	+	++	-	o	+	++
Grundlegende fachliche Kenntnisse								
Maritimes Englisch								
Gabelstaplerschein								
Handwerkliche Fähigkeiten (Ausholzen, Anfertigen von Lagerungs- und Befestigungstechniken)								
Lese- und Schreibkompetenzen								
Ladungsspezifische Kontrolle von Gütern (Aspekt Digitalisierung)								
Anschlage- und Verladetechniken								
SWL (Safe Working Load); WLL (Working Load Limit)								
Kenntnisse des Anschlagens, der Tragkraft und Zuglast verschiedener Trägergeschirre								

◘ Abb. 4.1 Ausschnitt aus der Vorlage für den Validierungsworkshop

„mathematische Grundlagen (u. a. Dreisatz, räumliches Vorstellungsvermögen, Lastdiagramme)" und „Fertigkeiten und Kenntnissen der Mechanik".
- Als **Kenntnisse der Arbeitsprozesse** wurden das „vorausschauende Denken und Handeln", das „Vertrags- und Projektmanagement", die „Personal- und Geräteeinsatzplanung" und das „Bewusstsein für Qualitätsmanagement" genannt.
2. **Kompetenzbereiche für die soziale Dimension:** Innerhalb der sozialen Dimension wurden die Bereiche **Organisation** bzw. **Flexibilität** unterschieden. Erster umfasste das Zeitmanagement und die Priorisierung von Arbeitsaufgaben, der zweite Bereich listete „Arbeiten unter Zeitdruck", „Umgang mit kurzfristigen Planungsabweichungen", „Teamfähigkeit" sowie „Verständnis für Prozesse und Schnittstellen" auf.
3. **Kompetenzbereiche für die individuelle Dimension:** Die individuelle Dimension umfasste ebenfalls zwei Bereiche. Unter dem Punkt **Belastbarkeit** waren die „körperliche Belastbarkeit", die „kurzfristige Verfügbarkeit für Arbeitseinsätze", die Notwendigkeit von „Schicht- und Wochenendarbeit" sowie das „Arbeiten bei Wind und Wetter" benannt. Der Bereich der **Motivation** beschrieb neben der „Pünktlichkeit" und „Zuverlässigkeit" auch die „Bereitschaft zum selbst organisierten Lernen" und die „Bereitschaft zur Ausbildung auf Großgeräten (Kran, SPMT [Self-Propelled Modular Transporter] etc.)".

Die Erhebungen sowie die Validierung dieser Kompetenzanforderungen erbrachte folgende Erkenntnisse, die das weitere Projektvorgehen leiteten:
- Die Ergebnisse des Workshops und der Leitfadeninterviews zeigen, dass seitens der Anforderungen der Betriebe die fachlichen Kompetenzen den höchsten Stellenwert aufweisen. Das ist einerseits quantitativ an der Auflistung entsprechender Anforderungen zu erkennen, wurde aber auch in der qualitativen Bewertung innerhalb des Workshops deutlich. Die Anforderungen umfassen das fachliche Wissen und Fertigkeiten zu Transport- und Verladeprozessen (Anwendung von Anschlagtechniken), aber auch das dazugehörige Prozesswissen (Abläufe im Arbeitsprozess, Übergabe, Qualitätsmanagement) und die Umsetzung hafenspezifischer Vorschriften (Arbeitsschutz) bis hin zu Physikkenntnissen (z. B. im Umgang mit Verladegütern und Anschlaggeschirr im dreistelligen Tonnage-Bereich) und zumindest grundlegenden Englischkenntnissen (für den internationalen Warenverkehr).
- Hinsichtlich der Ergebnisse zu den sozialen und individuellen Kompetenzen zeigten sich auffällige Unterschiede in den Antwortkategorien in der Form, dass insbesondere die überfachlichen Kompetenzen (z. B. „Arbeiten unter Zeitdruck", „Umgang mit kurzfristigen Planungsabweichungen", „Schicht-/Wochenendarbeit", „Arbeit bei Wind und Wetter") für die betriebliche Ebene als sehr bedeutsam angesehen werden. Allerdings werden diese Anforderungen und Erwartungen an die Beschäftigten nur zum Teil erfüllt. In der Diskussion wurde deutlich, dass die Unternehmensvertreter/-innen durchaus grundsätzlich hohe Anforderungen an die vorhandenen Kompetenzen der potenziellen Beschäftigten stellen, um im Sinne einer „Bestenauslese" eine höchstmögliche Qualität zu erhalten. Inwieweit diese Kompetenzanforderungen sich jedoch in der betrieblichen Praxis wiederfinden lassen, steht auf einem anderen Blatt. Als Ergebnis hinsichtlich der überfachlichen Kompetenzen zeigt sich eine Diskrepanz zwischen betrieblichen Anforderungen sowie Erwartungen und vorhandenen Kompetenzen auf der Beschäftigtenseite.

Aufbauend auf dieser inhaltlichen Grundlage wurden die identifizierten Kompetenzbedarfe in ein **Serious Game** eingebettet, um Lernprozesse zu initiieren. Einschränkend muss an dieser Stelle gesagt werden, dass der Fokus auf die fachliche Dimension gelegt wurde. Folgende Kompetenzfelder wurden als Lernmodule für das Lernspiel aufbereitet:

- Maritimes Englisch
- Auswahl des Anschlaggeschirrs
- Mängel am Anschlaggeschirr erkennen
- Auswahl des Flurförderzeugs
- Vorschriften Transportsicherheit
- Anwendung von Anschlagtechniken
- Kenntnisse Physik
- Vorschriften Arbeitsschutz

4.4 Innovatives betriebliches Kompetenzmanagement durch das ArKoH-Hafenspiel

4.4.1 Ansatz des Serious Game

Als innovativer Ansatz zum betrieblichen Kompetenzmanagement wurde die Gestaltung eines Lernspiels in Form eines „Serious Game" gewählt. Wurden Lernen und Arbeit bislang eher getrennt gedacht, zielen Serious Games auf deren Verknüpfung durch einen spielerischen Ansatz (Ahrens 2019).

Angesichts der vielfältigen Anwendungsfelder und den rasanten technologischen Entwicklungen der digitalen Medien gibt es unterschiedliche theoretische Zugänge und keine allgemeingültige Definition von Serious Games. Während der Begriff „Game-based Learning" auf die Lernprozesse der Spielenden zielt, werden mit dem Begriff „Serious Games" die Spiele als solche verstanden (de Witt 2012).

Die Autoren Michael und Chen (2006, S. 17) definieren Serious Game ein Spiel, das anstelle von Unterhaltung Bildungsabsichten in den Vordergrund stellt. Nicht die Unterhaltung und Abwechslung, sondern das Lernen ist das Spielmotiv ernster Spieler (Watt 2009). Die Grundidee von Serious Games ist, Lerninhalte in einem Spieldesign abzubilden, um so die Lernmotivation zu steigern und damit insbesondere jene Personen anzusprechen, die nur ein geringes Interesse an der Teilnahme an seminaristischen Weiterbildungsveranstaltungen haben. Im Vergleich zu klassischen E-Learning-Angeboten unterstreichen Serious Games die Handlungsorientierung und eine damit einhergehende intrinsisch motivierte Auseinandersetzung mit den Lerninhalten (Schulte und Spöttl 2015). Ausgehend von den Lernzielen wurde das Design des Serious Game an den Arbeitsprozessen ausgerichtet.

Eine aus didaktischer Sicht zentrale Herausforderung für das Spieldesign ist die Frage, inwieweit im Spiel Kompetenzen erworben werden, die außerhalb des Spiels, d. h. im Arbeitsprozess, umgesetzt werden können. Folgende wesentliche Voraussetzungen werden aufgeführt (Kerres et al. 2009): Erstens ist das Spieldesign möglichst eng an den Arbeitskontext zu orientieren. Zweitens ist es erforderlich, die Lernaufgaben inhaltlich aus den Arbeitsprozessen abzuleiten. Beide Anforderungen werden durch die Ergebnisse der Arbeitsprozessanalysen als Grundlage für das Spieldesign erfüllt. Drittens zeigen bisherige Untersuchungen, dass mittelschwere, bewältigbare Spielsituationen gleichermaßen als unterhaltsam und lernförderlich erlebt werden.

4.4.2 Umsetzung für ein betriebliches Kompetenzmanagement: das ArKoH-Hafenspiel

Die dargestellten Lernmodule wurden in eine Storyline für das ArkoH-Hafenspiel eingebettet. Auf einem Tablet kann sich die Fachkraft zunächst im Spiel anmelden oder einloggen. Die ◘ Abb. 4.2 zeigt den Startbildschirm des Spiels.

Zu Spielbeginn wird der/die Spielende aufgefordert, den Schwierigkeitsgrad auszuwählen. Je nach Kompetenzniveau – „Anfänger/-in" oder „Experte/Expertin" – und in Abhängigkeit vom jeweiligen Lernmodul werden den Spielenden spezifische Aufgaben und Fragen gestellt. Der Schwierigkeitsgrad wird beispielsweise dadurch variiert, dass es auf dem „Expertenlevel" im Vergleich zum „Anfängerlevel" mehr Auswahlmöglichkeiten gibt oder dass die Fragen in einer bestimmten Zeit beantwortet werden müssen. Dazu unterscheiden sich die Fragen in den einzelnen Lernmodulen durch unterschiedliche Interaktionsformen: Es sind Single- und Multiple-Choice-Fragen, Memory-Spielformen, Drag-and-Drop-Formate oder auch offene Fragen (Antwort durch Schieberegler, Eingabe von Zahlenwerten und Begrifflichkeiten) vorhanden. Diese Varianten, aber auch der Wettbewerbscharakter durch die Darstellung von Highscores fördern den spielerischen Charakter des Lernens.

In das Spiel wurden verschiedene Lernhilfen integriert: Tutorials erklären beispielsweise zu Beginn eines Lernmoduls die Grundlagen der Spielidee bzw. geben Erläuterungen bei Aufgaben sowie ein Feedback. Ein Non-Player-Character (NPC) begleitet als „Avatar" die Fachkraft im Spiel und stellt selbst Fragen oder liefert Prozessinformationen – beispielsweise für die Einarbeitung eines neuen Kollegen – und bietet damit einen interaktiven Charakter des Spiels (◘ Abb. 4.3).

Wenn ein Lernmodul bis zum Ende gespielt wurde, erfolgt ein Feedback. Dieses Feedback liefert bei falschen Antworten eine Begründung, eine Bestätigung oder Hinweise auf

◘ **Abb. 4.2** ArKoH-Spiel Startbildschirm

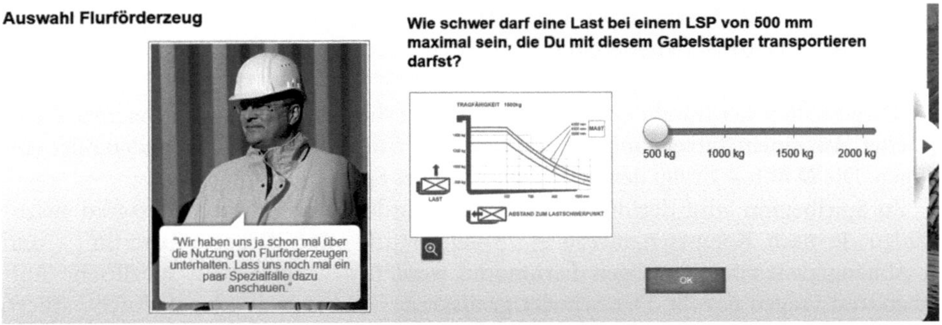

Abb. 4.3 Screenshot zu einer Frage (mit Interaktion)

mögliche Fehlerquellen, auf missachtete Vorschriften oder Ähnliches. In diesem Falle verweist das Feedback auf weiterführende Lerninhalte und regt die lernende Person (idealerweise) zu einem Reflexionsprozess an. Jede richtig beantwortete Frage wird mit Punkten belohnt; am Ende eines Lernmoduls wird eine Übersicht angezeigt, welche Fragen im Modul richtig bzw. falsch beantwortet wurden.

Fazit
Die arbeitsprozessorientierte Vorgehensweise bei der Identifizierung der Kompetenzbedarfe ermöglicht die Entwicklung von Lernaufgaben, die aufgrund ihrer inhaltlichen Orientierung an den konkreten Arbeitsaufgaben der Hafenfachkräfte auf hohe Resonanz stoßen. Die Verantwortlichen der Personalentwicklung sowie die Beschäftigten auf der operativen Ebene zeigen großes Interesse an der Umsetzung. Dies wird deutlich an den folgenden Punkten:

1. **Betriebliches Kompetenzmanagement im Hafensektor:** Für die beteiligten Unternehmen eröffnen sich verschiedene Ansatzpunkte und Einsatzmöglichkeiten, um ein innovatives betriebliches Kompetenzmanagement mithilfe der entwickelten Produkte und gewonnenen Erkenntnisse zu gestalten: So wird die Nutzung von Serious Games als geeignetes Instrument bei der Einstellung neuer Beschäftigter gesehen, um Informationen darüber zu erhalten, welches Fachwissen und welche Kompetenzen eine Fachkraft vorweisen kann. Es wird eine Aufgabe der Evaluation sein, festzustellen, inwieweit das Serious Game – auch aus Sicht der Unternehmen – als innovative und praktikable Methode zur Feststellung eines Kompetenzniveaus genutzt werden kann. Dieses Vorgehen geht dabei allerdings nicht auf eine komplexe und statistisch bestimmte Messung ein, sondern stellt einen pragmatisch-effektiven Weg zur Feststellung prozess- und arbeitskontextbezogener Dispositionen dar. Anstatt also einen, beispielsweise nach wissenschaftlichen Gütekriterien entwickelten, umfangreichen Fragebogen ausfüllen zu lassen und detaillierteste Auswertungen vorzunehmen, erscheint es zielführender und effektiver, durch ein Serious Game (und den Punktestand, den erreichten Level etc.) zu eruieren, wie kompetent sich eine Person zeigt. Darüber hinaus adressieren Serious Games insbesondere jene Beschäftigten, die bislang nicht über eher traditionelle, seminaristische Weiterbildungsformen

erreicht werden konnten. Aus Unternehmensperspektive bietet sich eine adäquate Form der betrieblichen Kompetenzentwicklung an, weil es sich (bei geeigneten Rahmenbedingungen) in den Arbeitsprozess integrieren lässt. Allerdings zeigte sich in der Erprobung des Hafenspiels bereits ein wesentlicher Unterschied für die Zielgruppen. Während es für Büroangestellte – die zu Beginn des Vorhabens gar nicht als Zielgruppe im Blick standen und erst im Rahmen der Erprobung als Anwender/-innen integriert wurden – mehrheitlich möglich ist, an ihrem Arbeitsplatz selbst organisiert spielerisch zu lernen, ist dies bei den Hafenfachkräften auf dem Hafengelände aufgrund der Arbeitsschutzbestimmungen nur bedingt möglich.

2. **Arbeitsprozessanalysen und ihre Einsatzmöglichkeiten für die Identifikation von Kompetenzen:** Die Arbeitsprozessanalyse hat sich als ein geeignetes Forschungsinstrument zur Identifizierung der Kompetenzen herausgestellt, auch wenn in der Hafendomäne schwierige Rahmenbedingungen der Planung und Durchführung bestehen. Zu nennen sind hier die Aspekte des Zeitmanagements (teilweise sehr kurzfristige Planung der Prozesse im Hafen), des Datenschutzes (Betriebsgeheimnisse der Unternehmen) oder auch der Arbeitsschutz (gefährliche Arbeitssituationen für die beobachtenden Forscher/-innen). Für das „Eintauchen" in die Domäne und damit für die Gestaltung der inhaltlichen Grundlagen erscheint die Methode – ebenso wie die Ergänzung durch ausführliche Leitfadeninterviews und Workshops – dennoch als ein zielführender Forschungsansatz.

3. **Didaktische Chancen der Nutzung eines Serious Game als Instrument für betriebliches Kompetenzmanagement:** Das Serious Games unterstützt die Forderung nach selbst organisierten Lernansätzen. Neben dem spielerischen Lernen, das mit positiven Emotionen verknüpf wird, sind auch der Wettbewerbscharakter durch Quizduelle und Highscores sowie ein gewisser Grad an Autonomie, um den Lernort und -zeitpunkt individuell zu wählen, motivierende Aspekte für die Fachkräfte um selbst organisiert zu lernen. Durch die Verbreitung mobiler Endgeräte (Smartphones, Tablets, Netbooks) wird das Lernen „unterwegs" bzw. im Kontext der Arbeitsprozesse zunehmend als Möglichkeit in Betracht gezogen. Dies gilt im Besonderen für die jüngere Generation, die als Digital Natives die neuen Medien als selbstverständlichen Bestandteil ihrer Freizeit und zum Teil auch ihrer beruflichen Lebenswelt begreifen. Seitens der Unternehmen in der Hafenwirtschaft wird aus diesen Gründen ein großes Interesse an der Nutzung des Lernkonzeptes signalisiert. Gleichzeitig herrscht in einigen Unternehmen nach wie vor Skepsis, die mit dem vermeintlichen Widerspruch zwischen Spielen und Arbeit bzw. Lernen begründet wird. Dazu kommt, dass einige Betriebe die Nutzung mobiler Endgeräte auf dem Hafengelände stark einschränken und Sorge tragen, dass durch die Nutzung des Serious Game die Aufmerksamkeit für die Hafenabläufe sinkt und damit die Gefahr von Arbeitsunfällen steigt.

Insgesamt hat sich die arbeitsprozessorientierte Herangehensweise bei der Identifizierung der Kompetenzbedarfe bewährt, da durch die Nähe zu den alltäglichen Arbeitsanforderungen sowohl auf der operativen als auch auf der Leitungsebene eine große Akzeptanz für die Kompetenzentwicklung gewährleistet wird. Dass die Kompetenzentwicklung über eine reine Anpassungsqualifizierung hinausgeht und die Beruflichkeit der Hafenfachkräfte fördert, wird dadurch erreicht, dass der Fokus

> auf der Förderung der beruflichen Handlungskompetenz liegt, die gleichzeitig auch zukünftige Kompetenzbedarfe im Blick hat. Durch die Nutzung des Serious Game und die damit verbundene Möglichkeit selbst organisierter Lernprozesse gehen die Lernziele über eine Qualifikation hinaus zugunsten einer Kompetenzentwicklung, die gleichermaßen fachliche Kompetenzen als auch Selbstlernkompetenzen adressiert.

Weiterführende Literatur und Links
- Weitere Informationen zu dem Verbundprojekt erhalten Sie unter: ▶ http://www.arkoh.de/.
- Eine Demoversion des ArKoH-Hafenspiels finden Sie unter: ▶ https://transfer.mit.de/arkoh/arkoh_hafenspiel_de/layout/layout_arkoh/frames.htm.

Förderhinweis
Dieses Forschungs- und Entwicklungsprojekt wurde mit Mitteln des BMBF im Förderschwerpunkt „Betriebliches Kompetenzmanagement im demografischen Wandel" (Förderkennzeichen: 02L12A110) gefördert und vom Projektträger Karlsruhe (PTKA) betreut. Die Verantwortung für den Inhalt dieser Veröffentlichung liegt bei den Autoren.

Literatur

Ahrens, D. (2019). Serious Games: Lassen sich Arbeit und Lernen spielerisch verknüpfen? Ein Beispiel aus der Hafenwirtschaft. In R. Dobischat, B. Käppler, G. Molzberger, & D. Münk (Hrsg.), *Bildung 2.1 für Arbeit 4.0?*. Wiesbaden: Springer VS.

Arndt, E. H. (2007). Die Tonnendreher von der Waterkant. *Deutsche Seeschifffahrt, 4,* 23–27.

Bader, R., & Müller, M. (2002). Leitziel der Berufsbildung: Handlungskompetenz. *Die berufsbildende Schule, 6,* 176–182.

Bauer, W., Koring, C., Röben, P., & Schnitger, M. (2007). *Weiterbildungsbedarfsanalysen. Ergebnisse aus dem Projekt „Weiterbildung im Prozess der Arbeit (WAP)". ITB Forschungsbericht 27/2007.* Bremen: Universität Bremen, Institut Technik und Bildung (ITB).

Beck, S. (2005). *Skill-Management: Konzeption für die betriebliche Personalentwicklung.* Wiesbaden: Deutscher Universitätsverlag.

de Witt, C. (2012). Neue Lernformen für die berufliche Bildung: Mobile Learning – Social Learning – Game Based Learning. *Berufsbildung in Wissenschaft und Praxis, 41*(3), 6–9.

Döll, S. (2012). *Die Windenergiebranche im Lande Bremen. Untersuchungsergebnisse einer Betriebsumfrage sowie mehrerer Experteninterviews zu den Themen Branchenstruktur, Leiharbeit, Fachkräftebedarf und Ausbildung/Fortbildung.* Bremen: Arbeitnehmerkammer Bremen.

Dreyfus, H. L., & Dreyfus, S. E. (1986). *Künstliche Intelligenz. Von den Grenzen der Denkmaschine und dem Wert der Intuition.* Reinbek bei Hamburg: Rowohlt.

Duin, H., & Thoben, K. D. (2015). Der Hafen der Zukunft. Szenarien für die Ermittlung von zukünftigen arbeitsprozessorientierten Kompetenzprofilen im Bereich Offshore und Containerumschlag. In: Gausemeier (Hrsg.), *Vorausschau und Technologieplanung, 11. Symposium für Vorausschau und Technologieplanung* (Bd. 347, S. 81–98), Paderborn: Heinz Nixdorf Institut, Universität Paderborn.

Erpenbeck, J., & von Rosenstiel, L. (2017). *Handbuch Kompetenzmessung. Erkennen, verstehen und bewerten von Kompetenzen in der betrieblichen, pädagogischen und psychologischen Praxis* (3. Aufl.). Stuttgart: Schäffer-Poeschel.

Fischer, M. (2010). Kompetenzmodellierung und Kompetenzdiagnostik in der beruflichen Bildung – Probleme und Perspektiven. In M. Becker, M. Fischer, & G. Spöttl (Hrsg.), *Von der Arbeitsanalyse zur Diagnose beruflicher Kompetenzen. Methoden und methodologische Beiträge aus der Berufsbildungsforschung* (S. 141–158). Frankfurt a. M.: Peter Lang.

Freie und Hansestadt Hamburg Behörde für Wirtschaft, Verkehr und Innovation (Hrsg.). (2015). *MCN. Strategie 2020: Wettbewerbsfähigkeit durch Innovation und Kooperation*. Hamburg: Freie und Hansestadt Hamburg Behörde für Wirtschaft, Verkehr und Innovation.

Georg, W. (1996). Lernen im Prozeß der Arbeit. In H. Dedering (Hrsg.), *Handbuch zur arbeitsorientierten Bildung* (S. 637–659). München: Oldenbourg.

Jürgenhake, U., Schubert, A., Vormann, W., & Wingen, S. (2006). *Demografischer Wandel in der Bremischen Hafen- und Distributionswirtschaft: Betriebs- und Branchendaten, Zukunftsszenarien, Betriebliche Herausforderungen* (PORT WORK 05/15, Themenheft Nr. 2). Bremen: Soziale Innovation GmbH SI research and consult.

Jude, N., Hartig, J., & Klieme, E. (2008). *Bildungsforschung: Kompetenzerfassung in pädagogischen Handlungsfeldern. Theorien, Konzepte und Methoden*. Bonn: Bundesministerium für Bildung und Forschung.

Kerres, M., Bormann, M., & Vervenne, M. (2009). Didaktische Konzeption von Serious Games: Zur Verknüpfung von Spiel- und Lernangeboten. MedienPädagogik. *Zeitschrift für Theorie und Praxis der Medienbildung*, 1–16. ► https://www.medienpaed.com/article/view/194.

Mehlis, P., Eberwein, W., & Quante-Brandt, E. (2010). Nachhaltige Beschäftigungsperspektiven für Arbeitslose und Geringqualifizierte durch berufliche Weiterbildung. Erste Befunde aus einem Forschungsprojekt zur Qualifizierungsoffensive in der Hafenwirtschaft. bwp@online. Ausgabe 19/2010. ► http://www.bwpat.de/ausgabe19/mehlis_etal_bwpat19.pdf. Zugegriffen: 31. Okt. 2018.

Michael, D., & Chen, S. (2006). *Serious games. Games that educate, train and inform*. Boston: Thomson.

Roth, H. (1971). *Pädagogische Anthropologie: Entwicklung und Erziehung* (Bd. 2). Hannover: Schroedel.

Senator für Wirtschaft, Arbeit und Hafen, & bremenports. (Hrsg.). (2014). *Fortschritt. Richtung. Zukunft. Hafenkonzept 2020/25. Bremen/Bremerhaven*. Bremen: Der Senator für Wirtschaft, Arbeit und Häfen, bremenports.

Schulte, S., & Ahrens, D. (2015). Ergebnisse einer Unternehmensbefragung zu Szenarien und Schlüsselfaktoren für den Hafen der Zukunft [Unveröffentlichter Projektbericht]. Bremen: Universität Bremen.

Schulte, S., & Spöttl, G. (2015). Serious games as an approach for work process orientated learning – Didactical concepts for competency development. The international conference on e-learning in the workplace. *International Journal of Automation and Computing, 8*(3), 50–53.

Watt, J. (2009). Improving methodology in serious games research with elaborated theory. In U. Ritterfeld, M. Cody, & P. Vorderer (Hrsg.), *Serious games* (S. 115–142). Boizenburg: Werner Hülsbusch.

Zlatkin-Troitschanskaia, O., & Seidel, J. (2011). Kompetenz und Erfassung – das neue „Theorie-Empirie-Problem" der empirischen Bildungsforschung. In O. Zlatkin-Troitschanskaia (Hrsg.), *Stationen empirischer Bildungsforschung* (S. 218–233). Wiesbaden: Springer VS.

Voraussetzungen der erfolgreichen Implementierung von Kompetenzmanagement in KMU

Nicole Sprafke, Saskia Hohagen, Mara Erlinghagen, Alexander Nolte, Philipp Wenig, Andreas Zechmann, Uta Wilkens, Heiner Minssen und Thomas Andreas Herrmann

5.1 Besonderheiten des betrieblichen Kompetenzmanagements in KMU – 62

5.2 Voraussetzungen für ein nachhaltiges Kompetenzmanagement in KMU – 67
5.2.1 Ökonomische Rahmenbedingungen als Implementierungskontext – 68
5.2.2 Soziale Rahmenbedingungen als Implementierungskontext – 69
5.2.3 Technische Rahmenbedingungen und Implementierung des Tools – 77

Literatur – 79

© Springer-Verlag GmbH Deutschland, ein Teil von Springer Nature 2019
A. C. Bullinger-Hoffmann (Hrsg.), *Zukunftstechnologien und Kompetenzbedarfe*, Kompetenzmanagement in Organisationen, https://doi.org/10.1007/978-3-662-54952-0_5

Zusammenfassung

In diesem Kapitel wird gezeigt, wie Unternehmen, die mit einer Vielzahl von Anforderungen und Veränderungsimpulsen konfrontiert sind, ihre Wettbewerbsfähigkeit auf Basis eines betrieblichen Kompetenzmanagements sichern können. Entscheidend sind hierbei die Verzahnung von Unternehmenssteuerung und Kompetenzentwicklung unter Nutzung von Kompetenzmodellen. Dabei ist es von besonderer Bedeutung, dass die Kompetenzmodelle betriebsspezifisch und an den konkreten Prozessabläufen der Organisation ausgerichtet werden. Mit Blick auf eine nachhaltige Implementierung kommt es zudem darauf an, dass eine Anpassung an die Voraussetzungen der Organisation, die sich vor allem in der betrieblichen Sozialordnung manifestieren, vorgenommen wird. Dabei kann zwischen Faktoren des Implementierungskontextes und Kriterien zur Gestaltung des Implementierungsprozesses unterschieden werden. Letzteres betrifft u. a. Vorerfahrungen und Prägungen hinsichtlich der Kommunikation und Partizipation sowie der Einbindung in die strategische Steuerung. Diese Kriterien wurden im Rahmen des Projektes 4C4Learn (Kompetenzorientiertes Unternehmenscoaching für ein nachhaltiges Kompetenzmanagement in KMU) empirisch erhoben und werden hier aufbauend auf einer Erläuterung der Besonderheiten des Kompetenzmanagements in KMU dargestellt.

5.1 Besonderheiten des betrieblichen Kompetenzmanagements in KMU

Unternehmen müssen ihre Wettbewerbsposition unter einer Vielfalt von Anforderungen sowie zunehmender Unsicherheit und Komplexität behaupten. Angesichts des Wandels der Arbeitswelt im Kontext der Industrie 4.0 stellt die Sicherung von Wettbewerbsvorteilen eine besondere Herausforderung dar, weil es in starkem Maße auf die Schnelligkeit und Wandlungsfähigkeit von Unternehmen ankommt (Ludwig et al. 2016). Es gilt, nicht nur wertschöpfungsrelevante Prozesse der Produktion bzw. Dienstleistungserbringung mit Blick auf die Megatrends Digitalisierung, demografischer Wandel und Globalisierung (BMAS 2015) umzustellen, sondern auch Fähigkeiten zur Erbringung von entsprechenden Anpassungsleistungen in der Organisation zu sichern. Die dynamischen Fähigkeiten von Beschäftigten und Organisationen, die die Basis für die Wandlungsfähigkeit bilden, spielen daher unter starkem Wettbewerbsdruck eine entscheidende Rolle. Hierunter werden Fähigkeiten verstanden, durch die betriebliche Leistungsbündel weiterentwickelt und am Markt neu justiert werden können (Teece et al. 1997).

Solche Fähigkeiten höherer Ordnung ermöglichen es, die spezifische Ressourcenbasis kontinuierlich zu rekonfigurieren, um auf Veränderungen der Unternehmensumwelt nicht nur zu reagieren, sondern diesen proaktiv zu begegnen (Sprafke 2016). Externe Dynamiken durch turbulente Marktveränderungen können dabei ebenso angesprochen werden wie dynamisierende Effekte des Einsatzes von neuen Technologien im Sinne einer Industrie 4.0 (Wilkens et al. 2015b). Um entsprechende Anpassungsleistungen zu realisieren, bedarf es dynamischer Fähigkeiten der Organisation im Marktumfeld sowie korrespondierender Kompetenzen auf Team- und Beschäftigtenebene (Sprafke et al. 2012). Die gesteigerten Erfordernisse zur Nutzung kollaborativer Arbeitsformen, einer wachsenden Vernetzung und einer zunehmenden Kooperation von Mensch und Maschine in der Arbeitswelt 4.0 (BMAS 2015; Bosbach 2015) verlangen nach neuen Kooperationsformen und neuen Denk- und Handlungsmustern. Der Kompetenzbegriff hinterlegt solche Fähigkeiten handlungsbasiert und macht sie im Rahmen einer strategischen Personal- und Organisationsarbeit gestaltbar.

- **Kompetenz und Kompetenzmanagement**

Unter **Kompetenz** wird die Fähigkeit sozialer Akteure verstanden, selbstgesteuert Lösungsmuster bei sich wandelnden Anforderungen und offenen Aufgabenstellungen hervorzubringen (Erpenbeck und von Rosenstiel 2017; Schreyögg und Kliesch 2003; Wilkens et al. 2006). Damit wird auf die situationsübergreifende Handlungs- und Problemlösungsfähigkeit von Individuen, Gruppen und Organisationen als Ganzes abgezielt, die sich in einer dem jeweiligen Kontext angemessenen Handlung offenbart (Sydow et al. 2003; Wilkens et al. 2006). Im Gegensatz zu Qualifikationen stellt Kompetenz nicht auf den Umgang mit bekannten, strukturierten Anforderungen ab, sondern auf die Bewältigung dynamischer Handlungssituationen mit unstrukturierten, mehrdeutigen bis hin zu widersprüchlich erscheinenden Anforderungen (von Rosenstiel 2001). Wettbewerbsvorteile durch Kompetenzen entstehen für Organisationen aus deren spezifischer Bündelung, d. h. aus der Verzahnung der Kompetenzen von Beschäftigten, Teams und der Organisation einschließlich der Unternehmenssteuerung (Sprafke et al. 2012). Auch sind organisationale Rahmenbedingungen als zusätzliche konstituierende Merkmale von Kompetenzbündelungen zu sehen, da sich Strategien zur Bewältigung von Veränderungen im jeweiligen Unternehmens- und Arbeitskontext offenbaren (Schreyögg und Kliesch 2003). Hier kommt der Realisierung eines betrieblichen Kompetenzmanagements eine entscheidende Rolle zu.

Mittels **Kompetenzmanagement** werden die vorhandenen und erforderlichen Anpassungsfähigkeiten im Unternehmen auf ein systematisches Fundament gestellt und in Kontext der Gesamtunternehmensentwicklung gesetzt. Kompetenzmanagement umfasst alle Maßnahmen, durch die Kompetenzen beschrieben, gemessen, entwickelt und zielgerichtet genutzt werden können (Erpenbeck 2001). Es handelt sich demnach um eine Managementfunktion, mittels derer Organisationen den eigenen Kompetenzbestand aktiv steuern und lenken können (North et al. 2018). Mit einem Kompetenzmanagement wird das Ziel verfolgt, den Transfer, die Nutzung und Entwicklung der Kompetenzen, orientiert an den persönlichen Zielen des Beschäftigten sowie den Zielen der Unternehmung, sicherzustellen (North et al. 2018). Ein strategisches Kompetenzmanagement verknüpft dabei zentrale Steuerungsinstrumente wie Kompetenzlandkarten mit einem Rahmen für die Kompetenzmessung und selbst organisierte Kompetenzentwicklung (Sauter und Staudt 2016).

Mit dem Ziel der Förderung der Wandlungsfähigkeit der Organisation steht ein solcher Ansatz vor der Herausforderung, nicht nur die Personalarbeit zu adressieren, sondern das Zusammenwirken des Kompetenzmanagements mit der Unternehmensentwicklung. Dies kann beispielsweise über eine Verknüpfung mit Performanzindikatoren auf Organisationsebene erfolgen (Wilkens et al. 2015a). Werden Kompetenzlandkarten unter diesem Anspruch konzipiert, können sie auch in solchen Handlungsfeldern als strategische Entscheidungsgrundlage dienen, die das Zusammenwirken von Beschäftigten und Teams adressieren, z. B. Personaleinsatzplanungen und Teamzusammensetzungen.

Auf Unternehmensebene eröffnen sich durch ein strategisches Kompetenzmanagement somit Möglichkeiten, um wettbewerbsrelevante Entwicklungen ressourcenorientiert auf Beschäftigten- und Teamebene zu unterstützen. Es lassen sich erfolgskritische Handlungen auf den verschiedenen Kompetenzebenen identifizieren und zielgerichtet entwickeln, sodass auf Organisationsebene eine Konfiguration der Ressourcenbasis im Sinne des **Dynamic Capability View** ermöglicht wird (Probst et al. 2000). Fähigkeiten zum konstruktiven Umgang mit neuartigen Herausforderungen werden in den Mittelpunkt gestellt, zumal sie die Wandlungsfähigkeit der gesamten Organisation beeinflussen können (Barthel und

Zawacki-Richter 2009). Es lässt sich zeigen, dass Beschäftigtenkompetenzen die organisationale Wandlungsfähigkeit maßgeblich beeinflussen, wenn die Arbeitsumgebung kompetenzförderlich gestaltet wird (Sprafke 2016). Für das Individuum selbst lässt sich durch das zielgerichtete Management von Kompetenzen die Employability stärken, weil übergreifende Handlungs- und Problemlösungsfähigkeiten auch vor erwerbsbiografischen Risiken schützen (Bollérot 2002).

- **Implementierung von strategischem Kompetenzmanagement in KMU**

Großunternehmen gelingt es vermehrt, die Potenziale eines betrieblichen Kompetenzmanagements zu realisieren. Sie setzen Kompetenzmodelle erfolgreich in Handlungsfeldern wie Talent Management ein (Schlichting 2013). Für KMU geht die Implementierung eines Kompetenzmanagements jedoch mit spezifischen Herausforderungen und potenziellen Barrieren einher. Im Vergleich zu Großkonzernen, die zumeist auf einen umfangreichen Erfahrungsschatz und erhebliche finanzielle und personelle Ressourcen zurückgreifen können, gestalten sich entsprechende Entwicklungen für KMU schwerer (Arend und Zimmermann 2009; Behrends 2009). Hieraus kann mit Blick auf die dynamischen Veränderungen des Wettbewerbsumfelds ein strategisches Defizit erwachsen, obschon KMU durch ihre hohe Spezialisierung und Besetzung von Nischen mit einem hoch entwickelten Technologieniveau international wettbewerbsfähig sind (Habedank 2006; Kabst 2004; Schröder 2016). KMU machen 99,3 % aller deutschen Unternehmen aus (Söllner 2016) und der Mittelstand stellt in Deutschland die Mehrzahl aller Arbeitsplätze (Rickes und von Hassell 2008). Die Kategorisierung KMU umfasst dabei gemäß der Empfehlung der Europäischen Kommission (2003) Unternehmen, die weniger als 250 Beschäftigte haben und einen Jahresumsatz von bis zu 50 Mio. EUR erwirtschaften bzw. eine Jahresbilanzsumme von weniger als 43 Mio. EUR.

Oftmals wird die schwächere **Ressourcenlage von KMU** als entscheidende Implementierungsbarriere betont (Wischmann et al. 2015). Dabei wird sowohl auf personelle, finanzielle als auch zeitliche Ressourcen abgestellt (Behrends und Martin 2006; Frey 2010). Erleben KMU Innovationshemmnisse, so werden tatsächlich ein Mangel an Finanzierungsquellen, Beeinträchtigungen durch hohe Innovationskosten, eine große Unsicherheit über den Innovationserfolg sowie bürokratische Hürden als wesentliche Gründe hierfür angegeben (Arend und Zimmermann 2009). Aus einer solchen Defizitperspektive wird auch angeführt, dass KMU weniger strategisch ausgerichtet sind als Großunternehmen (Immerschitt und Stumpf 2014). Dieses Argument scheint angesichts der hohen Innovationsaktivitäten im Mittelstand jedoch zu kurz zu greifen. KMU weisen hinsichtlich ihrer Wandlungsfähigkeit im Sinne der Entwicklung und Nutzung dynamischer Fähigkeiten keineswegs systematische Nachteile auf (Alegre et al. 2011). Eine Studie von Borch und Madsen (2007) hat gezeigt, dass in KMU die strategische Entwicklung durch dynamische Fähigkeiten gefördert werden kann. Die schlanken Strukturen und flachen Hierarchien ermöglichen eine hohe Flexibilität (Pfohl 2013), sodass KMU schnell auf Veränderungen in ihrem Umfeld reagieren können (Mugler 2008).

Mit der geringeren strukturellen Komplexität geht zudem ein höheres Maß an **interner Transparenz** einher, sodass es Beschäftigten oftmals leichter fällt, ihren Beitrag zum gesamtwirtschaftlichen Ergebnis der Organisation zu erkennen (Behrends 2009). Dies kann sich in hohem Maße positiv auf die Aktivierung der Beschäftigten für Veränderungsvorhaben auswirken, woraus sich eine höhere wirtschaftliche

Leistungsfähigkeit für KMU ergibt. Dies zeigen Hartwig et al. (2010) in einer Untersuchung von 124 KMU. KMU mit einem kompetenzorientierten Management weisen demnach ein höheres Umsatzwachstum, eine bessere Rentabilität, weniger Konflikte und Motivationsprobleme innerhalb der Belegschaft und eine höhere Innovativität auf. Dies lässt sich auf eine hohe Identifikation mit der Unternehmensvision und unternehmerisches Handeln der Beschäftigten zurückführen.

Ähnlich positiv kann sich die Nähe der Geschäftsführung zu Umsetzungsaktivitäten auswirken. In KMU liegt eine geringere Distanz zwischen operativen Beschäftigten und der Geschäftsführung vor (Behrends 2009). Ihre Zusammenarbeit ist enger als in Betrieben mit größerer Personalzahl und ist zudem eher informell geprägt (Mugler 2008). Dies begünstigt kurze Kommunikationswege, eine starke persönliche Bindung und Einbindung in Unternehmensentscheidungen (Pfohl 2013). Der gestaltende Einfluss der Beschäftigten kann damit als größer angenommen werden. Somit sind nicht nur an die Unternehmensführung, sondern auch an die gesamte Belegschaft höhere Anforderungen hinsichtlich der situationsübergreifenden Handlungs- und Problemlösefähigkeit sowie Improvisation gestellt. In der Sicherung dieser Fähigkeiten auf individueller und kollektiver Ebene liegt eine wesentliche Aufgabe der strategiebegleitenden Personal- und Organisationsarbeit.

Die **Personalarbeit in KMU** wird in der Literatur oftmals als defizitär charakterisiert. Stellt man Großunternehmen und KMU vergleichend gegenüber, so ist in der Tat zu konstatieren, dass die Personalarbeit in KMU durch einen geringeren Institutionalisierungsgrad gekennzeichnet ist (Immerschitt und Stumpf 2014; Pfohl 2013). Größenabhängig ist teilweise keine eigenständige Abteilung für personalwirtschaftliche Aufgaben eingerichtet bzw. ein Fokus auf rein personaladministrative Aufgaben vorzufinden (Hamel 2006), wohingegen beispielsweise die Personalentwicklung ad hoc erfolgt. Dies kann damit einhergehen, dass die Personalarbeit nicht durch Spezialisten ausgeführt wird, sondern eine zusätzliche Tätigkeit der Geschäftsleitung ist (Behrends und Martin 2006; Heybrock et al. 2011; Kay und Richter 2010).

Aufgrund der Besonderheiten in Struktur und Organisation von KMU erscheint es wenig sinnvoll, die personalwirtschaftlichen Gestaltungsansätze von Großunternehmen einfach auf diese zu übertragen. Stattdessen sind diese Besonderheiten und spezifischen Handlungsmuster explizit zu berücksichtigen. Es ergeben sich mögliche, zu beachtende Barrieren, ebenso aber auch eine Reihe von Potenzialen für die Etablierung eines Kompetenzmanagements in KMU (◘ Tab. 5.1).

Es sind nunmehr die spezifischen Rahmenbedingungen für die Implementierung eines Kompetenzmanagements in KMU bekannt. Ein Implementierungsansatz kann sich weniger auf bereits etablierte Instrumente stützen, aber auf eine hohe Flexibilität und eine dezidierte Prozessbetrachtung zählen. Vor diesem Ausgangspunkt wurde das Projekt „Kompetenzorientiertes Unternehmenscoaching für ein nachhaltiges Kompetenzmanagement in KMU" (4C4Learn) initiiert. Das Projekt wurde im Rahmen des BMBF-Förderschwerpunks „Betriebliches Kompetenzmanagement im demografischen Wandel" von 2013 bis 2017 realisiert.

Der Kompetenzmanagementansatz von 4C4Learn orientiert sich an den wertschöpfungsrelevanten Prozessen im Unternehmen, auf deren Basis die Kompetenzen der Beschäftigten erfasst werden. Eine prozessorientierte Betrachtung erlaubt eine Spezifizierung der erforderlichen Kompetenzen und ihre Bündelung entsprechend der betrieblichen Abläufe, auch auf kollektiver Ebene (Exkurs: 4C4Learn).

Tab. 5.1 Mögliche Barrieren und Potenziale für KMU mit Blick auf die Implementierung eines Kompetenzmanagements

Mögliche Barrieren	Potenziale
Kaum systematische Personalarbeit erschwert die Anbindung eines Kompetenzmanagements	Einfluss des Geschäftsführers
Schwächere Ressourcenbasis bedarf leichtgängiger Lösungen	Hohe Flexibilität durch schlanke Strukturen und flache Hierarchien
Belastung durch das Tagesgeschäft	Lernen über informelle Wege
Weniger Aufstiegsmöglichkeiten für Beschäftigte	Breites Fachwissen ermöglicht breitere Expertise
	Beschäftigte gestalten mit

Exkurs

4C4Learn

Ziel von **4C4Learn** ist es, KMU zu befähigen, betriebliche Kompetenzmodelle so zu entwickeln und zu nutzen, dass neue inner- und überbetriebliche Lösungsstrategien vor dem Hintergrund technologischer und demografischer Herausforderungen identifiziert und umgesetzt werden können. Im Rahmen des Projektes werden Kompetenzen auf Basis von Prozessen erhoben. Diese Vorgehensweise wurde im Zuge des Projektes entwickelt und erprobt. Ziel dieser Vorgehensweise ist eine grafische Darstellung wertschöpfungsrelevanter Prozesse eines Unternehmens. Auf Basis dieser Prozesse wird ein Kompetenzkatalog entwickelt und in ein Kompetenzmodell überführt (Wilkens et al. 2015a). Durch diese Vorgehensweise wird für jedes Unternehmen passgenau ein Kompetenzmanagement zugeschnitten.

Im Projekt wird in einem Verbund aus mehreren Beteiligten eine am Entwicklungsstand von KMU ansetzende Implementierungsmethode, die als wissenschaftlich begleitetes Unternehmenscoaching angelegt ist, erarbeitet. Die Verbundpartner, dargestellt mit ihren Zielen, sind:

- **Ruhr-Universität Bochum:** Ziel der Ruhr-Universität Bochum ist die Entwicklung eines hybriden Leistungsbündels in Form einer technisch gestützten Coachingmethode, die aus analytischen Instrumenten, einer IT-Infrastruktur und einem konfigurierbaren Implementierungsansatz besteht.
- **Universität Augsburg, Center for Performance Research & Analytics (CEPRA):** Das CEPRA hat die Entwicklung und praktische Umsetzung eines Steuerungs- und Bewertungscockpits zum Management der Personal- und Organisationskompetenzen zum Ziel.
- **Heinrich Huhn GmbH und Co.KG:** Das Ziel von Heinrich Huhn beläuft sich darauf, die vorhandenen und zu entwickelnden Kompetenzen für die Gesamtorganisation durch systematisches Coaching, aber auch geeignete IT-Unterstützung nachhaltig nutzbar zu machen.
- **Katholische Hospitalvereinigung Ostwestfalen (KHO) gem. GmbH:** Die KHO entwickelt ein Kompetenzmanagementsystem in Form einer datenbankgestützten Kompetenzlandkarte, die sich auf drei Krankenhäuser bezieht, mit dem Ziel,

> der höheren Diversität von Beschäftigten und Patienten systematisch nachzukommen.
> – **Reifenhäuser REICOFIL GmbH und Co.KG:** Das Ziel von REICOFIL richtet sich auf den Generationenaustausch, indem die Kompetenzen und das Wissen der heutigen Beschäftigten den nachfolgenden Beschäftigten zur Verfügung gestellt und neue Formen der Wissensteilung im Prozess der Arbeit entwickelt werden.

5.2 Voraussetzungen für ein nachhaltiges Kompetenzmanagement in KMU

Angesichts der Besonderheiten für KMU und der speziellen Herausforderungen der Arbeitswelt 4.0, die durch Virtualität und eine Vielzahl von Vernetzungen innerhalb und außerhalb der Organisation gekennzeichnet ist, greift es zu kurz, Kompetenzmanagement lediglich als „neues Tool" der Personalarbeit in KMU zu betreiben. Vielmehr ist zur Sicherung einer Wettbewerbsfähigkeit eine nachhaltige Verzahnung mit der strategischen Unternehmensentwicklung anzustreben.

Mit dem Attribut der **Nachhaltigkeit** soll betont werden, dass Veränderungen durch die Implementierung eines betrieblichen Kompetenzmanagements selbst organisiert und kontinuierlich im Unternehmen verstetigt werden. Eine solche Nachhaltigkeit ist auch angesichts dessen von besonderer Relevanz, dass zwischen 50 und 70 % der in Unternehmen geplanten Changevorhaben scheitern (Moldaschl 2009). Diese hohen Misserfolgsraten können als Indikator dafür betrachtet werden, dass trotz eines schier unerschöpflichen interdisziplinären Literaturangebotes zentrale Fragen einer erfolgreichen Gestaltung von Veränderungen noch immer ungelöst sind (Stahl 2013). Nachhaltigkeit kann gefördert werden, indem die Implementierung des Kompetenzmanagements auf eine Verzahnung mit vorhandenen Instrumentarien der Personal- und Strategiearbeit im Unternehmen abstellt und an die im Unternehmen vorhandenen Gegebenheiten angepasst wird.

Nachhaltigkeit beschreibt eine Orientierung auf die langfristig zu erzielenden Wirkungen in ökonomischer, sozialer und technologischer Hinsicht. Grundsätzlich ist Nachhaltigkeit an langfristigem Denken und Handeln orientiert. Im Kontext von Forschungsprojekten – wie im vorliegenden Fall – bedeutet dies vor allem, dass bei Wegfall der Unterstützung durch externe, beratende Akteure entwickelte Vorgehensweisen eigenständig fortgeführt werden, sodass Verbesserungen und neue oder andere Handlungsroutinen dauerhaft aufrechterhalten werden. Ob ein Kompetenzmanagement implementiert wurde, lässt sich also dadurch feststellen, dass es nachhaltige Wirkung zeigt (Stagl 2004). Forschungsprojekte selbst sind nur Impulsgeber für Weiterentwicklungen; eine nachhaltige Implementierung zielt darauf ab, dass solche Impulse sich dann mehr oder weniger von alleine tragen (zum Prinzip des Unternehmenscoachings ▶ Abschn. 10.2).

Um eine nachhaltige Wirkung des Kompetenzmanagements in ökonomischer, sozialer und technologischer Hinsicht zu erzielen, kommt es auf die Berücksichtigung der Implementierungsvoraussetzungen an:
– In **ökonomischer Hinsicht** sind die spezifischen Wettbewerbsbedingungen und die darauf ausgerichteten Organisationscharakteristika zu berücksichtigen.

- In **sozialer Hinsicht** ist die Passung von Kompetenzmanagementsystemen und betrieblicher Sozialordnung durch einen auf Partizipation und Transparenz zielenden Implementierungsprozess entscheidend.
- In **technologischer Hinsicht** ist nicht nur die Kompatibilität der softwarebasierten Unterstützung mit der vorhandenen Technologie von Bedeutung, sondern auch die Verzahnung von Technologie mit der gelebten Unternehmenspraxis.

5.2.1 Ökonomische Rahmenbedingungen als Implementierungskontext

Die im Projekt 4C4Learn angestrebte Implementierung von Kompetenzmanagement in KMU durch eine softwarebasierte Umsetzung und eine strategische Verankerung erfolgt in Abhängigkeit der Implementierungsvoraussetzungen. Dabei gilt es zunächst, die offensichtlichen Kontextfaktoren wie Betriebsgröße, Branche und Region, aber auch Markt/Produkt, Kundenstruktur und die Innovationsfähigkeit zu berücksichtigen, die in unmittelbarem Zusammenhang mit den Wettbewerbsbedingungen und dem Wettbewerbsgeschehen stehen, da sich aus ihnen die Art und Weise ergibt, wie sich ein Betrieb mit dem Thema „Kompetenzen" beschäftigt. Aus diesen unterschiedlichen Voraussetzungen ergibt sich der Handlungsbedarf zur Gestaltung bzw. Implementierung eines Kompetenzmanagements für KMU. So weist ein KMU dann einen erhöhten Handlungsbedarf für ein Kompetenzmanagement auf, wenn es im Wettbewerb nicht mit Standardlösungen agieren kann, sondern immer wieder neue kundenspezifische Problemlösungsangebote erarbeiten muss (Sprafke et al. 2012). Dies ist z. B. im Dienstleistungsbereich oder dem Sondermaschinenbau der Fall, aber auch von Relevanz, wenn immer wieder neue internationale Wettbewerber in das eigene Marktfeld eintreten.

Innovationen sind ein zentrales Instrument, um die Wettbewerbsfähigkeit zu verbessern. Um im Wettbewerb mit der Konkurrenz mithalten zu können, sind Produktinnovationen ein wesentlicher Erfolgsfaktor. Diese entstehen vielfach durch Kernkompetenzen. Kompetenzen sind somit zu berücksichtigen, um dem Innovationsdruck standhalten zu können (Schreyögg und Kliesch 2003). Neue Technologien und die Herausforderungen, die mit der Industrie 4.0 einhergehen, stellen KMU vor das Problem einer kontinuierlichen und systematischen Weiterentwicklung ihrer Kompetenzen. Zur Verbesserung der Wettbewerbsfähigkeit gilt es, ein ganzheitliches und nachhaltiges Kompetenzmanagementsystem im Unternehmen zu implementieren, das die ökonomischen Rahmenbedingungen berücksichtigt (Grote et al. 2012). Kompetenzen können somit als eine erfolgskritische Ressource für Unternehmen angesehen werden, um auf neue Markt-, Kunden- oder Patientenanforderungen flexibel reagieren zu können.

Während der betriebswirtschaftliche Leistungsbegriff in der Vergangenheit häufig mit finanziellen Größen der Unternehmenssteuerung assoziiert wurde, findet seit Beginn der 1990er-Jahre eine kontinuierliche Erweiterung um multidimensionale Aspekte (z. B. nicht finanzielle Größen, mehrere Betrachtungsperioden, Zukunftsorientierung) statt (Hoffmann 1999; Krause 2006). Insbesondere die Berücksichtigung verschiedener Stakeholder mit teils korrespondierenden Interessen erfordert die Beachtung auch nicht finanzieller Steuerungsgrößen zur Ermittlung der **Leistungsfähigkeit** einer Organisation (u. a. Kaplan 1983; Otley 2007). Kompetenzen bilden hierbei einen wichtigen Inputfaktor.

Bei der Implementierung eines Kompetenzmanagements in KMU gilt es mit Blick auf die ökonomischen Rahmenbedingungen, ein gemeinsames Verständnis über eine moderne Kompetenzauffassung zu entwickeln und die Wirkungszusammenhänge von Kompetenzen und dem Unternehmenserfolg unternehmensspezifisch zu identifizieren. Im Projekt 4C4Learn stützt sich das Kompetenzverständnis auf eine **grundsätzliche Selbstorganisation** (Synergetik), verlangt eine durchgehende Erfassung und Messung der Kompetenzen und orientiert sich an den komplexen spezifischen Zukunftsherausforderungen der Unternehmen (Erpenbeck 2012). Daher erfolgte eine strukturierte Bewertung der Kompetenzen anhand der strategischen Unternehmensziele der jeweiligen Unternehmen, um eine vorwärts gerichtete Betrachtung der Kompetenzpotenziale vorzunehmen. Somit konnte die Analyse nicht nur prozessuale Kompetenzvoraussetzungen zutage fördern, sondern zusätzlich entlang einer marktorientierten Bewertung frühzeitig Bedarfe aufzeigen. Letztlich verschaffen genau diese speziellen Grund- und Kernkompetenzen Vorteile, um dauerhaft im Wettbewerb bestehen zu können.

Damit Kompetenzen (weiter-)entwickelt werden können, sind die dafür erforderlichen Ressourcen bereitzustellen. Die multidimensionale Steuerung und ganzheitliche Betrachtungsweise setzt eine umfassende Führungsaufgabe voraus, um die Ebene der Kompetenzen einzelner Beschäftigter mit der Ebene der Unternehmensziele zu verbinden. Der Nutzen einer integrierten und multidimensionalen Kompetenzsteuerung ergibt sich insbesondere in einer Steigerung der nachhaltigen wirtschaftlichen Handlungskraft der gesamten Organisation.

5.2.2 Soziale Rahmenbedingungen als Implementierungskontext

Das Vorhaben, Kompetenzmanagement zu implementieren, betrifft aber nicht nur die Lösung rein ökonomischer Sachverhalte. Vielmehr berührt eine Auseinandersetzung mit Kompetenzen im Betrieb auch stark die mikropolitische Dimension von Beziehungen, Interessen, Ängsten und Befürchtungen, die aus vorangegangenen Changeprojekten, Managementmaßnahmen und Reorganisationsprozessen resultieren. Deshalb ist eine Organisation nicht nur Produktions- oder Dienstleistungsstätte, sondern immer auch ein **soziales System.** Der Dimension „des Sozialen" ist besondere Beachtung zu schenken (Krüger und Bach 2014), um bezüglich der Implementierung eine Passung zu erzeugen. Ohne eine solche Passung kann es dazu kommen, dass die Beschäftigten sich einer Kooperation verweigern, Reaktanz zeigen und ein Gelingen des Kompetenzmanagements verhindern.

Ansatzpunkte zur Erhebung „des Sozialen im Betrieb" finden sich in den theoretisch-konzeptionellen Überlegungen und empirischen Untersuchungen von Kotthoff und Reindl (1991; vgl. zusammenfassend Kotthoff 2013) zur **betrieblichen Sozialordnung.** Die betriebliche Sozialordnung wird neben formellen, klar definierbaren Regeln des gegenseitigen „Gebens und Nehmens", wie sie beispielsweise in Arbeitsverträgen ihren Niederschlag finden, vor allem durch informelle Regeln konstituiert. Zur „Sozialordnung gehört, was die Beziehungen der Menschen innerhalb einer Unternehmung regelt und ordnet" (Pullig 2000, S. 12). Mit der Erfassung der betrieblichen Sozialordnung wird nicht nur das betrachtet, was auf der Oberfläche sichtbar ist (Leitbilder, Marketingkonzepte etc.), sondern vielmehr das, was sich in der Organisation im alltäglichen Umgang miteinander (auch und vor allem) an informellen Regeln und Übereinkommen offenbart und was erfolgreiches Handeln Einzelner oder von Kollektiven in Betrieben fördert oder hemmt. Die Handlungsfelder, in denen sich die betriebliche Sozialordnung konstituiert, sind laut Kotthoff (2013, S. 142) „die konkrete Praxis des Leistungsregimes, die betriebliche Beschäftigungs-, Personal- und Sozialpolitik, die Führungspraxis und der Umgangsstil, die Praxis der Interessenskommunikation und – wo vorhanden – der institutionalisierten Interessensvertretung sowie die Selbstpräsentation des Unternehmers/Top-Managers". Es geht um den sogenannten „Geist des Hauses" oder auch den „sozialen Kitt", die sich aus unterschiedlichen „sozialmoralischen Quellen" speisen wie allgemeine gesellschaftliche Leitbilder, die durch Politik, aber auch Region und Branche beeinflusst sind (Kotthoff und Reindl 1991).

Kotthoff und Reindl (1991) unterscheiden dabei zwischen den beiden Polen der gemeinschaftlichen und instrumentalistischen Ausprägung der Sozialordnung auf der einen und zwischen autokratischer, liberaler und egalitärer Sozialordnung auf der anderen Achse. Der **gemeinschaftliche Typus** zeichnet sich vor allem durch ein bei den Mitgliedern der Organisation vorhandenes Gefühl der Verbundenheit zur Organisation sowie Aufrichtigkeit und Anerkennung aus, während der **instrumentalistische Grundtypus** eher durch geringe Anerkennungsverhältnisse, starke Kontrollmechanismen, geringes Wohlwollen der Geschäftsführung gegenüber den Beschäftigten sowie Symbole des Kampfes charakterisiert werden kann (Ittermann 2007).

Eine Basis an Vertrauen sowie die Bereitschaft zur Partizipation und zur Transparenz des Vorhabens bilden neben der Bereitschaft zur Weiterentwicklung in den Unternehmen den Grundstock zur sinnvollen Auseinandersetzung mit Kompetenzen im Unternehmen. Hinsichtlich der Gestaltungsmöglichkeiten (zur Auseinandersetzung mit den eigenen Kompetenzen, potenziellen Defiziten und Arbeit an Prozessverbesserung/Arbeitsgestaltung) ist ein Minimum an gemeinschaftlicher Sozialordnung, an Fehlerlernkultur, an Bereitschaft zu gemeinsamem Lernen notwendig, um die Chancen von Kompetenzmanagement zu Entfaltung bringen zu können. Für die Ausprägung der betrieblichen Sozialordnung ist in KMU z. B. die Haltung des Geschäftsführers ein entscheidender Dreh- und Angelpunkt: Sein „Sozialcharakter und seine Individualität [haben] unter allen anderen Momenten die größte Prägekraft für die Sozialordnung" (Kotthoff und Reindl 1991, S. 133) und damit seine Entscheidung und sein Motiv für die Implementierung von Kompetenzmanagement.

▪ **Erhebung der betrieblichen Sozialordnung**

Im Rahmen des Projektes 4C4Learn wurde die betriebliche Sozialordnung in drei Organisationen erhoben. Dies geschah durch teilnehmende Beobachtungen, Gruppendiskussionen, Survey-Feedbacks und Workshops mit Beschäftigten. Einen Großteil des Datenmaterials stellen leitfadengestützte Interviews mit Experten und Expertinnen aus verschiedenen hierarchischen Ebenen dar. Die Interviewteilnehmenden sind dabei Träger/-innen individueller Erfahrungen und Wissensbestände, wobei gerade die Perspektivvielfalt der befragten Personen sowie die Aggregation der Ergebnisse einen ganzheitlichen Blick auf die Organisation als Sozialgebilde ermöglichen.

In den drei Organisationen wurden 19 Interviews durchgeführt, in denen Themenkomplexe wie Historie des Unternehmens, strategische Ausrichtung, Unternehmensumfeld, interne Organisation und Ressourcen, Konfliktregelung sowie bisheriger Umgang mit Kompetenzmanagement behandelt wurden. Die Auswertungsmethodik wurde in Form einer Triangulation durchgeführt, da unterschiedliche Akteure das Datenmaterial sichteten und auswerteten. Es wurden sowohl induktive als auch deduktive Vorgehensweisen angewendet. Die Auswertungsmethodik lehnte sich an die Vorgehensweise von

Kotthoff und Reindl (1991) an, wobei neben den harten Fakten der Unternehmen ebenfalls jene Sachverhalte erfasst werden, die sich auf informelle (Sozial-)Beziehungen sowie auf deren Ausgestaltung im Unternehmen beziehen. Die zwischen 60- und 90-minütigen qualitativen Interviews wurden zur Datenaufbereitung vollständig transkribiert und ausgewertet.

Nach Aufbereitung der Ergebnisse zur betrieblichen Sozialordnung der Organisationen konnten durch Rückkopplungen mit Unternehmensvertretenden (Reflexionsworkshops) diejenigen Rahmenbedingungen identifiziert werden, die bei einer Implementierung des Kompetenzmanagements von besonderer Relevanz sind und die als Implementierungsvoraussetzung beachtet werden sollten.

Die Organisationen unterscheiden sich bereits auf den ersten Blick in die ◘ Tab. 5.2 deutlich voneinander. Sie agieren in sehr unterschiedlichen Branchen (Anlagenbau, Krankenhaussektor, Metallverarbeitung), in verschiedenen Regionen und sind unterschiedlich groß. Allein die Marktsituation der Organisationen, die stark branchen- und regionsabhängig ist, hat einen großen Einfluss auf die Startvoraussetzungen zur Implementierung des Kompetenzmanagements.

Folgende Beispiele mögen die Unterschiede zwischen den Organisationen verdeutlichen: So ist für eine Organisation, die sich selbst als ein „niemals zur Landung ansetzendes Flugzeug" beschreibt, eine andere Zielsetzung und damit auch eine andere Wirkung hinsichtlich der Nutzung von Kompetenzmanagement zu erwarten als bei einem „Familienbetrieb in dritter Generation", der sich in einer „Sandwichposition" zwischen marktmächtigen Kunden und Lieferanten befindet. Oder: Während die erste Organisation „Anlagenbauer" darauf abzielt, ihre Beschäftigten zu Ideengebern/-geberinnen und Innovatoren/Innovatorinnen zu entwickeln, die aktiv agieren, um weiterhin die „Weltmarktführerschaft" zu erhalten, geht es in den anderen beiden Unternehmen stärker darum, geeignete Fachkräfte zu beschaffen und Prozesssicherheit zu erzielen. Die Persönlichkeit des Geschäftsführenden stellt zudem ein zentrales Element der sozialen Ordnung im Betrieb dar; ohne diese werden keine Entscheidungen getroffen, ohne sie wäre auch nicht die Entscheidung getroffen worden, ein Kompetenzmanagementsystem in ihrem Unternehmen einzuführen. Die Persönlichkeiten der Geschäftsführenden und damit ihre formende Kraft auf die betriebliche Sozialordnung unterscheiden sich deutlich:

- Der Geschäftsführer „Anlagenbau" ist eine charismatische Person, die nach Erhalt der „Weltmarktführerschaft" strebt. Von seinen Beschäftigten wird er als ehrgeizig, „nach Erfolg strebend" und als „überschäumend vital" beschrieben.
- Dabei steht in der Organisation „Krankenhaus" die Erreichung von Zielen mit moralischen Mitteln und Idealen im Vordergrund; es geht dem Geschäftsführer um eine intelligente Persönlichkeitsentwicklung seiner Beschäftigten und die Internalisierung von Verhaltensmustern, die dem Unternehmen entsprechen. Dies manifestiert sich auch in dem ausdrücklich betonten Wunsch des Geschäftsführers nach mehr „ökonomischer Rationalität", Disziplin und „Abkehr vom berufsständischen Denken und Handeln".

Das Unternehmen „Metallverarbeitung" ist ein familiengeführtes Unternehmen in 3. Generation und wird von den Urenkeln des Gründers geleitet. Sie führen das Unternehmen zwischen „dynastischem Willen" und „marktmächtigen Kunden und Lieferanten" (der Automobilindustrie). Eingebunden in eine ländliche Region ist dieses Unternehmen ein „Familienbetrieb im doppelten Sinne": Er wird von einer Familie

Tab. 5.2 Rahmenbedingungen der Organisationen

Branche	Maschinen- und Anlagenbau	Krankenhaussektor	Metallverarbeitung
Betriebsgröße	<200 Beschäftigte	892 Beschäftigte	<200 Beschäftigte
Bild der Organisation	„Wir sind was Besonderes – wie ein Flugzeug, das niemals landen muss!"	Zusammenschluss dreier Häuser: „Viele Mitarbeiter fühlen sich geschluckt."	„Familienbetrieb in dritter Generation, wo man miteinander funktionieren muss."
Ausgangslage	Weltmarktführerschaft	(Christliche) Tradition und ökonomische Rationalität	Zwischen dynastischem Willen und marktmächtigen Kunden und Lieferanten
Motiv der Geschäftsführung für das Kompetenzmanagement	– „Jede Mitarbeiteridee muss bei uns landen." – Ideenmanagement gewünscht, aber noch nicht ausgereift	– Werte/Tradition stark im Fokus – Ökonomisierungsdruck – Hierarchieübergreifende Kommunikation „gewünscht"	– Zur Rekrutierung neuer Fachkräfte – Bessere Kommunikation zwischen Jung und Alt angestrebt – voneinander lernen

geführt und gleichzeitig arbeiten viele Familien der näheren Region in dem Betrieb. Dies prägt die betriebliche Sozialordnung deutlich. Die drei Geschäftsführer sind die zentralen Personen, ohne die keine Entscheidungen getroffen werden.

- **Kommunikation und Partizipation als Kernelemente**

Entlang der Reflexion des Implementierungskontextes wird deutlich, dass zu Beginn der Implementierung deren Voraussetzungen zu erkunden sind. Anhand betriebspraktischer Beispiele wird im Folgenden erläutert, wie die Implementierung durch Partizipation und Kommunikation – unter Berücksichtigung der im Unternehmen vorhandenen Voraussetzungen – ausgestaltet werden kann. Mit der Gestaltung des Implementierungsprozesses werden sowohl die soziale Akzeptanz als auch die unternehmensstrategische Relevanz angelegt und damit die Nachhaltigkeit erzeugt.

1. Die Qualität der Kommunikation wird vielfach als der zentrale Hauptgrund zum Gelingen oder Scheitern von Veränderungs- und Implementierungsprojekten benannt (z. B. Bruhn 1995). Durch passgenaue Kommunikationskonzepte, die auf Transparenz der Projektziele, der Prozessschritte und der Erwartungen abstellen, wird eine Maßnahme – wie hier Kompetenzmanagement – von den Beschäftigten mitgetragen.
2. Neben der Ausgestaltung der Kommunikation wird auch Partizipation als entscheidender Gestaltungsparameter zum Gelingen eines Veränderungsprozesses benannt. Partizipation zielt darauf ab, Beschäftigte als Experten/Expertinnen ihrer eigenen Arbeit in Entscheidungsprozesse zu integrieren, und versucht, sie sowie ihre Ideen für das Gesamtunternehmen nutzbar zu machen. In diesem Sinne wird Partizipation häufig als Innovationstreiber und dadurch als Basis zur Entwicklung und Implementierung von Veränderungsprozessen bzw. der Implementierung von Managementmethoden angesehen (von Rosenstiel et al. 1987; Zink 2007).

Wie bereits in der ◘ Tab. 5.2 dargestellt, unterscheiden sich die drei Organisationen vor dem Hintergrund ihrer betrieblichen Sozialordnungen hinsichtlich weiterer Implementierungsvoraussetzungen. Daraufhin wurden die Wege der Implementierung ebenfalls unterschiedlich beschritten. Die zentralen Erkenntnisse finden sich in ◘ Tab. 5.3.

Das **projektbezogene Involvement der Geschäftsführerebene** hat dabei den wohl stärksten Einfluss auf die Zugkraft des Themas, auf die Kommunikation, auf die Möglichkeiten der Partizipation sowie die strategische Einbindung (Witte 1973). Sowohl die Startbedingungen wie auch die nachhaltige Nutzung von Kompetenzmanagement werden in KMU wesentlich durch die Geschäftsführung geprägt; durch sie werden die Eckpfeiler des Implementierungsprozesses gesetzt. Letztendlich bestimmt sie, ob und wie Kompetenzmanagement im Unternehmen implementiert wird.

Die Kommunikation durch die Geschäftsführung hat einen wesentlichen Einfluss darauf, welche Bedeutung der Einführung des Kompetenzmanagements zugeschrieben wird. Wird die Einführung an strategische Ziele und Visionen geknüpft, wird ein stärkerer Fokus erzeugt als bei der Kommunikation des Kompetenzmanagements als ein neues und losgelöstes Thema. Mit der Einordnung und Kommunikation des Geschäftsführenden werden auch die motivationalen sowie die (arbeits-)rechtlichen Grundlagen der Beteiligung geschaffen. Dazu zählt eine klare Regelung der zur Verfügung gestellten Personalressourcen; ohne entsprechende Regelungen entsteht Unsicherheit hinsichtlich

Tab. 5.3 Gestaltungsparameter im Implementierungsprozess

Branche	Anlagenbau	Krankenhaussektor	Metallverarbeitung
Projektbezogenes Involvement der Geschäftsführung	kein direkter Projektbezug durch den Geschäftsführer, aber Vertretende der Managementebene	Geschäftsführer als starker Promotor des Themas, teilweise sogar in operativer Rolle (z. B. Moderation)	Drei Geschäftsführer, davon zwei im Projektkontext aktiv
Projektleitung	Duo: operativ (Projektleiter – mit Projektmanagementerfahrung) und strategisch (junges Geschäftsführungskreismitglied)	Viele Wechsel – PL mit wenig Machtressourcen ausgestattet (zum Teil extern/ Masterstudierende)	– Duo: operativ und strategisch; eine Führungskraft aus dem Prozess und eine aus der Personalleitung
Partizipation	– Flache Hierarchien – Standardisierte Verfahren (regelmäßig) und Gremien zur Kommunikation	– Stark berufsständisches Denken, Differenz zwischen Berufsgruppen sichtbar – Wenig Routinen, hierarchieübergreifende Diskussionen vorhanden – Wenig Beteiligung, viele Störungen	– Starke Differenz zwischen Berufsgruppen – Kaum diskursive Austauschforen etabliert – Skepsis gegenüber dem „Partizipationsangebot" vorherrschend, kein Glaube an Gestaltungswillen der Geschäftsführung
Strategische Kopplung	– Keine direkte Planung/Kommunikation, wie Kompetenzmanagement weiter genutzt werden soll – Entscheidung über Managementgremium	Roll-out-Planung Ausweitung auf anderen Prozessbereich	Roll-out-Planung

der Möglichkeiten, sich zu beteiligen, die eine Reaktanz und schlimmstenfalls eine Blockade der Beschäftigten hinsichtlich des Veränderungsvorhabens verursachen können. Mangelnde Information und Kommunikation über die Zielsetzung und strategische Kopplung führen dazu, dass Beschäftigte nicht in der Lage sind, die Zusammenhänge zwischen den einzelnen Modernisierungsbausteinen zu erkennen, selbst wenn diese vorhanden sind (Zink et al. 2015) und damit das ganze Changevorhaben infrage stellen oder sogar boykottieren.

Ansatzpunkte zur Gestaltung der Kommunikation in einem Implementierungsprozess finden sich beispielsweise im **Konzept der integrierten Kommunikation** nach Bruhn (1995). Es stellt darauf ab, die verschiedenen Kommunikationsströme eines Unternehmens in ein einheitliches Gesamtgefüge zu integrieren. Auf Kompetenzmanagement übertragen bedeutet dies, eine strategische Auseinandersetzung und Planung der Kommunikation bezüglich der Implementierung: Welche Stakeholder werden von der Veränderung betroffen sein? Wann werden sie wie eingebunden? Wie wird eine einheitliche Projektkommunikation (inhaltlich, formal und zeitlich) gestaltet?

Die Kommunikationsprozesse sind in den Unternehmen durchaus unterschiedlich gestaltet (◘ Tab. 5.3). So waren beispielsweise in den Unternehmen „Krankenhaus" und „Metallverarbeitung" die Geschäftsführer von Beginn an als starke Promotoren der Thematik involviert. In beiden Unternehmen ging von den Geschäftsführern aktive Projektmitarbeit aus. Während sich dies in dem Unternehmen „Metallverarbeitung" auf die Teilnahme an Workshops und Beisteuerung von kurzen Inputs innerhalb der Workshops beschränkte, übernahm der Geschäftsführer des „Krankenhauses" teilweise sogar die Rolle des Moderators. Dies ist nicht unbedenklich. Schließlich kann es hier ggf. zu einer Rollenkonfusion kommen. Während der Moderator/die Moderatorin eines Workshops die Teilnehmenden anhand unterschiedlicher Methoden zur Beteiligung ermutigen und durch diverse Methoden für ein vertrauensvolles Klima innerhalb eines Workshops sorgen kann (z. B. durch Workshopregeln, Fragen- und Visualisierungstechniken), kommt es bei innerhalb des Unternehmens mit Macht ausgestatteten Personen (Vorgesetzte, Geschäftsführung etc.) dazu, dass aus einer vermeintlichen Freiwilligkeit (der Teilnahme, der Beteiligung etc.) ein Zwang wird. Schließlich ist bei nicht konformen Verhalten ggf. mit Restriktionen zu rechnen. Die starke Einbindung und Teilnahme „mächtiger Akteure" innerhalb von Arbeitstreffen kann allerdings auch positive Effekte nach sich ziehen und mit einer stärkeren Verbindlichkeit des Bearbeiteten einhergehen. Es ist ein schmaler Grat, zwischen positivem und übermäßigem Involvement der Geschäftsführung zu unterscheiden. Ein immer wieder erneutes Hinterfragen der Notwendigkeit, der Sinnhaftigkeit, aber auch der Gefahren, die von der Anwesenheit „mächtiger Akteure" innerhalb von Arbeitstreffen ausgehen, verringert unkontrollierte negative Effekte.

Treten die Geschäftsführung und die Personalvertretungen sowie beispielsweise Datenschutzbeauftragte gemeinsam auf und verdeutlichen aus den verschiedenen Perspektiven den Nutzen, kann dadurch eine Unterstützung des Vorhabens erzielt werden.

Die Kommunikation über das Kompetenzmanagement kann dabei durch unterschiedliche Zugänge gestaltet werden. So wurde in dem Unternehmen „Krankenhaus" beispielsweise über die Projekthintergründe, die Zielsetzung des Projektes sowie die relevanten Personen mehrfach in der Beschäftigtenzeitschrift berichtet. Auch eine regelmäßig wiederkehrende Einbindung der Kompetenzthematik in andere Gremien (Managementmeeting etc.) und die Kommunikation über den Projektfortschritt können als wesentlicher Bestandteil einer integrierten Kommunikation verstanden werden.

Neben der Kommunikation und der damit verbundenen Frage der Promotoren und Akteure wird **Partizipation** häufig als ein zentraler Baustein zum Gelingen von Veränderungsprozessen benannt. Kommunikation erlangt eine zentrale Bedeutung innerhalb effizienter Partizipationsmuster und bildet somit einen Hauptaspekt erfolgreicher Partizipationsprozesse („diskursive Koordinierung") in der Betriebspolitik (Minssen 1999, S. 132). So können zahlreiche Begründungen aufgezeigt werden, die für eine rechtzeitige und umfängliche Beteiligung der Beschäftigten sprechen: Unterschiedliche arbeits- und organisationspsychologische Theorien gehen davon aus, dass sich Partizipation der Beschäftigten positiv auf die Zufriedenheit, Motivation und andere leistungsbezogene Einstellungsmaße (dazu exemplarisch Wegge 2004) und damit schlussendlich auf den Unternehmenserfolg auswirkt. Allerdings ist Beteiligung nicht gleich Beteiligung. Eine oberflächliche Scheinpartizipation, die keinen Einfluss ermöglicht, wird kaum die gewünschte Wirkung entfalten. Auch hier bestehen Verbindungen zu der existierenden betrieblichen Sozialordnung, da Partizipation umso erfolgreicher sein wird, je mehr sie historisch in der Sozialordnung verankert ist oder je mehr (positive) Erfahrungen mit Partizipationsverfahren vorhanden sind.

Die Partizipationserfahrungen und damit auch die Gestaltungsoptionen unterscheiden sich in den drei Organisationen deutlich. Im Unternehmen „Anlagenbauer" wurden beispielsweise bereits vor Beginn des Projektes kulturelle Reflexionsprozesse (z. B. in Form von Kulturwerkstätten) initiiert, aus denen u. a. ein handlungsleitendes Instrumentarium für Besprechungen entwickelt wurde. Die Umsetzung erfolgt in Teammeetings und fördert die Gesprächskultur und Transparenz im Unternehmen. Im Gegensatz dazu ist einem der anderen Unternehmen eine hierarchieübergreifende Kommunikation zwischen unterschiedlichen Berufsgruppen noch absolutes Neuland. Beide Unternehmen haben völlig unterschiedliche Partizipationserfahrungen und -kulturen, an denen die Gestaltung der Beteiligung auszurichten ist. Während in einem Unternehmen das „berufsständische Denken und Handeln" traditionell stark ausgeprägt ist wie beispielsweise in einem Krankenhaus, so haben stark „projektorientierte" Unternehmen wie ein Anlagenbauer per se mehr Erfahrungen und Kommunikationspraxis hinsichtlich einer „hierarchieübergreifenden Kommunikation". Partizipation in einem „Familienbetrieb" folgt anderen Regeln bzw. steht vor wiederum ganz anderen besonderen Herausforderungen, die es im Rahmen eines Implementierungsprozesses zu berücksichtigen gilt.

Und nicht zuletzt ist auch die Einbindung von Betriebsrats- bzw. Personalratsmitgliedern erforderlich. Den **Personalvertretungen** ist es dabei möglich als „Promotoren der Modernisierung" aufzutreten, indem sie – in Abhängigkeit der Sozialordnung – „gestaltende Akzente" (Kotthoff 2013, S. 328) in der Umsetzung setzen können. Neben der Geschäftsführung können aber auch andere Personen als Promotoren bzw. Promotorinnen der Thematik agieren. So sind auch Personen, die zwar keinen formal höheren Status innehaben, innerhalb einer sozialen Gruppe aber größeren Einfluss haben als andere, entscheidend in der Kommunikation. Meinungsführende können in diesem Zusammenhang als glaubhafte Quelle positive Einstellungen gegenüber einer Neuerung fördern (Stahl 2013).

Voraussetzungen der erfolgreichen Implementierung ...

5.2.3 Technische Rahmenbedingungen und Implementierung des Tools

Dieses Projekt verfolgt das Ziel, Kompetenzmanagement langfristig im Unternehmensalltag zu etablieren. Dazu sind regelmäßige Erhebungen und Auswertungen insbesondere in KMU unabdingbar, da so Kompetenzbedarfe rechtzeitig erkannt und adressiert werden können. Eine technische Lösung für die Erhebung und Auswertung von Kompetenzen ist dabei effektiv und kann die Umsetzungsbarriere für die beteiligten Unternehmen verringern. Daraus ergibt sich jedoch die Notwendigkeit, dass zusätzlich zu den genannten sozialen und ökonomischen Rahmenbedingungen auch technische Voraussetzungen bei der Implementierung von Kompetenzmanagement zu berücksichtigen sind. Technische Rahmenbedingungen sind in diesem Kontext eng mit organisatorischen und sozialen Rahmenbedingungen verbunden, wie die folgende Erörterung zeigen wird.

Um regelmäßig Kompetenzen softwaregestützt zu erheben, muss zunächst sichergestellt werden, dass die Software von allen Beschäftigten verwendet werden kann. Dabei ist insbesondere die **Verfügbarkeit der Software** für alle Beschäftigten zu beachten. Es ist sicherzustellen, dass die Beschäftigten Zugriff auf entsprechende Geräte erhalten, auf denen die Software nutzbar ist. Während dieser Aspekt beispielsweise für einen Beschäftigten, der über einen eigenen PC am Arbeitsplatz verfügt, zu vernachlässigen ist, stellt sich die Situation beispielsweise in einem Krankenhaus häufig deutlich anders dar. Dort ist es üblich, dass sich mehrere Pflegebeschäftigte einen PC oder sogar einen Nutzerzugang teilen. Da bei der Erhebung von Kompetenzen jedoch sensible, personenbezogene Daten erfasst und verarbeitet werden, müssen in einem solchen Fall Wege gefunden werden, die es allen Beschäftigten ermöglichen, individuell und ungestört auf die Software zugreifen zu können. Dies kann beispielsweise dadurch ermöglicht werden, dass eine webbasierte Software verwendet wird, die die Beschäftigten auch auf persönlichen internetfähigen Geräten verwenden können. Daran anschließend stellt sich die Frage nach dem tatsächlichen Zugriff auf die Software. Dazu werden in diesem Fall individualisierte Nutzerzugänge verwendet. Bestenfalls kann jedoch auf einen zentralen Authentifizierungsservice zurückgegriffen werden, damit die Nutzer/-innen nur einen und nicht mehrere Zugänge verwenden müssen.

Zusätzlich sind Aspekte der **Datensicherheit** und des **Datenschutzes** zu beachten (Pötzsch 2009). So muss beispielsweise sichergestellt werden, dass nur berechtigte Nutzer/-innen Zugriff auf die Software erhalten und dass Ergebnisse nicht von anderen verfälscht werden können. Maßnahmen zur Zugriffssicherung können beispielsweise beinhalten, dass die Software nicht im regulären Unternehmensverbund betrieben wird. Zusätzlich ist zu beachten, dass es sich bei den erhobenen Daten um potenziell sensible personenbezogene Daten handelt. Es ist empfehlenswert, die Auswertung der Daten anonymisiert vorzunehmen, um dem Risiko vorzubeugen, dass Beschäftigte kritische Äußerungen unterlassen oder Probleme nicht nennen, da sie negative Auswirkungen auf ihr Arbeitsumfeld befürchten (▶ Abschn. 5.2.2).

Neben den zuvor genannten technischen Aspekten sind bezogen auf die Implementierung einer Software im Rahmen eines unternehmensweiten Kompetenzmanagements weitere organisatorische Rahmenbedingungen zu beachten. Die Erhebung von Kompetenzen stellt eine zusätzliche Aufgabe im Rahmen der regulären Arbeit der Beschäftigten dar. Sie sollte somit möglichst nahtlos in den Arbeitsalltag eingebettet werden, damit keine zusätzlichen Belastungen entstehen. Dazu sind entsprechende organisatorische Maßnahmen zu treffen, die je nach Unternehmenskultur potenziell durch Vorgesetzte initiiert und unterstützt werden sollten.

Abschließend ist zu beachten, dass neben der Erhebung der Kompetenzen die gewonnenen Daten zusätzlich ausgewertet werden müssen. Dazu stellt die Software entsprechende Mechanismen zur Verfügung, die es beispielsweise ermöglichen, die gewonnenen Daten anhand bestimmter Merkmale zu filtern und somit spezielle Aspekte wie beispielsweise die Auswirkung der jeweiligen Berufsgruppe auf die Kompetenzbewertung zu betrachten. Entsprechende Auswertungsmöglichkeiten allein sind jedoch nicht ausreichend, um Kompetenzmanagement langfristig zu etablieren. Vielmehr sind im Unternehmen Personen zu benennen, die die entsprechenden Auswertungen durchführen und entsprechende Schulungen in der Verwendung der Software erhalten.

Im Rahmen des Projektes 4C4Learn wurden zur Entwicklung und Einführung der entwickelten Software Workshops mit künftigen Nutzern/Nutzerinnen, Vorgesetzten und Personalvertretenden durchgeführt. Im Rahmen der Workshops wurden grafische Prozessdiagramme erarbeitet, die die technischen und organisatorischen Rahmenbedingungen im Unternehmen abbilden (Herrmann 2009). Anschließend wurden die Diagramme analysiert, und es wurde eine Vorgehensweise erarbeitet, die darstellt, wie die Software in den Arbeitsalltag eingebunden werden kann. Dazu zählen Zugriffsmöglichkeiten ebenso wie die zuvor erwähnten Filter sowie Maßnahmen zur Anonymisierung. Die Diagramme dienten anschließend als Basis für die Entwicklung und Einführung der Software.

Aus der Betrachtung und Reflexion des Implementierungskontextes wird deutlich, dass die (unternehmens)spezifischen Voraussetzungen der Implementierung zu erkunden sind, bevor der tatsächliche Umsetzungsprozess beginnen kann. Obschon es weder ökonomisch, sozial noch technologisch „richtige" oder „falsche" Rahmenbedingungen gibt, kann es notwendig werden, die Implementierungsvoraussetzungen selbst zunächst durch geeignete Maßnahmen so zu reflektieren und zu gestalten, dass der Grundstein für einen nachhaltigen Veränderungsprozess gelegt wird. In Abhängigkeit von der Ausgangslage in den Unternehmen können Gestaltungspotenziale ermittelt werden, die einen Implementierungsprozess auf Basis des Vorhandenen voranbringen.

> **Fazit**
> Nachhaltigkeit ist ein wesentliches Ziel für die Gestaltung von Changeprozessen zum Management von Kompetenzen in KMU. Es bedarf einer Klärung der Implementierungsvoraussetzungen und eine daran angepasste Gestaltung der Implementierung. Folgende Kriterien sind zu berücksichtigen, um den Spezifika von KMU Rechnung zu tragen:
> - Erfassung der Rahmenbedingungen in den Unternehmen
> - Einbindung in den ökonomischen Kontext
> - Berücksichtigung der betrieblichen Sozialordnung, um dadurch eine Passfähigkeit zu erzeugen
> - Enge Anknüpfung an die Unternehmensstrategie (trotz oder gerade wegen der weniger starken strategischen Ausrichtung in KMU)
> - Berücksichtigung wertschöpfungsrelevanter Prozesse
> - Klare Kommunikation als Veränderungsprozess durch die Geschäftsführung

- Anknüpfen an Partizipationserfahrungen, um darauf aufbauend ein Partizipationskonzept zu entwickeln
- Berücksichtigung technischer Voraussetzungen und Aspekte der Datensicherheit

Die Gestaltung des Kompetenzmanagementansatzes verfolgt dabei einen Both-Directions-Ansatz (Porter et al. 1975), der eine Passfähigkeit durch Orientierung an der Unternehmensstrategie, der vorhandenen technologischen Basis sowie der zur betrieblichen Sozialordnung passenden Partizipationskonzepte anstrebt. Es werden Erkenntnisse aus der Implementierungsforschung mit Erkenntnissen und Untersuchungen zur partizipativen Gestaltung der Arbeit aus der Arbeits- und Industriesoziologie in Verbindung gebracht, um eine Nachhaltigkeit der Umsetzung zu erzielen.

Förderhinweis
Dieses Forschungs- und Entwicklungsprojekt wurde mit Mitteln des BMBF im Förderschwerpunkt „Betriebliches Kompetenzmanagement im demografischen Wandel" (Förderkennzeichen: 02L12A020) gefördert und vom Projektträger Karlsruhe (PTKA) betreut. Die Verantwortung für den Inhalt dieser Veröffentlichung liegt bei den Autoren.

Literatur

Alegre, J., Sengupta, K., & Lapiedra, R. (2011). Knowledge management and innovation performance in a high-tech SMEs industry. *International Small Business Journal, 31*(4), 454–470.
Arend, J., & Zimmermann, V. (2009). Innovationshemmnisse bei kleinen und mittleren Unternehmen. *KfW-Research. Mittelstands- und Strukturpolitik, 43*, 57–95.
Barthel, E., & Zawacki-Richter, O. (2009). Innovationen ermöglichen durch individuelle und organisationale Kompetenz. In V. Heyse, J. Erpenbeck, & S. Ortmann (Hrsg.), *Grundstrukturen menschlicher Kompetenzen: Praxiserprobte Konzepte und Instrumente* (S. 175–186). Münster: Waxmann.
Behrends, T. (2009). Internationalisierung von kleinen und mittelständischen Unternehmen (KMU) – Herausforderungen für das mittelständische Personalmanagement. In F. Keuper & H. Schunk (Hrsg.), *Internationalisierung deutscher Unternehmen: Strategien, Instrumente und Konzepte für den Mittelstand* (S. 358–382). Wiesbaden: Springer Gabler.
Behrends, T., & Martin, A. (2006). Personalarbeit in Klein- und Mittelbetrieben: Empirische Befunde und Ansatzpunkte zu ihrer theoretischen Erklärung. *Zeitschrift für KMU und Entrepreneurship, 54*(1), 25–50.
Bollérot, P. (2002). Labour shortages and employability: A European and international approach. *International Social Security Review, 55*(3), 19–38.
Borch, O. J., & Madsen, E. L. (2007). Dynamic capabilities facilitating innovative strategies in SMEs. *International Journal of Technoentrepreneurship, 1*(1), 109–125.
Bosbach, G. (2015). Was macht Arbeiten 4.0 aus? In Bertelsmann Stiftung (Hrsg.), *Proklamation Zukunft der Arbeit* (S. 24–25). Gütersloh: Bertelsmann Stiftung.
Bruhn, M. (1995). *Integrierte Unternehmenskommunikation – Ansatzpunkte für eine strategische und operative Umsetzung integrierter Kommunikationsarbeit* (2. Aufl.). Stuttgart: Schäffer-Poeschel.
Bundesministerium für Arbeit und Soziales (BMAS). (2015). *Grünbuch Arbeiten 4.0 – Arbeit weiter denken*. Berlin: Bundesministerium für Arbeit und Soziales.
Erpenbeck, J. (2001). Wissensmanagement als Kompetenzmanagement. In G. Franke (Hrsg.), *Komplexität und Kompetenz. Ausgewählte Fragen der Kompetenzforschung* (S. 102–120). Bielefeld: W. Bertelsmann.
Erpenbeck, J. (2012). Zwischen exakter Nullaussage und vieldeutiger Beliebigkeit – Hybride Kompetenzerfassung als künftiger Königsweg. In J. Erpenbeck (Hrsg.), *Der Königsweg zur Kompetenz. Grundlagen qualitativ-quantitativer Kompetenzerfassung* (S. 7–42). Münster: Waxmann.

Erpenbeck, J., & von Rosenstiel, L. (2017). *Handbuch Kompetenzmessung. Erkennen, verstehen und bewerten von Kompetenzen in der betrieblichen, pädagogischen und psychologischen Praxis* (3. Aufl.). Stuttgart: Schäffer-Poeschel.

Europäische Kommission. (2003). Empfehlung der Kommission vom 6. Mai 2003 betreffend die Definition der Kleinstunternehmen sowie der kleinen und mittleren Unternehmen. *Amtsblatt der Europäischen Union, 124,* 36–41.

Frey, U. (2010). Wie Familien-KMU Tradition und Innovation verbinden. *io new management, 1–2,* 16–19.

Grote, S., Kauffeld, S., & Frieling, E. (2012). Einleitung: Vom Wettbewerb zur Kompetenz. In S. Grote, S. Kauffeld, & E. Frieling (Hrsg.), *Kompetenzmanagement: Grundlagen und Praxisbeispiele* (2. Aufl., S. 1–4). Stuttgart: Schäffer-Poeschel.

Habedank, C. (2006). *Internationalisierung im deutschen Mittelstand: Ein kompetenzorientierter Ansatz zur Erschließung des brasilianischen Marktes.* Wiesbaden: Springer Gabler.

Hamel, W. (2006). Personalwirtschaft. In H.-C. Pfohl (Hrsg.), *Betriebswirtschaftslehre der Mittel-und Kleinbetriebe: Größenspezifische Probleme und Möglichkeiten zu ihrer Lösung* (S. 233–260). Berlin: Erich Schmidt.

Hartwig, T., Bergstermann, M., & North, K. (2010). „Wachstumskompetenz" als dynamische Fähigkeit innovativer KMU. In E. Barthel, A. Hanft, & J. Hasebrook (Hrsg.), *Integriertes Kompetenzmanagement im Spannungsfeld von Innovation und Routine* (S. 61–82). Münster: Waxmann.

Herrmann, T. (2009). Systems design with the socio-technical walkthrough. In B. Whitworth & A. de Moore (Hrsg.), *Handbook of research on socio-technical design and social networking systems* (S. 336–351). Hershey: Idea Group Publishing.

Heybrock, H., Kreuzhof, R., & Rohrlack, K. (2011). *Personalmanagement in kleinen und mittleren Unternehmen: Praxisratgeber und Beraterhandbuch.* München: Rainer Hampp.

Hoffmann, O. (1999). *Performance Management. Systeme und Implementierungsansätze.* Bern: Haupt.

Immerschitt, W., & Stumpf, M. (2014). *Employer Branding für KMU: Der Mittelstand als attraktiver Arbeitgeber.* Wiesbaden: Springer Gabler.

Ittermann, P. (2007). *Betriebliche Partizipation in Unternehmen neuer Medien: Innovative Formen der Beteiligung auf dem Prüfstand.* Frankfurt a. M.: Campus.

Kabst, R. (2004). *Internationalisierung mittelständischer Unternehmen.* München: Rainer Hampp.

Kaplan, R. S. (1983). Measuring manufacturing performance: A new challenge for managerial accounting research. *The Accounting Review, 58*(4), 686–705.

Kay, R., & Richter, M. (2010). *Fachkräftemangel im Mittelstand: Was getan werden muss.* Bonn: Arbeitskreis Mittelstand der Friedrich-Ebert-Stiftung.

Kotthoff, H. (2013). Betriebliche Mitbestimmung im Spiegel der jüngeren Forschung. *Industrielle Beziehungen, 20*(4), 323–341.

Kotthoff, H., & Reindl, J. (1991). *Die soziale Welt kleiner Betriebe: Wirtschaften, Arbeiten und Leben im mittelständischen Industriebetrieb.* Göttingen: Verlag Otto Schwartz & Co.

Krause, O. (2006). *Performance Management. Eine Stakeholder-Nutzenorientierte und Geschäftsprozess-basierte Methode.* Wiesbaden: Deutscher Universitätsverlag.

Krüger, W., & Bach, N. (2014). *Excellence in Change. Wege zur strategischen Erneuerung* (5. Aufl.). Wiesbaden: Springer Gabler.

Ludwig, T., Kotthaus, C., Stein, M., Durt, H., Kurz, C., Wenz, J., et al. (2016). Arbeiten im Mittelstand 4.0 – KMU im Spannungsfeld des digitalen Wandels. *HMD Praxis der Wirtschaftsinformatik, 53*(1), 71–86.

Minssen, H. (1999). Direkte Partizipation contra Mitbestimmung? Herausforderungen durch diskursive Koordinierung. In W. Müller-Jentsch (Hrsg.), *Konfliktpartnerschaft: Akteure und Institutionen der industriellen Beziehungen* (3. Aufl., S. 129–156). München: Rainer Hampp.

Moldaschl, M. (2009). Erkenntnisbarrieren und Erkenntnisverhütungsmittel: Warum siebzig Prozent der Changeprojekte scheitern. In J. Kramer, H. Stark, & F. von Ameln (Hrsg.), *Organisationsberatung – Blinde Flecken in organisationalen Veränderungsprozessen* (S. 301–312). Wiesbaden: Springer VS.

Mugler, J. (2008). *Grundlagen der BWL der Klein-und Mittelbetriebe.* Wien: facultas.

North, K., Reinhardt, K., & Sieber-Suter, B. (2018). *Kompetenzmanagement in der Praxis. Mitarbeiterkompetenzen systematisch identifizieren nutzen und entwickeln. Mit vielen Fallbeispielen* (3. Aufl.). Wiesbaden: Springer Gabler.

Otley, D. (2007). Accounting performance measurement: A review of its purposes and practices. In A. Neely (Hrsg.), *Business Performance Measurement: Unifying theories and integrating practice* (S. 11–35). Cambridge: Cambridge University Press.

Pfohl, H.-C. (2013). Abgrenzung der Klein- und Mittelbetriebe von Großbetrieben. In H.-C. Pfohl (Hrsg.), *Betriebswirtschaftslehre der Klein- und Mittelbetriebe: Größenspezifische Probleme und Möglichkeiten zu ihrer Lösung* (S. 1–24). Berlin: Erich Schmidt.

Porter, L. W., Lawler, E. E., & Hackman, J. R. (1975). *Behavior in organizations*. New York: McGraw-Hill.

Pötzsch, S. (2009). Untersuchung des Einflusses von Wahrgenommener Privatsphäre und Anonymität auf die Kommunikation in einer Online-Community. In S. Fischer, E. Maehle, & R. Reischuk (Hrsg.), *Informatik 2009: Im Fokus das Leben, 28 September – 02 October 2009, Lübeck* (S. 2152–2165). Bonn: Gesellschaft für Informatik.

Probst, G. J. B., Deussen, A., Eppler, M. J., & Raub, S. P. (2000). *Kompetenz-Management: Wie Individuen und Organisationen Kompetenz entwickeln*. Wiesbaden: Springer Gabler.

Pullig, K.-K. (2000). *Innovative Unternehmenskulturen: Zwölf Fallstudien zeitgemäßer Sozialordnungen*. Leonberg: Rosenberger Fachverlag.

Rickes, S., & von Hassell, J. (2008). *So gewinnt der Mittelstand! Die Erfolgsmethode kleiner und mittlerer Unternehmen und was die großen von ihr lernen können*. Wiesbaden: Springer Gabler.

von Rosenstiel, L. (2001). *Lernkultur Kompetenzentwicklung als Herausforderung für die Wissenschaft* (QUEM-report, Nr. 68). Berlin: Arbeitsgemeinschaft Betriebliche Weiterbildungsforschung e. V.

von Rosenstiel, L., Einsiedler, H., Streich, R., & Rau, S. (1987). *Motivation durch Mitwirkung*. Stuttgart: Schäffer-Poeschel.

Sauter, W., & Staudt, F. P. (2016). *Strategisches Kompetenzmanagement 2.0: Potenziale nutzen – Performance steigern*. Wiesbaden: Springer Gabler.

Schlichting, C. (2013). Das Kompetenzmodell der Bosch-Gruppe. In J. Erpenbeck, L. von Rosenstiel, & S. Grote (Hrsg.), *Kompetenzmodelle von Unternehmen: Mit praktischen Hinweisen für ein erfolgreiches Management von Kompetenzen* (S. 245–260). Stuttgart: Schäffer-Poeschel.

Schreyögg, G., & Kliesch, M. (2003). *Rahmenbedingungen für die Entwicklung organisationaler Kompetenz* (QUEM-Materialien, Nr. 48). Berlin: Arbeitsgemeinschaft Betriebliche Weiterbildungsforschung e. V.

Schröder, C. (2016). *Herausforderungen von Industrie 4.0 für den Mittelstand. Gutachten für die Friedrich-Ebert-Stiftung im Rahmen des Projekts: Gute Gesellschaft–Soziale Demokratie# 2017plus*. Bonn: Friedrich-Ebert-Stiftung.

Söllner, R. (2016). Der deutsche Mittelstand im Zeichen der Globalisierung. *WISTA – Wirtschaft und Statistik, 2*,107–119.

Sprafke, N. (2016). *Kompetente Mitarbeiter und wandlungsfähige Organisationen – Zum Zusammenhang von Dynamic Capabilities, individueller Kompetenz und Empowerment*. Wiesbaden: Springer Gabler.

Sprafke, N., Externbrink, K., & Wilkens, U. (2012). Exploring microfoundations of dynamic capabilities: Insights from a case study in the engineering sector. *Research in Competence-Based Management, 6*, 117–152.

Stagl, S. (2004). Valuation for Sustainable Development: The Role of Multicriteria Evaluation. *Vierteljahreshefte zur Wirtschaftsforschung, 73*(1), 53–62.

Stahl, J. (2013). *Organisationaler Wandel durch Koalitionsbildung: Eine anreiz-beitrags-theoretische Erklärung mitarbeiterinduzierter Veränderungsprozesse*. Wiesbaden: Springer Gabler.

Sydow, J., Duschek, S., Möllering, G., & Rometsch, M. (2003). *Kompetenzentwicklung in Netzwerken – eine typologische Studie*. Wiesbaden: Westdeutscher Verlag.

Teece, D. J., Pisano, G., & Shuen, A. (1997). Dynamic capabilities and strategic management. *Strategic Management Journal, 18*(7), 509–533.

Wegge, J. (2004). *Führung von Arbeitsgruppen*. Göttingen: Hogrefe.

Wilkens, U., Keller, H., & Schmette, M. (2006a). Wirkungsbeziehungen zwischen Ebenen individueller und kollektiver Kompetenz – Theoriezugänge und Modellbildung. In G. Schreyögg & P. Conrad (Hrsg.), *Managementforschung: Management von Kompetenz* (Bd. 16, S. 121–161). Wiesbaden: Springer Gabler.

Wilkens, U., Sprafke, N., & Nolte, A. (1997). Vom Kompetenzmanagement zum Kompetenzcontrolling. *Controlling – Zeitschrift für erfolgsorientierte Unternehmenssteuerung, 27*(10), 534–540.

Wilkens, U., Sprafke, N., & Voigt, B.-F. (2006b). Kompetenz 2020: Bewältigung von Änderungsdynamik im Arbeitskontext. In A. Bullinger & P. Conrad (Hrsg.), *Mensch 2020 – transdisziplinäre Perspektiven* (S. 277–288). Chemnitz: awundl Wissenschaft und Praxis.

Wischmann, S., Wangler, L., & Botthof, A. (2015). *Industrie 4.0 – Volks- und betriebswirtschaftliche Faktoren für den Standort Deutschland: Eine Studie im Rahmen der Begleitforschung zum Technologieprogramm AUTONOMIK für Industrie 4.0*. Berlin: Bundesministerium für Wirtschaft und Energie (BMWi).

Witte, E. (1973). *Organisation für Innovationsentscheidungen – Das Promotoren-Modell*. Göttingen: Verlag Otto Schwartz & Co.

Zink, K. J. (2007). *Mitarbeiterbeteiligung bei Verbesserungs- und Veränderungsprozessen, Basiswissen, Instrumente, Fallstudien, Betroffen – und jetzt auch beteiligt*. München: Hanser.

Zink, K., Kötter, W., Longmuß, J., & Thul, M. J. (2015). *Veränderungsprozesse erfolgreich gestalten*. Kaiserslautern: Technische Universität Kaiserslautern.

Kompetenzmanagement in der Dienstleistungs- und Maschinenbaubranche – ein Status quo

Tobias Sanders, Yvonne Heim, Annegret Melzer und Angelika C. Bullinger-Hoffmann

6.1 Einführung: Kompetenzmanagement in der betrieblichen Praxis – 84

6.2 Methoden der Ausgangserhebung — Status quo und Rahmenbedingungen von Kompetenzmanagement – 85
6.2.1 Workshop zu Lernen und Kompetenzen – Strategie der Managementebene – 87
6.2.2 Interview zu Lernen und Kompetenzen – Umsetzung der Bereichsleitung und Führungskräfte – 88
6.2.3 Fragebogen zu Lernen und Kompetenzen – Erleben der Lernenden – 88

6.3 Ergebnisse – 89
6.3.1 Kompetenz und Kompetenzmanagement – 89
6.3.2 Bedeutung und Organisation von Lernen – 92

6.4 Bedeutung und Status von Kompetenzmanagement und Lernen – 99

Literatur – 102

© Springer-Verlag GmbH Deutschland, ein Teil von Springer Nature 2019
A. C. Bullinger-Hoffmann (Hrsg.), *Zukunftstechnologien und Kompetenzbedarfe*, Kompetenzmanagement in Organisationen, https://doi.org/10.1007/978-3-662-54952-0_6

Zusammenfassung

Betriebliche Weiterbildung hat die Aufgabe, (Wissens-)Defizite der Beschäftigten zu kompensieren. Da die Fähigkeiten des Einzelnen zum selbstständigen, kreativen Handeln zunehmend zum wesentlichen Erfolgskriterium für Unternehmen werden, sind neue Modi der Organisation und Realisation von Lernen notwendig. Mithilfe von Kompetenzmanagement wird der steigenden Dynamik und Flexibilität der Arbeitsprozesse und der Umwelt von Unternehmen Rechnung getragen (Melzer und Bullinger 2017). Das erlaubt es, Handlungsfähigkeit situationsunabhängig herzustellen (Erpenbeck und Heyse 2007; Reetz 1999) und unter Anwendung individueller Wissensstände, Fähigkeiten und Erfahrungen konkret in Handlungen umzusetzen (Erpenbeck und von Rosenstiel 2017; Koch und Straßer 2008). Damit wird Kompetenzmanagement selbst zu einer für Unternehmen unabdingbaren Erfolgsbedingung. Im Verbundprojekt „KM³: Modulares Kompetenzmanagement – Nachhaltiger Kompetenzerwerb in der betrieblichen Praxis" wurde unter dieser Zielstellung ein Ansatz zur bedarfsgerechten Entwicklung eines Kompetenzmanagementprozesses erarbeitet.

Das Kapitel zeigt, wie qualitative sowie quantitative empirische Instrumente konstruiert wurden, die in einem mehrstufigen Verfahren deduktiv, von der strategischen Management- bis zur operativen Beschäftigtenebene angewendet wurden. Es wird beantwortet, welche Bedeutung Lernen und Weiterbildung in den im Projekt beteiligten Unternehmen haben, wie Weiterbildungsprozesse in den untersuchten Unternehmen strukturiert sind und welche Methoden zum Kompetenzmanagement bereits genutzt werden. Diese Ergebnisse werden im Rahmen einer empirischen Analyse zu einer Typologie verdichtet, wodurch letztlich beschrieben werden kann, wie verschiedene Lernkulturen sowie die Gestaltung von Weiterbildungs- und Kompetenzmanagementprozessen divergieren.

6.1 Einführung: Kompetenzmanagement in der betrieblichen Praxis

Bisher diente betriebliche Weiterbildung der Beseitigung von (Wissens-)Defiziten und damit der Bildung von Qualifikation. Mithilfe von Kompetenzmanagement wird der steigenden Dynamik und Flexibilität der Arbeitsprozesse und der Umwelt von Unternehmen Rechnung getragen (Melzer und Bullinger 2017). Die Forcierung auf den Kompetenzbegriff erlaubt es, Handlungsfähigkeit situationsunabhängig herzustellen (Erpenbeck und Heyse 2007; Reetz 1999) und unter Anwendung individueller Wissensstände, Fähigkeiten und Erfahrungen konkret in Handlungen umzusetzen (Erpenbeck und von Rosenstiel 2017; Koch und Straßer 2008). Der Begriff schließt motivationale, willentliche und soziale Bereitschaften und Fähigkeiten ein, die strategisch und reflektiert verwendet sowie erfolgreich auf andere Herausforderungen übertragen werden (Weinert 2001). Kompetenzmanagement umfasst dementsprechend die Beschreibung, Entwicklung und das Monitoring der im Unternehmen bestehenden und benötigten Kompetenzen auf individueller oder auch organisationaler Ebene (Baxter und Sommerville 2011). Ziel ist es, diese Kompetenzen zielgerichtet zum Wohl des Unternehmens zu entwickeln. Stärker als bei der traditionellen betrieblichen Weiterbildung rücken durch Kompetenzmanagement neben den individuellen Bedarfen der Beschäftigten auch die Unternehmensstrategie und organisationale Rahmenbedingungen in den Fokus, denn qualitativ hochwertiges Kompetenzmanagement abstrahiert die im Unternehmen relevanten Kompetenzen aus den Produkten und Strategien des Unternehmens (Baxter und

Sommerville 2011). Die für das Unternehmen wichtigen Kompetenzen ergeben sich somit aus internen und externen Gegebenheiten bzw. Rahmenbedingungen.

Um ein erfolgreiches Kompetenzmanagement zu gewährleisten, ist die Ausrichtung des Kompetenzmanagements an bestehenden Strukturen und Prozessen des Unternehmens wichtig. Sie sollten integriert sein und nicht der etablierten Organisationsstruktur entgegenstehen (Baxter und Sommerville 2011). Neben diesem primären Themenbereich der organisationalen Einbettung von Kompetenzmanagement sind weiterhin die unterstützenden Technologien von erheblicher Bedeutung (Baxter und Sommerville 2011). Kompetenzmanagement ist am effizientesten, wenn mithilfe eines softwaregestützten Tools alle Phasen der Kompetenzentwicklung digitalisiert und Lernprozesse vollständig in das virtuelle Klassenzimmer gebracht werden.

Ziel des KM^3-Ansatzes ist es, ein Kompetenzmanagementsystem zu entwickeln, das es Unternehmen verschiedenster Größen und Branchen ermöglicht, unternehmensspezifisches Kompetenzmanagement umzusetzen. Durch die strukturierte Erfassung dieser organisationsspezifischen Parameter entsteht ein Rahmen, in dem ein unternehmensspezifisches und nachhaltiges Kompetenzmanagement entwickelt und etabliert werden kann.

6.2 Methoden der Ausgangserhebung – Status quo und Rahmenbedingungen von Kompetenzmanagement

Ziel der Erhebung war die Abbildung und Beschreibung der Situation in den beteiligten Unternehmen, speziell hinsichtlich des Status von Kompetenzmanagement sowie allgemein bezogen auf die Organisation von Lernen und Weiterbildung. Neben der Herstellung des wissenschaftlichen Zuganges zum Feld dienten die empirischen Ergebnisse der praxisnahen Ausrichtung des strategischen Vorgehens des Projektes KM^3, um real existierende Bedingungen und Anforderungen bestmöglich adressieren zu können. Dazu wurde ein dreistufiges Erhebungsmodell gewählt, das auf einem qualitativen Workshopkonzept (▶ Abschn. 6.2.1), einem qualitativen Leitfadeninterview (▶ Abschn. 6.2.2) sowie einem quantitativen Fragebogen (▶ Abschn. 6.2.3) basiert. Diese Methoden werden im Folgenden vorgestellt.

Die zur Untersuchung ausgewählten Unternehmen sind in den Bereichen Maschinen- und Anlagenbau sowie Bildungs- und Kundendienstleistung verortet und unterscheiden sich stark bezüglich der Unternehmensgröße, ihrer strategischen Ausrichtung und ihrer kulturellen und organisatorischen Strukturen. Diese Varianz im Feld ist notwendig, um vergleichende empirische Ergebnisse zu erhalten, die erstens die Konstruktion von kontrastreichen Idealtypen ermöglichen und zweitens zur Erstellung eines Kompetenzmanagementsystems beitragen, das unabhängig von diesen Dimensionen angewendet werden kann (▶ Kap. 11).

In Anlehnung an die im ▶ Abschn. 6.1 benannten Rahmenbedingungen und Parameter standen folgende Leitfragen im Fokus (Exkurs: Erläuterung der Themenbereiche):
- **Kompetenzmanagement:**
    - Welche strategische Bedeutung hat Kompetenzmanagement zum gegenwärtigen Zeitpunkt im Unternehmen?
    - Welche Methoden von Kompetenzmanagement werden bereits eingesetzt?
- **Lernen:**
    - Welche Prozesse und Strukturen gibt es bei derzeitigen Weiterbildungsaktivitäten?

> **Exkurs**
>
> **Erläuterung der Themenbereiche**
>
> **Kompetenzmanagement:** Dieser Themenbereich ist dem Interesse gewidmet, wie im Allgemeinen die Bedeutung und der Status von Kompetenz und Kompetenzerhebung in den Unternehmen ausgeprägt ist und wie diese Anforderungen und tatsächlichen Fähigkeiten im Rahmen einer Kompetenzerfassung zu einer Verdichtung zu Soll- und Ist-Kompetenzprofilen erfolgt bzw. erfolgen kann. Im Speziellen ist von Interesse, wie Anforderungen an die Stellen formuliert werden, welche Kompetenzen, Fähigkeiten und Fertigkeiten für die Arbeit im jeweiligen Bereich (Abteilung oder Projekt) wichtig sind und wie die Beurteilung der Beschäftigten geschieht, d. h. wie festgestellt wird, welche Kompetenzen benötigt werden, und welche Kompetenzen in den einzelnen Bereichen bereits vorhanden sind.
>
> **Lernen:** Dieser Themenbereich hat Fragestellungen danach zum Inhalt, wie Lernen allgemein im Unternehmen bewertet und organisiert wird. Bedeutsam ist hier die Kultur und Umwelt von Lernen. Im Speziellen ist von Interesse, wie Weiterbildungsbedarf vor allem auf Bereichsebene festgestellt, wie gelernt und wie Lernerfolg festgestellt wird, also wie die Prozesse und Strukturen konkret umgesetzt werden.

Das dreistufige Erhebungsdesign (Workshop, Interview, Fragebogen) wird chronologisch und deduktiv von der strategischen über die operative bis hin zur subjektiven Ebene der Organisationen angewendet.

Zunächst wird die derzeitige Strategie des Unternehmens in Bezug auf das Kompetenzmanagement respektive die Weiterbildung auf der Managementebene erhoben. Dazu werden qualitative Workshops mit Angehörigen der strategischen **Managementebene** und mit Spezialisten und Spezialistinnen aus dem Personal- und Weiterbildungsbereich durchgeführt (▶ Abschn. 6.2.1). Aus den oben genannten Fragestellungen wird vorwiegend der Themenbereich „Lernen" behandelt, beispielsweise wie Weiterbildungsbedarf definiert, wie gelernt und wie der Lernerfolg festgestellt wird. Zusätzlich wird thematisiert, wie die für das Unternehmen notwendigen Fähigkeiten und Fertigkeiten definiert und daraufhin bei den Beschäftigten festgestellt werden. Durch die Erhebung auf der Managementebene können der Status und die Rahmenbedingungen von Lernen und etwaige bestehende Ansätze zu Kompetenzmanagement über die Bereichsgrenzen hinweg untersucht werden.

Daraufhin wird die konkrete Umsetzung der Weiterbildungsprozesse in einzelnen Bereichen mithilfe von qualitativen, leitfadengestützten Interviews auf **operativer Ebene** erfragt (▶ Abschn. 6.2.2). Dazu werden Beschäftigte in leitender Funktion (Team-, Gruppen-, Abteilungs- und Projektleiter/-innen) als Interviewpartner/-innen ausgewählt. Mit diesem Instrument können konkret umgesetzte Prozesse und Abläufe und die Feststellung der benötigten und vorhandenen Kompetenzen, Fähigkeiten und Fertigkeiten in einzelnen Bereichen beschrieben werden.

Schließlich wird die Wahrnehmung der Umsetzung der Weiterbildungsprozesse seitens der **Beschäftigten** erfragt, auf deren Lernen und Entwicklung diese Prozesse abzielen. Dazu ist ein standardisierter, quantitativer Fragebogen konstruiert worden, der u. a. Fragen zu der zeitlichen, räumlichen und sozialen Lernkontexte, den genutzten Lernformaten und -medien, den Kompetenzbereiche, in denen Weiterbildungen bisher stattfanden, sowie zukünftige Wünsche in Bezug auf die Organisation von Lernen umfasste (▶ Abschn. 6.2.3).

6.2.1 Workshop zu Lernen und Kompetenzen – Strategie der Managementebene

Die Erhebung der Ausgangssituation der Lernprozesse und der Vorbedingungen von Kompetenzmanagement auf strategischer, bereichsübergreifender Ebene erfolgte mittels eines teilstandardisierten Workshops. Neben einem konzeptionellen, ergebnisorientierten Abschnitt beinhaltete er einen Abschnitt, der einer Fokusgruppenerhebung entspricht. Dieser war an ein Phasenmodell zum Ablauf von Kompetenzmanagement angelehnt, das auf einem konkreten empirischen Fallbeispiel basierte (Baxter und Sommerville 2011). Jeder Phase waren dabei Leitfragen zugeordnet, die in ◘ Tab. 6.1 konkret formuliert sind.

◘ Tab. 6.1 Erhebungsphasen im Rahmen des Workshops zur Anforderungsanalyse für Kompetenzmanagement

Phase	Inhalt	Erkenntnisinteresse
1	Erarbeitung der Anforderungsprofile	– Erörterung der Grundlagen, auf deren Basis im Unternehmen Anforderungsprofile generiert werden
2	Ableitung der Einzelkompetenzen	– Beschreibung der Struktur und Gestaltung von Stellenbeschreibungen – Beschreibung der Beschäftigten/Positionen, die mit dem Formulieren der Stellenbeschreibungen respektive Kompetenzen betraut sind
3	Erarbeitung eines Kompetenzkatalogs (Soll-Kompetenzanforderungen)	– Beschreibung der Art, wie Soll-Kompetenzen definiert werden und wie diese anderen Beschäftigten/Positionen zugänglich sind – Explizieren der momentan vorhandenen Kompetenzbedarfe bei Beschäftigten – Explizieren, wie Kern- und funktionale Kompetenzen definiert sind
4	Erfassung der Ist-Kompetenzen der Beschäftigten	– Beschreibung der Art, wie Ist-Kompetenzen festgestellt werden (z. B. Zeitpunkte, Instrumente, Methoden, Inhalte der Tests, Ansprechpartner/-innen)
5	Ableitung bedarfsgenauer und adressorientierter Maßnahmen	– Explizieren etwaiger zu berücksichtigender sozialstruktureller und individueller Aspekte bei der Ableitung von Qualifizierungsmaßnahmen, z. B. Zielgruppe (z. B. Absolvent/-in, Young Professional, Experte/Expertin, Mann/Frau), Lebensphase (z. B. Jugendliche, Elternzeit, Ältere), präferierte Lernmethoden, Entwicklungspfade
6	Absolvieren der Maßnahmen	– Beschreibung, wie Weiterbildungsmaßnahmen gestaltet sind (z. B. Kurse vor Ort/Inhouse, Nutzung von PC/E-Learning, Nutzung mobiler Endgeräte) – Erörterung, ob Inhalte modular absolvierbar sind, ggf. mit Beschreibung des Grades der Abstufung
7	Prüfung und Dokumentation erworbener Kompetenzen	– Beschreibung der Prüfungen der erworbenen Kompetenzen – Beschreibung der Dokumentation der Kompetenzen

Der Workshop wurde in allen Unternehmen mit insgesamt 14 Experten/Expertinnen aus den Bereichen Management, Personal und Personalentwicklung, IT durchgeführt.

6.2.2 Interview zu Lernen und Kompetenzen – Umsetzung der Bereichsleitung und Führungskräfte

Auf der operativen Ebene wurde ein qualitatives, leitfadengestütztes Interview konzipiert und mit insgesamt 12 Team-, Ableitungsleitern/-leiterinnen sowie Führungskräften in den drei Unternehmen durchgeführt. Es wurde basierend auf den Ergebnissen der Workshops operationalisiert und ermöglichte es herauszufinden, wie die strategischen Vorgaben in Bezug auf Lernen und Kompetenz konkret umgesetzt werden.

Der erste Teil des Leitfadens behandelte das Thema „Team" mit allgemeinen Fragen zur Struktur des Teams in dem entsprechenden Bereich (Abteilung bzw. Projekt). Neben sozialstrukturellen Merkmalen (Geschlecht, Alter) spielten insbesondere die zertifizierten Qualifikationen, die die Übernahme einer Stelle im Bereich ermöglichten, und die nicht näher dokumentierten Fähigkeiten und Fertigkeiten der Beschäftigten eine wichtige Rolle. Dieser Teil wurde maßgeblich aus den Phasen 1–4 der ersten Erhebungsstufe (► Abschn. 6.2.1) operationalisiert und diente der wissenschaftlichen Reflexion der dort erhobenen Ergebnisse.

In einem zweiten Teil zum Thema „Bedeutung und Umsetzung von Lernen" wurde die konkrete Organisation der Weiterbildungsprozesse auf Bereichsebene und die für die Bereichsleiter/-innen subjektiven Bedeutungen von Lernen im Allgemeinen und einzelnen Kompetenzen im Speziellen erhoben. Dieser Teil entstand vorwiegend auf Grundlage der Phasen 5–7 des Workshops und dient ebenfalls der Validierung und Ergänzung der in der ersten Erhebungsstufe ermittelten Ergebnisse.

6.2.3 Fragebogen zu Lernen und Kompetenzen – Erleben der Lernenden

Um die Lernwünsche und konkreten Lernumgebungen sowie die bislang erfolgte und zukünftig gewünschte Kompetenzentwicklung der Beschäftigten zu untersuchen, wurde ein quantitativer Web-Survey entworfen, der sich aus standardisierten Likert-Skalen, Auswahlfragen und einzelnen offenen Fragen zusammensetzte. Er beinhaltete vor allem die Themenschwerpunkte „Lernkontexte, -formate und -medien", „Bedeutung und Bezug zum Lernen" und „Kompetenzentwicklung" (Exkurs: Fragebogenstruktur zu Lernen und Kompetenzentwicklung der Beschäftigten – Auszug).

Diese Methode diente erstens der Erhebung der Erfahrungen mit den Weiterbildungsprozessen, wie sie in den ersten beiden Erhebungsstufen eruiert wurden, und zweitens den gewünschten zukünftigen Lernarten und -inhalten. Das ermöglicht einen Vergleich mit den (strategischen) Einschätzungen der Management- und Bereichsleitungsebene.

> **Exkurs**
>
> **Fragebogenstruktur zu Lernen und Kompetenzentwicklung der Beschäftigten – Auszug**
>
> Fähigkeit, sich neue Wissensinhalte unter bestimmten Bedingungen anzueignen:
> - Likert-Skalen:
>   - Effektive Lernorte
>   - Tatsächliche Lernorte
>   - Effektive Lernarten
> - Mehrfachauswahl:
>   - Effektive Lernzeit am Tag
>
> - Effektive Lernzeit in der Woche.
>
> Bisherige Erfahrungen mit Weiterbildung, klassifiziert nach Kompetenzarten und zukünftig gewünschte Weiterbildung in entsprechenden Kompetenzarten:
> - Likert-Skalen: Erfahrung zur
>
> Kompetenzausbildung (methodisch, fachlich, sozial und personell)
> - Likert-Skalen: Lernwunsch zur Kompetenzausbildung (methodisch, fachlich, sozial und personell).

6.3 Ergebnisse

Zur Beantwortung der im ▶ Abschn. 6.2 aufgeführten Fragestellung werden die empirischen Ergebnisse anhand der dort dargestellten Forschungsfragen und Erkenntnisinteressen differenziert.

Methodisch wurden die Ergebnisse aus dem Workshop und dem Interview qualitativ und inhaltsanalytisch sowie aus der Beschäftigtenbefragung quantitativ ausgewertet. Die entsprechenden Teilergebnisse wurden qualitativ vergleichend und typbildend (Kelle und Kluge 2010) zusammengefasst. In ▶ Abschn. 6.3.1 werden die Teilergebnisse vorgestellt, die den Status von Kompetenz und Kompetenzmanagement bzw. dessen Vorbedingungen in den Unternehmen beschreiben. In ▶ Abschn. 6.3.2 werden Teilergebnisse erörtert, die dem Themenfeld Bedeutung und Organisation von Lernen zugeordnet sind. Die konstruierten Typen werden in ▶ Abschn. 6.4 vorgestellt.

6.3.1 Kompetenz und Kompetenzmanagement

- **Empirische Ergebnisse aus den qualitativen Befragungen im Workshop und Interview**

Der Exkurs: Matrix empirischer Ergebnisse aus der qualitativen Ausgangserhebung zu Kompetenz und Kompetenzmanagement fasst die Ergebnisse der qualitativen Befragung der strategischen (▶ Abschn. 6.2.1) und operativen Managementebene (▶ Abschn. 6.2.2) zum Themenbereich Kompetenz und Kompetenzmanagement zusammen. Ermittelt werden sollte, welche strategische Bedeutung Kompetenzmanagement zum gegenwärtigen

Zeitpunkt im Unternehmen hat und welche Methoden von Kompetenzmanagement bereits eingesetzt werden.

Anhand der Ergebnisse wird ersichtlich, dass situativ Vorbedingungen oder Vorstufen zum Kompetenzthema und Kompetenzmanagement bestehen. In allen methodisch-theoretischen Phasen der Erstellung eines Kompetenzmanagementprozesses finden sich Vorgehensmodelle und Praktiken, die der jeweiligen Phase entsprechen. Wesentliche Merkmale stellen dabei die Bewusstheit zur Bedeutung von Kompetenz sowie vorhandene Vorbedingungen für Kompetenzmanagement dar. Davon unabhängig sind alle befragten Unternehmen in der Lage, diese Phasen bereits im Vorfeld des Kompetenzmanagements aus der eigenen Praxis heraus zu beschreiben. Sie geben damit Vorbedingungen und Praktiken an, die bereits auf ein Kompetenzmanagement hinweisen. In Bezug auf den Grad der Formalisierung treten allerdings Unterschiede auf. Es lässt sich folgender Zusammenhang feststellen: Je mehr Bedeutung der Kompetenz beigemessen wird, desto ausgeprägter und formalisierter sind alle Vorbedingungen für Kompetenzmanagement, einschließlich einschlägiger Prozesse zum Lern- und Weiterbildungsmanagement, vorhanden.

Wesentliche organisationale Rahmenbedingungen des Kompetenzmanagements sind beispielsweise **Stellenbeschreibungen,** die im Rahmen der Vorbereitung und Definition von Soll-Kompetenzen respektive Kompetenzkatalogen eine wichtige Rolle als definitorische Quellen bilden. Entsprechend oft und prominent wurden sie als Quellen genannt und lassen sich folglich in der Matrix in unterschiedlichen Phasen abbilden. Relevante Einzelkompetenzen werden aus den zu den Stellen genutzten Bewerbungsverfahren abgeleitet. Das dient der Verifizierung und Plausibilisierung der Anforderungsprofile. Auch diese Quelle „Bewerbungsverfahren" wird entsprechend bei der Frage nach der Einstufung genannt. Potenzielle Beschäftigte sollten bereits während des Bewerbungsverfahrens eingestuft werden.

Neben den Stellenbeschreibungen, aus denen Kompetenzen generalisiert und zu einem Kompetenzkatalog zusammengefasst werden, können auch Kern- und Teilkompetenzen direkt durch Beschäftigte des Managements abgeleitet und in den Katalog aufgenommen werden.

Die **Einstufung von Beschäftigten** erfolgt einmalig auf Basis der Bewerbungsverfahren und laufend auf Basis von Einstufungs- und Wiedereinstufungsmethoden, unter denen das Personalgespräch als das praxisnächste und am einfachsten umzusetzende genannt wurde. Diese dienen auch bisher der Einstufung von Beschäftigten in Bezug auf ihre Fähigkeiten und Fertigkeiten, bieten aber auch einen anwendungsbereiten Rahmen für die Kompetenzeinstufung.

Kompetenzmanagement in der Dienstleistungs …

Exkurs

Matrix empirischer Ergebnisse aus der qualitativen Ausgangserhebung zu Kompetenz und Kompetenzmanagement

1. Phase: Erarbeitung Anforderungsprofile

Anforderung aus Stellenbeschreibungen:

- Unternehmensperspektive:
  - Diese werden vor allem erstellt durch die Führungskraft und zusätzlich die Personalabteilung.
- Beschäftigtenperspektive:
  - Gegebenenfalls werden Beschäftigte einbezogen.
- Prozessperspektive:
  - Für jede Stelle existiert eine Stellenbeschreibung, die oft nicht aktuell ist und ad hoc erstellt werden muss, wenn die Stelle ausgeschrieben wird.

2. Phase: Ableitung von Einzelkompetenzen

Aus Erfahrung mit Bewerbungsverfahren:

- Unternehmensperspektive:
  - Sie ist abgeleitet aus Stellenbeschreibungen und Kernkompetenzen des Unternehmens.
- Beschäftigtenperspektive:
  - Erfahrung mit Bewerbungsverfahren beinhalten folgende Aspekte: Abschluss, Kompetenzen, Erfahrungen, Kenntnis von Programmen.

3. Phase: Erarbeitung eines Kompetenzkatalogs (Soll-Kompetenzanforderungen)

Generalisierung aus Stellenbeschreibungen:

- Prozessperspektive:
  - Stellenbeschreibungen werden durch das mittlere Management oder die Personalabteilung definiert.
  - Vor allem sind in dieser Phase Teilkompetenzen definiert.

Unternehmensspezifische Kernkompetenzen als Quelle:

- Prozessperspektive:
  - Vor allem sind sogenannte „Hard Skills" vom mittleren oder oberen Management definiert; durch die Leitung der Fachbereiche und Führungskräfte werden diese weiter differenziert.
  - Teilweise liegen sie nicht in schriftlicher Form vor.

4. Phase: Erfassung der Ist-Kompetenzen der Beschäftigten

Innerhalb des Bewerbungs- und Einstellungsverfahrens:

- Unternehmensperspektive:
  - Sichtung von Bewerbungsunterlagen und Vorauswahl durch die Personalabteilung
  - Konkrete Auswertung durch Führungskraft/Teamleitung
- Beschäftigtenperspektive:
  - Vorstellungsgespräche: teilweise standardisiert, Vergleich der Ausschreibung mit Bewerberpräsentation, ein- oder mehrteilig
  - Sofern möglich Probearbeit bzw. Arbeitsproben
  - Persönlichkeitstests
  - Assessment-Center
- Prozessperspektive:
  - Teilweise standardisiert
  - Oft dokumentiert, aber mitunter intuitiv

Laufende Beschäftigtenbeurteilung:

- Unternehmensperspektive:
  - 360°- oder 180°-Feedback
  - Verhaltensbeschreibung mittels Skala
- Beschäftigtenperspektive:
  - Bei Bedarf jederzeit Gespräche zwischen Führungskraft und Beschäftigten möglich (mögliche Inhalte: Potenzialbewertung, Leistungen und Ziele, allgemeines Verständnis über Teilkompetenzen).

Abschließend bleibt festzuhalten, dass, je größer das Verständnis der Bedeutung von Lernen und Kompetenzen bzw. der Vorteile von Kompetenzmanagement in den Unternehmen ist, desto stärker ist der Formalisierungsgrad hinsichtlich der praktischen Methoden **Stellenbeschreibung, Personalgespräch** und **Kompetenzprofil** ausgeprägt. Bei geringer Sensibilität gegenüber dem Kompetenzthema werden Stellenbeschreibungen lediglich erstellt, sobald Stellen ausgeschrieben werden und sie werden nicht substanziell als Quelle zur Ermittlung notwendiger Fähigkeiten und Fertigkeiten oder Kompetenzen genutzt. Außerdem finden Personalgespräche tendenziell unregelmäßig sowie informell statt und werden nicht dokumentiert. Wenn dem Themenfeld Kompetenz bereits viel Beachtung beigemessen wird, ist in den meisten Fällen auch das Verständnis größer, dass Stellenbeschreibungen formalisiert und standardisiert angelegt sein sollten und die hier formulierten Anforderungen auch über den Bewerbungsprozess hinaus als Quellen für die Erfassung von Fähigkeiten, Fertigkeiten oder Kompetenzen dienen können. Das Personalgespräch (oder weitere Einstufungsmethoden) sollte in die Prozesse der Unternehmensorganisation eingebunden werden, indem es regelmäßig stattfindet, einen klar gegliederten Inhalt hat und entsprechend dokumentiert wird.

- **Empirische Ergebnisse aus der quantitativen Befragung**

Gemäß den in dem Exkurs: Fragebogenstruktur zu Lernen und Kompetenzentwicklung der Beschäftigten – Auszug vorgestellten Inhalten der Beschäftigtenbefragung sind in dem Auswertungsschritt der Fragebogenbefragung (▶ Abschn. 6.2.3) folgende Themen für den Themenbereich Kompetenz und Kompetenzmanagement relevant:
- Erfahrung zur Kompetenzausbildung nach Kompetenzarten (methodisch, fachlich, sozial und personell)
- Lernwunsch zur Kompetenzausbildung nach Kompetenzarten (methodisch, fachlich, sozial und personell)

Dementsprechend haben wir erstens die Einschätzung der Lernenden in Bezug auf die bisher stattgefundene Kompetenzentwicklung abgebildet. Dazu werden die bisher gelernten Wissensbestände gemäß der Kategorisierung in **personelle, soziale, fachliche** und **methodische Kompetenz** operationalisiert. In Bezug auf fachliche Kompetenzen wird beispielsweise erfragt, ob die Aussage: „Ich habe gelernt mit arbeitsrelevanten Geräten und Werkzeugen umzugehen", auf die Weiterbildungs- oder Arbeitssituation zutrifft. Es ergibt sich die Einschätzung, dass fachliche Kompetenzen bisher am meisten gelernt wurden (70 % Kategorien „immer" und „oft"), gefolgt von sozialen (65 %), methodischen (63 %) und schließlich personellen Kompetenzen (56 %). Insgesamt wird die Lernaktivität also als sehr hoch wahrgenommen (◘ Abb. 6.1).

Zukünftig möchten die Befragten verstärkt fachliche und methodische Kompetenzen erlernen (je über 70 %), gefolgt von personellen und sozialen Kompetenzen. Obwohl diese Kompetenzarten nach wie vor für die Befragten interessant sind, bleibt doch eine sichtbare Lücke bezüglich dieser Kompetenzarten ersichtlich (◘ Abb. 6.2).

6.3.2 Bedeutung und Organisation von Lernen

- **Empirische Ergebnisse aus den qualitativen Befragungen Workshop und Interview**

Der Übertrag der qualitativen empirischen Ergebnisse zur Bedeutung und Organisation von Lernen (Exkurs: Matrix empirischer Ergebnisse aus der qualitativen Ausgangserhebung zu Bedeutung und Organisation von Lernen) dient der Beantwortung der Leitfrage, welche Prozesse und Strukturen es bei derzeitigen Weiterbildungsaktivitäten gibt.

Kompetenzmanagement in der Dienstleistungs …

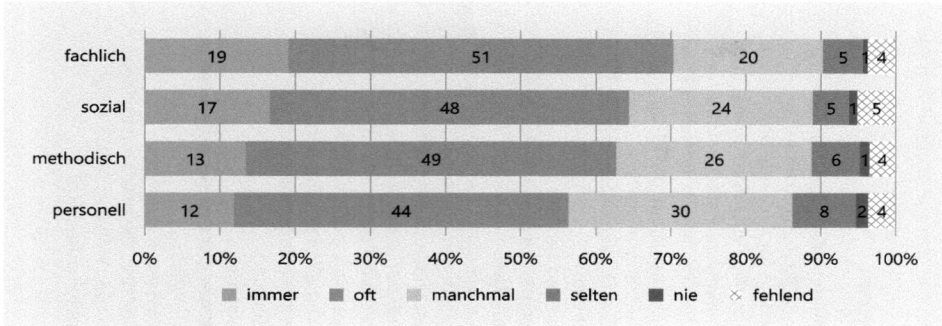

■ Abb. 6.1   Bisherige Weiterbildungen nach Kompetenzarten in %

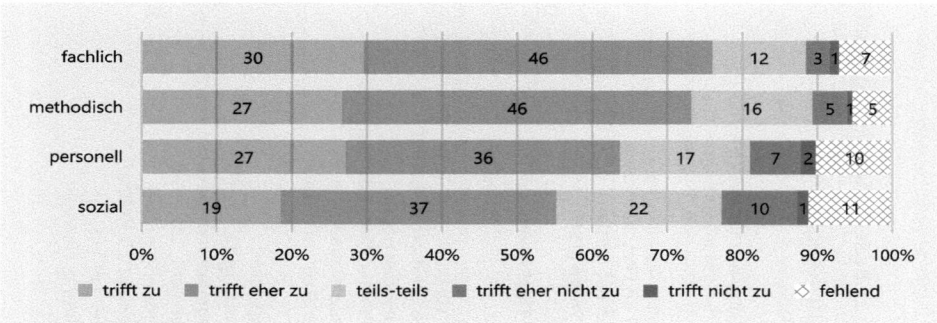

■ Abb. 6.2   Zukünftig gewünschte Weiterbildung nach Kompetenzarten in %

Die Antworten der Befragten aus allen Unternehmen lassen darauf schließen, dass das eigene Unternehmen den Phasen des Kompetenzmanagements, die vor allem das Lernen zum Inhalt haben, gut gerecht wird. Das kann vor allem darin begründet sein, dass sich dieser Themenbereich inhaltlich recht stark mit dem traditionellen Lern- und Weiterbildungsmanagement überschneidet. In diesem Bereich werden Schulungspläne und Weiterbildungskataloge, neben den bereits in ▶ Abschn. 6.3.1 genannten Personalgesprächen, als wichtigste Methoden genannt, um den Weiterbildungs- oder Kompetenzentwicklungsbedarf der Beschäftigten abzuleiten. Die Lerninhalte sowie -arten und Organisation des Lernens variiert stark zwischen den Unternehmen. Es lassen sich sowohl Beschreibungen finden, die sich auf die bevorzugte Nutzung von traditionellen Lernmethoden wie Präsenztrainings beziehen, als auch Beschreibungen, die darauf schließen lassen, das Unternehmen verstärkt E-Learning-Angebote nutzen. In jedem Fall wird die Bedeutung von E-Learning und Blended Learning erkannt. Eine zukünftig verstärkte Nutzung dieser Lernarten wird überwiegend angenommen. Einig sind sich die Befragten aller Unternehmen hinsichtlich der Bedeutung von informellen/non-formalen respektive praktisch orientierten Lernmethoden. Diese werden gemeinhin als lernförderlichste angenommen, wenngleich sie nicht für alle Lernziele angewendet werden können.

Die Lernerfolgskontrolle oder Veranstaltungsbewertung variiert ebenfalls sehr. Während im E-Learning-Bereich Testfragen üblich sind, geschieht die Feststellung des Lernerfolges bei Präsenztrainings überwiegend informell, im Gespräch zwischen Lernenden und Vorgesetzten. Dafür wird die Veranstaltungsqualität hier meist über Evaluationsbögen erhoben.

Exkurs

Matrix empirischer Ergebnisse aus der qualitativen Ausgangserhebung zu Bedeutung und Organisation von Lernen

1. Phase: Ableitung bedarfsgenauer und adressorientierter Qualifizierungsmaßnahmen

- Schulungsplan:
    - Unternehmensperspektive:
        - Schulungsziele können aus den Stellenbeschreibungen abgeleitet werden, jedoch werden diese meist nur dann, aktualisiert, wenn eine neue Stelle zu besetzen ist.
        - Schulungsinhalte und -ziele werden durch die Führungskraft/Teamleitung vorgeschlagen.
        - Der Schulungsplan hat eine jährliche Geltungsdauer.
    - Beschäftigtenperspektive:
        - Der Schulungsplan ist mit den Beschäftigten abgestimmt.
    - Prozessperspektive:
        - Er stellt die wichtigste Quelle bei der Planung der Weiterbildung dar.
        - Weiterbildungskatalog kann elektronisch hinterlegt sein und damit Einschreibung erleichtern.
- Personal(entwicklungs)gespräch:
    - Unternehmensperspektive:
        - Austausch von Ideen und Vorschlägen (starke Unterschied in erwarteter Selbstständigkeit der Beschäftigten bei Kommunikation, Sprache, Präsentation, interkulturelle Trainings für relevante Beschäftigte, Programme zur Informations- und Kommunikationstechnologie und Fachprogramme (z. B. Konstruktion, Projektmanagement, Office), eigene Umsetzungsprojekte
        - Selbstständiges Nachbereiten und Vertiefen
    - Weiterbildungsplanung zwischen Unternehmen)
    - Prozessperspektive:
        - Anfang des Jahres werden die Ziele und Weiterbildungsmaßnahmen besprochen (Zeitfenster 1–2 Jahre). Dies erfolgt meist bilateral zwischen Führungskraft und Beschäftigtem, zusätzlich kann das mittlere Management beteiligt sein.

2. Phase: Absolvieren der Qualifizierungsmaßnahmen

- Inhalte:
    - Unternehmensperspektive:
        - Für bestimmte Berufsgruppen sind spezielle Schulungen nötig.
        - Wünsche, Probleme, Zeitpunkt und Häufigkeit variieren stark.
        - Mitunter besteht ein modularer Aufbau.
    - Beschäftigtenperspektive:
        - Themen: Teamfähigkeit, Konfliktfähigkeit, Integrationsfähigkeit, Projektmanagement, Kostenverständnis/Finanzen, Zeit- und Selbstmanagement, Flexibilität, technisches Verständnis, (Projekt-)Erfahrung, Finanzen,
- Organisation und Lernart:
    - Unternehmensperspektive: formelle Lernmethoden:
        - Präsenzveranstaltungen werden am häufigsten angewendet.
        - Meist finden diese extern bzw. hausintern durch externe Anbietende statt.
        - E-Learning, webbasiertes Training/Webschulungen gewinnen zunehmend an Bedeutung.
        - Planspiele
    - Beschäftigtenperspektive: informelle Lernmethoden:
        - Kongresse, Messen, Konferenzen
        - Diskussion, Gespräch mit Kollegen
        - Tutorials, Websites, Wikis, Blogs (Problemaustausch)

Kompetenzmanagement in der Dienstleistungs ...

- Selbstlernen, Recherche, Probleme ad hoc lösen
- Bücher/Fachzeitschriften
- Praktisches Lernen/Üben, Training on the Job

▪ Prozessperspektive:
- Lernformen abhängig vom Thema
- Teilweise modulares Lehrgangskonzept

3. Phase: Prüfung und Dokumentation erworbener Kompetenzen

▪ Lernerfolgskontrolle:

▪ Unternehmensperspektive:
- Befragung zum Transfer
- Oft keine explizite Lernerfolgskontrolle, bei Bedarf mündliche Auswertung

▪ Beschäftigtenperspektive:
- Wenn Defizite: selbst gesteuertes Wiederholen
- Testfragen im E-Learning-Bereich

- Wiederholungsgespräch

▪ Prozessperspektive:
- Oft erfolgt keine Erfolgsmessung (vor allem bei informellem oder Offline-Lernen).

- Personalabteilung dokumentiert den Abschluss.

▪ Veranstaltungsbewertung:

▪ Unternehmensperspektive:
- Oft informelle Rückmeldung
- Gespräche vor und nach Maßnahmen werden empfohlen.

▪ Beschäftigtenperspektive:
- Meist Bewertungsbogen der Veranstaltung in Präsenzveranstaltungen.

Analog zu ▶ Abschn. 6.3.1 bleibt festzuhalten, dass, je mehr Verständnis für den Kompetenzbegriff und den Vorteilen von Kompetenz in Unternehmen vorherrscht, die Bedeutung von Weiterbildung und Lernen für das Unternehmen und dessen Formalisierungsgrad innerhalb der Organisation stärker ausgeprägt sind. Das beinhaltet die Aktualität der Schulungspläne und Weiterbildungskataloge, die Feststellung des Gelernten und die Dokumentation von Lernerfolg und Veranstaltungsgüte.

An sich deuten sämtliche von den Befragten erhaltenen Aussagen darauf hin, dass Lernen und Weiterbildung als sehr wichtig und für den Unternehmenserfolg äußerst bedeutsam wahrgenommen werden. Hinsichtlich der Umsetzung und der Anzahl der tatsächlichen Weiterbildungen besteht allerdings eine erhebliche Diskrepanz. Vereinzelt, aber regelmäßig wird die Einschätzung gegeben, dass das Lernen nicht so oft erfolgt, wie es für das Unternehmen oder den Bereich wichtig wäre. Das tatsächliche Lernen wird in diesem Sinne oft durch das Tagesgeschäft der Beschäftigten unmöglich gemacht, das das Arbeitspensum der Beschäftigten bereits voll ausfüllt.

- **Empirische Ergebnisse aus der quantitativen Befragung**

Für einen spezifischeren Einblick der Wahrnehmung und des Erlebens des betrieblichen Lernens dient die quantitative Beschäftigtenbefragung. Gemäß den in dem Exkurs: Fragebogenstruktur zu Lernen und Kompetenzentwicklung der Beschäftigten – Auszug vorgestellten Inhalten der Beschäftigtenbefragung sind folgende Themen für den Themenbereich **Organisation von Lernen** relevant:
- Effektive und tatsächliche Lernorte
- Effektive Lernarten
- Effektive Lernzeit am Tag und in der Woche

Die Darstellung der Ergebnisse zu effektiven und tatsächlichen Lernorten erfolgt anhand eines Vergleichs dieser Items. Zur methodischen Analyse dieser **Passung der Lernumgebungen** werden die Werte der Items zu Fragen der Lernumgebungen, in denen **bisher häufig gelernt** wird, von den Items zu Fragen nach Lernumgebungen, in welchen **effektiv gelernt** wird, abgezogen. Diese Differenz kann Werte zwischen −4 und 4 annehmen und ist folgendermaßen zu interpretieren: Negative Werte bedeuten, dass Befragte real weniger an den von ihnen als günstig bewerteten Orten lernen, als sie es für effektiv halten. Positive Werte bedeuten, dass sie stärker an Orten lernen, an denen sie nicht effektiv lernen können. Dementsprechend sind Werte um 0 der optimale Bereich, in dem tatsächliche und gut geeignete Lernorte sehr gut übereinstimmen. Je größer die Abweichung von 0 ist, desto schlechter passen die tatsächlichen zu den als günstig eingeschätzten Lernorten.

◘ Tab. 6.2 zeigt die Abweichung dieser beschriebenen Differenz nach den verschiedenen Lernorten. Das zugrunde liegende statistische Modell basiert auf dem T-Test (Testwert 0 ≙ optimale Lernumgebung). Daraus geht hervor, dass die Ergebnisse dieser Subtraktion bei den Fragen nach „am Arbeitsplatz", „Räume des Unternehmens" und „öffentliche Orte" eindeutig und signifikant von dem Idealwert 0 abweichen. Der negative Wert bei „Räume des Unternehmens" und „öffentliche Orte" lässt darauf schließen, dass die Befragten tendenziell nicht an Orten lernen, an denen sie effektiv lernen könnten. Auf der anderen Seite lernen die Befragten etwas mehr „am Arbeitsplatz", als sie es für effektiv halten.

Zusammenfassend lässt sich feststellen, dass betriebliche Weiterbildung teilweise an Orten stattfindet, die durch die Befragten als nicht optimal für das Lernen eingeschätzt werden. Es wird tendenziell mehr an öffentlichen Orten oder in Räumen des

Kompetenzmanagement in der Dienstleistungs …

Tab. 6.2 T-Test-Vergleich der effektiven und tatsächlichen Lernorte

Item	Abweichung vom Optimalwert (0)
Passung Lernumgebung: … am Arbeitsplatz	2,739*
Passung Lernumgebung: … in anderen Räumen des Unternehmens	−2,903*
Passung Lernumgebung: … in Räumen bei externen Weiterbildungen	−1,119
Passung Lernumgebung: … an öffentlichen Orten (Bibliotheken, Cafés etc.)	−3,196*
Passung Lernumgebung: … im öffentlichen Personennahverkehr	0,116
Passung Lernumgebung: … zu Hause	0,276
Passung Lernumgebung: … an anderen Orten	−1,188

* signifikant bei einem Signifikanzniveau von 0,005

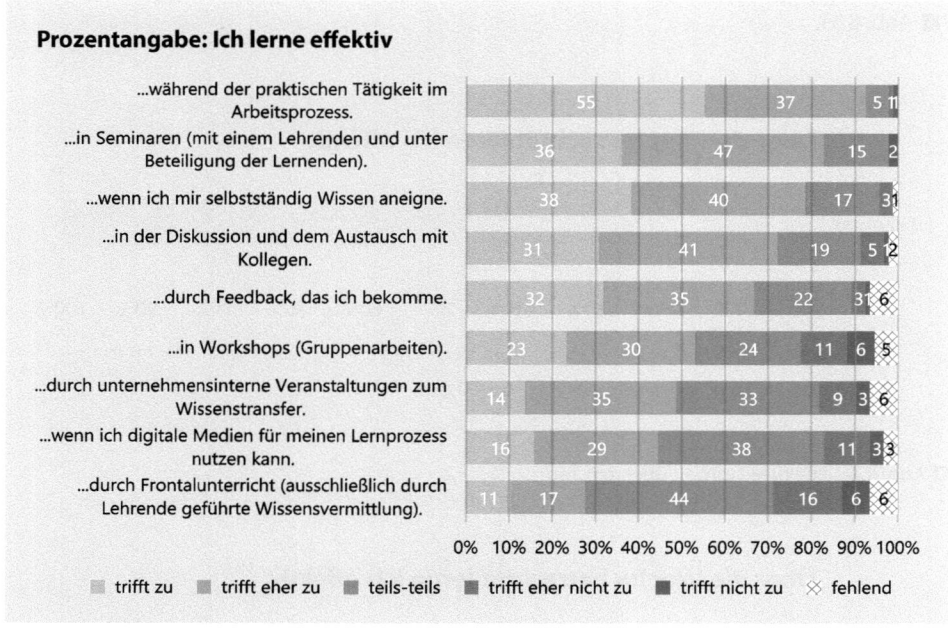

Abb. 6.3 Effektive Lernarten in %

Unternehmens gelernt, als es durch die Befragten als günstig eingeschätzt wird. Andererseits sagen die Befragten aus, dass sie besser am Arbeitsplatz lernen können, dies aber momentan wenig erfolgt.

Hinsichtlich der Lernarten sagten 93 % aus, dass sie am effektivsten innerhalb des Arbeitsprozesses, während ihrer eigentlichen Arbeit lernen (Abb. 6.3). Dieses Item ist als das am meisten praxisorientierte aus der Fragebatterie zu bewerten.

In diesem Zusammenhang scheinen ebenfalls „Diskussion und Austausch mit Kollegen" (71 % Zustimmung) sowie „Feedback" (67 % Zustimmung) bedeutsam zu sein. Auch „selbstständige Lernleistung" (78 % Zustimmung) sowie „Seminare" (83 % Zustimmung) werden als äußerst effektive Lernmethoden eingeschätzt. „Workshops" und „unternehmensinterne Veranstaltungen zum Wissenstransfer" stellen etwa für die Hälfte der Befragten eine effektive bis sehr effektive Möglichkeit des Lernens dar.

Weiterhin zeigte die Untersuchung nur eine moderate Einschätzung in Bezug auf die Effektivität von „digitalen Medien" und „Frontalunterricht".

Vor allem die erstgenannten Items deuten, wie bereits aus den empirischen Ergebnisse der qualitativen Befragungen ersichtlich, auf eine hohe Relevanz und Lernförderlichkeit von praktischem, aufgabenorientiertem Lernen hin.

Die empirischen Ergebnisse zu den Lernzeiten, an denen die Befragten am effektivsten lernen, legen nahe, dass die meisten vor dem Mittagessen (insgesamt 58 %) am effektivsten lernen können. Im Vergleich dazu lernen nur wenige am nachmittags und abends effektiv (insgesamt 42 %). Außerdem gibt eine Mehrheit an, am effektivsten während der Arbeitszeit lernen zu können (◘ Abb. 6.4).

Darüber hinaus geben 55 % der Befragten an, dass sie sich beim Aneignen neuer Lerninhalte am liebsten über mehrere Stunden mit diesen Inhalten beschäftigen. Nur 29 % präferieren kurze Zeitintervalle und 16 % mindestens eintägige Lernblöcke (◘ Abb. 6.5).

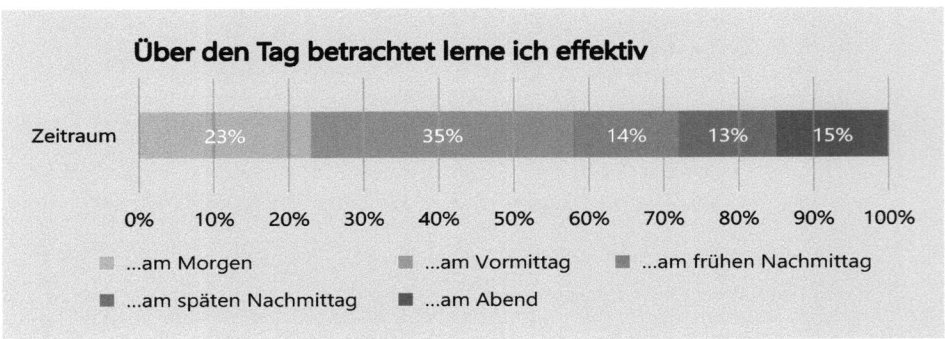

◘ Abb. 6.4 Effektive Lernzeit über den Tag

◘ Abb. 6.5 Effektive Lernzeit in der Woche

6.4 Bedeutung und Status von Kompetenzmanagement und Lernen

Im Rahmen dieser Analysen wurde das systematische Vorgehen in Unternehmen in Bezug auf die Weiterbildung und das Lernen aufgezeigt. In diesem Teilbereich sind vor allem die Ergebnisse zur Passung der effektiven und tatsächlichen Lernorte und der Lernmedien bedeutsam. Der Passung der Lernorte muss dementsprechend in der betrieblichen Realität mehr Achtsamkeit entgegengebracht werden, da oft angegeben wird, dass zu viel an ungeeigneten respektive zu wenig an geeigneten Lernorten gelernt wird. Betreffend der Lernarten werden durch die Befragten **digitale Medien** und **Veranstaltungen zum Wissenstransfer** als nicht sonderlich lernförderlich bewertet.

In aller Regel bleibt das tatsächliche Lern- und Weiterbildungsgeschehen hinter dem hohen Stellenwert, den es in den Unternehmen genießt, zurück. Die befragten Interviewpartner/-innen erklären das mit der Priorität, die das Tagesgeschäft genießt. Unterschiede in der Quantität der Weiterbildungen, die die Beschäftigten absolvieren, sind unternehmensabhängig.

Mithilfe der Leitfragen nach der derzeitigen Bedeutung von Kompetenzmanagement und den dazu eingesetzten Methoden sowie den derzeitigen Weiterbildungsprozessen konnte die Bedeutung und der Status von Kompetenz(-management) sowie Lernen und Weiterbildung in Unternehmen beispielhaft aufgezeigt werden. Dabei hat sich herausgestellt, dass die Befragten die methodisch-theoretisch entwickelten Phasen von Kompetenzmanagement abdecken (► Abschn. 6.3.1 und 6.2.3). Keines der befragten Unternehmen ist unvorbereitet in Bezug auf die **Einführung von Kompetenzmanagement.** Das liegt ggf. in der Ähnlichkeit von Kompetenz- und traditionellem Weiterbildungsmanagement begründet, dessen Bedeutung in allen Unternehmen sehr hervorgehoben wird. Je stärker formalisiert Weiterbildungsmanagement ist, desto besser scheinen auch bestimmte Vorbedingungen für Kompetenzmanagement zu sein. In diesem Sinne ist ein wesentliches Ergebnis, dass professionelles Weiterbildungs- und Kompetenzmanagement den angewendeten Prozessen nach sehr ähnlich sind. Der wesentliche Unterschied zwischen beiden ist also nicht organisatorisch, sondern inhaltlich begründet, beispielsweise indem beim Kompetenzmanagement Handlungsfähigkeit als Bildungsziel priorisiert wird und nicht Wissen. Daraus resultiert der augenfälligste Unterschied, dass der Erwerb von Kompetenzen im Rahmen des Kompetenzmanagements mithilfe verschiedener Lerninhalte und -medien, insbesondere praxisorientierter, erfolgt und daher in der Regel auch mehr Zeit benötigt, da die Lernformen teilweise chronologisch angelegt sind.

Auf Grundlage der generalisierten empirischen Ergebnisse wurde zudem eine **Typologisierung von Unternehmen** abgeleitet. Die zur Typenbildung notwendigen Vergleichsdimensionen basieren dabei auf dem empirischen Material dieser Studie. ◘ Tab. 6.3 enthält diese Dimensionen und ermöglicht einen kurzen Vergleich der verschiedenen Idealtypen. Es ist zu beachten, dass die Bezeichnung der Typen auf die Betrachtung von Lernen und Kompetenzen abstellt und weder den Führungsstil noch die Unternehmenskultur an sich repräsentiert.

Die entstandene Typologie idealtypischer Unternehmenstypen hinsichtlich ihrer Potenziale in Bezug auf das Lernen und Kompetenzmanagement besteht aus dem „Vorreiterunternehmen", dem „moderne Unternehmen" und dem „reaktiven Unternehmen".

Tab. 6.3 Kompetenzverständnis: Typen von Unternehmen. Die Formalisierung der Instrumente umfasst vor allem, aber nicht ausschließlich: Stellenbeschreibungen, Personalgespräche, Weiterbildungskatalog, Bildungsplan/Zielvereinbarung

Vergleichsdimension	Typ I: Das Vorreiterunternehmen	Typ II: Das moderne Unternehmen	Typ III: Das reaktive Unternehmen
Bedeutung von Lernen	– Teilweise Selbstzweck – Lernen und Wissen als wesentlicher Erfolgsfaktor – Viel Budget für Weiterbildung vorhanden – Nutzung verschiedenster Lernmethoden – Lernen während des Arbeitsprozesses wird ebenfalls festgestellt und gewürdigt	– Zweckrational – Notwendig und wichtig für Unternehmenserfolg – Tatsächliches Lernen bleibt hinter den Ansprüchen zurück	– Notwendiges Übel – Wenn notwendig werden einzelne Beschäftigte zu Präsenzveranstaltungen geschickt – Wenige alternative Lernmethoden bekannt
Kompetenzbegriff und Verständnis	– Elaboriertes, wissenschaftliches Begriffsverständnis – Einheitlich über Bereiche hinweg – Bedeutung und Vorteile gegenüber bloßer Weiterbildung bekannt und geteilt	– Bedeutung von Kompetenz ist vielen Einzelpersonen oder einzelnen Bereichen klar – Kein detailliertes oder wissenschaftliches Verständnis vorhanden – Begriff nicht über Bereiche hinweg einheitlich	– Kein oder sehr diffuses Verständnis – Bedeutung und Vorteile nicht klar
Strukturierung des Lern- bzw. Kompetenzmanagementprozesses	– Sehr standardisiert und über Bereiche hinweg verbindlich – Rechtzeitiges Erkennen von Entwicklungen – Durch eigene Tätigkeiten im Rahmen von Messen, Netzwerken oder Publikationen Versuch der Mitgestaltung externer Entwicklungen	– Standardisiert, wenngleich einzelne Teilprozesse ad hoc aufgelegt und angewendet werden – Einschlägige interne und externe Entwicklungen sind dem Unternehmen bekannt; es wird versucht dem gerecht zu werden	– Lernen findet ad hoc statt, sobald das entsprechende interne oder externe Entwicklungen verlangen – Keine einheitlichen Prozesse; diese werden situationsabhängig immer neu aufgelegt und durchgeführt
Formalisierung der Instrumente	– Annähernd alle Instrumente zum Kompetenzmanagement sind vorhanden und werden aktuell gehalten	– Die wesentlichen Instrumente sind bekannt und werden angewendet – Die Existenz und Aktualität ist nicht in allen Fällen gegeben	– Die für die Weiterbildungen unbedingt nötigen Instrumente werden ad hoc neu erstellt – Beständige Aktualisierung wird als nicht lohnenswert angesehen

Das **Vorreiterunternehmen** zeichnet sich durch eine hohe Bedeutung von Lernen aus, das oft aus einem Selbstzweck heraus realisiert wird. Entsprechend werden Lernen und Wissen als wesentliche Erfolgsfaktoren im Unternehmen erkannt und Budget und Zeit für Weiterbildungsaktivitäten eingeplant. Dieses Unternehmen besitzt ein elaboriertes, teilweise wissenschaftliches sowie standardisiertes Verständnis vom Begriff der Kompetenz. Die Lernprozesse sind sehr standardisiert und über verschiedene Bereiche hinweg verbindlich. Notwendige Beschäftigtenentwicklungen werden rechtzeitig erkannt und durch deren Tätigkeiten proaktiv mitgestaltet.

Das **moderne Unternehmen** hat tendenziell eine zweckrationale Einstellung zum Lernen, obwohl es als notwendig und wichtig für Unternehmenserfolg erkannt wird. Das tatsächliche Lernen bleibt allerdings hinter den Ansprüchen zurück. Die Bedeutung von Kompetenz ist vielen Einzelpersonen oder einzelnen Bereichen klar, aber es besteht kein bereichsübergreifendes detailliertes oder wissenschaftliches Verständnis davon. Der Lern- bzw. Kompetenzmanagementprozess ist standardisiert, wenngleich einzelne Teilprozesse ad hoc aufgelegt und angewendet werden.

Für das **reaktive Unternehmen** ist Lernen notwendig, wird aber mitunter marginal angegangen. Wenn erforderlich werden einzelne Beschäftigte zu Präsenzveranstaltungen ausgesendet. Alternative Lernmethoden über diese Lehrform hinaus werden wenig verwendet. Es besteht kein oder nur ein sehr diffuses Verständnis von dem Begriff der Kompetenz, und die Bedeutung und Vorteile sind nicht klar. Lernen findet ad hoc statt, sobald das entsprechende interne oder externe Entwicklungen verlangen. Es gibt keine einheitlichen Prozesse. Auch Lernen wird situationsabhängig und ad hoc organisiert.

> **Fazit**
> Mithilfe der hier durchgeführten empirischen Erhebungen konnte ein Einblick hinsichtlich des Status quo von Kompetenzmanagement in Unternehmen der Dienstleistungs- und Maschinenbaubranche mit unterschiedlicher Unternehmensgröße gegeben werden. Der Fokus der Untersuchung lag auf der explorativen Erhebung der Situation von Weiterbildungs- und Kompetenzmanagement in den beteiligten Unternehmen, um das praktische Vorgehen und die Strategieentwicklung zum Kompetenzmanagement so nah wie möglich an real vorherrschenden Bedingungen auszurichten. Die empirischen Ergebnisse wurden dabei nicht systematisch auf ihre Verallgemeinerbarkeit in Bezug auf Unternehmen untersucht, die keine grundlegende Affinität zum Themenbereich Kompetenz(-management) haben.
> Aus den Ergebnissen lassen sich folgende Kernaussagen ableiten:
> - Der Grund der guten Vorbereitung der Unternehmen für Kompetenzmanagement liegt in der Ähnlichkeit des Kompetenz- zum Weiterbildungsmanagement begründet.
> - Daher sind Unternehmen unabhängig von ihrer Affinität zum Themenfeld Kompetenz und Kompetenzmanagement gut auf die Einführung von Kompetenzmanagement vorbereitet.
> - Es gibt einen direkten Zusammenhang zwischen einer Sensibilität des Kompetenzthemas und des Formalisierungsgrades von Methoden des Weiterbildungsmanagements.
> - Die Lernorte für betriebliche Kompetenzentwicklung und Weiterbildung entsprechen nicht denen, die von den Lernenden als lernförderlich eingeschätzt werden.

Auch wenn verschiedene Vorbedingungen vorhanden sind und keines der untersuchten Unternehmen völlig unvorbereitet ist, ist die strategische Bedeutung von Kompetenzmanagement in Unternehmen in der Regel noch nicht klar erkannt worden. Entsprechende Methoden, die mit strategischem Kompetenzmanagement vergleichbar sind, werden höchstens partiell angewendet. Ein ganzheitlicher Prozess von Kompetenzmanagement ist im Rahmen dieser empirischen Analyse nicht aufgedeckt worden. Der Grad des Bewusstseins über die Bedeutung von Kompetenz(-management) und die Fundierung der entsprechenden Methoden variiert sehr stark zwischen den befragten Unternehmen.

Die in ▶ Abschn. 6.4 beschriebene Typologie und der mögliche Zusammenhang zwischen der Sensibilität zu Kompetenz(-management) und dem Formalisierungs- und Professionalisierungsgrad bezüglich der Weiterbildung sollte in zukünftigen Forschungsvorhaben quantitativ getestet und ggf. qualitativ erweitert werden. Das in diesem Kapitel vorgestellte dreistufige Erhebungsverfahren eignet sich dazu, sowohl die Unternehmenstypen genauer zu beschreiben als auch weitere Typen zu identifizieren und ergänzen. Insbesondere der Typ II scheint bislang den größten Teil der real existierenden Unternehmen abzubilden, sodass sich eine Differenzierung in weitere Untertypen anbietet.

Förderhinweis
Dieses Forschungs- und Entwicklungsprojekt wurde mit Mitteln des BMBF im Förderschwerpunkt „Betriebliches Kompetenzmanagement im demografischen Wandel" (Förderkennzeichen: 02L12A060) gefördert und vom Projektträger Karlsruhe (PTKA) betreut. Die Verantwortung für den Inhalt dieser Veröffentlichung liegt bei den Autoren.

Literatur

Baxter, G., & Sommerville, I. (2011). Socio-technical systems. From design methods to systems engineering. *Interacting with Computers, 23*(1), 4–17.

Erpenbeck, J., & Heyse, V. (2007). *Die Kompetenzbiographie. Wege der Kompetenzentwicklung*. Münster: Waxmann.

Erpenbeck, J., & von Rosenstiel, L. (2017). *Handbuch Kompetenzmessung. Erkennen, verstehen und bewerten von Kompetenzen in der betrieblichen, pädagogischen und psychologischen Praxis* (3. Aufl.). Stuttgart: Schäffer-Poeschel.

Kelle, U., & Kluge, S. (2010). *Vom Einzelfall zum Typus. Fallvergleich und Fallkontrastierung in der qualitativen Sozialforschung*. Wiesbaden: Springer VS.

Koch, M., & Straßer, P. (2008). Der Kompetenzbegriff. Kritik einer neuen Bildungsleitsemantik. In M. Koch (Hrsg.), *In der Tat kompetent: Zum Verständnis von Kompetenz und Tätigkeit in der beruflichen Benachteiligtenförderung* (S. 25–52). Bielefeld: Bertelsmann.

Melzer, A., & Bullinger, A. C. (2017). Erfolgsfaktor Skalierbarkeit. Digitales Kompetenzmanagement, das mitwächst. *HMD Praxis der Wirtschaftsinformatik, 54*(6), 977–992.

Reetz, L. (1999). Zum Zusammenhang von Schlüsselqualifikationen – Kompetenzen – Bildung. In T. Tramm (Hrsg.), *Professionalisierung kaufmännischer Berufsbildung: Beiträge zur Öffnung der Wirtschaft für die Anforderungen des 21. Jhd. Festschrift zum 60. Geburtstag von Franz Achtenhagen* (S. 32–51). Frankfurt a. M.: Lang.

Weinert, F. E. (2001). Concept of competence. A conceptual clarification. In D. S. Rychen & L. H. Salganik (Hrsg.), *Defining and selecting key competencies* (S. 45–65). Seattle: Hogrefe & Huber.

Identifikation zukünftiger Kompetenzbedarfe in der Logistik

Tobias Hegmanns, Natalia Straub, Sandra Kaczmarek, Dominik May, Monika Radtke, Tobias Haertel und Daniel Neubauer

7.1 Logistikprozesse im Wandel: operative Logistik im Kontext der Digitalisierung von Arbeit 4.0 – 104

7.2 Neue Kompetenzbedarfe in der Logistik – das ABEKO-Kompetenzmodell – 107

7.2.1 Die Rolle des Menschen in der Logistik 4.0 und Analyse zukünftiger Kompetenzbedarfe – 107

7.2.2 Kompetenzmodell für die operative Logistik in der Arbeitswelt 4.0 – 112

Literatur – 123

© Springer-Verlag GmbH Deutschland, ein Teil von Springer Nature 2019
A. C. Bullinger-Hoffmann (Hrsg.), *Zukunftstechnologien und Kompetenzbedarfe,*
Kompetenzmanagement in Organisationen, https://doi.org/10.1007/978-3-662-54952-0_7

Zusammenfassung

Die Megatrends, die die Arbeitswelt von morgen prägen, sind der Einsatz neuer, intelligenter Technologien und die Digitalisierung im Sinne einer Industrie 4.0. Die Beschäftigten, die innerhalb von Logistiksystemen mit diesen systemtechnischen Veränderungen arbeiten, müssen diese verstehen und handhaben können. Demnach ist die erfolgreiche Umsetzung des bevorstehenden Wandels für den Industriestandort Deutschland stark von der effizienten Nutzung der Kompetenzen operativer Arbeitskräfte abhängig.

In diesem Kontext untersuchte das vom BMBF geförderte Verbundprojekt „ABEKO – Assistenzsystem zum demografiesensiblen betriebsspezifischen Kompetenzmanagement für Produktions- und Logistiksysteme der Zukunft" die Frage, welche Kompetenzen von Beschäftigten in der operativen Logistik, insbesondere in den Berufsgruppen „Fachkräfte für Lagerlogistik" und „Lagerfachkraft", in Logistiksystemen in der Arbeitswelt 4.0 verlangt werden und wie stark diese von vorhandenen Kompetenzprofilen abweichen. Dabei werden die Anforderungen an Beschäftigte in der operativen Logistik in aktuellen sowie in zukünftigen Logistiksystemen sowohl aus technologischer, aus sozialer als auch aus organisatorischer Perspektive betrachtet. Hierzu wurden Szenarien entwickelt, die aktuelle Entwicklungen der Branche aufnehmen und weiterdenken, um darauf aufbauend Kompetenzen zu ermitteln, die für Beschäftigte in diesen Systemen an Bedeutung gewinnen. Ergebnis ist ein domänenspezifisches Kompetenzmodell für Beschäftigte der qualifizierten Berufsgruppen wie „Fachkraft für Lagerlogistik" und „Lagerfachkraft" in der operativen Logistik, das den aktuellen Status quo mit neuen Kompetenzanforderungen durch die Digitalisierung von Arbeit in der operativen Logistik ergänzt.

In dem vorliegenden Kapitel werden das erarbeitete Kompetenzmodell für die Arbeitswelt 4.0 in der operativen Logistik vorgestellt und die Kompetenz-Gaps zwischen heutigen und zukünftigen Anforderungen an operative Mitarbeiter/-innen systematisch aufgezeigt.

7.1 Logistikprozesse im Wandel: operative Logistik im Kontext der Digitalisierung von Arbeit 4.0

Die Zukunft gehört „nicht Mensch oder Maschine, sondern Mensch und Maschine" (Spath et al. 2013, S. 50). Die Megatrends und die disruptiven Entwicklungen, die die Arbeitswelt von morgen prägen, sind der Einsatz von intelligenten Technologien und Digitalisierung im Sinne einer Industrie 4.0, durch die neue Geschäfts- und Wertschöpfungsmodelle ermöglicht werden (Botthof 2015; Kaufmann 2015; Schlick et al. 2014).

Industrie 4.0 ist von der Vernetzung von Objekten, Menschen und Maschinen geprägt.

> Im Mittelpunkt von Industrie 4.0 steht die echtzeitfähige, intelligente, horizontale und vertikale Vernetzung von Menschen, Maschinen, Objekten und IKT-Systemen zum dynamischen Management von komplexen Systemen (Bauer et al. 2014, S. 18).

Sogenannte cyber-physikalische Systeme, d. h. Objekte, die mit Intelligenz ausgestattet sind und sich selbst steuern sowie ständig Informationen über ihren Status an ihre Umwelt abgeben, bilden eine wichtige technische Voraussetzung für die Innovationen der Industrie 4.0. Die Arbeitsumgebung der Industrie 4.0 ist eine Smart Factory, in der sich cyber-physikalische Systeme zu einem Produktionssystem zusammenschließen, das sich dadurch auszeichnet, dass Mensch und Maschine in Kooperation agieren (Kaczmarek et al. 2015; Kagermann et al. 2013; Obermaier 2016; Schließmann 2014).

Die Logistik gilt als herausragende Anwendungsdomäne der vierten industriellen Revolution, denn laut ten Hompel und Henke (2014, S. 615) wird „in keiner anderen Branche […] in naher Zukunft ein so grundsätzlicher Wandel erwartet". Logistiksysteme der Zukunft sind als hoch interaktive soziotechnische Systeme zu verstehen, in denen intelligente Objekte durch eingebettete Systeme kommunikationsfähig gemacht und durch Internettechnologien vernetzt werden. Es werden neue Formen von hybriden Produktions- und Logistiksystemen in hoch flexiblen, dezentral gesteuerten Wertschöpfungsstrukturen entstehen (Straub et al. 2014b).

Dabei wird sich die klassische Mensch-Maschine-Schnittstelle stark wandeln. Aus punktueller Kommunikation, die in der Regel über einen Terminal an der Maschine erfolgte, entsteht eine individuelle Interaktion, indem der Mensch mit einem „Assistant Device" kontinuierlich mit den sozialen Netzwerken von Menschen und Maschinen verbunden ist und mit anderen Menschen sowie mit cyber-physischen Systemen kommuniziert (Pieringer 2016).

Durch eine derartige Mensch-Maschine Interaktion können physische Belastungen verringert werden, und die Einsatzbereitschaft der Beschäftigten bleibt erhalten. Besonders ältere Mitarbeiter/-innen können durch den Einsatz mobiler Assistenzsysteme körperlich entlastet oder bei der Bedienung von komplexen Anlagen unterstützt werden (Elkmann et al. 2015). Anders als in heutigen Produktions- und Logistiksystemen arbeiten Mensch und Maschine in einem Arbeitsraum der Industrie 4.0 ohne eine schutzdienliche Trennung nebeneinander. Dies wird durch moderne Kamera- und Sensortechnik ermöglicht. Doch diese Neuerungen in Logistiksystemen können sich nur durchsetzen, wenn die Beschäftigten, die mit diesen soziotechnischen Veränderungen arbeiten müssen, diese verstehen und handhaben können und über ausreichend Kompetenzen verfügen, um intelligente Assistenzsysteme zu bedienen sowie durch die Automatisierung und Autonomisierung von Prozessen neu entstehende Arbeitsinhalte zu bewältigen (Elkmann et al. 2015).

Demnach ist die erfolgreiche Umsetzung des Wandels mit dem Ziel einer Sicherung des Wettbewerbsvorteils für den Industriestandort Deutschland stark von der effizienten Nutzung der Kompetenzen operativer Arbeitskräfte abhängig (Friedl 2013; Straub 2014a, b).

Der Handlungsbedarf zur Befähigung der Beschäftigten für die Umsetzung der Industrie 4.0 in der Logistik wird durch den demografischen Wandel verstärkt und macht einen Umschwung im Produktions- und Logistiksektor in Deutschland unabdingbar. Die Logistikbranche wird von der Verknappung der Arbeitskräfte besonders betroffen sein, denn sie arbeitet sehr personalintensiv, gerade im Bereich des Umschlags von Gütern. Außerdem ist der Akademikergrad im Logistiksektor vergleichsweise gering. Die Personalstruktur ist hinsichtlich der demografischen Gruppen sowie der Qualifizierungsgrade sehr heterogen. Deswegen wird es vor allem zunehmend wichtiger, die Beschäftigten durch Trainings und Schulungen auf die neuen Technologien im Arbeitsumfeld vorzubereiten (Schroven 2015; Straub et al. 2015).

In diesem Kontext untersuchte das vom BMBF geförderte Verbundprojekt „ABEKO – Assistenzsystem zum demografiesensiblen betriebsspezifischen Kompetenzmanagement für Produktions- und Logistiksysteme der Zukunft" die Fragen, welche Kompetenzen von Beschäftigten in Logistiksystemen in der Arbeitswelt 4.0 verlangt werden und wie stark diese von vorhandenen Kompetenzprofilen abweichen. Hierzu wurden

Zukunftsszenarien entwickelt, die aktuelle Entwicklungen der Branche aufnehmen und konsequent weiterdenken, um darauf aufbauend Kompetenzen zu ermitteln, die für Beschäftigte in diesen Systemen an Bedeutung gewinnen. Dabei wird ein domänenspezifisches Kompetenzmodell genutzt, das ebenfalls im Rahmen von ABEKO entwickelt wurde.

- **Kompetenzmodelle und Ausbildung in der operativen Logistik**

Die Beschäftigten in der operativen Logistik werden zur Durchführung innerbetrieblicher logistischer Planungs-, Organisations- und Steuerungsprozesse in Unternehmen nahezu aller Wirtschaftsbereiche in Lager- bzw. Produktionshallen eingesetzt (Berufenet 2018). Neben den qualifizierten Berufsgruppen wie „Fachkraft für Lagerlogistik" und „Lagerfachkraft" werden auch gering qualifizierte bis gar nicht qualifizierte Arbeitskräfte in die Abwicklung der Lagerprozesse einbezogen.

Zu den Aufgabenfeldern der Beschäftigten in der operativen Logistik zählen neben den Standardlogistikprozessen der Warenannahme und -identifikation, Ein-, Aus- und Umlagerungen, Kommissionierung, Verpackung, Versandbereitstellung und Qualitätssicherung, Materialbereitstellung in der Fertigung und der Montage, Entsorgung von Verpackungshilfsmitteln und nicht mehr benötigtem Material, transportsicheren Verladung von Fracht, aber auch das Erfassen und Kontrollieren von Kennzahlen sowie die Wartung der Lagereinrichtung, der Ladehilfsmittel und der Transport- und Stapelgeräte. Des Weiteren optimieren die Beschäftigten in der operativen Logistik den innerbetrieblichen Informations- und Materialfluss von der Beschaffung bis zum Absatz. Darüber hinaus ist eine kontinuierliche Steigerung des Wertschöpfungsanteils logistischer Prozesse zu verzeichnen und zu den logistischen Aufgabenfeldern kommen zunehmend auch Veredlungsprozesse hinzu, die den Wert des Lager- oder Versandgutes beeinflussen, z. B. kundenindividuelle Montage bzw. Verpackung (Berufenet 2018; VDI 2005).

Für die Entwicklung eines in die Zukunft gerichteten Kompetenzmodells für die operative Logistik, das sowohl die aktuellen als auch zukünftigen Kompetenzanforderungen im Kontext der Industrie 4.0 erfasst und eine operationalisierte Anwendung zur Beschreibung der Soll-Kompetenzprofile und Erhebung der Ist-Kompetenzen ermöglicht, ist die Untersuchung der bestehenden Modelle sowie der formellen Vorgaben hinsichtlich der Qualifizierungsanforderungen und -inhalte maßgeblich. Hierfür wurden die bestehenden Modelle im Hinblick auf die inhaltlichen und strukturellen Aspekte untersucht. Die Erkenntnisse dieser Untersuchung stellen eine wichtige Basis zur Entwicklung des ABEKO-Kompetenzmodells dar (Straub et al. 2016a, b).

Die Qualifizierungs- und Kompetenzanforderungen in der operativen innerbetrieblichen Logistik werden beispielsweise durch den Kultusministerkonferenz-Rahmenplan (folgend als KMK-Rahmenplan bezeichnet) formalisiert. Die Verordnung der Kultusministerkonferenz über die Berufsausbildung im Lagerbereich beschreibt den sachlichen und zeitlichen Ausbildungsrahmenplan für die Berufsausbildung zur Fachkraft für Lagerlogistik (KMK 2004). Der KMK-Rahmenplan skizziert insgesamt 11 Kompetenzbereiche und stellt die normative Grundlage jetziger betrieblicher Aus- und Weiterbildungsprogramme dar. Der KMK-Rahmenplan ist relativ offen formuliert und fokussiert primär die fachlich-methodischen Anforderungen und die Lerninhalte.

Im Rahmen des EU-Projektes „ELOQ E–Learningbasierte Logistik Qualifizierung" wurde ein zukunftsorientiertes Konzept zur Qualifizierung von Menschen mit

Behinderung in der Logistik mittels barrierefreier Bildungstechnologie entwickelt. Das Qualifizierungsprojekt orientierte sich thematisch an den Berufen Lagerfachhelfer/-in und Fachlagerist/-in und fokussiert das selbstständige und selbst gesteuerte Lernen im Ausbildungs- bzw. Arbeitskontext sowie die integrierte Vermittlung von Medienkompetenz und wurde auch bei der Entwicklung des ABEKO-Kompetenzmodells berücksichtigt (Biermann et al. 2012).

Ein weiteres für den Bereich Logistik relevantes Kompetenzmodell wird im Supply Chain Operations Reference (SCOR) Model ab Version 10 beschrieben. Im Kompetenzkatalog, der 161 Kompetenzcluster umfasst, werden erforderliche Fähigkeiten beschrieben, um eine effektive Lieferkette zu managen. Das Kompetenzmodell beinhaltet sowohl Prozess- als auch Praxisreferenzen sowie Referenzmaße und dient als Instrument zum strategischen Abgleich der Unternehmensziele und der Personalkompetenzen (SCC 2010).

Zusammenfassend ist festzustellen, dass die existierenden Kompetenzmodelle einen starken Fokus auf die Beschreibung der Fach- und Methodenkompetenzen legen, während die sozial-kommunikativen und persönlichkeitsbezogenen Kompetenzen nur wenig bis gar nicht berücksichtigt werden. Aufgrund des Innovations- und Komplexitätssprunges soziotechnischer Systeme, vor allem auch im organisationalen Rahmen zukünftiger Unternehmensstrukturen und flexiblerer Arbeitsorganisationsformen im Kontext der Industrie 4.0, sind Qualifizierungs- und Befähigungsdefizite der Beschäftigten zu erwarten (Kreimeier et al. 2014; Lorenz et al. 2015). Daher sind die aktuellen Kompetenzmodelle zu überprüfen und um die zukunftsorientierten Kompetenzanforderungen und anderer neuer technologischer Lösungen und arbeitsorganisatorischer Veränderungen in der operativen Logistik zu erweitern. Des Weiteren wird von den beschriebenen Modellen eine operationalisierte Kompetenzmodellierung und Diagnostik zukünftiger Bedarfe in der operativen Logistik nur bedingt unterstützt (Straub et al. 2014a, b).

7.2 Neue Kompetenzbedarfe in der Logistik – das ABEKO-Kompetenzmodell

7.2.1 Die Rolle des Menschen in der Logistik 4.0 und Analyse zukünftiger Kompetenzbedarfe

Wie im ▶ Abschn. 7.1 dargelegt, wird der Mensch trotz wachsender Automatisierung und Technologisierung auch weiterhin eine wichtige Rolle sowohl in der industriellen Fertigung als auch in der Logistik spielen. Allerdings führt der Einsatz neuer Technologien, die zunehmend in der Lage sind, Arbeitsabläufe (teil-)autonom auszuführen, zu einer Verschiebung von Tätigkeitsfeldern und somit auch zu einer Veränderung der Rolle des Menschen im betrieblichen Umfeld.

Zur Analyse dieser Rolle im Kontext der Industrie 4.0 sowie der zukünftigen Anforderungen an das operative Logistikpersonal wurden die arbeitsorganisatorischen, technologischen und sozialen Veränderungen in der Arbeitswelt 4.0 im Rahmen einer Sekundäranalyse untersucht. Die Ergebnisse dieser Analyse stellen die Grundlage für die Projektion und Modellierung der Zukunftsszenarien der Logistikprozesse dar.

Die arbeitsorganisatorischen Veränderungen im Kontext der Industrie 4.0 beziehen sich zum einen auf die Zusammenarbeit von Beschäftigten verschiedener Berufsgruppen und zum anderen auf die Veränderung der Tätigkeitsbereiche der zurzeit bestehenden Berufsgruppen. Dies impliziert, dass Wandlungstendenzen nicht nur auf operativer Ebene, sondern auch im unteren und mittleren Management sowie bei Gruppen technischer Experten/Expertinnen zu erwarten sind. Beispielsweise könnten Planungs- und Steuerungsaufgaben von höheren Hierarchieebenen an niedrigere delegiert und einfache Tätigkeiten durch Automatisierung wegfallen oder substituiert werden. Auf der Planungs- und Managementebene kann es zukünftig zu einer Verschmelzung früher getrennter Aufgaben kommen, die beispielsweise eine gebündelte IT- und Produktionskompetenz erfordern (Hirsch-Kreinsen 2015).

Für die Produktionsarbeit existieren bereits Gestaltungsansätze für Organisationsstrukturen, die auf das logistische Umfeld übertragen werden können. Zum einen wird davon ausgegangen, dass die zunehmende Automatisierung zu einer starken Reduzierung einfacher Tätigkeiten und einem verringerten Handlungsspielraum führen wird, sodass das Tätigkeitsfeld sich auf Überwachungs- und Kontrollaufgaben verlagern wird. Zum anderen werden sich aufgrund des technologischen Komplexitätsanstiegs zukünftig hoch qualifizierte Gruppen herausbilden, deren Qualifikationen über diejenigen eines Facharbeiters bzw. einer Facharbeiterin hinausgehen werden, sodass sie u. a. Tätigkeiten im Produktionsmanagement wahrnehmen könnten. Dieses arbeitsorganisatorische Muster wird als **polarisierte Organisation** bezeichnet (Hirsch-Kreinsen 2015).

Gelingt es, durch gezielte Fortbildungsmaßnahmen das allgemeine Kompetenz- und Qualifikationsniveau der Beschäftigten an die zukünftigen Komplexitätsanforderungen anzupassen, so ist auch eine Form der Arbeitsorganisation denkbar, die durch eine lockere Vernetzung qualifizierter und gleichberechtigt agierender Mitarbeiter/-innen geprägt ist, die flexibel im Prozess einsetzbar sind. Diese als **Schwarm-Organisation** bezeichnete Form der Arbeitsorganisation wird durch Industrie-4.0-Systeme einen weiteren Dezentralisierungsschub erfahren. Der prognostizierte Wandel der Arbeitsorganisation geht mit neuen Arbeitsaufgaben, bedingt durch den technischen Wandel, einher. Einfache und repetitive Aufgaben im operativen Logistiksystem, z. B. die manuelle Datenerfassung, Transportdurchführung und Maschinenbedienung, werden in Zukunft von vernetzten, autonomen Systemen übernommen (Hirsch-Kreinsen 2015). Das Arbeitskollektiv aus gleichberechtigten und qualifizierten Beschäftigten entscheidet und handelt hoch flexibel und situationsbestimmt am technologischen System. Die Arbeit wird selbst organisiert, um durch diese Form der Arbeit 4.0 eine effektive Systembeherrschung zu gewährleisten. Dabei realisieren die Mitarbeiter/-innen durch echtzeitfähige Kommunikations- und Entscheidungsprozesse die erforderliche Problemlösefähigkeit in der Industrie 4.0 (Hirsch-Kreinsen 2014; Lorenz et al. 2015).

Die aktuellen Untersuchungen halten eine Mischform aus polarisierter und Schwarm-Organisation für am wahrscheinlichsten, denn so können verschiedenste neue Organisationsformen entstehen. Außerdem wird betont, dass bei der Umgestaltung der Arbeitsorganisation die Beschäftigten rechtzeitig informiert werden und bei der Gestaltung mit ihren Ideen und Einwänden mitwirken sollten (Buhr 2015).

Inwiefern Entscheidungs- und Handlungsspielräume für den Menschen gegeben sind und welche Qualifikationsstufen daraus resultieren, hängt stark vom Automatisierungs- und Autonomisierungsgrad der Betriebs- und Hilfsmittel in logistischen Systemen ab. Dabei werden in der aktuellen Literatur die folgenden drei Szenarien diskutiert:

- Im **Automatisierungsszenario** nimmt die Autonomie von Fachkräften der mittleren Qualifikationsebene ab, da die hochautomatisierten Systeme ein Eingreifen nur in Ausnahmesituationen, beispielsweise in Störfällen, notwendig machen. Auf der anderen Seite erfordert dies ein fundiertes Erfahrungswissen, um situativ richtig agieren zu können. Kann dieses Erfahrungswissen nicht aufgebaut werden, weil durch die Automatisierung viele Prozesse an Transparenz für die Beschäftigten verlieren und weitestgehend im Verborgenen ablaufen, so führt dies zu einer Kompetenzlücke, die ein „richtiges Handeln" erschwert (Dworschak et al. 2012).
- Im **Werkzeugszenario** wird der Mensch Teil der vernetzten Technologie, indem sie ihn als Entscheidungsträger in das System mit einbindet und durch bedarfsgerechte Informationsbereitstellung bei der Entscheidungsfindung unterstützt. Hier werden insbesondere die Stärken der Beschäftigten unterer Qualifikationsebenen mehr eingebunden, und ihnen wird die Möglichkeit gegeben, durch unterstützende Informationen eigenständig Entscheidungen zu treffen. Dabei verschiebt sich das Tätigkeitsprofil weg von einfachen physischen Aufgaben, die fortan von automatisierten Systemen übernommen werden, hin zu informatorischen und organisatorischen Inhalten (Dombrowski et al. 2014). Dies setzt voraus, dass die Mitarbeiter/-innen passende Qualifizierungsmöglichkeiten erhalten, sodass sie bei Problemen über das entsprechende Prozesswissen verfügen, um Entscheidungen zu treffen (Zeller et al. 2012).
- Ein Szenario, das eine Mischung aus den beiden oben beschriebenen Szenarien darstellt, wird als **Hybridszenario** bezeichnet. Es zeichnet sich dadurch aus, dass Menschen und Maschinen interagieren und zusammenarbeiten und Kontroll- und Steuerungsaufgaben in Kooperation mit vernetzten Technologien bearbeitet werden. Hierbei variiert das Qualifikationsniveau mit der Art der Arbeitsteilung (Dombrowski et al. 2014).

Die Perspektive der sozialen Veränderungen beschreibt zum einen die Anforderungen, die an die zukünftige Arbeitsorganisation und zukünftige Arbeitszeitmodelle seitens der Beschäftigten gestellt werden, und zum anderen die sozialen Effekte durch die Einführung der Industrie 4.0.

Eine Beschäftigtenumfrage der IG Metall aus dem Jahr 2013 hat gezeigt, dass Beschäftigte folgende Anforderungen an ihren Arbeitsplatz stellen (IG Metall Vorstand 2013):
- Die Beschäftigten fordern gute und sichere Arbeitsbedingungen.
- Eine bessere Arbeitsgestaltung muss die Anforderungen und Belastungen begrenzen.
- Betriebliche Flexibilitätsanforderungen gehören in einen verbindlichen Gestaltungsrahmen.
- Vereinbarkeit von Arbeit und Leben muss gewährleistet werden.
- Weiterbildung soll für alle Beschäftigten möglich und attraktiv sein.
- Mehr altersgerechte Arbeitsplätze sind notwendig.
- Mitsprache- und Beteiligungsmöglichkeiten müssen ausgebaut werden.

Durch den Einsatz der modernen Technologien wie mobile Geräte, Breitbandinternet und Cloud-Computing entstehen hier innovative Möglichkeiten des ort- und zeitunabhängigen Arbeitens. Solche flexiblen Arbeitszeitmodelle sollen mehr Freiheit und Selbstbestimmung ermöglichen, die Vereinbarkeit von Arbeit und Leben erleichtern und so eine bessere Work-Life-Balance für Arbeitnehmer und Arbeitnehmerinnen ermöglichen (Nahles 2016). Vor allem Mitarbeiterinnen, die zurzeit durch eine hohe Teilarbeitsquote nur eine durchschnittliche wöchentliche Arbeitszeit von 30,6 h absolvieren, können durch die Flexibilisierung der Arbeitszeit und -organisation profitieren (Nahles 2016).

Die arbeitsorganisatorischen, technischen und sozialen Veränderungen im Kontext der Industrie 4.0 werden zurzeit in Politik, Industrie und Wissenschaft intensiv diskutiert und die Einschätzungen der Folgen werden unterschiedlich prognostiziert. Jedoch kann aus den bereits vorliegenden Ergebnissen gefolgert werden, dass der Anstieg der systemischen Komplexität sowie die zunehmende Flexibilisierung des Einsatzes von Beschäftigten zur Aufgabenverschiebung bzw. -erweiterung in der operativen Logistik führen wird. Das Verständnis für die Prozesszusammenhänge und die Wechselwirkungen von Technik, Prozess und Organisation ist essenziell für die Bewältigung dieser neuen Aufgaben. Die Beschäftigten werden durch die Arbeit mit erhöhten Anforderungen im Hinblick auf ihr Abstraktions- und Problemlösungsvermögen sowie ihren Umgang mit Komplexität konfrontiert. Daran anknüpfend müssen die Beschäftigten außerdem über ein hohes Maß an kommunikativer Kompetenz und die Fähigkeit zur Selbstorganisation verfügen und selbst gesteuert handeln können. Hierbei rücken die individuellen Fähigkeiten und Potenziale der Beschäftigten besonders in den Fokus. Neben Weiterbildungsmöglichkeiten sind Gestaltungs- und Organisationsmodelle von Arbeit, die in besonderem Maße auf die Kombination von selbstverantwortlicher Autonomie und dezentralen Steuerungs- und Führungsformen setzen, maßgebend. Dies impliziert auch Zugeständnisse hinsichtlich erweiterter Entscheidungs- und Beteiligungsspielräume und Möglichkeiten der Belastungsregulation für die Beschäftigten. Die zur Verfügung stehenden Technologien erlauben Entwicklungen sowohl in die eine als auch in die andere Richtung (Kaczmarek et al. 2015; Kagermann et al. 2013).

Die im vorherigen Abschnitt diskutierten arbeitsorganisatorischen, technologischen und sozialen Veränderungen der Arbeitswelt im Kontext der Industrie 4.0 sowie die daraus resultierende neue Rolle des Menschen fließen nachfolgend zur Konkretisierung der zukünftigen Kompetenzanforderungen an Beschäftigten der operativen Logistik 4.0 in ein Beispiel eines Hybridszenarios zur Einführung von Zellularen Transportsystemen (ZTS) sowie der dezentralen Arbeitsorganisation ein.

Beispiel: Hybrides soziotechnisches System – Einführung von Zellularen Transportsystemen und dezentraler Arbeitsorganisation

Unter ZTS werden untereinander vernetzte cyber-physische Systeme verstanden, die die Wegplanung im Lagersystem im Kollektiv abstimmen können, um so eine optimierte Wegfindung zu gewährleisten (ten Hompel und Heidenblut 2011). Dabei handelt es sich meist um kleine fahrerlose Transportfahrzeuge, die für den innerbetrieblichen Warentransport zuständig sind. Entsprechende Sensoren ermöglichen dabei einen reibungslosen, unfallfreien Transport der Ware. Durch eine digitale Vernetzung der Fahrzeuge können sie Aufträge direkt untereinander autonom verteilen und Lagermitarbeiter/-innen mit Ware versorgen. Durch geeignete Assistenzsysteme wird der Mitarbeiter bzw. die Mitarbeiterin in den automatisierten Warentransport mit eingebunden. Er kann beispielsweise Transporte anfordern, auslösen oder sie überwachen. Dies kann z. B. über den Einsatz von Augmented Reality und Datenbrillen oder den Einsatz von Tablets und Smartphones erfolgen, die den Mitarbeiter und die Mitarbeiterin mit situationsangepassten Daten versorgen. Zusätzlich behält der Mitarbeiter bzw. die Mitarbeiterin, trotz des durch die Transportfahrzeuge realisierten vernetzten und flexiblen Lagers, weiterhin den Überblick (Maienschein 2016). Anhand dieser neuartigen Technologie lassen sich die technologischen, organisatorischen und sozialen Veränderungen gut darstellen.

In diesem Szenario handeln der Mitarbeiter bzw. die Mitarbeiterin als Teil eines hybriden soziotechnischen Arbeitssystems, in dem Mensch und Maschine kollaborativ agieren. Durch diese Kollaboration erfährt das Aufgabenspektrum des Mitarbeiters bzw. der Mitarbeiterin eine Erweiterung hin zu überwachenden, optimierenden sowie gestalterischen Aufgaben. Da die Lagerprozesse im Transportsystem nun autonom von ZTS übernommen werden, fällt diese Tätigkeit für die Beschäftigten im Arbeitsablauf weg. Dadurch wird es ermöglicht die oben genannte Aufgabenerweiterung zu forcieren.

Die fachlichen Aufgaben und erforderlichen Kompetenzen des Mitarbeiters bzw. der Mitarbeiterin in Kollaboration mit zellularen Fördersystemen werden sich stark transformieren. Die Kenntnisse über die Funktionalität der Objekte des ZTS und zur Benutzung des Assistenzsystems sowie die digitale Informationsverarbeitung sind als beispielhafte neue Kompetenzanforderungen zu nennen. Die Informationsprozesse in diesem Szenario werden für die Beschäftigten nicht direkt sichtbar, sind jedoch zur Entwicklung der Prozesskompetenz wichtig zu verstehen, um die Abweichungen feststellen und ggf. darauf reagieren zu können. Proaktive Instandhaltung der zellularen Fahrzeuge mithilfe von Assistenzsystemen sowie Tätigkeiten der Überwachung und Optimierung der Systeme werden stark zunehmen und sowohl das Handlungsfeld als auch die erforderlichen Kompetenzen der Agierenden stark beeinflussen. Des Weiteren muss die Kapazitätssteuerung und Allokation der ZTS-Objekte je nach Systemlast situativ durchgeführt werden. Die Veränderung des Layouts durch Einrichtung bzw. Umplanung von flexiblen Kommissionierstationen ist ein weiteres Aufgabenfeld von Beschäftigten in diesem Szenario.

Durch die dezentrale Organisation der flexiblen Aufgabenverteilung und Abstimmungsprozesse im Arbeitskollektiv wird der Stellenwert von sozialer Interaktion unter den Beschäftigten in Organisationen zunehmen. Aufgaben werden selbstständig im Arbeitskollektiv organisiert und Probleme im Arbeitsablauf werden flexibel und situationsbestimmt gelöst. Hier ist vor allem ein hohes Maß an sozialen Kompetenzen und Eigeninitiative gefordert. Dies resultiert z. B. aus der Integration von verschiedenen Arbeitsbereichen. Vorher getrennte Funktionsbereiche werden ganz oder teilweise zusammengeschlossen, die selbst gesteuerte Arbeitsteilung in interdisziplinären Teams nimmt zu, sodass der Bedarf an interdisziplinärer Interaktion und Abstimmungsprozesse mit verschiedensten Berufsgruppen sowie Kollegen und Kolleginnen mit unterschiedlichen kulturellen Hintergründen an Bedeutung gewinnen.

Die Vernetzung von Beschäftigten und Technologien in Arbeitssystemen ermöglichen zugleich eine flexible Gestaltung von Arbeitszeiten, vor allem durch den Einsatz von z. B. Social Networks oder Schicht-Doodle-Systemen (Gerlach 2014).

Diese beispielhaften Ausschnitte der im Rahmen des ABEKO-Projektes entwickelten Zukunftsszenarien verdeutlichen die neuen Arbeitsinhalte und -aufgaben der Beschäftigten in der operativen Logistik und unterstreichen die Notwendigkeit der Überprüfung der bestehenden bzw. der Entwicklung neuer Kompetenzmodelle (Kaczmarek et al. 2015).

7.2.2 Kompetenzmodell für die operative Logistik in der Arbeitswelt 4.0

Anforderungen an das ABEKO-Kompetenzmodell

Der „Kompetenzbegriff" hat sich, trotz einer jahrzehntelangen Diskussion, erst in den letzten Jahren zu einem Schlüsselkonzept in der Bildungsforschung entwickelt und gewann seine Bedeutung gerade vor dem Hintergrund grundlegend veränderter Anforderungen in der Lebens- und Arbeitswelt (Klieme und Leutner 2006). Kompetenzen beschreiben kontextspezifische Leistungsdispositionen für Situationen und Anforderungen in bestimmten Domänen (Klieme und Leutner 2006). Die Entwicklung von Kompetenzmodellen, Kompetenzniveaustufen und Konzepten zur Kompetenzentwicklung zählen in diesem Zusammenhang zu den zentralen Aufgaben der Forschung (Klieme und Leutner 2006), die Schaper (2009) in unterschiedliche Arten von Kompetenzmodellen unterteilt:

1. Kompetenzstrukturmodelle beschreiben, welche Kompetenzfacetten und -dimensionen zur Bewältigung unterschiedlicher Anforderungen in einer Domäne benötigt werden. Es bildet die Kompetenzen strukturiert ab und zeigt dabei deren Zusammenhänge auf.
2. Kompetenzniveaumodelle beschreiben, was unterschiedliche Personen in einer Domäne beherrschen und welche spezifischen Anforderungen sie auf unterschiedlichen Niveaus bewältigen können (beispielsweise PISA, Program for International Student Assessment).
3. Kompetenzentwicklungsmodelle beschreiben die Entwicklungsstufen beim Kompetenzerwerb in einer Domäne.

Der Rückgriff auf diese Kompetenzmodelle in der Bildungsforschung ermöglicht im Wesentlichen die

- theoretische und empirische Herleitung und Fundierung von Annahmen über sinnvolle und erforderliche Bildungsziele,
- Verfügbarmachung von fundierten Grundlagen zur Gestaltung von präzisen und gültigen Messinstrumenten,
- Ausrichtung und Orientierung von Bildungszielen an Erfordernissen von Berufsfeldern bzw. der Alltagswelt (Schaper 2009).

Im beruflichen Kontext erfassen die Kompetenzmodelle die Anforderungen an die Beschäftigten zur Erreichung der Arbeitsleistung und stellen somit das wesentliche Kernelement des betrieblichen Kompetenzmanagementsystems dar. Kompetenzmodelle legen ein einheitliches Verständnis und einen einheitlichen Sprachgebrauch zu Kompetenzen über Organisationseinheiten und Bereiche fest und werden z. B. zur Erstellung von Anforderungsprofilen, zur Personalplanung und -rekrutierung sowie zur Planung der Kompetenzentwicklungsmaßnahmen eingesetzt (Gessler 2006; Kauffeld 2010).

Wesentliches Charakteristikum von Kompetenzmodellen ist der Kontextbezug (Klieme und Leutner 2006), sodass auch für den oben beschriebenen Logistikbereich eigene, kontextualisierte Kompetenzmodelle zu entwickeln sind. Da bereits bestehende Kompetenzmodelle in der Logistik (z. B. das SCOR-Modell) eingedenk des dynamischen

technischen und organisationalen Wandels zu statisch erscheinen, bestand eine zentrale Anforderung im ABEKO-Projekt in der Entwicklung eines kontextualisierten, dynamischen Kompetenzmodells. Das zu entwickelnde Modell sollte insofern
1. domänenspezifischen, aber betriebsunabhängigen Charakter haben,
2. aktuelle und zukünftige Kompetenzanforderungen im Kontext der Industrie 4.0 in der operativen Logistik erfassen,
3. prozessorientiert angelegt sein (Entwicklung einer Prozess-Kompetenz-Matrix, die eine Zuordnung der einzelnen Kompetenzitems zu Referenzprozessen der Logistik ermöglicht und somit die Erstellung und Anpassung der Kompetenzprofile operationalisiert),
4. ein Kompetenzniveaumodell zur Kompetenzdiagnostik enthalten,
5. modular und mit der Möglichkeit zur Erweiterung aufgebaut sein,
6. eine betriebsspezifische Anpassung und Erweiterbarkeit des Modells ermöglichen und
7. ein Modell zur Kompetenzentwicklung enthalten.

Das ABEKO-Kompetenzmodell soll demnach sowohl ein Kompetenzstrukturmodell als auch ein Modell zum Kompetenzniveau und zur Kompetenzentwicklung enthalten. Im folgenden Abschnitt wird die methodische Vorgehensweise zur Erreichung dieses Ziels in ABEKO erläutert.

Methodische Entwicklung des Kompetenzmodells

Im Rahmen des Aufkommens der Industrie 4.0 und dem damit verbundenen Wandel der Arbeitswelt stehen Beschäftigte der operativen Logistik vor neuen Herausforderungen, beispielsweise der Notwendigkeit des Umgangs mit neuen Technologien und der Flexibilisierung von Arbeitsprozessen. Das Kompetenzmodell für die operative Logistik soll der Frage nachgehen, welche strategisch bedeutsamen Kompetenzen von Mitarbeitenden in Logistiksystemen in Zukunft verlangt werden und wie diese von den vorhandenen Kompetenzprofilen abweichen.

Dieser Abschnitt gibt einen Einblick in die methodische Entwicklung des Kompetenzmodells, das im Rahmen des Verbundprojektes ABEKO entwickelt wurde. Im Projekt wurde die Herangehensweise für die Entwicklung von Kompetenzprofilen von Schaper (2009; Schaper und Horvath 2009) als methodische Grundlage genutzt und um die berufsbildbezogene Spezifizierung des Modells für die Logistik sowie um zukunftsorientierte Kompetenzen im Kontext der Industrie 4.0 erweitert. Um einen praxisinduzierten Einblick in die aktuellen Kompetenzanforderungen zu erhalten, wurden neben den bestehenden Kompetenzmodellen und Prozessanalysen im Anwendungsfall auch Stellenausschreibungen für den Arbeitsbereich der operativen Logistik bei der Datenerhebung berücksichtigt.

Dementsprechend sieht das Vorgehensmodell vier sequenzielle Schritte vor (◘ Abb. 7.1):
– Entwicklung eines allgemeinen Rahmenmodells zur Beschreibung von Kompetenzen
– Analyse der Anforderungen in der Praxis und der damit verbundenen Literatur
– Übersetzung der gefundenen Anforderungen in Kompetenzen
– Validierung der Ergebnisse

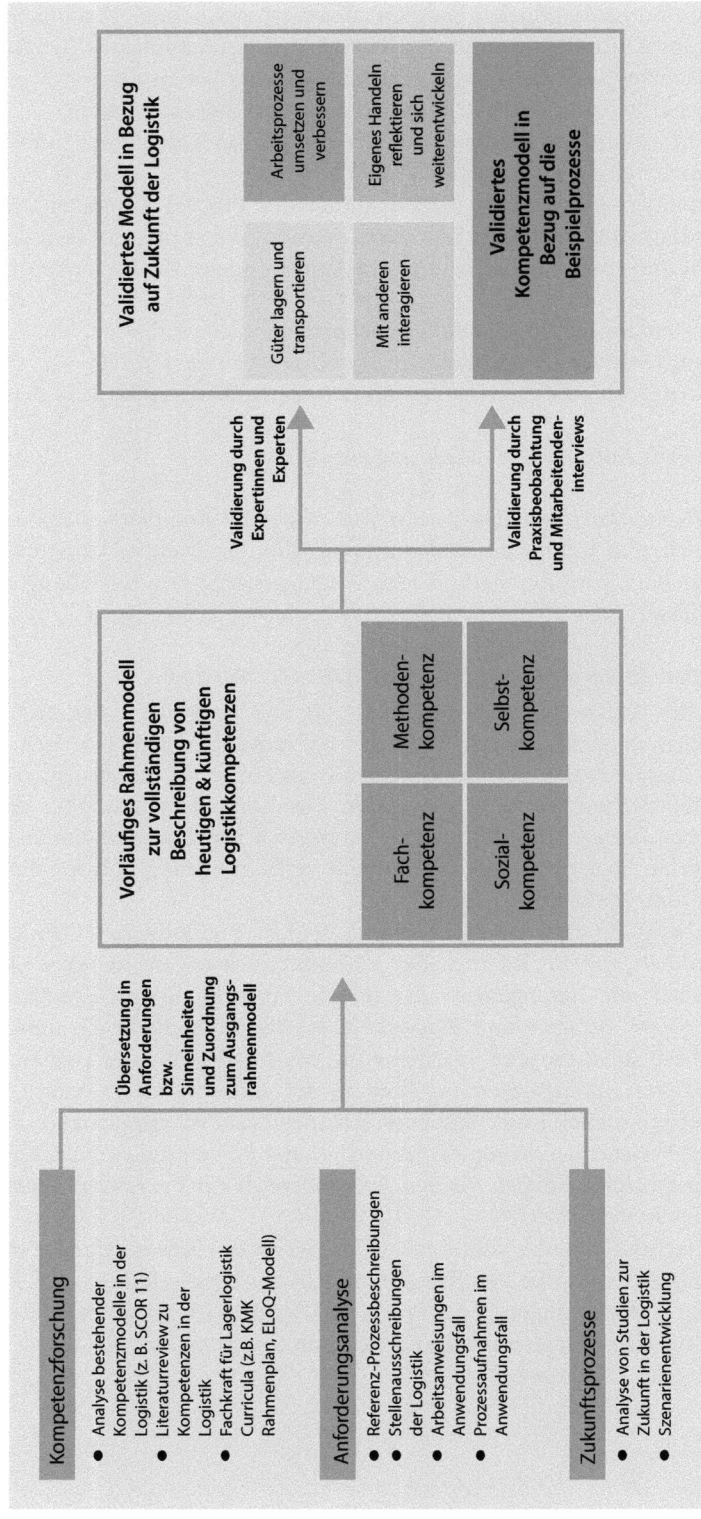

Abb. 7.1 Vorgehen zur Entwicklung des ABEKO-Kompetenzmodells. (Aus: Straub et al. 2016b)

Der Input für die Entwicklung des allgemeinen Rahmenmodells stammte aus folgenden drei Bereichen:
1. **Beiträge aus der Kompetenzforschung:** Bestehende Kompetenzmodelle in der Logistik (▶ Abschn. 7.1) wie auch aus der allgemeinen Kompetenzforschung (z. B. North et al. 2018; Erpenbeck und von Rosenstiel 2017; Wildt 2006) wurden für die Entwicklung eines allgemeinen Kompetenzmodells herangezogen. Darüber hinaus flossen die Ergebnisse der oben aufgeführten Analyse der Stellenbeschreibungen in diesen Arbeitsschritt ein. Um die aktuell notwendigen Kompetenzen in der Logistik zu erfassen, wurden außerdem die Curricula für die Ausbildung zur Fachkraft für Lagerlogistik analysiert (Rahmenplan der Kultusministerkonferenz, Ausbildungspläne der Industrie- und Handelskammern, Kompetenzen aus dem Projekt „ELoQ – E-Learningbasierte Logistik Qualifizierung").
2. **Anforderungsanalyse:** Für die Anforderungsanalyse wurden Beschreibungen der Referenzprozesse (Wareneingang, Lagerung, Kommissionierung, Wertschöpfung, Verpackung/Konsolidierung, Warenausgang) angefertigt. Der Praxispartner im Anwendungsfall stellte darüber hinaus Arbeitsanweisungen für die Prozesse zur Verfügung. Die Analyse von rund 120 Stellenausschreibungen aus dem Bereich der Lagerlogistik schloss die Anforderungsanalyse ab.
3. **Analyse möglicher Zukunftsprozesse:** Um nicht nur die gegenwärtigen Kompetenzanforderungen zu erfassen, wurde der Forschungsstand rund um die Zukunft der Logistik 4.0 aufgearbeitet. Die Ergebnisse daraus mündeten in die Entwicklung von Szenarien für zukünftige Logistikprozesse, die mithilfe des Prozessketteninstrumentariums nach Kuhn (1995, 1999) modelliert wurden. Aus diesen zukünftigen Logistikprozessen wurden wiederum Anforderungen an Mitarbeitende zur Bewältigung zukünftiger Tätigkeiten in der Arbeitswelt 4.0 abgeleitet.

Damit ein Rahmenmodell für die Beschreibung der Kompetenzen entstehen konnte, wurden die in den drei Schritten gewonnenen Inhalte in Kompetenzen übersetzt, d. h., aus den Arbeitsinhalten, Anforderungen und Tätigkeiten wurden Kompetenzen abgeleitet. Diese wurden stets auf die kleinste mögliche Sinneinheit beschränkt und für jede Tätigkeit wurden jeweils auf dem höchsten Detaillierungsgrad entsprechende Kompetenzitems abgeleitet, z. B. „manuelle Suche nach freien Lagerplätzen durchführen können".

Auf diese Weise entstand ein domänenspezifisches Kompetenzmodell, das zusätzlich einen prozessorientierten Kompetenzkatalog (Prozess-Kompetenz-Matrix) beinhaltet, durch den jedem Prozess Kompetenzen zugeordnet werden und umgekehrt. Dabei wurden die Kompetenzen zunächst als Arbeitsgrundlage nach Fach-, Methoden-, Sozial- und Selbstkompetenzen unterschieden (siehe z. B. Wildt 2006). Die Prozess-Kompetenz-Matrix war zu diesem Zeitpunkt als Hypothese zu werten, deren Gültigkeit erst nach entsprechender Überprüfung beurteilt werden konnte. Deshalb schloss sich an die Entwicklung der Prozess-Kompetenz-Matrix eine Validierungsphase an. Als konkreter Anwendungsfall für die Prozess-Kompetenz-Matrix wurde von den Projektbeteiligten, vor allem mit Blick auf die Bedürfnisse des Praxispartners, der Bereich Kommissionierung ausgewählt.

Vorgehen zur Validierung der Prozess-Kompetenz-Matrix (Bereich Kommissionierung)

Beim Praxispartner wurden halbstandardisierte, leitfadengestützte Experteninterviews sowohl mit Meisterinnen und Meistern als auch mit Beschäftigten im Bereich

Kommissionierung durchgeführt. Ziel war es, ihre subjektive Einschätzung in Bezug auf erforderliche Fach-, Sach- Methoden- und Sozialkompetenzen bei Kommissioniererinnen und Kommissionierern zu ermitteln.

Durchführung der Interviews

Die Interviews wurden als Leitfadeninterviews durchgeführt (Marotzki 2011). Die für die Interviews gewählten Zielgruppen (Meisterebene, Kommissionierung) wurden ausgesucht, weil sie Experten/Expertinnen für ihren Arbeitsbereich sind. Die halbstandardisierten Interviews (ergänzt um offene Fragen, um noch nicht identifizierte Aspekte zu berücksichtigen) mit den Meisterinnen und Meistern sowie Kommissioniererinnen und Kommissionieren umfassten 20–30 min. Das gewählte Format bot den Interviewten viel Raum für eigene Formulierungen und vor allem eigene Einschätzungen. Unter anderem wurden folgende Fragen als relevant beurteilt (beispielhafter Auszug):

- Wie sieht ein typischer Arbeitstag von Kommissionierern/Kommissioniererinnen aus?
- Was ist aus Ihrer Sicht besonders wichtig, um die Arbeit im Bereich Kommissionierung durchzuführen?
- Erwarten Sie Änderungen in Ihrem Arbeitsbereich?
- Wie gehen Sie mit besonderen Vorkommnissen (z. B. Störungen) in Ihrem Arbeitsbereich um?

Die Interviews konnten aus Datenschutzgründen nicht mittels Tonbandaufnahmen dokumentiert werden, sodass die Interviewenden den Gesprächsverlauf und die Inhalte während des Interviews notierten und später ein Gedächtnisprotokoll anfertigten.

Durchführung der teilnehmenden Beobachtung

Neben den halbstandardisierten Experteninterviews sollte die Prozess-Kompetenz-Matrix durch eine teilnehmende Beobachtung validiert werden. Ziel der Validierung der Prozess-Kompetenz-Matrix war die Abbildung der benötigten Prozesse der Kommissionierung, wie sie in der Praxis durchgeführt werden. Das Projektteam sollte neben der kommunikativen Validierung direkt am Kommissionierprozess teilnehmen. Dazu wurde das Verfahren der teilnehmenden Beobachtung gewählt. Dabei wirken die Forschenden in der Praxis mit und „erleben" selbige. Der Beobachtende wird damit zum Teilnehmenden.

> Dabei ist die Annahme leitend, dass durch die Teilnahme an face-to-face-Interaktionen bzw. die unmittelbare Erfahrung von Situationen Aspekte des Handelns und des Denkens beobachtbar werden, die in Gesprächen und Dokumenten – gleich welcher Art – über diese Interaktionen bzw. Situationen nicht in dieser Weise zugänglich wären (Lüders 2011, S. 151).

Die Beobachtungen wurden mittels eines Beobachtungsprotokolls festgehalten.

Neben den Interviews wurden teilnehmende Beobachtungen als Erhebungsinstrument eingesetzt, um die in den Interviews ermittelten Voraussetzungen, Fähigkeiten und Kompetenzen mit dem realen Prozessablauf vergleichend analysieren zu können. Zudem sollten relevante Kompetenzen für zukünftige Prozesse mit den Teilnehmenden identifiziert bzw. prognostiziert werden.

Auswertung der erhobenen Daten und Ergebnis der Validierung

Die Auswertung der Gedächtnisprotokolle orientiert sich am Ansatz der Grounded Theory, der „gegenstandsbezogenen Theoriebildung", die von Glaser/Strauss begründet wurde (Mayring 2002). Das mit dem Ansatz verbundene Verfahren der vergleichenden Analyse war aus mehreren Gründen für die Auswertung geeignet:
- Mit dem Verfahren lassen sich Hypothesen (wie die Prozess-Kompetenz-Matrix) überprüfen.
- Das Verfahren ist anwendbar für soziale Gefüge jeglicher Größe (Lamnek 1988).
- Das Verfahren kann auch dann eingesetzt werden, „sollten Daten und Nachweise einmal nicht ganz exakt sein" (Lamnek 1988, S. 110).

» Gegenstandsbezogene Theoriebildung geht [...] davon aus, dass der Forscher während der Datensammlung theoretische Konzepte, Hypothesen entwickelt, verfeinert oder verknüpft, sodass Erhebung und Auswertung sich überschneiden (Mayring 2002, S. 105).

Datenerhebung, Datenanalyse und Theoriebildung befinden sich also in einem triangulierenden Verhältnis. Die parallel zur Datensammlung praktizierte Auswertung der Daten sorgt dafür, dass neu entdeckte Aspekte in die nächste Datensammlungsphase mit einfließen. Die gegenstandsbezogene Theoriebildung ist demnach offen für neue Aspekte, die sich dem/der Forschenden während des Aufenthalts im Feld offenbaren (Mayring 2002).

Bei der auf diese Weise durchgeführten Validierung wurde die bestehende Prozess-Kompetenz-Matrix im Wesentlichen bestätigt. Einige fehlende Aspekte wurden ergänzt und Vorschläge zur Formulierung einzelner Kompetenzen, die von den Interviewten gemacht wurden, in die Matrix übernommen.

Der validierten Prozess-Kompetenz-Matrix liegt eine umfangreiche Datenbasis zugrunde, weshalb die Anzahl der einzelnen abgeleiteten Kompetenzitems (über 200) entsprechend groß ist. Ein Item stellt jeweils eine ausreichend abgegrenzte Kompetenzanforderung dar. Die einzelnen Items wurden im nächsten Schritt zur Erstellung des domänenspezifischen Kompetenzmodells für die operative Logistik herangezogen (◘ Abb. 7.2). Dazu wurden alle Items im Bottom-up-Ansatz durch das Projektteam diskursiv geclustert. Die Clusterung wurde losgelöst von allen bestehenden Kategorien und Zuordnungen völlig neu und ergebnisoffen vorgenommen. Auf diese Weise bildeten sich zunächst ca. 30 Kompetenzcluster. In einem weiteren Schritt wurden diese Cluster erneut überarbeitet, dabei ergaben sich vier Kompetenzbereiche. Die Ergebnisse wurden mehrfach in einer größeren Gruppe von Projektmitarbeitenden diskutiert. Dabei wurde zum einen die Anzahl der Items durch die Streichung redundanter Kompetenzitems und die behutsame Zusammenführung von Items mit zusammengehörenden Sinneinheiten reduziert, während zum anderen weitere Items aus dem Kreis der Projektmitarbeitenden, die so nicht in der Datengrundlage vorhanden waren, ergänzt wurden. Außerdem wurden Kompetenzcluster diskutiert und ebenfalls durch sinnvolle Zusammenführungen auf letztlich 26 reduziert. Schließlich wurden die Formulierungen für die vier identifizierten Kompetenzbereiche an die neu zugeschnittenen Kompetenzcluster angepasst.

Darüber hinaus wurde in Anlehnung an Dreyfus und Dreyfus (1986) und in enger Validierung mit dem Praxispartner ein kontextualisiertes Modell zum Kompetenzniveau, nämlich der ABEKO-Einstufungsschlüssel zur Beschreibung der Kompetenzniveaus, erstellt.

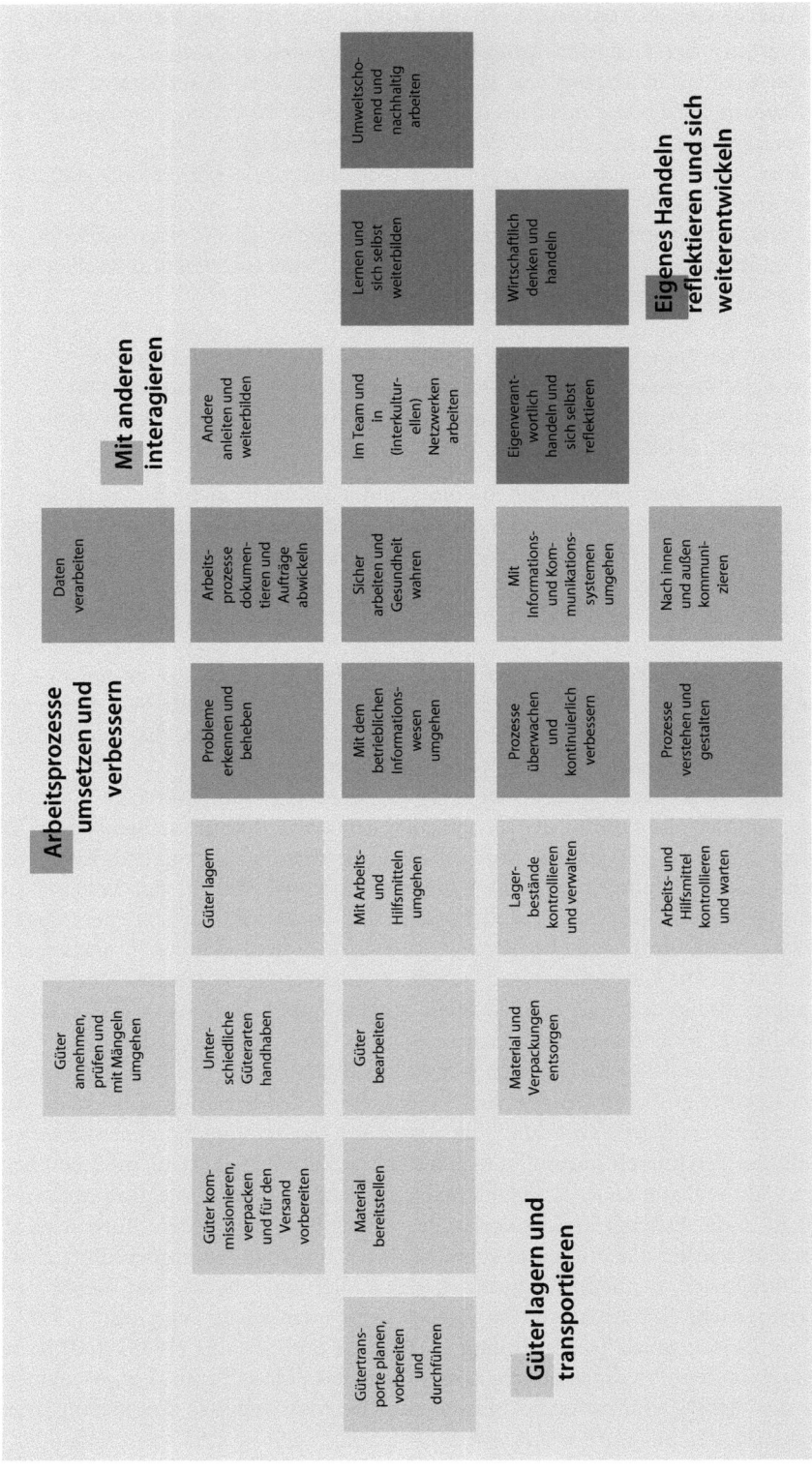

Abb. 7.2 ABEKO-Kompetenzmodell. (Aus: Straub et al. 2016a, S. 646)

Das gesamte Kompetenzmodell wurde in Zusammenarbeit mit dem Praxispartner validiert. Dazu wurden die Projektmitarbeitenden, insbesondere aber auch die Meisterinnen und Meister, die letztlich mit diesen Ergebnissen bei der Kompetenzbewertung ihrer Mitarbeitenden arbeiten müssen, gebeten, ihre Einschätzungen zum Modell zurückzuspielen. Durch diesen partizipativen Ansatz sollte sichergestellt werden, dass das Kompetenzmodell den Bedürfnissen der Praxis entspricht und auch für die Akteure/ Akteurinnen der Praxis handhabbar ist. Bei der Entwicklung des Einstufungsschlüssels zur Beschreibung der Kompetenzniveaus erwies sich die Bedeutung des partizipativen Ansatzes gemeinsam mit den späteren Anwendern und Anwenderinnen als besonders wertvoll: Eine Rückmeldung aus der Praxis bezog sich auf die Stufe „0" und das Widerstreben der verantwortlichen Mitarbeiter/-innen, eine Kollegin oder einen Kollegen mit einer Null zu attribuieren. Eine weitere Rückmeldung bezog sich auf die Notwendigkeit sprachlich unkomplizierter Formulierungen. Aus diesem Grund wurde im weiteren Projektverlauf auch eine aus wissenschaftlicher Sicht eventuell sinnvolle Separierung von kognitiven und psychomotorischen Kompetenzniveaustufen nicht vorgenommen, um die Komplexität der Niveaustufen nicht über das für die Praxis erträgliche Maß zu erhöhen.

Kompetenzmodell für die operative Logistik

Auf diese Weise entstand ein domänenspezifisches Kompetenzmodell für die operative Logistik (◘ Abb. 7.2), das einen prozessorientierten Kompetenzkatalog (Prozess-Kompetenz-Matrix), der mit logistischen Kompetenzitems gefüllt ist sowie einen Einstufungsschlüssel zur Beschreibung der Kompetenzniveaus beinhaltet (Straub et al. 2016a). Das ABEKO-Kompetenzmodell ist logistikspezifisch, jedoch nicht unternehmensspezifisch aufgebaut und ermöglicht einen breiten Einsatz sowie eine betriebsspezifische Anpassung bzw. Spezifizierung.

Strukturell besteht das ABEKO-Kompetenzmodell, in Anlehnung an die Vier-Felder-Matrix (Wildt 2006) mit Bezug zur Fach-, Methoden-, Sozial- und Selbstkompetenz, aus den vier Kompetenzfeldern „Güter lagern und transportieren", „Arbeitsprozesse umsetzen und verbessern", „Mit anderen interagieren" und „Eigenes Handeln reflektieren und sich selbst weiterentwickeln". Diese sind anhand von 26 domänenspezifisch definierten Kompetenzclustern spezifiziert. Zusätzlich werden die einzelnen Kompetenzcluster von insgesamt über 130 arbeitsprozessbezogenen Kompetenzitems beschrieben. Die zukunftsorientierte Aufgabenanforderungsanalyse hat gezeigt, dass die Sozial- und Personalkompetenzen in Zukunft deutlich an Bedeutung gewinnen werden, während die Komplexität der Fachkompetenzen aufgrund der Reduktion der manuellen Tätigkeiten steigen wird. Dies spiegelt sich im Aufbau des Modells wider, indem die Kompetenzbereiche „Mit anderen interagieren" und „Eigenes Handeln reflektieren und sich weiterentwickeln" entsprechend fokussiert werden.

Zur weiteren Operationalisierung des ABEKO-Kompetenzmodells dient der integrale prozessorientierte Kompetenzkatalog. Hierzu ist auf Ebene der über 130 Kompetenzitems eine Zuordnung zu den jeweils relevanten logistischen Referenzprozessen der Auftragsabwicklung „Wareneingang", „Lager", „Wertschöpfung", „Kommissionierung", „Verpackung und Konsolidierung" sowie „Warenausgang" erfolgt (Prozess-Kompetenz-Matrix), die mit konkreten prozessbezogenen Beispielen hinterlegt wurde.

Ein exemplarischer Auszug aus dem Kompetenzkatalog ist ◘ Tab. 7.1 dargestellt.

Tab. 7.1 Beispielhafter Auszug aus dem ABEKO Kompetenzkatalog

Cluster	Kompetenz-Item	Beschreibung	Prozesszuordnung
Güter lagern	Lagertypen mit ihren Lagervolumina und Toleranzgrenzen kennen	Lagervolumina optimal nutzen und dabei auch Toleranzgrenzen für Transport und Lagerung (Gewicht, Größe; Beschädigung der Lagerhilfsmittel; Klima; Lichtverhältnisse; Gefahrgut) beachten	Lager
Wirtschaftlich denken und handeln	Kundenorientiert handeln können	Aufträge kundenorientiert ausführen, kundenorientierte Materialversorgung etc.; Bewusstsein für Wertschöpfung und Kundennutzen	Wareneingang, Lager, Wertschöpfung, Kommissionierung, Verpackung und Konsolidierung, Warenausgang
Im Team und in Netzwerken arbeiten	Aufgaben im Team planen und bearbeiten sowie Änderungen von Arbeitsabläufen besprechen und koordinieren können	An Teambesprechungen teilnehmen, Schicht-Doodle, Organisation der Arbeitsteilung und Aufgabenplanung im Team	Wareneingang, Lager, Wertschöpfung, Kommissionierung, Verpackung und Konsolidierung, Warenausgang

Im Gegensatz zu den bestehenden Modellen (▶ Abschn. 7.1) erfasst das ABEKO-Kompetenzmodell sowohl den Status quo als auch die zukünftigen Kompetenzanforderungen und ermöglicht eine Modellierung der Kompetenzanforderungen, die Erstellung von tätigkeitsbezogenen Soll- und Ist-Kompetenzprofilen sowie eine Kompetenzdiagnostik anhand des Kompetenzeinstufungsschlüssels im Bereich der operativen Logistik. Grundlage des Einstufungsschlüssels ist die Niveaustufenskala nach Dreyfus und Dreyfus (1986), die den domänenspezifischen Anforderungen entsprechend angepasst wurde. Das Modell umfasst die folgenden Kompetenzniveaustufen:

1. Novize: MA (Mitarbeiterin oder Mitarbeiter) kennt die im Item beschriebene Aufgabe nicht oder weiß, dass es sie gibt, kann sie aber nicht ausführen.
2. Beginner: MA kann die im Item beschriebene Aufgabe unter Anleitung bewältigen, hat sie schon ein paarmal bewältigt, ist jedoch noch unsicher.
3. Fachkraft: MA kann die im Item beschriebene Aufgabe eigenständig und sicher bewältigen.
4. Erfahrene Fachkraft: MA hat bei der Bewältigung der im Item beschriebenen Aufgabe mehrjährige Erfahrung und kann es anderen beibringen.
5. Experte: MA kennt Zusammenhänge, die über die im Item beschriebene Aufgabe hinausgehen, kennt die Vorgänge davor und danach, kennt das „Warum" und „Wieso".

Im Gegensatz zu den bereits beschriebenen Kompetenzmodellen bezieht sich das ABEKO-Kompetenzmodell vor allem auf die operativen Logistikprozesse. Durch seinen modularen Aufbau kann es bedarfsgerecht erweitert werden. Des Weiteren sind in den beschriebenen Kompetenzmodellen keine für die Zukunft relevanten Kompetenzen mit abgebildet. Das ABEKO-Kompetenzmodell schließt diese Lücke und bezieht die zukünftigen Kompetenzen mit ein.

Mithilfe des ABEKO-Kompetenzmodells können somit zukünftige Kompetenzanforderungen an operatives Logistikpersonal antizipiert, diagnostiziert und erforderliche Weiterbildungsprogramme betriebsspezifisch entwickelt und im Unternehmen etabliert werden.

Als Ergebnis der Recherchearbeiten, der Literatur- und Studienanalyse sowie als Ergebnis der Untersuchung im begleitenden Anwendungsfall lassen sich die Auswirkungen der Digitalisierung und Autonomisierung der Logistikprozesse in der Industrie 4.0 auf die Kompetenzanforderungen wie folgt zusammenfassen (Straub et al. 2017):

1. Routinetätigkeiten, z. B. die Erfassung und Dokumentation und Systemeinbuchungen von Güterbewegungen oder die Ermittlung von Frachtgewicht und -volumen, werden im Zuge der Automatisierungsmöglichkeiten abnehmen.
2. Der zunehmende Einsatz digitaler Medien und Technologien wird den entsprechenden fachgerechten Umgang, z. B. mit mobilen Geräten oder Assistenzsystemen, erforderlich machen.
3. Prozessverständnis und Problemlösungskompetenz werden zu wichtigen Schlüsselkompetenzen.
4. Soziale und kommunikative Kompetenz werden zur Voraussetzung für „Social Manufacturing und Logistik".
5. Die bisherigen Aufgabenbereiche werden um wertschöpfende Tätigkeiten und Instandhaltung erweitert.
6. Informationskompetenz wird zur Voraussetzung für optimierte Entscheidungsfindung mit Assistenzsystemen.

7. Technisches Verständnis wird das Berufsbild „Fachkraft für Lagerlogistik" erweitern.
8. Mitarbeiterinnen und Mitarbeiter werden flexibler eingesetzt.
9. Die Lernbereitschaft und -fähigkeit von Mitarbeitenden wird an Bedeutung gewinnen.
10. Innovative Arbeitsformen, dezentrale Verantwortung und Kollektivarbeit werden zunehmen.

Zusammenfassend kann der identifizierte Handlungsbedarf im Kontext der zunehmenden Digitalisierung logistischer Prozesse aus der berufspolitischen und betrieblichen Sicht festgehalten werden. Aus der berufspolitischen Perspektive ist die Überprüfung der Berufsbilder und ggf. die Anpassung bzw. Erweiterung der Ausbildungsinhalte „Fachkraft für Lagerlogistik" erforderlich. Aus der betrieblichen Perspektive spielt die Implementierung eines demografiesensiblen Kompetenzmanagements für eine erfolgreiche Umsetzung der Industrie 4.0 eine Schlüsselrolle (Straub et al. 2017).

> **Fazit**
> Als Entscheider und Erfahrungsträger wird der Mensch eine tragende Rolle innerhalb logistischer Prozesse und Systeme spielen. In der heutigen Zeit steigt die Komplexität der technischen Systeme und Maschinen immer weiter an, wobei das Problem der unregelmäßigen Wiederholbarkeit von Tätigkeiten nicht außer Acht gelassen werden darf. Dadurch sind die Arbeitsinhalte von Mitarbeitenden von einer hohen Wissensintensivierung, Komplexität, Kundenindividualität sowie unregelmäßigen Wiederholungen geprägt. Hieran ist ersichtlich, dass die Bedeutung von fachübergreifendem Wissen und einer hohen Prozessgestaltungskompetenz stetig zunimmt. Die Herausforderungen an die Kompetenzentwicklung, die der Bezug der Industrie 4.0 an die operative innerbetriebliche Logistik und die Beschäftigten stellt, wird im ABEKO-Kompetenzmodell verstärkt durch die Fokussierung auf Sozial- und Persönlichkeitskompetenzen durch die Kompetenzbereiche „Arbeitsprozesse umsetzen und verbessern", „Mit anderen interagieren" und „Eigenes Handeln reflektieren und sich weiterentwickeln", aber auch zusätzlich durch die zukunftsorientierten Cluster „Mit modernen Kommunikationssystemen umgehen" und „Im Team in (interkulturellen) Netzwerken agieren" berücksichtigt. Somit ist festzuhalten, dass sowohl aus technologischer Perspektive aber auch aus Perspektive der Kompetenzforschung, Anforderungen an Beschäftigte in aktuellen sowie in zukünftigen Logistiksystemen bei ABEKO betrachtet und berücksichtigt werden. Vor diesem Hintergrund ist die proaktive Umsetzung eines Kompetenzmanagements sowie die Entwicklung demografiesensibler Konzepte zur Befähigung der Beschäftigten für die Arbeit 4.0 auch in den operativen Bereichen heute wichtiger denn je.
> Eine beispielhafte Umsetzung des toolbasierten Kompetenzmanagements mit dem ABEKO-Kompetenzmanagement-Assistenzsystem, dem das ABEKO-Kompetenzmodell zugrunde liegt, im Anwendungsfall „Distributionslager für Ersatzteile" wird im ▶ Kap. 12 dieses Bandes thematisiert.

Weiterführende Literatur und Links
▶ http://www.abeko.lfo.tu-dortmund.de/.

Förderhinweis
- Dieses Forschungs- und Entwicklungsprojekt wurde mit Mitteln des BMBF im Förderschwerpunkt „Betriebliches Kompetenzmanagement im demografischen Wandel" (Förderkennzeichen: 02L12A100) gefördert und vom Projektträger Karlsruhe (PTKA) betreut. Die Verantwortung für den Inhalt dieser Veröffentlichung liegt bei den Autoren.
- Das Verbundprojekt „ABEKO: Assistenzsystem zum demografiesensiblen betriebsspezifischen Kompetenzmanagement für Produktions- und Logistiksysteme der Zukunft" wird mit Mitteln des Bundesministeriums für Bildung und Forschung im Rahmen des Programms Arbeiten – Lernen – Kompetenzen entwickelt. Innovationsfähigkeit in einer modernen Arbeitswelt. Bekanntmachung: Betriebliches Kompetenzmanagement im demografischen Wandel wird unter dem Förderkennzeichen 01FK13065 gefördert.

Literatur

Bauer, W., Schlund, S., & Marrenbach, D. (2014). *Industrie 4.0 – Volkswirtschaftliches Potenzial für Deutschland.* Berlin: BITKOM, Fraunhofer IAO.

Berufenet. (2018). Kurzbeschreibung Fachkraft für Lagerlogistik. Stand: 01.08.2018. ▶ https://berufenet.arbeitsagentur.de/berufenet/bkb/27448.pdf. Zugegriffen: 31. Okt. 2018.

Biermann, H., Bühler, C., Kunzendorf, M., & Schaten, M. (2012). *Zukunftsorientiertes Konzept zur Qualifizierung von Menschen mit Behinderung in der Logistik mittels barrierefreier Bildungstechnologie. Schlussbericht ELoQ.* Dortmund: Technische Universität Dortmund.

Botthof, A. (2015). Zukunft der Arbeit im Kontext von Autonomik und Industrie 4.0. In Bundesministeriums für Wirtschaft und Energie (BMWi) (Hrsg.), *Zukunft der Arbeit in Industrie 4.0* (S. 4–8). Berlin: Bundesministeriums für Wirtschaft und Energie.

Buhr, D. (2015). *Soziale Innovationspolitik für die Industrie 4.0.* Bonn: Friedrich-Ebert-Stiftung. ▶ http://library.fes.de/pdf-files/wiso/11302.pdf. Zugegriffen: 31. Okt. 2018.

Dombrowski, U., Riechel, C., & Evers, M. (2014). Industrie 4.0 – Die Rolle des Menschen in der vierten industriellen Revolution. In W. Kersten, H. Koller, & H. Lödding (Hrsg.), *Industrie 4.0. Wie intelligente Vernetzung und kognitive Systeme unsere Arbeit verändern* (S. 129–153). Berlin: GITO.

Dreyfus, H. L., & Dreyfus, S. E. (1986). *Künstliche Intelligenz. Von den Grenzen der Denkmaschine und dem Wert der Intuition.* Reinbek bei Hamburg: Rowohlt.

Dworschak, B., Zaiser, H., Brand, L., & Windelband, L. (2012). Qualifikationsentwicklungen durch das Internet der Dinge und dessen Umsetzung in der Praxis. In L. Abicht & G. Spöttl (Hrsg.), *Qualifikationsentwicklungen durch das Internet der Dinge. Trends in Logistik, Industrie und ‚Smart House' Qualifikationen erkennen – Berufe gestalten* (Bd. 15, S. 7–24). Bielefeld: Bertelsmann.

Elkmann, N., Berndt, D., Leye, S., Richter, K., & Mecke, R. (2015). Arbeitssysteme der Zukunft. In M. Schenk (Hrsg.), *Produktion und Logistik mit Zukunft Digital – Engineering and Operation* (S. 49–147). Berlin: Springer.

Erpenbeck, J., & von Rosenstiel, L. (2017). *Handbuch Kompetenzmessung. Erkennen, verstehen und bewerten von Kompetenzen in der betrieblichen, pädagogischen und psychologischen Praxis* (3. Aufl.). Stuttgart: Schäffer-Poeschel.

Friedl, C. (2013). Industrie 4.0: Update für die Fabrik der Zukunft. *MaschinenMarkt, 8,* 24–25.

Gessler, M. (2006). Das Kompetenzmodell. In R. Bröckermann & M. Müller-Vorbrüggen (Hrsg.), *Handbuch Personalentwicklung* (S. 23–41). Stuttgart: Schäffer-Poeschel.

Gerlach, S. (2014). Die Stechuhr schlägt zurück. ▶ https://blog.iao.fraunhofer.de/die-stechuhr-schlaegt-zurueck/. Zugegriffen: 31. Okt. 2018.

Hirsch-Kreinsen, H. (2014). *Wandel von Produktionsarbeit – „Industrie 4.0".* Soziologisches Arbeitspapier Nr. 38/2014. Dortmund: Technische Universität Dortmund.

Hirsch-Kreinsen, H. (2015). Industrie 4.0: Entwicklungsperspektiven von Arbeit. *ifo Schnelldienst, 68*(10), 13–16.

IG Metall Vorstand (Hrsg.). (2013). *Arbeit: Sicher und fair! Die Befragung. Ergebnisse, Zahlen, Fakten.* Frankfurt a. M.: IG Metall. ▶ https://www.igmetall.de/docs_13_6_18_Ergebnis_Befragung_final_51c49e134f92b4922b442d7ee4a00465d8c15626.pdf. Zugegriffen: 31. Okt. 2018.

Kaczmarek, S., Straub, N., & Hegmanns, T. (2015). Aus- und Weiterbildung für die Arbeitswelt 4.0. *Logistik Heute, 6,* 22–23.

Kagermann, H., Wahlster, W., & Helbig, J. (2013). Umsetzungsempfehlungen für das Zukunftsprojekt Industrie 4.0. In Forschungsunion (Hrsg.), *Abschlussbericht des Arbeitskreises Industrie 4.0. Wirtschaft und Wissenschaft begleiten die Hightech Strategie*. München: Akademie der Technikwissenschaften (ACATECH).

Kauffeld, S. (2010). *Nachhaltige Weiterbildung. Betriebliche Seminare und Trainings entwickeln, Erfolge messen, Transfer sichern*. Berlin: Springer.

Kaufmann, T. (2015). *Geschäftsmodelle in Industrie 4.0 und dem Internet der Dinge*. Wiesbaden: Springer Vieweg.

Klieme, E., & Leutner, D. (2006). Kompetenzmodelle zur Erfassung individueller Lernergebnisse und zur Bilanzierung von Bildungsprozessen. Beschreibung eines neu eingerichteten Schwerpunktprogrammes der DFG. *Zeitschrift für Pädagogik, 52*(6), 876–903.

Kreimeier, D., Kreggenfeld, N., & Prinz, C. (2014). Situative Kompetenzanpassung für die Mensch-Maschine-Interaktion in Cyber-Physischen Produktionssystemen. In E. Müller (Hrsg.), *Produktion und Arbeitswelt 4.0* (S. 99–109). Chemnitz: Wissenschaftliche Schriftenreihe des Instituts für Betriebswissenschaften und Fabriksysteme.

Kuhn, A. (1995). *Prozeßketten in der Logistik. Entwicklungstrends und Umsetzungsstrategien*. Dortmund: Praxiswissen.

Kuhn, A. (1999). *Prozesskettenmanagement. Erfolgsbeispiele aus der Praxis*. Dortmund: Praxiswissen.

Kultusministerkonferenz (KMK). (2004). *Verordnung über die Berufsausbildung im Lagerbereich. Fachkraft für Lagerlogistik vom 26. Juli 2004 nebst Rahmenlehrplan*. Bielefeld: Bertelsmann.

Lamnek, S. (1988). *Qualitative Sozialforschung. Methodologie*. München: Beltz.

Lorenz, M., Rüßmann, M., Strack, R., Lueth, K. L., & Bolle, M. (2015). Man and machine in industry 4.0. How will technology transform the industrial workforce through 2025? The Boston Consulting Group. ► http://englishbulletin.adapt.it/wp-content/uploads/2015/10/BCG_Man_and_Machine_in_Industry_4_0_Sep_2015_tcm80-197250.pdf. Zugegriffen: 31. Okt. 2018.

Lüders, C. (2011). Teilnehmende Beobachtung. In R. Bohnsack, W. Marotzki, & M. Meuser (Hrsg.), *Hauptbegriffe qualitativer Sozialforschung* (S. 151–153). Opladen: Budrich.

Maienschein, B. (2016). Flexibel zur erfolgreichen Logistik 4.0. ► http://www.mm-logistik.vogel.de/flexibel-zur-erfolgreichen-logistik-40-a-530250/. Zugegriffen: 31. Okt. 2018.

Marotzki, W. (2011). Leitfadeninterview. In R. Bohnsack, W. Marotzki, & M. Meuser (Hrsg.), *Hauptbegriffe qualitativer Sozialforschung* (S. 114). Opladen: Budrich.

Mayring, P. (2002). *Einführung in die qualitative Sozialforschung*. Weinheim: Beltz.

Nahles, A. (2016). Arbeiten 4.0 – Perspektiven einer neuen Arbeitszeitpolitik. In G. Bäcker, S. Lehndorff, & C. Weinkopf (Hrsg.), *Den Arbeitsmarkt verstehen, um ihn zu gestalten: Festschrift für Gerhard Bosch* (S. 37–48). Wiesbaden: Springer VS.

North, K., Reinhardt, K., & Sieber-Suter, B. (2018). *Kompetenzmanagement in der Praxis. Mitarbeiterkompetenzen systematisch identifizieren nutzen und entwickeln. Mit vielen Fallbeispielen* (3. Aufl.). Wiesbaden: Springer Gabler.

Obermaier, R. (2016). Industrie 4.0 als unternehmerische Gestaltungsaufgabe: Strategische und operative Handlungsfelder für Industriebetriebe. In R. Obermaier (Hrsg.), *Industrie 4.0 als unternehmerische Gestaltungsaufgabe* (S. 3–34). Wiesbaden: Springer Gabler.

Pieringer, M. (2016). CeMAT 2016: Soziale Netzwerke von Menschen und Maschinen. ► https://www.logistik-heute.de/Logistik-News-Logistik-Nachrichten/Markt-News/14963/Fraunhofer-IML-Leiter-ten-Hompel-sprach-ueber-Social-Networked-Industry-CeMA. Zugegriffen: 31. Okt. 2018.

Schaper, N. (2009). Aufgabenfelder und Perspektiven bei der Kompetenzmodellierung und -messung in der Lehrerbildung. *Lehrerbildung auf dem Prüfstand, 2*(1), 166–199.

Schaper, N., & Horvath, E. (2009). Professionalisierung von Lehrkompetenz an Universitäten. Workshop Kompetenzmodellierung am HDZ Dortmund, 26.05.2009.

Schlick, J., Stephan, P., Loskyll, M., & Lappe, D. (2014). Industrie 4.0 in der praktischen Anwendung. In T. Bauernhansl, M. ten Hompel, & B. Vogel-Heuser (Hrsg.), *Industrie 4.0 in Produktion, Automatisierung und Logistik. Anwendungen, Technologien, Migration* (S. 57–84). Wiesbaden: Springer Vieweg.

Schließmann, A. (2014). iProduction, die Mensch-Maschine-Kommunikation in der Smart Factory. In T. Bauernhansl, M. ten Hompel, & B. Vogel-Heuser (Hrsg.), *Industrie 4.0 in Produktion, Automatisierung und Logistik. Anwendungen, Technologien, Migration* (S. 451–480). Wiesbaden: Springer Vieweg.

Schroven, A. (2015). Demographischer Wandel –Herausforderung für die Logistik. In P. H. Voß (Hrsg.), *Logistik – Eine Industrie, die (sich) bewegt* (S. 19–30). Wiesbaden: Springer Gabler.

Spath, D., Ganschar, O., Gerlach, S., Hämmerle, M., Krause, T., & Schlund, S. (2013). *Produktionsarbeit der Zukunft – Industrie 4.0*. Stuttgart: Fraunhofer.

Straub, N., Hegmanns, T., & Kaczmarek, S. (2014a). Betriebliches Kompetenzmanagement für Produktions- und Logistiksysteme der Zukunft. *Zeitschrift für wirtschaftlichen Fabrikbetrieb, 6,* 415–418.

Straub, N., Kaczmarek, S., & Hegmanns, T. (2014b). Betriebliches Kompetenzmanagement als Schlüsselfunktion für die Umsetzung der Industrie 4.0. In E. Müller (Hrsg.), *Produktion und Arbeitswelt 4.0* (S. 75–87). Chemnitz: Wissenschaftliche Schriftenreihe des Instituts für Betriebswissenschaften und Fabriksysteme.

Straub, N., Kaczmarek, S., & Drotleff, U. (2015). Demografiesensibles Kompetenzmanagement. Entwicklung eines Assistenzsystems zum demografiesensiblen betriebsspezifischen Kompetenzmanagement für Produktions- und Logistiksysteme der Zukunft (ABEKO). *Industrie Management, 3,* 57–60.

Straub, N., Kaczmarek, S., Hegmanns, T., May, D., Haertel, T., Möllmann, A., & Zaremba, B. (2016a). Kompetenzmodell für die operative Logistik in der Arbeitswelt 4.0. *Zeitschrift für wirtschaftlichen Fabrikbetrieb, 111*(10), 2–6.

Straub N., Kaczmarek S., May, D., Radtke, M., Neubauer, D., Haertel, T., & Hegmanns, T. (2016b). Kompetenzmodell für die operative Logistik in der Industrie 4.0 – Ein Spannungsfeld zwischen Status Quo und zukünftigen Anforderungen. 62. GfA „Arbeit in komplexen Systemen. Digital, vernetzt, human?!", 02.–04. März 2016, Aachen, Deutschland.

Straub, N., Kaczmarek, S., & Hegmanns, T. (2017). Mitarbeiterkompetenzen in der Logistik 4.0. In H. Wolf-Kluthausen (Hrsg.), *Jahrbuch Logistik* (S. 90–94). unikat Werbeagentur GmbH: Wuppertal.

Supply Chain Council (SCC). (2010). Supply Chain Operations Reference (SCOR®) model overview – Version 10.0. ► http://www.portaldeconhecimentos.org.br/index.php/por/content/download/24758/296095/file/Supply%20Chain%20Operations%20Reference%20(SCOR)%20model.pdf. Zugegriffen: 31. Okt. 2018.

ten Hompel, M., & Heidenblut, V. (2011). *Taschenlexikon Logistik. Abkürzungen, Definitionen und Erläuterungen der wichtigsten Begriffe aus Materialfluss und Logistik*. Berlin: Springer.

ten Hompel, M., & Henke, M. (2014). Logistik 40. In T. Bauernhansl, M. ten Hompel, & B. Vogel-Heuser (Hrsg.), *Industrie 4.0 in Produktion, Automatisierung und Logistik. Anwendungen, Technologien, Migration* (S. 615–624). Wiesbaden: Springer Vieweg.

Verein Deutscher Ingenieure (VDI). (2005). *Organisatorische Grundfunktionen im Lager. VDI 3629*. Berlin: Beuth.

Wildt, J. (2006). Kompetenzen als Learning Outcome. *Journal Hochschuldidaktik, 17*(1), 6–9.

Zeller, B., Achtenhagen, C., & Föst, S. (2012). Qualifikationsentwicklungen durch das Internet der Dinge in der industriellen Produktion. In L. Abicht & G. Spöttl (Hrsg.), *Qualifikationsentwicklungen durch das Internet der Dinge. Trends in Logistik, Industrie und ‚Smart House' Qualifikationen erkennen – Berufe gestalten* (Bd. 15, S. 193–267). Bielefeld: Bertelsmann.

Kompetenzen technikbasiert managen – aktuelle Anwendungsfälle

Inhaltsverzeichnis

Kapitel 8   Kompetenzmanagement im Spannungsfeld von Kooperation und Wettbewerb – 129
Stephan Duschek, Christian Gärtner, Wiebke Kannenberg, Florian Schramm und Franziska Scheier

Kapitel 9   Serious Gaming als Instrument zur Kompetenzentwicklung für Hafenfachkräfte – 145
Heiko Duin, Christian Gorldt und Klaus-Dieter Thoben

Kapitel 10   Nachhaltige Implementierung betrieblicher Kompetenzmodelle in KMU durch Unternehmenscoaching und Softwareintegration – 163
Nicole Sprafke, Saskia Hohagen, Alexander Nolte, Philipp Wenig, Andreas Zechmann, Mara Erlinghagen, Uta Wilkens, Thomas Andreas Herrmann und Heiner Minssen

Kapitel 11   Modulares Kompetenzmanagement – prozessuale und softwaregestützte Einführung und Umsetzung strategischen Kompetenzmanagements – 179
Annegret Melzer, Tobias Sanders, Yvonne Heim und Angelika C. Bullinger-Hoffmann

Kapitel 12 Kompetenzmanagement in der Logistik der Zukunft – ein Umsetzungsbeispiel von der Modellierung und Diagnostik zur unternehmensspezifischen und individuellen Kompetenzentwicklung – 199

Tobias Hegmanns, Natalia Straub, Sandra Kaczmarek, Birte Rudolph, Dirk Sobiech, Sören Müller, Johanna Dehler, Tobias Haertel, Dominik May, Monika Radtke, Daniel Neubauer, Adrian Möllmann und Boris Zaremba

Kompetenzmanagement im Spannungsfeld von Kooperation und Wettbewerb

Stephan Duschek, Christian Gärtner, Wiebke Kannenberg, Florian Schramm und Franziska Scheier

8.1 Cluster Optik in der Region Berlin-Brandenburg – 130

8.2 Kompetenzmanagement in einem regionalen Markt knapper Fachkräfte – oder: eine Tragödie kollektiver Ressourcen – 131

8.3 Kompetenzmanagement durch Wissenstransformation – 133

8.4 Koordinations- und Anreizmechanismen gestalten den Wissenstransfer – 134

8.5 Transfer von Wissen auf Individual-, Organisations-, Netzwerk- und Clusterebene – 135

8.6 Kompetenzmanagementmaßnahmen im Projekt AlFaClu – 137

Literatur – 141

© Springer-Verlag GmbH Deutschland, ein Teil von Springer Nature 2019
A. C. Bullinger-Hoffmann (Hrsg.), *Zukunftstechnologien und Kompetenzbedarfe*,
Kompetenzmanagement in Organisationen, https://doi.org/10.1007/978-3-662-54952-0_8

Zusammenfassung

In Wirtschaftsclustern buhlen Unternehmen, Forschungs- und Hochschuleinrichtungen oftmals um dieselben Fachkräfte. Gleichzeitig kooperieren einige von ihnen, zum Teil vermittelt durch ein Cluster- bzw. Netzwerkmanagement, im Bereich der (Weiter-)Qualifizierung von Beschäftigten. Dennoch können oder wollen die Organisationen sich – aufgrund beschränkter Ressourcen oder opportunistischen Verhaltens – nicht immer an einem gemeinsamen Management der vorhandenen und zukünftig benötigten Kompetenzen beteiligen, sodass sich ein Fachkräftemangel entwickeln oder verschärfen kann. Im Cluster Optik in der Region Berlin-Brandenburg tragen zum Fachkräftemangel zudem eine alternde Belegschaft und ein Mangel an Nachwuchs bei.

Dieser doppelten Herausforderung – Kooperation unter Wettbewerbern um Fachkräfte und demografischer Wandel – kann durch ein demografiesensibles Kompetenzmanagement begegnet werden. Insbesondere bedarf es neuer Anreiz- und Koordinationsmechanismen, die einen Transfer von explizitem sowie implizitem Wissen auf verschiedenen Ebenen des Clusters (Organisations-, Netzwerk- und Clusterebene) fördern und auf diese Weise die Entwicklung von Fachkräften begünstigen.

Beispiele für Maßnahmen zum demografiesensiblen Kompetenzmanagement, die im Rahmen des Verbundprojektes AlFaClu (Altersgerechte und -übergreifende Fachkräfteentwicklung in Hochtechnologie-Clustern am Beispiel optischer Technologien und Mikrosystemtechnik in Berlin und Brandenburg) entwickelt und eingesetzt werden, sind u. a. der Arbeitskreis „Fachkräfte", zu dem private und öffentliche Organisationen beitragen, Praxisleitfäden zur Etablierung eines demografiesensiblen Kompetenzmanagements in Unternehmen, sowie eine digitale Weiterbildungsplattform auf Netzwerk- und Clusterebene.

8.1 Cluster Optik in der Region Berlin-Brandenburg

Im Cluster Optik in der Region Berlin und Brandenburg agieren Firmen, Forschungseinrichtungen, Aus- und Weiterbildungsinstitute, Verbände und viele weitere Organisationen – insgesamt ca. 445 – in zwei wichtigen Schlüsseltechnologien des 21. Jahrhunderts: Optische Technologien und Mikrosystemtechnik (Land Brandenburg und Land Berlin 2018). Die Hauptstadtregion zählt hier zu den international führenden Standorten (Cluster Optik 2018). Um diese Position zu erhalten, ist die nachhaltige Sicherung und Entwicklung von Kompetenzen (Exkurs: Kompetenzen) zentral. Dazu kann ein umfassendes Kompetenzmanagement einen wichtigen Beitrag leisten.

In Hochtechnologiebereichen finden Arbeitsprozesse oft nicht mehr nur innerhalb von Einzelorganisationen, sondern vermehrt organisationsübergreifend in Netzwerken statt, um Kosten und Risiken zu teilen sowie die Innovationskraft zu stärken. Dabei kooperieren nicht nur Organisationen miteinander, die auf dem Absatzmarkt im Wettbewerb miteinander stehen, sondern dies auch auf dem Arbeitsmarkt, insbesondere jenem für Fachkräfte, tun (Das Folgende bis einschließlich Ende ▶ Abschn. 8.2 ist nahezu unverändert übernommen aus Gärtner et al. 2018, S. 66–68.). Vor dem Hintergrund eines regional konzentrierten und vernetzten Hochtechnologie-Clusters erscheint es deshalb zweckmäßig, dass die konzeptionelle Fassung von Kompetenzen und ihr Management nicht nur auf das einzelne Individuum bezogen wird, sondern auch kollektive Kompetenzphänomene sowie die Gleichzeitigkeit von Kooperation und Wettbewerb – eine sogenannte „Coopetition" (Brandenburger und Nalebuff 2011) – beachtet. Eine solche Mehrebenenbetrachtung impliziert dann auch andere, zum Teil neue Instrumente für die praktische Entwicklung von Kompetenzen.

8.2 Kompetenzmanagement in einem regionalen Markt knapper Fachkräfte – oder: eine Tragödie kollektiver Ressourcen

Ein regionaler Pool an beruflich qualifizierten Arbeitskräften, der allen Organisationen eines Wirtschaftsclusters zur Verfügung steht und die Wettbewerbsposition der Clusterakteure und des Clusters (Exkurs: Was ist ein Cluster?) als Ganzes stärkt, kann als kollektives Wettbewerbsgut bezeichnet werden (Le Galès und Voelzkow 2001, S. 3). Insbesondere für KMU in Clustern ist der Zugang zu kollektiven Wettbewerbsgütern von großer Bedeutung, da sie aufgrund fehlender Ressourcen (Zeit, Kapital, Personal etc.) oft nicht imstande sind, diese Güter selbst zu erzeugen oder ihre Nachfrage nach diesen voll decken zu können (Le Galès und Voelzkow 2001, S. 5 f.). Beispielsweise besitzen KMU, die einen Großteil von Organisationen in Clustern bilden, oft keine eigene Personalabteilung, die sich um die Qualifizierung des Personals kümmern könnte (Lanfranconi 2012, S. 11). Darüber hinaus weisen KMU meist einen geringeren Bekanntheitsgrad als große Unternehmen auf, was die Rekrutierung des benötigten Humankapitals erschwert (Deller et al. 2008, S. 130). Als Gegenmaßnahmen gehen KMU oft Kooperationen ein und/oder verschaffen sich Zugang zu einem regionalen Pool an qualifizierten Arbeitskräften (Le Galès und Voelzkow 2001, S. 3). Beide Strategien sind mit Kosten und Konflikten verbunden, die wir im Folgenden näher beschreiben.

Ein **regionaler Arbeitskräftepool** gilt als Ressource, die von allen Organisationen im Cluster in Anspruch genommen werden kann. Eine Ressource, von deren Nutzung Verbraucher/-innen (beispielsweise Personen oder KMU) nicht oder nur mit außerordentlichem Aufwand ausgeschlossen werden können und bei denen ein Wettbewerb zwischen den Beteiligten herrscht – so wie es sich im Fall des qualifizierten Arbeitskräftepool verhält – wird als Quasikollektivgut bezeichnet (Redlich 2011, S. 44). Wie bei allen Ressourcen, die in Kollektiven genutzt werden, besteht auch in einem Cluster die Gefahr der „Tragödie der Allmende" (Hardin 1968). Sie tritt ein, wenn sich die Beteiligten wie Trittbrettfahrer verhalten, d. h., diese so viel Ertrag wie möglich bei minimaler oder gar keiner Zuarbeit erreichen wollen, und sich dabei die Ressource abnutzt bzw. nicht weiterentwickelt wird, sodass sie nicht mehr für alle reicht bzw. auf Dauer zu Brachland wird (Duschek et al. 2015). Kurz gesagt, das Dilemma von (Quasi-)Kollektivgütern ist, dass alle Akteure einer Nutzergruppe sich des Gutes bedienen, um wettbewerbsfähiger zu werden, aber keiner verpflichtet werden kann, sich an der Herstellung oder Erhaltung des Gutes zu beteiligen (Olson 1971, S. 57 ff.).

Auf das Cluster Optik angewendet heißt das: Die Organisationen im Cluster profitieren von dem Zugang zum Pool an qualifizierten Beschäftigten, können oder wollen aber häufig nicht zur Nachschubsicherung und Qualifizierung von Beschäftigten beitragen. Das Nichtkönnen liegt u. a. in den beschränkten Ressourcen begründet, während das Nichtwollen aus Opportunismus herrührt. Beschränkte Ressourcen können sich, wie bereits oben erwähnt, in Form von fehlenden Personalabteilungen oder Fähigkeiten bei der Rekrutierung und Personalentwicklung zeigen. Opportunistisch verhalten sich Akteure, wenn sie nur ihr eigenes Wohlergehen im Sinn haben und sich nicht um die

Aufrechterhaltung des Arbeitskräftepools kümmern. Das schließt als eine erste mögliche Strategie mit ein, dass von anderen Unternehmen Fachkräfte abgeworben werden, um nicht selbst für die Kosten der Qualifizierung aufkommen zu müssen. Sowohl die beschränkten Ressourcen als auch das opportunistische Verhalten können dazu führen, dass der Fachkräftepool „versiegt" und sich ein Fachkräftemangel im Cluster entwickeln bzw. verschärfen kann (Crouch 2004, S. 96 f.; Kunkel 2010, S. 76).

Im Cluster Optik werden insbesondere bei Elektrotechnikern/-innen und Elektroingenieuren/-innen Engpässe laut Fachkräftemonitor erwartet (IHK Berlin 2018). Neben den beiden genannten Faktoren spielt auch der demografische Wandel für das Volumen und die Qualität des Arbeitskräftepools in diesem Cluster eine Rolle, weil einerseits im technischen Bereich ein genereller Mangel an Nachwuchs beklagt wird, andererseits – zumindest in Brandenburg – die demografischen Risiken besonders hoch sind, also weniger junge Menschen einer alternden Bevölkerung gegenüberstehen (Land Brandenburg 2018). (Im Vergleich dazu wächst Berlin hingegen durch einen Zugewinn von Personen verschiedener Altersgruppen; Senatsverwaltung für Stadtentwicklung und Wohnen Berlin 2018.) Ein spezifisches demografisches Problem liegt in der geopolitischen Historie begründet: Im Gebiet der ehemaligen DDR kam es kurz nach der Wende zu einer Abwicklung von einigen (Groß-)Betrieben, aber auch zu zahlreichen Neugründungen (Lerch 2009), sodass heute – gut 25 Jahre später – ein Generationswechsel auf der Führungsebene ansteht.

Die zweite Strategie liegt darin, **Kooperationen** einzugehen. Auch diese birgt Kosten und Konfliktpotenziale. Zunächst fallen Such- und Verhandlungskosten an: Passende Partnerorganisationen müssen identifiziert, kontaktiert und zusammengeführt werden. Nach Vertragsabschluss ist mit Überwachungskosten und, bei Konflikten um Leistungen und Gegenleistungen, mit Gerichtskosten oder Ähnlichem zu rechnen (Williamson 1985). Wiederum sind KMU hier in einer schwierigen Position, insofern sie selten auf unterstützende Stellen und/oder Stäbe im Unternehmen zurückgreifen können, um passende Partner zu finden, Verträge aufzusetzen und deren Einhaltung zu überwachen. Verkompliziert wird dies dadurch, dass die Firmen im Wettbewerb um die Arbeitskräfte stehen, da Organisationen im Cluster teilweise um dieselben Arbeitskräfte buhlen, von denen nur eine begrenzte Anzahl zur Verfügung steht (Le Galès und Voelzkow 2001, S. 3). Diese Gleichzeitigkeit von Kooperation und Wettbewerb birgt Konfliktpotenziale, deren Regelung im Kompetenzmanagementkonzept berücksichtigt werden muss (▶ Abschn. 8.4 und 8.5).

> **Exkurs**
>
> **Kompetenzen**
>
> Katz (1974) unterscheidet drei Schlüsselkompetenzen. Technische Kompetenzen umfassen Sachkenntnisse und die Fähigkeit, theoretisches Wissen und Methoden auf einen konkreten Fall anzuwenden. Soziale Kompetenzen liegen in der Fähigkeit, mit anderen Menschen zusammenzuarbeiten; hierzu zählen z. B. Kooperationsbereitschaft und das Vermögen, sich in andere Menschen hineinzuversetzen. Konzeptionelle Kompetenzen umfassen die Fähigkeit, Probleme und Chancen im Zusammenhang zu erkennen und zu strukturieren; hierzu wird zum einen ein grundsätzliches Verständnis des arbeitstechnischen Gesamtsystems vorausgesetzt und zum anderen die Fähigkeit verlangt, ein Problem aus verschiedenen Perspektiven zu betrachten (siehe auch ▶ Kap. 3).

> **Exkurs**
>
> **Was ist ein Cluster?**
>
> Ein Cluster ist eine geografische Konzentration von miteinander verbundenen Organisationen in einem bestimmten Wirtschaftszweig. Aufgrund enger Lieferverflechtungen und Kooperationsbeziehungen stehen diese Organisationen miteinander in Beziehung und entfalten eine hohe Wettbewerbsfähigkeit (Porter 1999). Zu solch einem Cluster gehören u. a. Unternehmen, Forschungs- und Hochschuleinrichtungen sowie Verbände und Wirtschaftseinrichtungen (z. B. IHK, Handwerkskammern).

8.3 Kompetenzmanagement durch Wissenstransformation

Kompetenzen sind Fähigkeiten („etwas gut können") eines sozialen Akteurs zur Lösung von Herausforderungen, also zur Lösung der Differenz zwischen Soll- und Ist-Zustand. Etwas „gut zu können", beinhaltet den Rückgriff auf Wissen („etwas haben"), das an einen sozialen Akteur gebunden ist (Ortmann 2014; Windeler 2014). Der Aufbau von Wissen ist deshalb ein wichtiges Element in einem Kompetenzmanagementkonzept. In der Literatur zum Wissensmanagement wird Wissen definiert als:

> » [...] a mix of framed experiences, values, contextual information, and expert insights that provides a framework for evaluating and incorporating new experiences and information. It originates and is applied in the minds of knowers (Davenport und Prusak 2000, S. 5).

In diesem Zuge kann zudem zwischen explizitem und implizitem Wissen unterschieden werden: **Explizites Wissen** zeichnet sich dadurch aus, dass es systematisch gewonnenes, kontextungebundenes Wissen ist, das mittels Zeichen (Sprache, Schrift) eindeutig kommunizierbar und mithilfe zahlreicher Medien als Information speicher-, dokumentier- sowie transferierbar ist, beispielsweise über Print- oder IT-Medien. Explizites Wissen ist auf diese Weise formal für andere gestaltbar (Hansen et al. 1999). Demgegenüber zeichnet sich **implizites Wissen** dadurch aus, dass es nur schwer bis gar nicht formalisier- und vermittelbar ist, weil es an Personen gebunden ist und innerhalb eines spezifischen Kontextes begründet liegt (Polanyi 1985, S. 14). Die Debatte über die Transformierbarkeit impliziten Wissens in explizites ist lang und kontrovers (Gärtner 2007; Schreyögg und Geiger 2005). In der managementorientierten Literatur wird in der Regel betont, dass implizites Wissen zwischen Personen durch Beobachtungen, Erfahrungen oder Nachahmungen ausgetauscht werden kann (Nonaka und Takeuchi 1997, S. 84 ff.).

Grundsätzlich nimmt das hier diskutierte Kompetenzmanagementkonzept an, dass explizites und implizites Wissen im Cluster transferiert werden können. Allerdings erfolgt der **Wissenstransfer** nicht automatisch, sondern kann und muss in den meisten Fällen durch Rahmenbedingungen ermöglicht werden (Sydow et al. 2003). Dazu gehören Anreizmechanismen, die einerseits Akteure im Cluster dazu motivieren, ihr Wissen mit anderen zu teilen. Denn immer wieder gibt es Wissensträger/-innen, die im Wissen eine zentrale Basis ihrer eigenen Machtposition sehen, die sie schützen wollen (Crozier und Friedberg 1993). Andererseits gehören dazu auch Koordinationsmechanismen, die die Wissenstransferprozesse ermöglichen und gegen negative Einflussnahme absichern. So werden Transaktionskosten, trotz der Möglichkeit opportunistischen Verhaltens, reduziert. Ein weiterer Baustein eines systematischen Kompetenzmanagements ist deshalb die Berücksichtigung geeigneter Koordinationsmechanismen, da nur so die beschriebenen Herausforderungen bewältigt und die Entwicklung von Beschäftigten vorangetrieben werden können.

8.4 Koordinations- und Anreizmechanismen gestalten den Wissenstransfer

Die Ziele der Koordinations- und Anreizmechanismen zum Zweck einer Entwicklung von Beschäftigten liegen darin,
a. Wissenstransferprozesse generell zu ermöglichen,
b. eine Balance zu schaffen zwischen dem Geben und Nehmen während der Wissenstransferprozesse sowie
c. die Transaktionskosten in Wissenstransferprozessen zu reduzieren, indem erwünschtes Verhalten positiv und abweichendes Verhalten negativ sanktioniert wird (vgl. auf Einzelunternehmen bezogen Güttel 2007).

Koordinationsmechanismen umfassen Regeln, Werte, Normen und Strukturen, die Informationen über die erwartete Form der Zusammenarbeit für einen Wissenstransfer bündeln und transportieren (Güttel 2007, S. 470). Sie erzeugen Stabilität in Entscheidungsfindungsprozessen und machen das eigene Handeln und das anderer durch die Abgrenzung von Aufgabengebieten und Handlungsspielräumen erwartbar, d. h., sie reduzieren Unsicherheit (Güttel 2007, S. 470). Zudem können sie eine Sanktionsgrundlage liefern: Ein Abweichen von ihnen führt zu negativen Sanktionen, wohingegen ihre Erfüllung positiv sanktioniert werden kann. Die Koordinationsmechanismen können formellen oder informellen Charakters sein. Formelle Koordinationsmechanismen stützen sich auf explizite Kontroll- und Machtinstrumente wie dokumentierte Regeln, beispielsweise in Form von dauerhaften Verträgen. Auch Werte, Normen und Strukturen können für die Beteiligten offensichtlich gemacht werden und so für den Transfer von Wissen explizit herangezogen werden. Informelle Koordinationsmechanismen hingegen steuern über implizite Regeln, Werte, Normen und Strukturen den Transfer von Wissen zwischen Beschäftigten. Sie bilden die Grundlage für die gemeinsame Ausübung eines kollektiven Handelns, die ihren Ursprung beispielsweise in der Unternehmenskultur findet oder in informellen Kontroll- und Machtmechanismen (Güttel 2007, S. 471). Neben impliziten, psychologischen Verträgen ist Vertrauen ein zentraler Koordinationsmechanismus (Gilbert 2005; Güttel 2007).

Anreizmechanismen sorgen für eine Verhaltensbeeinflussung von Beschäftigten, indem sie bestimmte Verhaltensweisen stimulieren. Dabei können materielle oder immaterielle Motivationsinstrumente die Verhaltensbeeinflussung steuern. Die Anreizmechanismen können direkt auf einzelne Beschäftigte zielen, um ihr individuelles Verhalten zu beeinflussen, oder sich gleichermaßen auf mehrere Beschäftigte beziehen und damit kontextgestaltend eine indirekte Verhaltensbeeinflussung anstreben (Güttel 2007, S. 471 f.).

Die für das Cluster Optik entwickelten und erprobten Maßnahmen basieren auf dem eben skizzierten konzeptionellen Hintergrund, d. h., dass Koordinations- und

Anreizmechanismen auf verschiedenen Ebenen des Clusters zum Transfer von (explizitem und implizitem) Wissen und damit zur Entwicklung des Fachkräftepools beitragen (siehe auch Duschek und Gärtner 2018).

8.5 Transfer von Wissen auf Individual-, Organisations-, Netzwerk- und Clusterebene

Der Transfer von Wissen zielt zunächst einmal auf das **Individuum,** dem neues Wissen zugeführt werden soll oder das Wissen mit anderen Individuen teilen soll. Handelnde Individuen sind demnach eine Voraussetzung für den Transfer von Wissen. Dabei wird in der Forschung u. a. davon ausgegangen, dass Individuen mit personenspezifischen Merkmalen ausgestattet sind, beispielsweise in Hinblick auf Intelligenz, Interesse, Kollaborationsneigung und fachliche sowie soziale Kompetenzen, die beim Transfer von Wissen eine Rolle spielen können (Staehle et al. 1999, S. 162 ff.).

Arbeitskräfte sind meist an **Organisationen** gebunden, in deren Rahmen sie ihre Arbeitsleistung bereitstellen. Zu Organisationen in Clustern gehören beispielsweise Unternehmen und Forschungseinrichtungen, die die Rolle von Produzierenden, Zulieferbetrieben, Kundschaft, Konkurrenten/Konkurrentinnen oder Kooperationspartnern/-partnerinnen übernehmen können, womit nicht nur eine Akteursheterogenität auf der übergeordneten Ebene der Organisationen besteht, sondern auch auf der Ebene der Rollen- und Wissensverteilung von Organisationen (Schreyögg und Geiger 2003, S. 10; Hahn 2013, S. 46 f.). Explizites und implizites Wissen verteilen sich im Cluster auf die verschiedenen Organisationen. Das bedeutet nicht nur, dass sie ein bestimmtes Wissen besitzen, das in irgendeiner Weise zielgerichtet und organisationsspezifisch eingesetzt wird. Sie müssen das Wissen auch als solches erkennen, verstehen, mit anderem Wissen verknüpfen und in der Organisation weiterentwickeln (Hahn 2013, S. 46 f.).

Organisationen in Clustern können in **interorganisationale Netzwerke** eingebunden sein, bei denen es sich um eine Organisationsform ökonomischer Aktivitäten handelt, in deren Mittelpunkt ein System an sozialen Beziehungen steht (Sydow und Duschek 2011, S. 45; Windeler 2001, S. 33). Beispielsweise können Unternehmensnetzwerke, als Netzwerke von Beziehungen zwischen Unternehmen, einen von vielen interorganisationalen Netzwerktypen in Clustern bilden. Dabei können die Vernetzungsgrade und -qualitäten (Exkurs: Vernetzungsgrade und -qualitäten in Netzwerken), d. h. die Inhalte sowie die Arten und Weisen von Beziehungen in den Netzwerken, vielfältig sein (Windeler 2001, S. 34). Wie auf der Individual- und Organisationsebene ist davon auszugehen, dass auch auf der Netzwerkebene Wissen transferiert werden kann, wobei es sich hierbei um Organisationen handelt, zwischen denen im Rahmen ihres Netzwerks Wissen ausgetauscht wird (Sydow und Duschek 2011, S. 53 ff.).

Regionale Cluster wie das Cluster Optik Berlin-Brandenburg, in denen Organisationen durch eine verwandte Branche und durch ihre räumliche Konzentration miteinander verbunden sind, zeichnen sich dadurch aus, „dass in ihnen eine größere Zahl interorganisationaler Netzwerke mit tendenziell größerer Dichte agiert" (Sydow und Duschek 2011, S. 59; vgl. grundlegend Lerch 2009). Ein weiteres Wesensmerkmal, das auch das Cluster Optik kennzeichnet, ist die oben bereits beschriebene Coopetition: Im Cluster müssen die im Wettbewerb stehenden Organisationen angesichts hoher

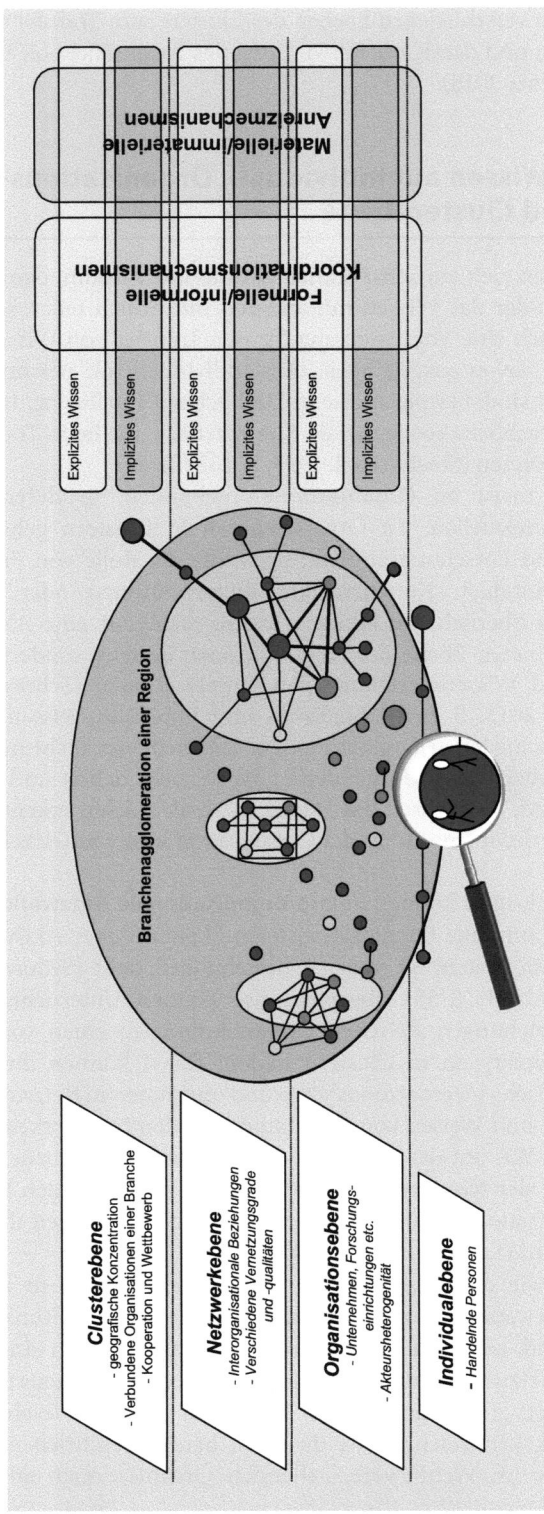

Abb. 8.1 Transfer von explizitem und implizitem Wissen auf Organisations-, Netzwerk- und Clusterebenen in Unterstützung von Koordinations- und Anreizmechanismen. (Modifiziert nach Duschek und Gärtner 2018, S. 86)

Innovations-, Labor- und Materialkosten sowie zunehmender Wissensintensivierung und -verteilung für eine Entwicklung von Fachkräften miteinander kooperieren. Gleichzeitig konkurrieren sie aber, im Sinne des Quasikollektivgutdilemmas, um die knappen qualifizierten Fachkräfte. Ein Transfer von Wissen auf Clusterebene, gefördert durch Koordinations- und Anreizmechanismen, sollte demzufolge auf die Herausforderung Coopetition eingehen. Um dieser (und anderen Herausforderungen) beizukommen, werden regionale Clustermanagements häufig durch Geschäftsstellen administrativ unterstützt (Sydow und Duschek 2011, S. 225; Sydow und Zeichhardt 2013). Dies ist auch im Cluster Optik der Fall, weshalb im Projekt AlFaClu (► http://www.alfaclu.net/) u. a. mit einer derartigen Stelle zusammengearbeitet wird, um den Transfer von Wissen und damit die Entwicklung von Fachkräften zu unterstützen.

Neben einem Wissenstransfer auf der Organisations-, Netzwerk- und Clusterebene, der auf das Individuum als Wissensträger auf diesen Ebenen zielt, ist ein Transfer von Wissen auch zwischen den einzelnen Ebenen möglich.

Eine grafische Zusammenfassung von ► Abschn. 8.3–8.5 findet sich in ◘ Abb. 8.1.

> **Exkurs**
>
> **Vernetzungsgrade und -qualitäten in Netzwerken**
>
> Windeler (2001) geht allgemein von drei Beziehungsausprägungen aus: Die potenziellen Geschäftsinteraktionen umfassen beispielsweise Gelegenheitsstrukturen, die die Option zur Kommunikation zwischen den Organisationen schafft. Die tatsächlichen Geschäftsinteraktionen zwischen Organisationen beinhalten beispielsweise den Tausch von Gütern, Diensten oder Personal. Darüber hinaus können dauerhafte Geschäftsbeziehungen zwischen Organisationen bestehen. Die Beziehungen können wiederum vielfältig miteinander verbunden sein (Windeler 2001, S. 34).

8.6 Kompetenzmanagementmaßnahmen im Projekt AlFaClu

Die Koordinations- und Anreizmechanismen im Projekt AlFaClu, die zu einer Fachkräfteentwicklung im Cluster Optik beitragen sollen, bewegen sich auf den Ebenen Organisation, Netzwerk und Cluster. Dabei zielt der Wissenstransfer auf und zwischen den verschiedenen Ebenen, gesteuert durch die Koordinations- und Anreizmechanismen, auf das Individuum, in diesem Fall die Fachkraft, die neues Wissen erhalten bzw. ihr Wissen mit anderen Fachkräften teilen soll. Eine der Besonderheiten bei AlFaClu liegt darin, dass die Koordinations- und Anreizmechanismen u. a. demografiesensibel ausgeprägt sind; sie streben an, der alternden Belegschaft und dem Nachwuchsmangel im Cluster entgegenzuwirken.

Im Projekt AlFaClu wurden verschiedene Koordinations- bzw. Anreizmechanismen für das Cluster entwickelt, erprobt und implementiert, von denen im Folgenden drei ausgewählte Mechanismen, mit einer Einordnung nach den Merkmalen Art des Mechanismus (Koordinations- oder Anreizmechanismus), Ebene der Interaktion bzw. des Austausches (Organisations-, Netzwerk- oder Clusterebene) und betroffene Wissensart (explizites oder implizites Wissen), vorgestellt werden.

- **Arbeitskreis „Fachkräfte"**

Der Arbeitskreis „Fachkräfte" bietet u. a. Personalverantwortlichen von Unternehmen und Forschungseinrichtungen, Vertretungen von Netzwerk- und Clusterorganisationen (z. B. Geschäftsstellenleitungen) und regionalen Multiplikatoren bzw. Körperschaften (etwa der IHK) des Clusters Optik einen Rahmen für regelmäßige Treffen, um gemeinsam Wege zu finden, den Bedarf an qualifizierten Fachkräften zu decken und den demografischen Herausforderungen im Cluster angemessen begegnen zu können (hierzu bzw. zum Arbeitskreis „Fachkräfte" siehe auch Duschek und Gärtner 2018, S. 89 f., sowie Kunze und Voigt 2018).

Generell ist der Arbeitskreis ein formeller Koordinationsmechanismus, der demografischen Risiken durch **Bündelung von Ressourcen** auf interorganisationaler Ebene entgegenwirkt; formell deswegen, da er aufgrund einer Vereinbarung zwischen mehreren Organisationen entstanden ist (wenngleich kein rechtliches Vertragswerk zugrunde liegt und auch nicht liegen muss). Als Instrument forciert und koordiniert er die Entwicklung von Fachkräften auf einer überorganisationalen Ebene und bietet ein systematisiertes Format für die Mitwirkenden zur Zusammenarbeit und zur gemeinsamen Findung von Lösungen zum Thema Personalentwicklung.

Im Arbeitskreis werden von den Teilnehmenden wiederum Koordinations- und Anreizmechanismen für die Fachkräfte im Cluster initiiert und entwickelt, beispielsweise der **Weiterbildungskurs Optik,** der u. a. jungen Fachkräften (Universitätsabsolventen/-absolventinnen, Auszubildenden etc.) jeglicher Fachrichtungen explizites Basiswissen zum Thema Optische Technologien vermittelt. Der Wissenstransfer zwischen den Teilnehmenden im Arbeitskreis findet vornehmlich auf der Clusterebene statt und betrifft insbesondere den Austausch von explizitem Wissen, eröffnet aufgrund der persönlichen Interaktion aber auch die Möglichkeit zum Austausch impliziten Erfahrungswissens.

Die Netzwerkebene ist zudem dadurch eingebunden, dass sich im Arbeitskreis auch Akteure wiederfinden, deren Organisationen im Netzwerkverband OpTec-Berlin-Brandenburg (OpTecBB) e. V. zusammengeschlossen sind. Das Kompetenznetz OpTecBB e. V. ist eine Initiative von Unternehmen und wissenschaftlichen Einrichtungen in Berlin und Brandenburg, die gemeinsame Wege zur Erschließung und Nutzung von Optischen Technologien und Mikrosystemtechnik gehen wollen (OpTecBB 2018).

- **Praxisleitfäden**

Die im Projekt AlFaClu entwickelten Praxisleitfäden sind hingegen eher den Anreizmechanismen zuzuordnen. Die Leitfäden sollen Clusterorganisationen motivieren, ein demografiesensibles Kompetenzmanagement zu betreiben, indem einzelne Instrumente praxisnah erklärt werden, sodass sie selbstständig in den jeweiligen Organisationen eingesetzt werden können (hierzu bzw. zu den Praxisleitfäden siehe auch Duschek und Gärtner 2018, S. 88 f., sowie Gärtner und Kannenberg 2018). Die Leitfäden zielen sowohl auf die Organisations-, Netzwerk- und Clusterebene: Sie motivieren einzelne Unternehmen und Forschungsinstitute dazu, Instrumente zum Kompetenzmanagement (auf individueller Organisationsebene) einzusetzen, sie können zum interorganisationalen Wissensaustausch (auf Netzwerkebene) motivieren und geben teilweise Anreiz dazu (auf Clusterebene), trotz der Konkurrenz um Fachkräfte, mit anderen Organisationen hinsichtlich der Fachkräfteentwicklung zu kooperieren.

Zum Beispiel werden den Organisationen mithilfe der Praxisleitfäden die **Rahmenbedingungen für Instrumente** wie die Altersstrukturanalyse, der Demografielotse, die Einführung und das Management von altersgemischten Teams, die Vermittlungsbörse Rent-a-Rentner und die Wissenskarten Gelbe Seiten nähergebracht. Zudem werden konkrete **finanzielle Anreize** aufgezeigt, indem speziell KMU auf bestehende finanzielle und ideelle Fördermöglichkeiten, die sie in Anspruch nehmen können, um neue Fachkräfte einzustellen und/oder in ihren Unternehmen hinsichtlich Kompetenzentwicklung zu fördern, aufmerksam gemacht werden. Die Leitfäden informieren die Organisationen u. a. über **Best Practices** zum Aufbau und zur Gestaltung sowie zur Implementierung der Kompetenzmanagementinstrumente, die zur Fachkräfteentwicklung beitragen können.

Durch die Darbietung von in den Leitfäden verschriftlichtem und somit explizitem Wissen über erprobte „Erfolgsrezepte" in Bezug auf die Praktiken und Vorgehensweisen der einzelnen Instrumente sollen die Praxisleitfäden den Organisationen einen Anreiz und die Fähigkeit dazu geben, ihre Organisationen entsprechend demografiesensibel und kompetenzfest zu gestalten. Insofern streben die Leitfäden als Anreizmechanismus danach, das Verhalten von Entscheidern und Entscheiderinnen in Organisationen dahin gehend zu beeinflussen, die in den Leitfäden genannten Erfolgsmethoden im Interesse ihrer Organisationen einzusetzen.

Neben finanziellen und inhaltlichen Anreizen entfalten die Instrumente, die in den Leitfäden vorgestellt werden, aber auch koordinative Wirkung. Denn sobald sie in den Organisationen eingesetzt werden, sorgen sie für explizite Strukturen, die zum Transfer von Wissen beitragen.

- **Weiterbildungsplattform**

Das Projekt AlFaClu begleitete zudem die Entwicklung einer digitalen Weiterbildungsplattform für das Cluster Optik. Auf dieser Plattform sollen bestehende, aber den meisten Clusterorganisationen unbekannte sowie neue **Weiterbildungsangebote im Bereich Optik und Photonik** zentral zusammengeführt und von Clusterakteuren gebucht werden (zur Weiterbildungsplattform ausführlich siehe Gärtner et al. 2018). Die Plattform soll auf diese Weise zu einer höheren Beteiligung an der (demografiesensiblen) Fachkräfteentwicklung im Cluster beitragen.

Generell ist die Plattform einem formalen Koordinationsmechanismus zuzuordnen: Die schriftlich dokumentierten, vom Clustermanagement selektierten und für alle Besucher der Plattform sichtbaren Weiterbildungsangebote bilden eine explizite Struktur, die den Zugang zu Weiterbildungen im Cluster erleichtert. Die Plattform trägt auf diese Weise zur Steuerung der Fachkräfteentwicklung bei.

Zunächst war beabsichtigt, den Organisationen des Clusters über die Plattform in erster Linie explizite Informationen zu den Rahmenbedingungen der Weiterbildungsangebote (z. B. Ort, Zeit, inhaltlicher Ablauf) zu vermitteln. Diese werden mittlerweile ergänzt durch die im Projekt AlFaClu entwickelten Praxisleitfäden, die ebenfalls auf der Plattform zum Herunterladen zur Verfügung stehen, und für einen Transfer von explizitem Wissen in Richtung der Organisationen, die Interesse an der Etablierung eines demografiesensiblen Kompetenzmanagements haben, sorgen.

Die Plattform zielt sowohl auf die Cluster- als auch auf die Netzwerkebene ab. Einerseits können Fachkräfte aller Clusterorganisationen an den angebotenen Weiterbildungen teilnehmen. Entsprechend kann es vorkommen, dass konkurrierende

Organisationen die gleichen Weiterbildungsangebote wählen und in den Prozessen der Wissensvermittlung und -bildung gemeinsam aktiv sind. Andererseits ist auch die Netzwerkebene betroffen, da auf der Plattform allein Weiterbildungsveranstaltungen vom Netzwerkverband OpTecBB und seinen Mitgliedern eingestellt werden, die für alle Clusterorganisationen geöffnet werden.

> **Fazit**
> Um die Kompetenzen von Fachkräften zu entwickeln, bedarf es geeigneter Koordinations- und Anreizmechanismen. Mit ihrer Hilfe kann den bestehenden Herausforderungen der Fachkräfteentwicklung in Clustern – z. B. dem opportunistischen Verhalten von Organisationen beim Ringen um Fachkräfte, den knappen Fachkräfteressourcen, Coopetition (Kooperation bei gleichzeitigem Wettbewerb) von Organisationen um bestehende Fachkräfte sowie dem demografischen Wandel – angemessen begegnet werden. Die Koordinations- und Anreizmechanismen tragen zum Kompetenzmanagement von Fachkräften bei, indem sie sowohl explizites (leicht kommunizierbares) als auch implizites (in Personen innewohnendes, schwer verbalisierbares) Wissen auf der Organisations-, Netzwerk- und Clusterebene in Richtung der Fachkräfte transferieren, sodass diese die Möglichkeit haben, sich beruflich zu entwickeln bzw. weiterzubilden.
> In der Praxis des Kompetenzmanagements im Cluster Optik werden u. a. die im Zuge des Projektes AlFaClu entwickelten Koordinations- und Anreizmechanismen für die Fachkräfteentwicklung eingesetzt. Hierzu gehören z. B. der Arbeitskreis „Fachkräfte", Praxisleitfäden und eine digitale Weiterbildungsplattform. Für die Wahl, Entwicklung und Implementierung von geeigneten Koordinations- und Anreizmechanismen, können verschiedene Hinweise gegeben werden, die im Verlauf des Projektes AlFaClu gewonnen werden konnten:
>
> — Die Koordinations- und Anreizmechanismen können so entworfen werden, dass sie zum Transfer von explizitem oder implizitem Wissen beitragen. Möglich ist es auch, dass ein Mechanismus beide Wissensarten übertragen kann. Beispielsweise wird im Arbeitskreis „Fachkräfte" sowohl explizites Fachwissen zwischen den Teilnehmenden transferiert, gleichzeitig kann aber auch implizites Erfahrungswissen ausgetauscht werden. Zumeist liegt der Fokus eines Mechanismus aber auf dem Transfer einer der beiden Wissensarten.
> — Der Wissenstransfer zwischen Arbeitskräften durch Koordinations- und Anreizmechanismen kann (idealerweise) auf mehreren Clusterebenen gleichzeitig stattfinden. Beispielsweise kann Wissen mithilfe eines Koordinations- oder Anreizmechanismus sowohl auf der Netzwerk- und Clusterebene in Richtung der Arbeitskräfte transferiert werden, oder der Wissenstransfer kann gleichzeitig auf Organisations- und Netzwerkebene stattfinden.
> — Die Koordinationsmechanismen können als Kontroll- und Machtmechanismen sowohl formell (durch offensichtliche, explizit ausgewiesene Regeln) als auch informell (durch nicht offensichtliche, implizite Regeln, Normen und Werte) gestaltet werden. Beispielsweise kann der Arbeitskreis „Fachkräfte" einem formellen Koordinationsmechanismus zugeordnet werden, da er aufgrund von Vereinbarungen zwischen mehreren Organisationen besteht. Entsprechend können die Anreizmechanismen für eine Verhaltensbeeinflussung von

Arbeitskräften durch materielle (gegenständliche, finanziell belohnende) oder immaterielle (ideell anerkennende) Motivationsfaktoren gestaltet werden. Beispielsweise stellen die oben genannten Praxisleitfäden einen immaterielle Anreizmechanismus dar, da sie Clusterorganisationen, ohne ihnen einen finanziellen Anreiz zu geben, dazu motivieren sollen, ein demografiesensibles Kompetenzmanagement zu betreiben.
- Die Koordinations- und Anreizmechanismen können als Multiplikatoren für andere Koordinations- und Anreizmechanismen dienen. Ein Koordinations- oder Anreizmechanismus kann demnach weitere Mechanismen hervorrufen oder es können weitere Mechanismen an ihn gebunden sein. Beispielsweise zielt der oben genannte Arbeitskreis als Koordinationsmechanismus darauf ab, dass in ihm neue Koordinations- und Anreizmechanismen zur Fachkräfteentwicklung initiiert werden, genauso wie die Praxisleitfäden als Anreizmechanismus neue Koordinationsmechanismen für den Transfer von Wissen in Organisationen hervorrufen können.

In jedem Fall können die Facetten der Koordinations- und Anreizmechanismen für ein Kompetenzmanagement in Clustern vielfältig und optimiert gestaltet werden, sodass sie die berufliche Entwicklung von Fachkräften – selbst wenn ihr gewisse Herausforderungen im Cluster entgegenstehen – begünstigen.

Weiterführende Literatur und Links
- Gärtner, C., & Duschek, S. (2011). Kollektive Intelligenz in Netzwerken. Gezielt durch Tools aufbauen. *Zeitschrift Führung + Organisation* 6, 387–393.
- Für weitere Informationen zum Projekt AlFaClu: ▶ http://www.alfaclu.net/.

Förderhinweis
Dieses Forschungs- und Entwicklungsprojekt wurde mit Mitteln des BMBF im Förderschwerpunkt „Betriebliches Kompetenzmanagement im demografischen Wandel" (Förderkennzeichen: 02L12A110, 02L12A111, 02L12A112) gefördert und vom Projektträger Karlsruhe (PTKA) betreut. Die Verantwortung für den Inhalt dieser Veröffentlichung liegt bei den Autoren.

Literatur

Brandenburger, A. M., & Nalebuff, B. J. (2011). *Co-opetition*. New York: Random House LLC.
Cluster Optik. (2018). Optik und Photonik – Schlüsseltechnologien der Zukunft. ▶ http://innobb.de/de/optik-und-photonik-0. Zugegriffen: 31. Okt. 2018.
Crouch, C. (2004). Skill formation systems. In S. Ackroyd, R. Batt, P. Thompson, & P. S. Tolbert (Hrsg.), *The Oxford handbook of work and organisation* (S. 95–114). New York: Oxford University Press.
Crozier, M., & Friedberg, E. (1993). *Die Zwänge kollektiven Handelns. Über Macht und Organisation*. Frankfurt a. M.: Beltz Athenäum.
Davenport, T. H., & Prusak, L. (2000). *Working knowledge: How organizations manage what they know*. New York: Harvard Business School Press.
Deller, J., Kern, S., Hausmann, E., & Diederichs, Y. (2008). *Personalmanagement im demografischen Wandel. Ein Handbuch für den Veränderungsprozess*. Berlin: Springer.

Duschek, S., & Gärtner, C. (2018). Integratives Kompetenzmanagement. In S. Duschek & F. Schramm (Hrsg.), *Kompetenzmanagement in Clustern und Organisationen: Fachkräfteentwicklung im demografischen Wandel* (S. 79–92). München: Hampp.

Duschek, S., Gärtner, C., Scheier, F., & Schramm, F. (2015). Co-opetition auf einem regionalen Fachkräftemarkt: Eine Tragödie kollektiver Ressourcennutzung? *Praeview – Zeitschrift für innovative Arbeitsgestaltung und Prävention, 2*, 20–21.

Gärtner, C. (2007). *Innovationsmanagement als soziale Praxis*. München: Hampp.

Gärtner, C., & Kannenberg, W. (2018). Praxisleitfäden. In S. Duschek & F. Schramm (Hrsg.), *Kompetenzmanagement in Clustern und Organisationen: Fachkräfteentwicklung im demografischen Wandel* (S. 93–104). München: Hampp.

Gärtner, C., Kannenberg, W., & Geese, M. (2018). Co-opetition. In S. Duschek & F. Schramm (Hrsg.), *Kompetenzmanagement in Clustern und Organisationen: Fachkräfteentwicklung im demografischen Wandel* (S. 66–78). München: Hampp.

Gilbert, D. U. (2005). Kontextsteuerung und Systemvertrauen in strategischen Unternehmensnetzwerken. *Die Unternehmung, 59*(5), 407–422.

Güttel, W. H. (2007). Wissenstransfer in Organisationen: Koordinationsmechanismen und Anreizsysteme als Gestaltungsparameter. *Schmalenbachs Zeitschrift für betriebswirtschaftliche Forschung, 59*, 465–486.

Hahn, K. (2013). *Heterogene Akteure als Innovationspartner: Zur Strukturierung von Handeln in industriellen Innovationsprojekten*. Wiesbaden: Springer VS.

Hansen, M. T., Nohria, N., & Tierney, T. (1999). What's your strategy for managing knowledge? *Harvard Business Review, 77*(2), 106–116.

Hardin, G. (1968). The tragedy of the commons. *Science, 162*(3859), 1243–1248.

Industrie- und Handelskammer zu Berlin (IHK Berlin). (2018). Fachkräftemonitor: Fachkräftebedarf. ► http://www.fachkraeftemonitor-berlin.de/fachkraeftemonitor.html#jfmhunr-ig2v6. Zugegriffen: 31. Okt. 2018.

Katz, R. L. (1974). Skills of an effective administrator. *Harvard Business Review, 52*(5), 90–102.

Kunkel, K. (2010). *Regionale Cluster und regionale Arbeitsmärkte: Prozesse der Flexibilisierung und Spezialisierung am Beispiel des Luftfahrtclusters Hamburg*. Münster: LIT.

Kunze, K., & Voigt, U. (2018). Arbeitskreis Fachkräfte. In S. Duschek & F. Schramm (Hrsg.), *Kompetenzmanagement in Clustern und Organisationen: Fachkräfteentwicklung im demografischen Wandel* (S. 105–108). München: Hampp.

Land Brandenburg. (2018). Strukturen und Prognosen: Bevölkerungsprognose des Landes Brandenburg 2014 bis 2040. ► https://www.brandenburg.de/cms/detail.php/bb1.c.482242.de. Zugegriffen: 31. Okt. 2018.

Land Brandenburg, & Land Berlin (Hrsg.). (2018). Jahresbericht 2017 zum Ergebnis- und Wirkungsmonitoring. Cluster Optik und Photonik Berlin Brandenburg. 27.06.2018. ► http://www.optik-bb.de/sites/default/files/downloads/jb2017_optik_und_photonik_final.pdf. Zugegriffen: 31. Okt. 2018.

Lanfranconi, L. M. (2012). "Kleine und mittlere Unternehmen (KMU) können und müssen kaum Gleichstellungsmaßnahmen durchführen". Aussagen und Projekte im Umsetzungsprozess des Schweizer Gleichstellungsgesetzes (GlG) und dessen Folgen. *Femina Politica – Zeitschrift für feministische Politikwissenschaft, 21*(2), 11.

Le Galès, P., & Voelzkow, H. (2001). Introduction: The governance of local economies. In C. Crouch, P. Le Galès, C. Trigilia, & H. Voelzkow (Hrsg.), *Local production systems in Europe: Rise or demise?* (S. 1–24). Oxford: Oxford University Press.

Lerch, F. (2009). *Netzwerkdynamiken im Cluster: Optische Technologien in der Region Berlin-Brandenburg*. Berlin: Freie Universität Berlin Institut für Management.

Nonaka, I., & Takeuchi, H. (1997). *Die Organisation des Wissens*. Frankfurt a. M.: Campus.

Olson, M. (1971). *The logic of collective action*. Cambridge: Harvard University Press.

Optec-Berlin-Brandenburg (OpTecBB) e. V. (2018). OpTecBB: Kompetenznetz Optische Technologien. ► https://optecbb.de/lang/de/startseite.php. Zugegriffen: 31. Okt. 2018.

Ortmann, G. (2014). Können und Haben, Geben und Nehmen. Kompetenzen als Ressourcen: Organisation und strategisches Management. In A. Windeler & J. Sydow (Hrsg.), *Kompetenz. Sozialtheoretische Perspektiven* (S. 19–107). Wiesbaden: Springer VS.

Polanyi, M. (1985). *Implizites Wissen*. Frankfurt a. M.: Suhrkamp.

Porter, M. E. (1999). Unternehmen können von regionaler Vernetzung profitieren. *Harvard Business Manager, 21*, 51–63.

Redlich, T. (2011). Theoretische Erklärungsmuster der Wertschöpfungssystematik. In J. P. Wulfsberg (Hrsg.), *Wertschöpfung in der Bottom-up-Ökonomie* (S. 43–81). Berlin: Springer.
Schreyögg, G., & Geiger, D. (2003). *Kann die Wissensspirale Grundlage des Wissensmanagements sein?* Berlin: Freie Universität Berlin Institut für Management.
Schreyögg, G., & Geiger, D. (2005). Zur Konvertierbarkeit von Wissen: Wege und Irrwege im Wissensmanagement. *Zeitschrift für Betriebswirtschaft, 75*(5), 433–453.
Senatsverwaltung für Stadtentwicklung und Wohnen Berlin. (2018). Bevölkerungsprognose 2015–2030 – Berlin und Bezirke. ► https://www.stadtentwicklung.berlin.de/planen/bevoelkerungsprognose/. Zugegriffen: 31. Okt. 2018.
Staehle, W. H., Conrad, P., & Sydow, J. (1999). *Management: Eine verhaltenswissenschaftliche Perspektive*. München: Vahlen.
Sydow, J., & Duschek, S. (2011). *Management interorganisationaler Beziehungen: Netzwerke – Cluster – Allianzen*. Stuttgart: Kohlhammer.
Sydow, J., & Zeichhardt, R. (2013). Netzwerkservices als Netzwerkzeuge – Maßgeschneiderte Unterstützung für das Netzwerk- und Clustermanagement. In J. Sydow & S. Duschek (Hrsg.), *Netzwerkzeuge: Tools für das Netzwerkmanagement* (S. 97–114). Wiesbaden: Springer Gabler.
Sydow, J., Duschek, S., Möllering, G., & Rometsch, M. (2003). *Kompetenzentwicklung in Netzwerken: Eine typologische Studie*. Wiesbaden: Springer VS.
Williamson, O. E. (1985). *The economic institutions of capitalism*. New York: Simon & Schuster.
Windeler, A. (2001). *Unternehmungsnetzwerke. Konstitution und Strukturation*. Wiesbaden: VS Verlag.
Windeler, A. (2014). Können und Kompetenzen von Individuen, Organisationen und Netzwerken. In A. Windeler & J. Sydow (Hrsg.), *Kompetenz. Sozialtheoretische Perspektiven* (S. 225–301). Wiesbaden: Springer VS.

Serious Gaming als Instrument zur Kompetenzentwicklung für Hafenfachkräfte

Heiko Duin, Christian Gorldt und Klaus-Dieter Thoben

9.1 Einführung – 146

9.2 Szenarioanalyse – 147
9.2.1 Vorgehensweise zur Szenarioanalyse – 147
9.2.2 Ergebnisse der Szenarioanalyse – 149

9.3 Das ArKoH-Hafenspiel – 156
9.3.1 Konzeption – 156
9.3.2 Realisierung – 156

9.4 Erprobung und Evaluation – 158
9.4.1 Ansätze der Erprobung und Evaluation – 158
9.4.2 Erste Ergebnisse der Erprobung und Evaluation – 159

Literatur – 161

© Springer-Verlag GmbH Deutschland, ein Teil von Springer Nature 2019
A. C. Bullinger-Hoffmann (Hrsg.), *Zukunftstechnologien und Kompetenzbedarfe*, Kompetenzmanagement in Organisationen, https://doi.org/10.1007/978-3-662-54952-0_9

Zusammenfassung

Der Hafen der Zukunft steht vor großen Herausforderungen: Aufgrund des demografischen Wandels, dem damit verbundenen Verlust von Erfahrungswissen und dem zu erwartenden Fachkräfteengpass werden neue Technologien aus dem Bereich der Industrie 4.0 Einzug in die Hafenwelt halten. Dies hat zur Folge, dass sich das notwendige Kompetenzprofil für die zukünftig Beschäftigten im Hafen stark verändern wird. Um die Auswirkungen der Veränderungen im Hafenumfeld und innerhalb der Arbeitsorganisation besser abschätzen zu können, wurde eine Szenarioanalyse mit der Szenariotechnik durchgeführt. Dabei wurden vier mögliche Szenarien identifiziert, wobei das Szenario „Smart Port" von den Experten und Expertinnen als das am wahrscheinlichsten angesehen wird. In diesem Szenario wird der drohende Fachkräftemangel mit effizienten Prozessen und integrierter Informationstechnik aufgefangen. Die Kompetenzprofile für zukünftige Beschäftigte im Hafenbereich beinhalten Kompetenzen, die sowohl das Verständnis für die Prozesse und Arbeitsabläufe im Hafen der Zukunft als auch einen kompetenteren Umgang mit hafenbezogenen Informationssystemen und deren Nutzungsschnittstellen umfassen.

Da insbesondere in kleinen und mittelständischen Betrieben das finanzielle und zeitliche Budget für Weiterbildung und Personalentwicklung sehr knapp bemessen ist, wird das Lernen am Arbeitsplatz nicht im Sinne herkömmlicher Ansätze (z. B. Seminare) ergänzt, sondern durch den Einsatz spielerischer Methoden wie dem Serious Gaming, die neben dem eigentlichen Arbeitsprozess eingesetzt werden können. Bei Serious Games handelt es sich um (Computer-)Spiele, die nicht ausschließlich der Unterhaltung dienen, derartige Elemente aber zwingend enthalten.

Das Ziel dieses Kapitels ist es aufzuzeigen, inwiefern Serious Gaming als Instrument zur Kompetenzentwicklung für Hafenfachkräfte genutzt werden kann. Dazu wurde das ArKoH-Hafenspiel konzipiert, implementiert und im praktischen Umfeld erprobt und evaluiert. Bei diesem Spiel müssen die Spielenden verschiedene Aufgaben lösen und bekommen dafür Punkte.

9.1 Einführung

Der Umgang mit komplexen Technologien in den deutschen Seehäfen erfordert einen kooperationsbasierten und praxisbezogenen Erwerb von Prozessverständnis sowie sozialkommunikative Kompetenzen, die Bereitschaft zum lebenslangen Lernen und das schnelle Einarbeiten in sich wandelnde Arbeitsaufgaben und -umfelder. Insbesondere die technologischen Entwicklungen im Kontext von Industrie 4.0 bergen für kleine und mittelständische Firmen ein hohes Innovationspotenzial, vorausgesetzt, es gelingt ihnen, die entsprechenden Kompetenzen zu aktivieren und im Unternehmen eine nachhaltige Kompetenzentwicklung zu verankern.

Die Akteure in der Hafenbranche sind traditionell konservativ eingestellt bezüglich der Einführung oder Nutzung neuer Prozesse und Technologien. Daher findet eine positive Antizipation der Möglichkeiten von Technologien aus dem Bereich Industrie 4.0 in der maritimen Branche bisher nur vereinzelt statt, obwohl analog zur Industrie 4.0 bereits eine Logistik 4.0 postuliert wird (Gorldt 2015).

Aus den genannten Erfordernissen ergibt sich die Fragestellung nach einem geeigneten Ansatz zur betrieblichen Kompetenzentwicklung für den zukünftigen Seehafen. Diese Fragestellung wird im Verbundvorhaben ArKoH bearbeitet. Ziel des Verbundes ist es, in enger Anbindung an technologischen und betrieblichen Entwicklungsprozessen die sich wandelnden Arbeitsprozesse zu ermitteln, um entsprechende Weiterbildungskonzepte abzuleiten (▶ Kap. 4). Da insbesondere in kleinen und mittelständischen Betrieben das finanzielle und zeitliche Budget für Weiterbildung und Personalentwicklung sehr knapp bemessen ist, wird das Lernen am Arbeitsplatz nicht im Sinne herkömmlicher Ansätze (z. B. durch Seminarphasen) ergänzt, sondern durch den Einsatz spielerischer Methoden wie dem Serious Gaming, die neben dem eigentlichen Arbeitsprozess eingesetzt werden können (Duin und Thoben 2015). Die im Projekt ArKoH betrachteten Anwendungsfelder sind folgende:

1. Losgröße 1+ (Heidmann 2015), z. B. bei der Fertigung, Installation und Verladung von Komponenten der Offshore-Windenergieanlagen im Produktions-, Installations-, Reaktions-, Versorgungs- und Umschlagshafen.
2. Containerbezogene Tätigkeiten, wie der Umschlag (Be- und Entladung von Seeschiffen) sowie Bewegung im Hafen, Zwischenlagerung und Ladungssicherung.

Zur Ermittlung der Anforderungen an zukünftigen Kompetenzprofilen wurde neben den Arbeitsprozessanalysen eine Szenarioanalyse durchgeführt, deren Ergebnisse in ▶ Abschn. 9.2 dargestellt sind. Anschließend folgt die Vorstellung des ArKoH-Hafenspiels (▶ Abschn. 9.3) und abschließend erste Ergebnisse der Erprobung und Evaluation (▶ Abschn. 9.4).

9.2 Szenarioanalyse

9.2.1 Vorgehensweise zur Szenarioanalyse

Für die Durchführung der Szenarioanalyse wurde der Ansatz des Szenariomanagements gewählt, das in fünf Phasen gegliedert ist (z. B. Gausemeier et al. 2000; Gausemeier und Stollt 2008; ◘ Abb. 9.1).

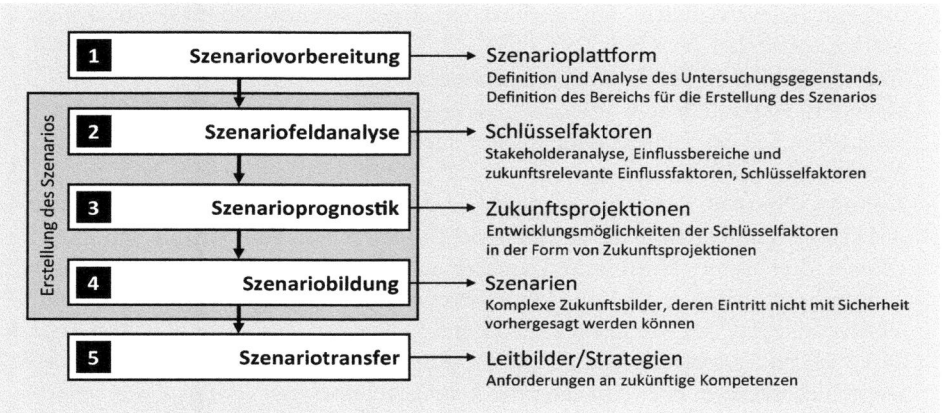

◘ **Abb. 9.1** Phasenmodell des Szenariomanagements. (In Anlehnung an Gausemeier und Stollt 2008, S. 51 ff.)

Die erste Phase (Szenariovorbereitung) ist geprägt von der Festlegung der Zielsetzung sowie der Definition und Analyse des Untersuchungsgegenstands (Gestaltungsfeld und Szenariofeld). In der Szenariofeldanalyse beginnt die eigentliche Erstellung des Szenarios durch die Beschreibung des Szenariofelds durch Einflussfaktoren und die Identifikation von Schlüsselfaktoren. In der Phase der Szenarioprognostik werden alternative Entwicklungsmöglichkeiten für die identifizierten Schlüsselfaktoren erarbeitet. In der Szenariobildung werden konsistente Projektionsbündel der Schlüsselfaktoren ermittelt und „geclustert". Die Chancen- und Gefahrenanalyse der ermittelten Szenarien geschieht in der Phase des Szenariotransfers.

Die Szenarioanalyse wurde im Rahmen des Verbundvorhabens ArKoH als Workshopreihe durchgeführt. Neben den vier Projektpartnern – Bremer Institut für Produktion und Logistik (BIBA), Institut für Technik und Bildung an der Universität Bremen (ITB), Logistik Service Agentur GmbH (LSA) und Trainingscenter für Sicherheit und Transport GmbH (TST) – bestand das Workshopteam aus externen Teilnehmern und Teilnehmerinnen aus den Bereichen Hafenumschlagsunternehmen, maritime Branchenorganisationen (Maritimes Cluster Norddeutschland), Handelskammer und der öffentlichen Hand (Bremer Senator für Wirtschaft, Arbeit und Häfen).

Insgesamt wurden im Rahmen der Workshopreihe fünf Treffen mit einer jeweiligen Dauer von ca. 3–4 h durchgeführt. Die Inhalte der einzelnen Treffen orientierten sich an dem in ◘ Abb. 9.1 dargestellten Phasenmodell:

- **Treffen 1 (Phase 1–2):** Das erste Treffen diente der Klärung der Zielsetzung der Szenarioanalyse, der Eingrenzung des Szenariofelds und seiner Einflussbereiche und der Identifikation des Gestaltungsfelds. Anschließend wurden per Brainstorming 40 Stakeholder und 100 Einflussfaktoren identifiziert. Als Vorbereitung für das nächste Treffen wurden sowohl die identifizierten Stakeholder als auch die Einflussfaktoren gesichtet und geordnet. Dabei wurden Doppelnennungen entfernt.
- **Treffen 2 (Phase 2):** Im Team wurde die Liste der geordneten Stakeholder kritisch geprüft, bereinigt und die endgültige Liste von 20 Stakeholdern verabschiedet. Ebenfalls wurde die Liste der geordneten Einflussfaktoren durch gemeinsame Gewichtung und Zusammenfassung reduziert. Als Ergebnis wurde eine Liste mit 20 Schlüsselfaktoren erarbeitet. Als Nachbereitung zu diesem Treffen wurden von den Verbundpartnern im Rahmen der Stakeholderanalyse eine verteilte Einfluss- und eine Relevanzanalyse durchgeführt. Die Ergebnisse wurden für das nächste Treffen aufbereitet.
- **Treffen 3 (Phase 3):** Das Ergebnis der Stakeholderanalyse wurde präsentiert und diskutiert. Anschließend wurden Schlussfolgerungen aus dem Ergebnis gezogen. Im zweiten Teil des Treffens erfolgte die gemeinsame Bestimmung von Zukunftsprojektionen der Schlüsselfaktoren.
- **Treffen 4 (Phase 4):** Die Zukunftsprojektionen der einzelnen Schlüsselfaktoren wurden erläutert und kritisch diskutiert. Anschließend wurde nach einer Möglichkeit gesucht, drei bis fünf konsistente Szenarien aus den Projektionen zu ermitteln ohne aufwendiges Ausfüllen der Konsistenzmatrix mit anschließender Konsistenz- und Clusteranalyse. Dazu wurde ein zweidimensionales Szenarioraster entworfen, sodass eine Vier-Felder-Matrix entstand. Die einzelnen Projektionen der Schlüsselfaktoren wurden dann einem der vier Felder der Matrix zugewiesen.

─ **Treffen 5 (Phase 5):** Im Gesamtteam wurden die vier Szenarien kritisch diskutiert. Anschließend wurden die Risiken, Chancen und strategischen Optionen der ausgewählten Stakeholder (Beschäftigte, Betriebe, Politik und Wirtschaft) analysiert und dokumentiert. Abschließend wurden die Anforderungen an die Kompetenzprofile der zukünftig Beschäftigten erörtert.

9.2.2 Ergebnisse der Szenarioanalyse

Gestaltungsfeld, Szenariofeld und Einflussbereiche

Der Betrachtungsbereich und damit das Szenariofeld ist der „Seehafen der Zukunft", wobei sowohl externe Umfeldgrößen als auch interne Lenkungsgrößen berücksichtigt werden sollen. Das Szenariofeld soll also das Gesamtsystem aus Gestaltungsfeld und Umfeld abdecken, sodass Systemszenarien (Gausemeier und Stollt 2008) ermittelt werden können, die Rahmenbedingung und Handlungsoptionen gleichermaßen reflektieren können.

◘ Abb. 9.2 zeigt die Struktur der Analyse: Das Gestaltungsfeld „Mensch – Technik – Prozesse" für die Anwendungsbereiche Offshore-Windanlagen und Containerumschlag im Hafen der Zukunft ist eingebettet in die Branche (Markt, Stakeholder und Regulierung) und das globale Umfeld (Ökonomie, Politik, Umwelt und Gesellschaft).

Das Gestaltungsfeld der Szenarioanalyse ist die Triade „Mensch – Technik – Prozesse", wobei die Prozesse die Organisation der Arbeit (Arbeitsorganisation) im Hafen repräsentieren. Folgende Fragen stellen sich: Inwieweit halten neue Technologien aus dem Bereich Industrie 4.0 Einzug im Hafenumfeld? Wie ändert sich der Faktor Arbeit durch den demografischen Wandel im Hafenbereich? Und welche Auswirkungen sind auf die Prozesse im Hafenbereich zu erwarten? Sollten sich die Technologien und Prozesse ändern, wird ein neues Kompetenzprofil für Hafenarbeiter/-innen erforderlich.

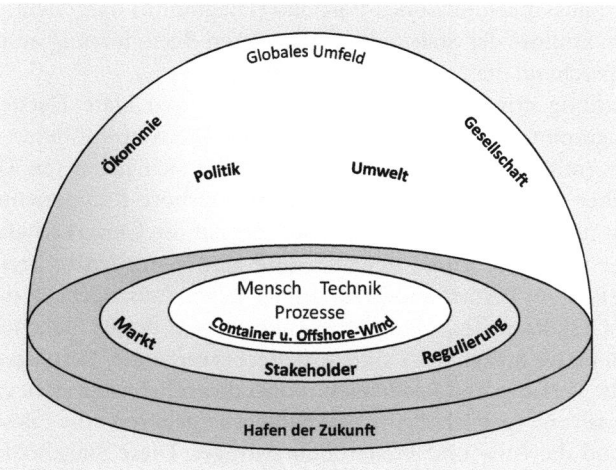

◘ **Abb. 9.2** Gestaltungsfeld „Mensch, Technik, Prozesse" im Szenariofeld Hafen der Zukunft und Einflussbereiche aus Branche und globalem Umfeld

Das Branchenumfeld des „Hafens der Zukunft" ist charakterisiert durch die Einflussbereiche Markt, Stakeholder und Regulierung. Der Markt (z. B. geplante Offshore-Windparks bzw. quantitativer Containerumschlag) hat einen erheblichen Einfluss auf die Prosperität des Hafens. Der starke Rückgang des Containerumschlags in der Finanzkrise 2008/2009 ist bei den meisten Akteuren noch gut in Erinnerung. Die Struktur der hafenrelevanten Stakeholder ist oft sehr komplex und häufig verfolgen die Beteiligten unterschiedliche Zielsetzungen, was bei begrenzter Hafenfläche zu Problemen führen kann. Regulierungen, z. B. die Deckelung der Ausbauziele der Offshore-Windkraft oder die verpflichtende Einführung von Containerröntgenanlagen, können für den jeweiligen Seehafen zu Umschlageinbußen führen.

Das globale Umfeld ist strukturiert in die Einflussbereiche Ökonomie, Politik, Umwelt und Gesellschaft. Veränderungen der gesamtwirtschaftlichen Lage beeinflussen meist zeitgleich auch das Auftragsvolumen im Hafen. Dies ist im Containerbereich gravierender als im Offshore-Projektgeschäft. Die politische Situation ist geprägt durch Förderung der Hafenwirtschaft. Seehäfen haben Einfluss auf die ökologische Situation der angrenzenden Meere. Daher haben auch aus der Umwelt bzw. Umweltpolitik stammende Faktoren Einfluss auf die Entwicklung der deutschen Seehäfen. Gesellschaftliche Einflüsse konzentrieren sich auf die Akzeptanz der mit der Hafenwirtschaft verbundenen Verkehre (sogenannte Hinterlandverkehre, die den Zu- und Ablauf von umzuschlagenden Waren landseitig beschreiben).

Stakeholderanalyse

Im Rahmen der zu antizipierenden Änderungen im Umfeld des Hafens sind die Einflüsse von Stakeholdern zu betrachten. Es wird dabei der Definition von Freeman (1984) gefolgt, wobei es sich bei Stakeholdern um Gruppen (z. B. Institutionen oder Organisationen) oder Individuen handelt, die eine Organisation beeinflussen oder von ihr beeinflusst werden.

Zur Analyse wurde der von Gausemeier et al. (2012) beschriebene Ansatz genutzt, um Einfluss, Beeinflussung und Relevanz der einzelnen Stakeholder zu ermitteln. Die Einfluss- und Relevanzmatrix wurde von mehreren Teilnehmenden ausgefüllt und anschließend der Durchschnitt ermittelt. Die Ergebnisse der Stakeholderanalyse sind in ◘ Abb. 9.3 als Einfluss-Beeinflussungs-Portfolio (Diagramm) dargestellt. In diesem Diagramm wird der Einfluss der Stakeholder über deren Beeinflussung aufgetragen, wobei die Achsen entsprechend der Stärke skaliert sind.

Diese Darstellung ermöglicht eine übersichtliche und klare Darstellung. So zeigt sich in dem Diagramm eine Anhäufung von Stakeholdern im mittleren oberen Bereich (starker Einfluss, mittlere Beeinflussung). Es handelt sich dabei um Gewerkschaften, Windparkbetreiber/-innen, Produzierende (von Offshore-Komponenten), Terminalbetreiber/-innen und um die öffentliche Hand. Bis auf die Gewerkschaften haben diese fünf Stakeholder auch eine große Relevanz und sind somit aktive Treiber/-innen mit mittlerem bis starkem Vernetzungsgrad. Es ist davon auszugehen, dass wesentliche Impulse für die Gestaltung des „Hafens der Zukunft" von diesen Stakeholdern ausgehen werden. Weitere aktive Stakeholder sind Arbeitgeberverbände, Berufsgenossenschaften, Umweltverbände, Verlader und Reedereien, wobei deren Relevanz stark variieren.

Zu den passiven (getriebenen) Stakeholdern gehören die Beschäftigten, die Öffentlichkeit und die Aus- und Weiterbildungsträger. Diese Stakeholder werden eher beeinflusst, als dass sie selber Einfluss ausüben und „laufen der Entwicklung hinterher". Zumindest die Gruppe der Beschäftigten zeigt dabei eine hohe Relevanz, was durch die demografische Entwicklung im Hafen auch unterstrichen wird.

Serious Gaming als Instrument zur Kompetenzentwicklung …

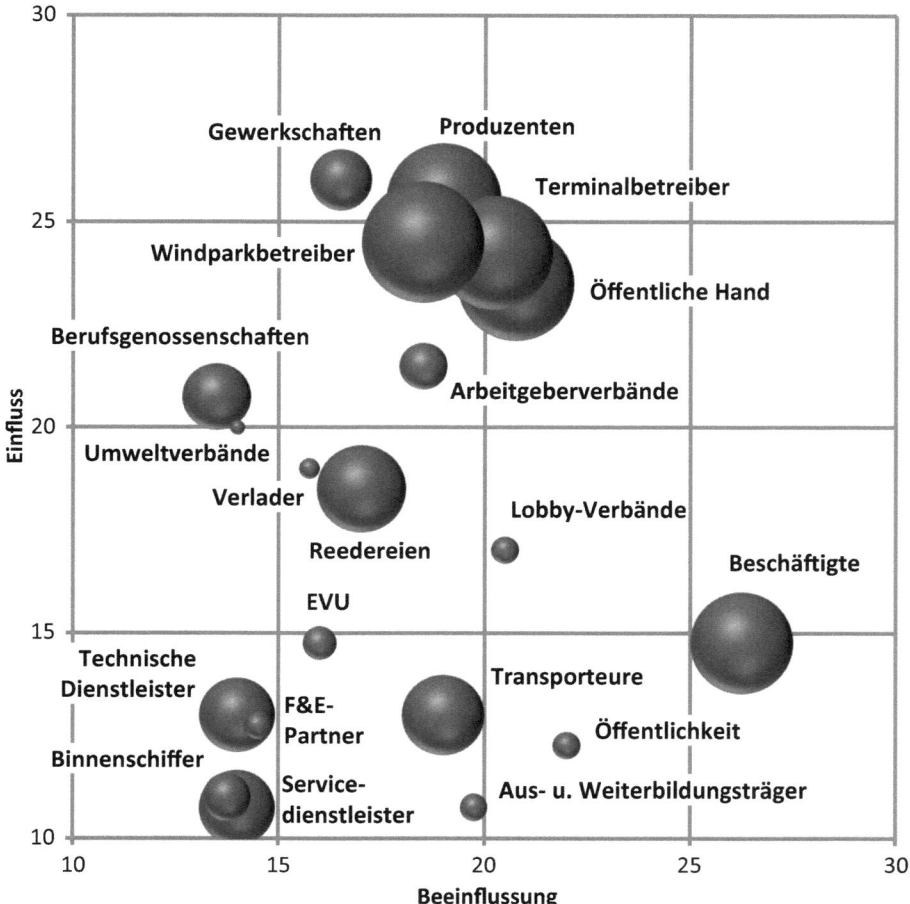

◘ **Abb. 9.3** Ergebnis der Stakeholderanalyse als Einfluss-Beeinflussungs-Portfolio. *EVU* Eisenbahnverkehrsunternehmen, *F&E* Forschung und Entwicklung

Einflussfaktoren und Schlüsselfaktoren

Durch ein Brainstorming wurden die Lenkungsgrößen und Einflussfaktoren aus den Einflussbereichen des Branchen- und des globalen Umfelds (◘ Tab. 9.1) ermittelt. Die Workshopteilnehmenden wurden aufgefordert, entsprechende Einflussfaktoren auf Karten zu notieren. Es wurden 100 Karten beschriftet. Nach dem Aussortieren doppelter Nennungen verblieben 96 Einflussfaktoren, die sich zum Teil überschnitten. Daher wurden die beschrifteten Karten sortiert und diskursiv gebündelt. Durch das Zusammenfassen ähnlicher Faktoren und die Elimination unwichtiger Faktoren wurde die endgültige Liste von 20 Schlüsselfaktoren erstellt, die anschließend tabellarisch dokumentiert und im Detail beschrieben wurden.

Alle Schlüsselfaktoren wurden mindestens einem Einflussbereich zugeordnet, um sicherzustellen, dass alle Einflussbereiche abgedeckt sind.

Im Schritt der Szenarioprognostik wurden für die 20 Schlüsselfaktoren jeweils zwischen zwei und fünf Zukunftsprojektionen erarbeitet. Zukunftsprojektionen sind alternative

Tab. 9.1 Beispiele für identifizierte Schlüsselfaktoren

Nr	Schlüsselfaktor	Beschreibung
1	Regulierung und Gesetzgebung	Aktuelle und absehbare Verabschiedungen von Gesetzen, z. B. Novellierungen des Erneuerbare Energien-Gesetzes (EEG); Regulierungen der Rahmenbedingungen für den Umschlag von Containern und Offshore-Komponenten
2	Automatisierung	Standardisierung von Schnittstellen und verstärkter Einsatz von neuer Technologie
3	Infra- und Suprastruktur	Die öffentliche Infrastruktur umfasst das Schienennetz sowie den Bau und Unterhalt aller Bestandteile des übrigen für alle Verkehrsnutzer/-innen offenen Verkehrswegesystems innerhalb des Hafens und der Verbindungen zum nationalen und internationalen Verkehrswegenetz. Wesentliche Teile der Suprastruktur sind Flächenbefestigungen, Hochbauten, nichtöffentliche Verkehrswege, Ver- und Entsorgungsanlagen auf dem überlassenen Grundstück sowie alle Betriebsgeräte
…	…	…
19	Förderung der Offshore-Windenergie	Dieser Faktor fasst regionale bzw. kommunale Maßnahmen zur Ansiedelung von Offshore-Unternehmen sowie andere infrastrukturelle Maßnahmen zur Förderung der Offshore- Windenergie zusammen
20	Personalmanagement	Sicherstellung ausreichend qualifizierter, motivierter, arbeitsfähiger Arbeitskräfte zur richtigen Zeit und am richtigen Ort sowie die Erhaltung der Beschäftigungsfähigkeit. Dieser Faktor hat viele Querbezüge zu Qualifikation, Demografie, Arbeitssicherheit und Prozessorientierung

Zukunftsbilder eines Schlüsselfaktors. Dies können sowohl plausible als auch extreme, aber vorstellbare Entwicklungen sein. Die Zukunftsprojektionen wurden im Rahmen der Workshoptreffen verbal formuliert und kritisch diskutiert. Ein Beispiel für drei mögliche Projektionen zum Schlüsselfaktor „Automatisierung" ist in ◘ Tab. 9.2 gegeben.

Szenarien

Ein Szenario ist im Prinzip eine Kombination von Zukunftsprojektionen aller Schlüsselfaktoren, die in dem Sinne gut zusammenpassen, dass sie konsistent im Sinne der Widerspruchsfreiheit sind. Die Ermittlung solcher konsistenter Szenarien erfolgt über eine Konsistenzanalyse mit computerunterstützter Clusteranalyse von Rohszenarien (Gausemeier und Stollt 2008). Anschließend werden die identifizierten Szenarien „in Prosa" beschrieben, um sie zur Auswertung durch Domänenexperten/-expertinnen handhabbarer zu machen. Aufgrund des großen Aufwands und des Fehlens geeigneter Szenariosoftware wurde an dieser Stelle ein anderer Ansatz gewählt, der auf Schwartzs Szenarioraster beruht (z. B. Schwartz 2005; van der Heijden 2005).

Tab. 9.2 Projektionen des Schlüsselfaktors „Automatisierung"

Projektion	Beschreibung
Projektion A	**Geringe Automatisierung, viel Handarbeit mit hoher körperlicher Belastung (Weiterführung des Status quo)** Die Automatisierung hat sich im Vergleich zu heute kaum weiterentwickelt, da die Prozesse nicht weiter standardisiert werden können. In beiden Arbeitsfeldern verhindert eine „Bürokratisierung" in Form von Auflagen, Vorgaben (bis hin zu den Details bei dem Arrangement der Verpackung von Produktionsmaterialien) und Sicherheitsbestimmungen weitere Automatisierungsprozesse. Für die Mehrzahl der Projekte (Offshore) sind weiterhin individuelle Lösungen für die Umsetzung erforderlich
Projektion B	**Fortgeschrittene Automatisierung, Fokus auf Technik** Die Automatisierung ist erheblich weiterentwickelt. Weiterentwicklungen im technologischen Bereich und Vorgaben im internationalen Containerverkehr optimieren die Be- und Entladung von Containern. Im Containerumschlag wird das Smartphone ein unverzichtbarer Bestandteil für die Arbeitsprozesse. Die Containerterminals selbst sind als Hightech-Zentren neben Telematik, Funk, Computer und Klimaanlage mit weiteren Hilfsmitteln und Funktionen ausgestattet, um die Prozesse zu optimieren. Die Mensch-Technik-Interaktion setzt eine Grundaffinität zu digitalen Medien voraus Für die Offshore-Prozesse ist ein technologischer Sprung von der eher noch handwerklichen Produktion zur industriellen Serienfertigung als Herausforderung gelöst. Der Computer ist als Planungsinstrument und für die Dokumentation vorgesehen Der Fokus der Automatisierung liegt dabei auf der technischen Produktion. Verbesserungspotenziale werden besonders in der Entwicklung neuer Windenergieanlagenelemente, Transportfahrzeugen oder Umschlagstechnologien gesehen. Für die Containerbranche sind selbstfahrende Transporter in automatisierten Containerterminals etabliert
Projektion C	**Vollautomatisierung durch einheitliche Standards** Die Prozesse sind (im Containerterminal) fast vollständig (90 %) automatisiert. Es gibt einheitliche und den Großteil der Prozesse steuernde Standards, die von wenigen Beschäftigten überwacht werden, die im Störfall und bei Wartungsarbeiten eingreifen. Es besteht die Gefahr des Abbaus von Arbeitsplätzen. Gleichzeitig steigen die Anforderungen an die Beschäftigten durch die technische Komplexität und Vollautomatisierung, wodurch die Arbeitsplätze qualifizierter geworden sind. Der Fortschritt durch Automatisierung macht die menschliche Arbeitskraft nicht überflüssig

Da das Gestaltungsfeld durch die Triade „Mensch – Technik – Prozesse" (Organisation) beschrieben wurde, hat sich das Workshopteam auf ein Szenarioraster geeinigt, dass durch das Aufspannen der beiden Dimensionen „Mensch und Demografie" und „Prozesse und Technik" entsteht. Diese Dimensionen sind dabei qualitativ zu verstehen und können sich „eher positiv" (+) oder „eher negativ" (−) entwickeln. Dies spannt dann eine Vier-Felder-Matrix auf, die als Szenarioraster genutzt werden kann, wie in ◘ Abb. 9.4 dargestellt.

Die so entstandenen vier Szenarien sind:
- **Szenario 1 – Mensch im Mittelpunkt:** Die Dimension „Mensch und Demografie" entwickelt sich eher positiv, während sich die Dimension „Prozesse und Technik" eher negativ entwickelt. Für den Hafen der Zukunft steht ausreichend und gut ausgebildetes

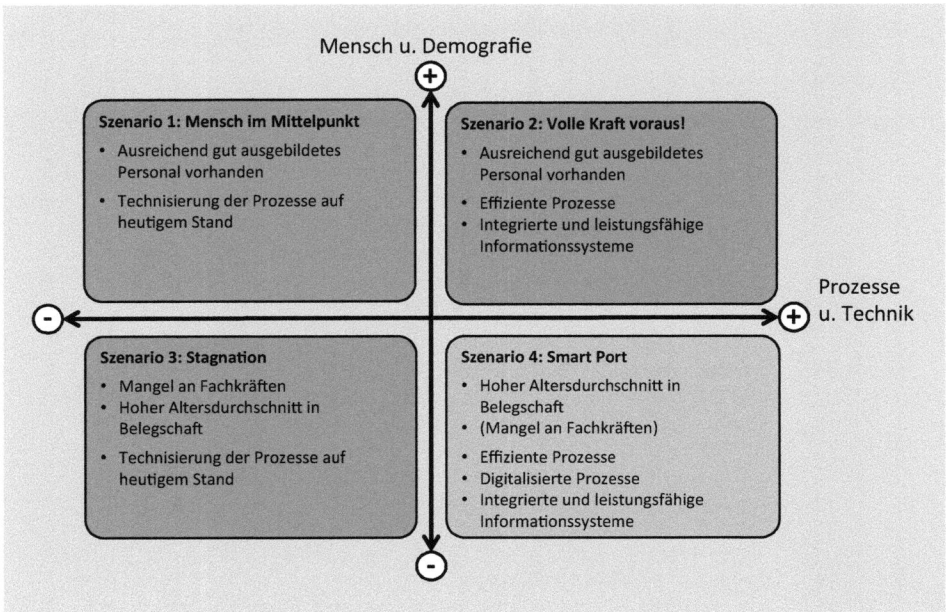

● Abb. 9.4 Das im Workshop entwickelte Szenarioraster

Personal zur Verfügung, jedoch verbleiben die Organisation der Abläufe (Prozessorganisation) und die dabei eingesetzte Technologie auf dem heutigen Stand.
- **Szenario 2 – Volle Kraft voraus:** Die Dimension „Mensch und Demografie" entwickelt sich wie die Dimension „Prozesse und Technik" eher positiv. Für den Hafen der Zukunft steht ausreichend und gut ausgebildetes Personal zur Verfügung. Die Organisation der Abläufe (Prozesse) ist sehr effizient durch den Einsatz integrierter und leistungsfähiger Informationssysteme.
- **Szenario 3 – Stagnation:** Die Dimension „Mensch und Demografie" entwickelt wie die Dimension „Prozesse und Technik" sich eher negativ. Ein hoher Altersdurchschnitt in der Belegschaft des Hafens der Zukunft führt zu einem Fachkräftemangel. Die dadurch entstehenden Probleme können nicht durch optimierte Abläufe (Prozesse) und den Einsatz von moderner Technologie aufgefangen werden.
- **Szenario 4 – Smart Port:** Die Dimension „Mensch und Demografie" entwickelt sich eher negativ, jedoch können durch die positive Entwicklung der Dimension „Prozesse und Technik" die entstehenden Probleme aufgefangen werden. Ein hoher Altersdurchschnitt in der Belegschaft des Hafens der Zukunft führt nicht zu einem Fachkräftemangel, da optimierte Abläufe (effiziente digitalisierte Prozesse) und der Einsatz moderner Technologie zu einer Effizienzsteigerung führen. Dadurch kann trotz stagnierender bzw. leicht rückläufiger Belegschaftszahlen ein Wachstum im Bereich der Warenumschläge realisiert werden.

Das Eintreten des 4. Szenarios (Smart Port) ist nach Einschätzung der Workshopteilnehmenden am wahrscheinlichsten. Es wird von den Teilnehmenden präferiert, da die Probleme des demografischen Wandels kaum anders aufgefangen werden können. Zu vermeiden ist das Eintreten des dritten Szenarios (Stagnation).

Nach der Definition der vier Szenarien wurden die Ausprägungen (Zukunftsprojektionen) der Schlüsselfaktoren den Szenarien diskursiv zugeordnet. Die Fragestellung pro Szenario war: Wie wird sich der Schlüsselfaktor X entwickeln, wenn dieses Szenario eintritt? Dabei stellte sich heraus, dass einige Szenarien gegenüber bestimmten Schlüsselfaktoren invariant waren, d. h., jede Zukunftsprojektion konnte für das entsprechende Szenario angenommen werden. Bei vielen Zuordnungen der Zukunftsprojektionen gab es eine eindeutig präferierte Projektion per Schlüsselfaktor und Szenario oder zumindest eine Untermenge der möglichen Projektionen (z. B. das Eintreten von zwei der identifizierten drei Projektionen des Schlüsselfaktors „Automation" sind für die Szenarien 2 und 4 durchaus wahrscheinlich).

Szenariotransfer

Im Rahmen des Szenariotransfers wurde beschlossen, die Chancen, Risiken und strategischen Optionen aus den dargestellten Szenarien diskursiv zu erörtern und in einer Matrix zu erfassen. Das Ergebnis ist in ◘ Tab. 9.3 dargestellt.

◘ Tab. 9.3 Chancen, Risiken und strategische Optionen für wichtige Akteure aus dem Hafen

	Chancen	Risiken	Strategische Optionen
(Allgemein)	– Smarte Technologien führen zu verbesserter Nachhaltigkeit; – Beschäftigungsfähigkeit wird erhalten		
Beschäftigte	– Hohes Anforderungsniveau – Folge: gesicherter „Hochlohnniveau"-Arbeitsplatz	– Überforderung durch technischen Fortschritt – Folge: Verlust des Arbeitsplatzes	– Andere Qualifikationen – „Unternehmerisches Denken" auf der Ebene der Facharbeiter/-innen und Meister/-innen
Betriebe	– Andere Kooperationsformen – Neue Geschäftsmodelle – Erfahrungswissen erhalten – Attraktivität steigt	– Klassische Rekrutierung funktioniert nicht mehr	– Veränderte Arbeitsorganisation – Strategie für Weiterbildung
Politik	– Förderung – Folge: Beschleunigung des Wandels – Intensivere Kooperation zwischen Wirtschaft und Wissenschaft	– „Trägheit" bei strukturellen Entscheidungen	– Neue Inhalte – Vermehrte Ausbildung von Ingenieuren
Wirtschaft	– Early Mover – „Export" maritimer IT	– Fehlinvestitionen der Early Mover – Konservative Branche vs. Hightech (Innovationsfreudigkeit)	– Produktion im Hafen – Folge: (neue) Qualifikationen

Die Ergebnisse lassen u. a. folgende Schlussfolgerungen für das zukünftige Anforderungsprofil für die Hafenbeschäftigte zu:
- Bei allen Beteiligten bei der Planung und Durchführung von Umschlagprozessen ist zukünftig ein ganzheitliches Prozessverständnis notwendig. Beschäftigte müssen sich über die Folgen ihres Handelns in komplexen Prozessumgebungen bewusst sein.
- Dabei ist auch zu berücksichtigen, dass als Produktion im Hafen eine neue Funktion hinzukommt, die neben der reinen Logistik auch die Produktionslogistik beinhaltet. Dies erfordert auch ein grundsätzliches Verständnis für die Belange der Produktion.
- Das Anforderungsniveau an Beschäftigte wird sich auch dahin gehend wandeln, dass zukünftig nicht nur hafenspezifische Kompetenzen (z. B. Anschlagtechniken, Arbeitssicherheit), sondern auch informationstechnische Kompetenzen notwendig werden. Diese beinhalten neben der Bedienung von modernen Endgeräten (z. B. Tablets, Datenbrillen) auch erweiterte Kenntnisse über die wichtigsten Hafeninformationssysteme und deren effektiven Nutzung.
- Die Organisation der Prozesse (Arbeitsabläufe) wird sich verändern. Von den Beschäftigten wird erwartet, dass sie flexibler bezüglich spezifischer Aufgaben einsetzbar sind.

9.3 Das ArKoH-Hafenspiel

9.3.1 Konzeption

Basierend auf den Erkenntnissen der Szenarioanalyse und den Arbeitsprozessanalysen (▶ Kap. 4) wurde das ArKoH-Hafenspiel konzipiert. Dabei soll es den folgenden wichtigsten Anforderungen genügen:
- Das Spiel muss anpassbar sein, sodass Spielszenarien verschiedene Standorte, Themen und (Arbeits-)Prozesse darstellen können.
- Ein Spielszenario soll verschiedene Standorte, Themen und (Arbeits-)Prozesse miteinander kombinieren können.
- Der Lerninhalt soll in der Form von Aufgaben präsentiert werden. Die Lösung der Aufgaben soll in der Form von Feedbacks und Hilfestellungen unterstützt werden.
- Alle Aufgaben sollen in eine Geschichte einbettbar sein, wobei eine Art „Avatar" den Spieler durch die Geschichte führt.
- Spielszenarien sollen für verschiedenen Rollen (z. B. Facharbeiter/-in, Gerätebediener/-in) und Schwierigkeitsstufen konfigurierbar sein.
- Einmal erstellte Spielszenarien sollen einfach änderbar und erweiterbar sein.

9.3.2 Realisierung

Das ArKoH-Hafenspiel wird als Online-Spiel auf der Grundlage eines Lernmanagementsystems erstellt. Dieses System stellt die Funktionen für die Ablaufsteuerung, die Speicherung der Lernstände und die Funktionen eines Autorentools zur Verfügung. Die Ausführung des Spiels findet in üblichen Browsern, z. B. Internet Explorer, Firefox oder Chrome, statt. Ebenfalls wird das Autorentool auf dieser Basis realisiert.

Serious Gaming als Instrument zur Kompetenzentwicklung ...

■ Abb. 9.5 zeigt eine im ArKoH-Hafenspiel realisierte Location an. Es handelt sich dabei um eine Luftaufnahme des Bremerhavener Containerterminals. Im Vordergrund werden Teile für Offshore-Windenergieanlagen gelagert. Es stehen die genannten Lernmodule zur Verfügung. Ein Spieler/eine Spielerin hat sich in ■ Abb. 9.5 mit der Rolle „Facharbeiter/-in" und dem Schwierigkeitsgrad „Anfänger/-in" angemeldet, sodass

■ Abb. 9.5 ArKoH-Hafenspiel – Darstellung einer Location mit sechs Lernmodulen

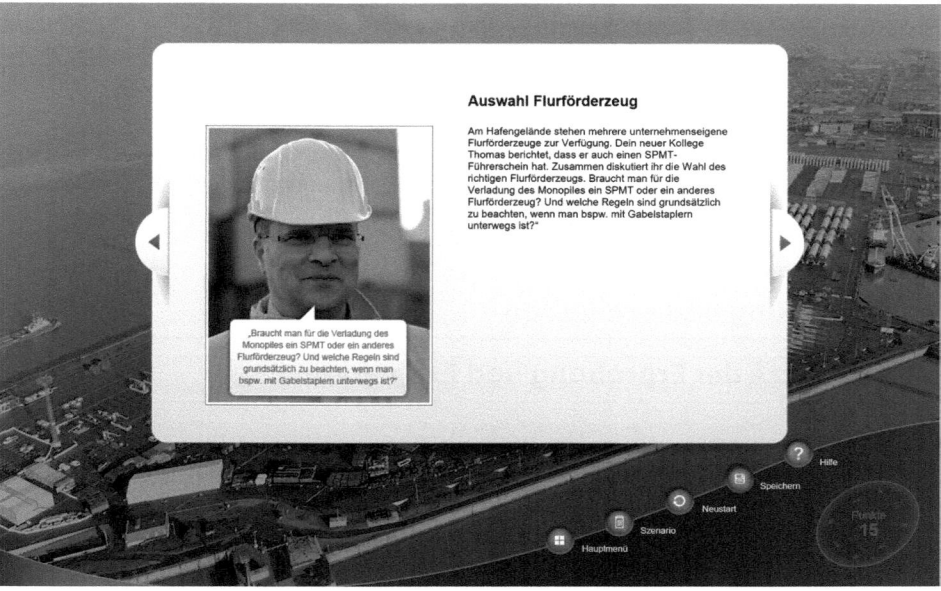

■ Abb. 9.6 ArKoH-Hafenspiel – Darstellung einer Informationsseite

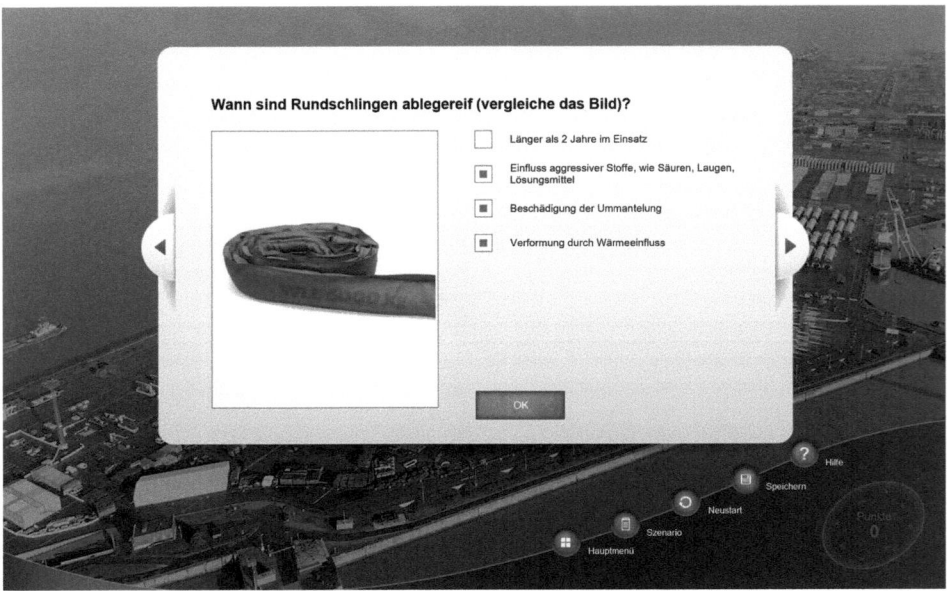

◘ Abb. 9.7 ArKoH-Hafenspiel – Darstellung einer Mehrfachauswahlaufgabe

einige Module gesperrt sind (mit rotem Schloss markiert). Die gesperrten Module werden freigegeben, sobald das vorherige Modul erfolgreich bearbeitet wurde. Mit diesem Mechanismus kann gesteuert werden, in welcher Reihenfolge Anfänger/-innen die gegebenen Lernmodule durchlaufen. Für Fortgeschrittene und Experten/Expertinnen gilt diese Einschränkung nicht.

In der ◘ Abb. 9.6 ist eine typische Informationsseite zu sehen, die vorwiegend aus narrativen Elementen besteht (hier: die Einleitung zum Modul „Auswahl Flurförderzeug"). Die ◘ Abb. 9.7 zeigt eine Aufgabenseite, die eine Mehrfachauswahlaufgabe beinhaltet. Neben der Mehrfachauswahl gibt es die Einfachauswahl, Verschieben von Elementen (Puzzle), Lückentext und Zuordnung durch zeigen.

Als weitere Ausbaustufe ist eine Art Quizduell geplant, in dem registrierte Nutzer/-innen (Spieler/-innen) gegen die Zeit und gegeneinander Fragen aus ausgewählten Lernmodulen beantworten, um sich auf spielerische Weise miteinander zu messen.

9.4 Erprobung und Evaluation

9.4.1 Ansätze der Erprobung und Evaluation

Ein erster Prototyp des ArKoH-Hafenspiels wird mit Partnern bzw. Partnerinnen aus der (Hafen-)Praxis erprobt und evaluiert (► Kap. 4; Bellotti et al. 2013). Die Ziele der Erprobung und Evaluation sind dabei:
1. Prüfung der Praxistauglichkeit (hierunter werden die Aspekte der Angemessenheit der Aufgabenstellungen im Rahmen des Spiels als auch die praktische Nutzung im Arbeitsprozess gesehen)
2. Nachweis des Lernens bei den Usern/Spielenden

3. Evaluation der Usability (Standard Usability Scale [SUS]; Sauro 2011)
4. Evaluation der Game Experience (Game Experience Questionnaire [GEQ]; IJsselsteijn et al. 2008, 2013).

Dabei werden die folgenden beiden Ansätze verfolgt:
- **Seminaristischer Ansatz:** In diesem Ansatz wird unter einer laborähnlichen Situation das Spiel zwei- bis dreimal gespielt. Die geschätzte Dauer beläuft sich insgesamt auf 3–4 h. Vor dem Spielen werden die Teilnehmenden um eine Selbsteinschätzung ihrer Kompetenz zu den einzelnen Lernmodulen gebeten. Nach jeder Runde mit unterschiedlichen Rollen-Schwierigkeitsgrad-Kombinationen wird diese Selbsteinschätzung wiederholt. Nach der letzten Spielrunde wird zusammen mit den Spielenden reflektiert, ob der vorgestellte Ansatz das Lernen unterstützt und für das gewählte Einsatzgebiet praxistauglich ist. Ebenfalls wird nach Verbesserungspotenzial gefragt. Abschließend werden der SUS und GEQ erhoben.
- **Arbeitsprozessbegleitender Ansatz:** In diesem Ansatz werden die Probanden mit einem geeigneten Tablet-PC ausgestattet, den sie, die Zustimmung des Arbeitgebers/der Arbeitgeberin vorausgesetzt, während der Arbeitszeit benutzen können. Die Dauer beläuft sich auf 1–2 Wochen. Dabei wird genau vereinbart, ob die Nutzung zu bestimmten Zeiten (z. B. 15 min vor der Mittagspause) oder während auftretenden Leerlaufs gestattet ist. Abschließend werden die Probanden zur generellen Entwicklung der Kompetenzen, möglichen Auswirkungen auf Arbeitsprozesse und weiteren betrieblichen Auswirkungen befragt. Ebenfalls werden die Praxistauglichkeit und vorhandene Verbesserungspotenziale reflektiert.

9.4.2 Erste Ergebnisse der Erprobung und Evaluation

Eine erste Erprobungs- und Evaluationsrunde wurde bereits bei einem der ArKoH-Projektpartner durchgeführt. Die Erprobung erfolgte mit dem oben genannten seminaristischen Ansatz (▶ Abschn. 9.4.1).

Die Teilnehmenden der Runde umfassten fünf Ausbilder/Trainer, eine Teilnehmerin und vier Teilnehmer. Das Durchschnittsalter betrug 48 Jahre, im Durchschnitt hatten die Probanden 27,8 Jahre Berufserfahrung. Drei der Probanden gaben an, bereits Erfahrungen mit mobilen Medien in der Berufspraxis zu haben. Es wurde eine Runde mit der Rolle „Facharbeiter/-in" und dem Schwierigkeitsgrad „Anfänger/-in" gespielt. Vor und nach dem Spiel wurde eine Selbsteinschätzung für neun Lernmodule abgefragt, anschließend wurden der SUS (Sauro 2011) und der GEQ (IJsselsteijn et al. 2008, 2013) ausgefüllt. Der Abschluss bildete eine Reflexionsphase, wobei die Teilnehmenden nach ihren Eindrücken befragt wurden.

◘ Abb. 9.8 zeigt, dass im Durchschnitt die Selbsteinschätzung der Teilnehmenden nach dem Spielen bei sechs der neun Lernmodule besser ist als vor dem Spielen: Zwei der fünf Teilnehmenden schätzten sich nach dem Spielen als besser ein, weitere zwei Teilnehmende schätzten sich gleich ein und ein Teilnehmer schätzte sich nach dem Spielen als schlechter ein.

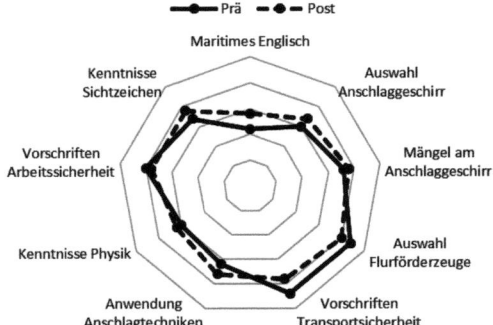 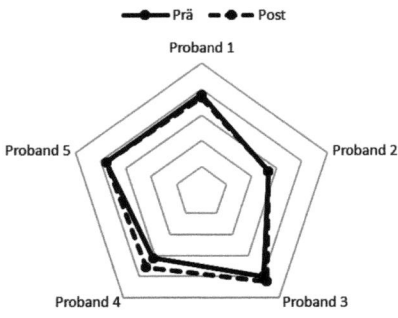

Abb. 9.8 Selbsteinschätzung der Probanden vor und nach dem Spielen des ArKoH-Hafenspiels

Die Auswertung der SUS-Fragen ergab als durchschnittliches Ergebnis aller Teilnehmenden 73,5 Punkte, wobei die Berechnung des SUS auf einer Skala zwischen 0 und 100 stattfindet. Damit wird dem ArKoH-Hafenspiel eine überdurchschnittliche Nutzerfreundlichkeit bescheinigt, die jedoch noch Spielraum nach oben birgt.

Die Auswertung des GEQ erfolgt nach sieben Komponenten:
- Kompetenz („competence")
- Sensorisches und imaginatives Eintauchen in das Spiel („sensory and imaginative immersion")
- Flow als Flow-Erleben
- Spannung („tension")
- Herausforderung („challenge")
- Negative Einflüsse („negative affects")
- Positive Einflüsse („positive affects").

Der Durchschnitt von jeweils zwei Fragen auf einer Skala von 1–5 ergibt das Ergebnis der entsprechenden Komponente. Herausforderung (4,1) und Kompetenz (3,5) schnitten am besten ab. Flow (3,0) und sensorisches und imaginatives Eintauchen (2,4) lagen im mittleren Bereich, während Spannung (1,9) und negative (1,5) und positive Aspekte (1,2) keine Rolle spielten.

Die Reflexionsrunde zeigte, dass das ArKoH-Hafenspiel sehr gut aufgenommen und ihm eine gute Praxistauglichkeit bescheinigt wurde. Dabei wurde auch die Eignung für spezifische Einsatzgebiete diskutiert. Interessanterweise wurden neben dem Lernen und Vermitteln von Kompetenzen für die operativen Fachkräfte noch weitere Einsatzgebiete identifiziert. Dazu zählen das Vermitteln von Kenntnissen innerhalb von Unternehmen (z. B. zwischen Facharbeitern/-arbeiterinnen und betriebswirtschaftlich orientierten Beschäftigten), das Testen von Lernständen in der Belegschaft, um Schulungsbedarfe festzustellen, und die Rekrutierung neuer Beschäftigter.

Fazit
Der Hafen der Zukunft steht vor zwei großen Herausforderungen: Der Einsatz von neuen Technologien im Rahmen der Logistik 4.0 wird die Welt der Hafenlogistik verändern. Die Produktion großer und schwerer Teile, z. B. Komponenten für Offshore-Windenergieanlagen findet bereits zum großen Teil in der Nähe von oder sogar in den Umschlagshäfen statt. Die zweite Herausforderung betrifft den demografischen Wandel und dem drohenden Fachkräfteengpass. Durch den unvermeidlich zunehmenden Verlust von Erfahrungswissen ist es notwendig, die Kompetenzen junger Fachkräfte möglichst schnell zu entwickeln. Der Einsatz von Serious Gaming kann ein geeignetes Mittel zur Kompetenzentwicklung sein. Wichtig ist dabei, dass das angebotene Serious Game praxisrelevant ist. Dies bedeutet, dass die Lerninhalte aufgabenbezogen und dem Lernstand angepasst sein müssen. Ist dies nicht der Fall, könnte das Spiel in der Praxis leicht auf Ablehnung stoßen. Ebenfalls ist es wichtig, dass das Spiel einfach zu verstehen und zu bedienen ist und dass das Spielen Spaß macht. Auf der Basis dieser generellen Anforderungen wurde ein erster Prototyp des ArKoH-Hafenspiels erstellt.

Die praktische Erprobung und Evaluation eines zur Verfügung stehenden ersten Prototyps ist angelaufen, aber noch nicht im Detail ausgewertet. Tendenziell wird der Prototyp gut angenommen. Es wird eine gute Praxistauglichkeit bescheinigt, das Lernen wird unterstützt, Usability und Game Enjoyment sind ausgeprägt. Die noch vorhandenen „Kinderkrankheiten" des Prototyps wurden ebenfalls identifiziert und benannt.

Nach der Evaluation des ersten Prototyps ist die Erstellung eines weiteren Prototyps geplant, in dem die gewonnenen Erkenntnisse bezüglich der Inhalte, der Spielregeln und der Anwendbarkeit im Arbeitsprozess einfließen.

Literatur

Bellotti, F., Kapralos, B., Lee, K., Moreno-Ger, P., & Berta, R. (2013). Assessment in and of serious games: An overview. *Advances in Human-Computer Interaction*. ▶ https://doi.org/10.1155/2013/136864.

Duin, H., & Thoben, K. D. (2015). Der Hafen der Zukunft. Szenarien für die Ermittlung von zukünftigen arbeitsprozessorientierten Kompetenzprofilen im Bereich Offshore und Containerumschlag. In J. Gausemeier (Hrsg.), *Vorausschau und Technologieplanung, 11. Symposium für Vorausschau und Technologieplanung* (Bd. 347, S. 81–98). Paderborn: Heinz Nixdorf Institut, Universität Paderborn.

Freeman, R. E. (1984). *Strategic management – A stakeholder approach*. Marshfield: Pitman.

Gausemeier, J., & Stollt, G. (2008). *Szenarien für die deutsche Werkzeugmaschinen-Industrie. Strategische Technologieplanung mit Zukunfts-Szenarien. Methoden, Hilfsmittel, Beispiele*. Frankfurt a. M.: VDMA.

Gausemeier, J., Grote, A.-C., & Lehner, M. (2012). Zukunftsmarkt Telemedizin – Anforderungen an die Produkte und Dienstleistungen von morgen. In J. Gausemeier (Hrsg.), *Vorausschau und Technologieplanung. 8. Symposium für Vorausschau und Technologieplanung* (S. 7–27). Paderborn: Heinz-Nixdorf-Institut, Universität Paderborn.

Gausemeier, J., Plass, C., & Wenzelmann, C. (2000). *Zukunftsorientierte Unternehmensgestaltung – Strategien, Geschäftsprozesse und IT-Systeme für die Produktion von morgen*. München: Hanser.

Gorldt, C. (2015). Auf dem Weg zu Industrie 4.0 in Produktion und Logistik. *RFID im Blick (Sonderausgabe), 3*, 14–15.

Heidmann, R. (2015). *Windenergie und Logistik: Losgröße 1: Logistikmanagement im Maschinen- und Anlagenbau mit geringen Losgrößen*. Berlin: Beuth.

IJsselsteijn, W., van der Hoogen, W., Klimmt, C., de Kort, Y., Lindley, C., Mathiak, K., Poels, K., Ravaja, N., Turpeinen, M., & Vorderer, P. (2008). Measuring the experience of digital game enjoyment. In A. Spink, M. Ballintijn, N. Bogers, F. Grieco, L. Loijens, G. Smit, & P. Zimmerman (Hrsg.), *Proceedings of measuring behavior 2008, 6th international conference on methods and techniques in behavioral research, Maastricht* (S. 88–89). Wageningen: Noldus Information Technology BV.

IJsselsteijn, W. A., de Kort, Y. A. W., & Poels, K. (2013). The game experience questionnaire. Eindhoven: Technische Universität Eindhoven. ▶ https://pure.tue.nl/ws/files/21666907/Game_Experience_Questionnaire_English.pdf. Zugegriffen: 31. Okt. 2018.

Sauro, J. (2011). Measuring usability with the System Usability Scale (SUS). Erstellt am 02. Februar 2011. ▶ https://measuringu.com/sus/. Zugegriffen: 31. Okt. 2018.

Schwartz, P. (2005). *The art of the long view*. Chichester: Wiley.

van der Heijden, K. (2005). *The art of strategic conversation* (2. Aufl.). Chichester: Wiley.

Nachhaltige Implementierung betrieblicher Kompetenzmodelle in KMU durch Unternehmenscoaching und Softwareintegration

Nicole Sprafke, Saskia Hohagen, Alexander Nolte, Philipp Wenig, Andreas Zechmann, Mara Erlinghagen, Uta Wilkens, Thomas Andreas Herrmann und Heiner Minssen

10.1 Vorgehensweise zur nachhaltigen Implementierung – 164
10.1.1 Prozessbasierte Entwicklung von unternehmensspezifischen Kompetenzmodellen – 165
10.1.2 Verzahnung von Kompetenzmanagement und Unternehmensstrategie – 167
10.1.3 Instrumente zur Implementierung – 172

10.2 Unternehmenscoaching als technologiegestützter Implementierungsansatz von Kompetenzmodellen in der betrieblichen Praxis – 172
10.2.1 Kompetenzorientiertes 4C4Learn-Unternehmenscoaching – 173
10.2.2 Lessons Learned – 175

Literatur – 176

© Springer-Verlag GmbH Deutschland, ein Teil von Springer Nature 2019
A. C. Bullinger-Hoffmann (Hrsg.), *Zukunftstechnologien und Kompetenzbedarfe*,
Kompetenzmanagement in Organisationen, https://doi.org/10.1007/978-3-662-54952-0_10

Zusammenfassung

In ▶ Kap. 5 wurde aufgezeigt, welchen Kriterien ein Kompetenzmanagement in KMU genügen muss, um nachhaltig zu sein. Im Folgenden wird ein spezifischer Ansatz zur Implementierung eines softwareeingebetteten Kompetenzmanagements für KMU dargestellt, der diese Kriterien adressiert.

Der Ansatz wurde im Rahmen des Projektes 4C4Learn (Kompetenzorientiertes Unternehmenscoaching für ein nachhaltiges Kompetenzmanagement in KMU) entwickelt und vereint mehrere Besonderheiten. Zum einen ist die Methodik als begleitendes Unternehmenscoaching angelegt, in dessen Rahmen KMU befähigt werden, betriebliche Kompetenzmodelle so zu entwickeln und zu nutzen, dass neue inner- und überbetriebliche Lösungsstrategien vor dem Hintergrund technologischer und demografischer Herausforderungen identifiziert und umgesetzt werden können. Des Weiteren wird das Kompetenzmanagement an wertschöpfungsrelevanten Prozessen ausgerichtet, um von einer oftmals individuumsbezogenen Betrachtung von Kompetenzen hin zu einer strategischen Perspektive der Gesamtunternehmensentwicklung zu gelangen. Der Ansatz berücksichtigt zudem explizit die Bedeutung organisationaler Rahmenbedingungen bei der Implementierung, aber auch der Entfaltung und dem Management von Kompetenzen.

In diesem Rahmen wurden betriebsspezifische Kompetenzmodelle, Fragebögen zur Kompetenzerfassung und eine Software entwickelt. Als softwaregestützte Kompetenzmeetings, die in den KMU realisiert werden, laufen die Tools zusammen. Die Erfahrungen und Lessons Learned aus dem Einsatz der Tools werden im zweiten Teil des Kapitels reflektiert. Im Zentrum stehen kritische Rahmenbedingungen, Gemeinsamkeiten und Unterschiede bei den Praxispartnern.

10.1 Vorgehensweise zur nachhaltigen Implementierung

Von **Nachhaltigkeit** kann bei der Implementierung eines Kompetenzmanagements gesprochen werden, wenn Implementierungskontext und -prozess gleichermaßen Berücksichtigung finden (▶ Abschn. 5.2). Es ist ein Vorgehen zu etablieren, das mit der Analyse und Reflexion ökonomischer, kultureller, struktureller, prozessualer und technischer Voraussetzungen des Unternehmens beginnt und den spezifischen Ausprägungen dieser Kontextfaktoren im Implementierungsprozess mit Blick auf die Integration in die Unternehmenssteuerung, Kommunikation und Partizipation Rechnung trägt. Eine Vorgehensweise zur Realisierung dieser Kriterien für die nachhaltige Implementierung eines Kompetenzmanagements in KMU liegt in der Verknüpfung der unternehmensstrategischen und personalpolitischen Perspektive im Sinne eines Both-Directions-Ansatzes (Porter et al. 1975).

Im Fokus des Kompetenzmanagements steht die situationsübergreifende Handlungs- und Problemlösefähigkeit von sozialen Akteuren (Wilkens et al. 2006). Als soziale Akteure werden dabei nicht nur Individuen gefasst, sondern ebenso Teams, ganze Organisationen oder Organisationsnetzwerke. Mit der Fokussierung auf deren dynamische Wandlungs- und Anpassungsfähigkeit stellt sich die Kompetenzforschung in den Kontext der Wettbewerbstheorie. Es wird gezeigt, dass solche Organisationen nachhaltige Wettbewerbsvorteile erzielen, denen es gelingt, betriebliche Leistungsbündel weiterzuentwickeln und am Markt neu zu justieren (Teece et al. 1997). Ein strategisch ausgerichtetes Kompetenzmanagement geht somit deutlich über Ansätze der betrieblichen Weiterbildung und Personalentwicklung hinaus, inkludiert diese jedoch. Ein solches

Kompetenzmanagement bildet die Grundlage für eine strategiebegleitende Personal- und Organisationsentwicklung und kann zugleich Ansatzpunkte für strategische Veränderungsvorhaben auf Gesamtunternehmensebene liefern. Demzufolge umfasst die Implementierung des Kompetenzmanagements zugleich operative und strategische Ebenen und berührt eine Vielzahl von betrieblichen Akteuren.

10.1.1 Prozessbasierte Entwicklung von unternehmensspezifischen Kompetenzmodellen

Mit einem **Both-Directions-Ansatz** der Implementierung werden Akteure auf multiplen Ebenen simultan adressiert. Durch ein solches Gegenstromverfahren werden Top-down- und Bottom-up-Ansatz kombiniert. Management und Beschäftigte werden dabei an einem prozessorientierten Veränderungsprojekt beteiligt (Ebner und Krammer 2013). Es wird darauf abgestellt, vorhandene Ressourcen zu nutzen und Akzeptanz zu sichern, sodass sich nach erfolgreicher Implementierung eine unternehmensspezifische, dauerhafte Regelung von Wandlungsprozessen herausbildet (Bach 2000). Somit können nicht nur die positiven Effekte von Partizipation erzielt werden (Zink 2007), sondern durch einen Enabling-Prozess werden langfristig auch die Wandlungsfähigkeiten in der Organisation gestärkt (Bach 2000). Mit Blick auf KMU erscheint aufgrund der hohen Funktionsteilung und Übermächtigkeit des Tagesgeschäfts besonders wichtig, dass sich auf diesem Weg nachhaltig Multiplikatoren auf allen Hierarchieebenen herausbilden.

Im Projekt 4C4Learn wurden im Rahmen eines Both-Directions-Ansatzes drei zentrale Strategien umgesetzt, um diese positiven Effekte zu erzielen und Instrumente für ein strategisches Kompetenzmanagement zu entwickeln:

- Integration von Prozess- und Kompetenzmanagement
- Verknüpfung von Kompetenzmanagement und Controlling
- Berücksichtigung der wechselseitigen Beeinflussung von individuellen und kollektiven Kompetenzen der Beschäftigten und organisationalen Rahmenbedingungen

Mittels dieser Strategien wurde ein Implementierungsvorgehen erprobt, das den Besonderheiten von KMU Rechnung trägt und Instrumente auf verschiedenen Abstraktionsebenen zum Ergebnis hat (◘ Abb. 10.1). Kern des 4C4Learn-Ansatzes bildet dabei die Ausrichtung des Kompetenzmanagements an **wertschöpfungsrelevanten Prozessen.** Da mit dem Wandel der Arbeitswelt die Bedeutung von wissensintensiven, kollaborativen Formen der Zusammenarbeit zunimmt, greifen Kompetenzmodelle, die sich auf die Darstellung von Soll-Ist-Differenzen der Kompetenzen von Beschäftigten begrenzen und abteilungsspezifisch oder nach Jobgruppen differenzieren (Campion et al. 2011), zu kurz. Sollen Kompetenzmodelle als strategische Entscheidungsgrundlage für die Unternehmensentwicklung fungieren, ist das Zusammenwirken der Beschäftigten und Teams unter Berücksichtigung von Abteilungs- und Teamzusammensetzungen zu adressieren. Mit einer Erhebung von Kompetenzen entlang von wertschöpfungsrelevanten Prozessen wird eine solche Modellierung entlang eines engen Funktionsbereichsdenkens überwunden. Damit wird eine strategische Orientierung an der Wertschöpfungskette vorgenommen und zugleich die Kooperation von Beschäftigten unterschiedlicher Arbeitsbereiche und Hierarchiestufen berücksichtigt.

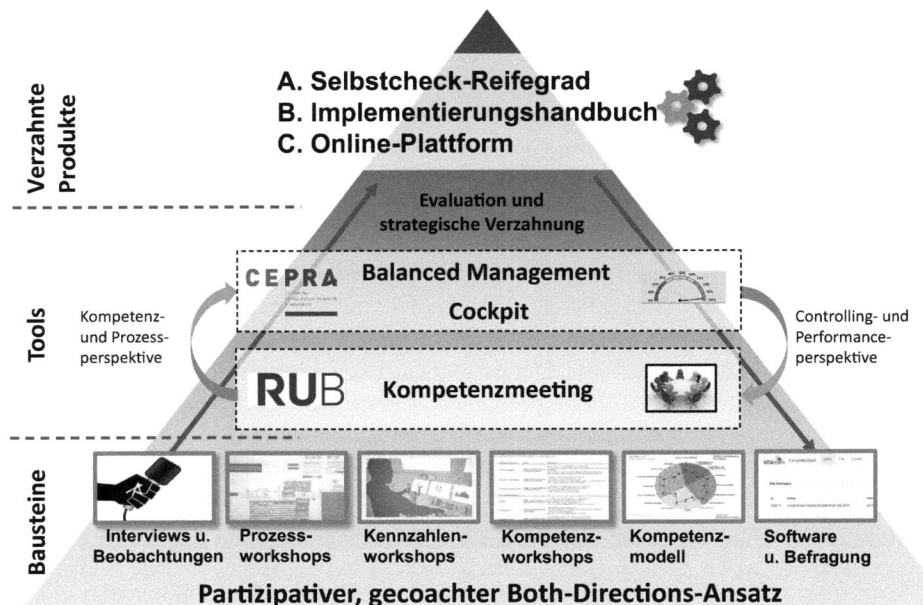

◻ Abb. 10.1   4C4learn-Tools im Both-Directions-Ansatz

Eine Voraussetzung dieser Vorgehensweise liegt in der Durchdringung und Konkretisierung der Unternehmensstrategie in einem Top-down-Prozess (Erpenbeck et al. 2013), in dessen Rahmen entsprechende Prozesse entlang der Wertschöpfungskette identifiziert werden. Erst ausgehend hiervon lässt sich sinnvoll danach fragen, welche Kompetenzen für die strategische Zielerreichung in den Prozessen erforderlich sind. In 4C4Learn wurden zu diesem Zweck Interviews mit Vertretenden der Geschäftsführung und Führungskräften weiterer Hierarchieebenen geführt. Dabei wurden in Orientierung am UNIKAT-Potenzialscanner (Kohlgrüber et al. 2003) Perspektiven zu den Zukunftspotenzialen, den Markt- und Umweltfaktoren sowie den internen Gegebenheiten (u. a. Betriebsklima, Kultur, Strukturen, technische Infrastruktur) eruiert. Ergänzt wurde die Methodik durch teilnehmende Beobachtungen in den Organisationen. Die Beobachtungen lieferten ein spezifischeres Verständnis zu beschriebenen Verhaltens-, Handlungs- und Interaktionsformen. Die so identifizierten strategischen Ziele und organisationsspezifischen Rahmenbedingungen leiteten sowohl die Analyse und Modellierung relevanter Kernprozesse als auch die Analyse entsprechender Kompetenzen. Im Ergebnis werden Top-down-Perspektiven mit Bottom-up-Betrachtungen verzahnt.

Die Kompetenzmodelle wurden aufbauend auf die Beschreibungen und Visualisierungen von Prozessen durch die beteiligten Teammitglieder erarbeitet. Die Prozessmodelle wurden im Zuge von moderierten Workshops mit Prozessbeteiligten aller Hierarchiestufen durch die Methode kritischer Ereignisse (Critical Incidents Technique) hinterlegt. Aus den beschriebenen Ereignissen lassen sich erfolgskritische Handlungen und Interaktionen von Beteiligten ableiten und über ein Bottom-up-Prinzip in Kompetenzen überführen, indem die Handlungen an der Unternehmensstrategie gespiegelt werden. Der Entwicklungsprozess als solcher schafft ein Bewusstsein für strategisch relevante Kompetenzen und legt damit zugleich eine Basis für die spätere Kompetenzmessung. Die Operationalisierung der Kompetenzen kann auf Basis von abgesicherten Items bzw. Ankerbeispielen aus der Kompetenzforschung erfolgen (z. B. entlang des KODE-Kompetenzatlas). Diese sind jedoch an die Sprache im Unternehmen anzupassen sowie mit unternehmensspezifischen Beispielen zu hinterlegen.

Die Spezifität der Kompetenzmodelle liegt nicht nur in den prozess- bzw. unternehmensspezifisch erfolgskritischen Handlungsweisen, die mit den Kompetenzen abgebildet werden, sondern ebenso in der Kombination und dem Ineinandergreifen der einzelnen Kompetenzen. Zudem sind die Kompetenzmodelle durch die Entwicklung entlang von wertschöpfungsrelevanten Prozessen inhaltlich so auszugestalten, dass sowohl Ausprägungen auf Individuumsebene als auch auf einer kollektiven Ebene abgebildet werden können. Dies schafft die Grundlage für die Betrachtung von Wechselwirkungen zwischen individuellen und kollektiven Kompetenzen, über die die Wettbewerbsfähigkeit gefördert werden kann (Sprafke et al. 2012; Wilkens et al. 2006). In 4C4Learn wurden Kompetenzanforderungen daher in Form von abgeleiteten **Soll-Profilen** im Sinne der Ausrichtung an der Unternehmensstrategie auf die kollektive Ebene und nicht auf einzelne Beschäftigte bezogen. Es wurde betriebs- und prozessspezifisch mit Experten/Expertinnen aus dem Unternehmen erarbeitet, welche Kompetenzausprägungen für die Erreichung aktueller wettbewerbsrelevanter Ziele erforderlich sind. Abgeleitete Maßnahmen werden so in den Kontext der Gesamtzielsetzung des Unternehmens gestellt. Zum Beispiel können auf der Basis eines vorhandenen Kompetenzportfolios Personalauswahl- und Personaleinsatzentscheidungen getroffen werden, da deutlich wird, an welcher Stelle auf kollektiver Ebene „Lücken" bzw. „Potenziale" mit Blick auf die Umsetzung von Unternehmenszielen bestehen.

10.1.2 Verzahnung von Kompetenzmanagement und Unternehmensstrategie

Die entwickelten Kompetenzmodelle sind nicht nur als Entscheidungsgrundlage für das Personalmanagement zu verstehen, sondern angesichts der strategischen Verankerung und wertschöpfenden Potenziale, die durch das Kompetenzmanagement beeinflusst werden, auch mit der Unternehmenssteuerung zu verzahnen. So können Herausforderungen aufgrund von erhöhter Volatilität in Beschaffungs- und Absatzmärkten, zunehmender Komplexität in sämtlichen Unternehmensbereichen sowie einer gesteigerten Fluktuationsrate der Beschäftigten adressiert werden. Die effiziente und strategische Integration des Kompetenzmanagements in die Unternehmenssteuerung trägt dazu bei, diesen Managementherausforderungen entgegenzuwirken, um die Wettbewerbsfähigkeit der Unternehmung nachhaltig sicherzustellen. Getreu dem häufig zitierten Leitsatz: „If you can't measure it, you can't manage it" (z. B. Kaplan und Norton 1997, S. 20), ist der vorgelagerte Schritt für ein integriertes Kompetenzmanagement, die Kompetenzen des Unternehmens messbar zu machen.

Dazu orientieren sich die Beurteilung und Überprüfung der strategischen Aktivitäten an transparenten und messbaren Leistungs- und Steuerungsgrößen. Anknüpfungspunkt ist hier das Controlling, das aus der funktionalen Perspektive die Bereitstellung eines Informationsversorgungssystems zur Führung, Planung und Kontrolle (Fischer et al. 2015) liefert.

Im Kontext eines adäquaten Kompetenzmanagements werden die Aufgaben der Führung, Planung und Kontrolle durch das **Kompetenzcontrolling** geleistet (Wilkens et al. 2015). Im Fokus steht die zielorientierte, bedarfsgerechte sowie systematische Messung und Steuerung der erforderlichen Kompetenzen zur Realisierung der Unternehmensziele. Um dies zu erreichen, liegt eine weitere Aufgabe darin, das Kompetenzmanagement mit der Unternehmensstrategie zu verzahnen. Dazu werden Zielwerte der Leistungs- und Steuerungsgrößen aus den Unternehmenszielen bzw. der Unternehmensstrategie abgeleitet.

Voraussetzung für eine nachhaltige Implementierung des Kompetenzcontrollings ist das Commitment und die Sensibilisierung des Topmanagements. Im Rahmen von 4C4Learn wurde dies anhand von Führungskräftecoachings sichergestellt. Kerninhalte bilden die grundsätzliche Ermittlung der unternehmensspezifischen Herausforderungen eines adäquaten Kompetenzcontrollings, die Eruierung von Implementierungsvoraussetzungen und -maßnahmen sowie die in diesem Zusammenhang zwingend erforderliche Führungsverantwortung. Zur Erfüllung der Kontrollaufgabe des Kompetenzcontrollings wurde das **Kompetenzmonitoring** mit bereits bestehenden Steuerungssystemen in den Unternehmen verknüpft. Dies erfolgte anhand von geeigneten Kennzahlen und Steuerungsgrößen, die das Kompetenzlevel auf Prozess- und Unternehmensebene auf Basis der gemessenen Kompetenzen wiedergeben. Zur Überführung der entwickelten strategischen Kompetenzziele in die unternehmerische Praxis wurden Workshops mit Beschäftigten der Praxispartner initiiert, die in den entsprechenden Fachbereichen und Arbeitsprozessen der Unternehmen operativ tätig sind. Die im Fokus stehenden Arbeitsprozesse wurden dazu analysiert und ggf. modifiziert. Durch diese Vorgehensweise konnten die in 4C4Learn beteiligten Beschäftigten für das Projekt sensibilisiert und motiviert werden. Erkenntnisse, die sich aus detaillierten Diskussionen über die Aktivitäten in den Arbeitsprozessen ergaben, wurden in die Führungs-, Planungs- und Kontrollaktivitäten des Kompetenzcontrollings zurückgespiegelt (Feedback- und Feedforward-Vorgehensweise), sodass ein hohes Maß an Partizipation der Beschäftigten sowie eine flexible Ausgestaltung der Leistungs- und Steuerungsgrößen im Kompetenzmonitoring ermöglicht wurde. Zur Realisierung dieser Potenziale gehen die entwickelten Bausteine in zwei Ergebnistools ein: das softwarebasierte Kompetenzmeeting und das Balanced Management Cockpit (BMC).

Kompetenzmeeting

Das Konzept der Kompetenzmeetings ist zentrales Element des Both-Directions-Ansatzes. Zu diesen regelmäßigen Meetings treffen sich ausgewählte Beschäftigte und Führungskräfte eines Arbeitsbereichs sowie angrenzender Bereiche, um aktuelle Ziele und prozess-, fähigkeits- oder interaktionsbezogene Probleme in ihrem Arbeitskontext zu erörtern.

Die Kompetenzmeetings werden durch ein Software-Tool unterstützt, das eine webbasierte **Kompetenzeinschätzung** durch die Beschäftigten gewährleistet und für das Kompetenzmeeting gemeinsam aggregierte Daten bereitstellt. Für die Datenerhebung im Rahmen der Software wurden die Operationalisierungen aus dem Kompetenzmodell in Items übersetzt und in einen Online-Fragebogen integriert. Dieser wurde auf die jeweiligen Gegebenheiten der Organisation zugeschnitten. Gemäß der Logik der prozessbezogenen Kompetenzmodellierung richten sich die Fragebögen hierarchie- und fachübergreifend an alle Prozessbeteiligten in den jeweiligen Unternehmen. Die einzelnen

Indikatoren sind zur Verringerung der sozialen Erwünschtheit bei Selbstauskünften aufgabenbasiert formuliert (Mabe und West 1982).

Neben der Einschätzung von Kompetenzen verfügt das Software-Tool über die Möglichkeit, Aspekte der **Prozesseffizienz** und der **betrieblichen Sozialordnung** zu erfragen, die Aufschluss über das Zusammenwirken der Beschäftigten für die Zielerreichung geben. Zusätzlich ermöglicht das Tool den Prozessbeteiligten, aktuelle **Probleme im Prozessablauf** zu beschreiben. Es werden konkrete Probleme aus dem täglichen Arbeitsumfeld erfasst, die als Ausgangspunkt der Erörterung in Kompetenzmeetings dienen können. Auf diese Weise können operative Bedarfe mit Kompetenzen abgeglichen werden, was die gezielte Ableitung wirksamer Maßnahmen begünstigt. Neben der Erfassung der für Kompetenzmeetings erforderlichen Daten (Kompetenzen, betriebliche Sozialordnung sowie potenzielle Probleme in Prozessen) stellt das Tool zusätzlich **Funktionen zur Exploration** bereit, die den Nutzer/die Nutzerin dabei unterstützen sollen, aus der Fülle der gewonnenen Daten sinnvolle Maßnahmen abzuleiten. Dazu bietet das Tool verschiedene Filtermöglichkeiten an, die auf den jeweiligen Unternehmenskontext angepasst werden können. So ist es beispielsweise möglich, zwischen verschiedenen Alters- oder Berufsgruppen zu filtern, um spezifische Bedarfe aufdecken und so wirksame Maßnahmen ableiten zu können. Weiterhin bietet das Tool verschiedene Möglichkeiten der Visualisierung. Auch hier ist es das Ziel, dem Nutzer/der Nutzerin eine Hilfestellung zu bieten, konkrete Bedarfe zu identifizieren und möglichst zielgerichtete Maßnahmen ableiten zu können. Bezugsgröße ist hierbei stets das strategische Ziel, das im Soll-Kompetenzprofil seinen Ausdruck findet. Die Kompetenzen der Beschäftigten werden ausschließlich in aggregierter Form und somit anonymisiert als Ist-Wert angezeigt.

Da sich Befragung und Kompetenzmeetings zyklisch abwechseln, kann direkt ermittelt werden, ob die beschlossenen Maßnahmen zum gewünschten Erfolg geführt haben. Ansonsten besteht die Möglichkeit, in den Kompetenzmeetings weitere Maßnahmen zu beschließen. Durch dieses Vorgehen werden die Beschäftigten als zentrale Akteure und Gestaltende in den Mittelpunkt gestellt. Zugleich wird eine Verkopplung mit strategischen Unternehmenszielen durch zuvor partizipativ vereinbarte Soll-Ausprägungen auf Prozessebene sichergestellt. Die beschäftigtenzentrierte Vorgehensweise und hierarchieübergreifende Gestaltung des Kompetenzmeetings eröffnet für KMU die Möglichkeit, ein Kompetenzmanagement zu implementieren, das strategisch an wertschöpfungsrelevanten Prozessen ansetzt und Beschäftigte zugleich aktiv in eine Gesamtunternehmensentwicklung einbezieht.

Balanced Management Cockpit (BMC)

Zur Maßnahmenentwicklung aus Managementperspektive trägt ebenso das entwickelte **BMC** bei, das unternehmensstrategisch relevante Steuerungsgrößen mit den Kompetenzdaten in Verbindung bringt. Das BMC ist an das Konzept der Balanced Scorecard angelehnt (Kaplan und Norton 1997). Es dient der Operationalisierung der Unternehmensstrategie und –ziele im Bereich des Kompetenzmanagements und kann sowohl auf Unternehmens- als auch auf Prozessebene angewendet werden. Grundlegende Idee ist es, ein innovatives Steuerungsinstrument bereitzustellen, das bei der Steuerung den Fokus auf eine ganzheitliche Betrachtung des betriebswirtschaftlichen Leistungsverständnisses legt. Dazu wird die häufig in der traditionellen Steuerung angewendete Perspektive der „harten" finanziellen Kennzahlen um „weiche" nicht finanzielle Perspektiven erweitert. Die perspektivische Erweiterung erfolgt hierbei um multidimensionale Faktoren wie nicht finanzielle Größen, mehrere Betrachtungsperioden, Zukunftsorientierung oder auch Steuerungsgrößen im Kontext des Kompetenzcontrollings. Somit bietet das BMC die Möglichkeit zur ausgewogenen Steuerung von multidimensionalen Faktoren und verhindert eine einseitige Ausrichtung der Unternehmenssteuerung. Es ist ein Instrument, das Unternehmen bei der Umsetzung ihrer vielfältigen Ziele unterstützt und liefert den ersten Anknüpfungspunkt zur Initiierung und Überprüfung von konkreten Maßnahmen. Somit ist das BMC Bindeglied zwischen der strategischen und operativen Ebene und bildet ein Instrument zur Sicherstellung der übergeordneten Unternehmensziele sowie Verhaltensbeeinflussung.

Im Projekt 4C4Learn wurden für jedes Unternehmen zunächst die einzelnen **Perspektiven** in Anlehnung an das Konzept der Balanced Scorecard festgelegt. Diese wurden im Anschluss mit dem Verfahren der Nutzwertanalyse (Scoring-Modell) bewertet. Hierbei ergaben die Workshops häufig die Perspektiven Finanzen, Prozesse, Beschäftigte und Stakeholder. Bei den Stakeholdern handelte es sich um Akteure, die die nächste Schnittstelle im Prozess bilden, z. B. interne oder externe Kunden/Kundinnen. Somit wurden die Adressaten festgelegt, die bei der Umsetzung der Strategie und Vision des Unternehmens eine entscheidende Rolle einnehmen. Die Eckpfeiler gingen zumeist aus einer vorherigen intensiven Analyse des jeweiligen Pilotprozesses hervor.

Im zweiten Schritt wurden **Steuerungsgrößen** für jede Perspektive erhoben, die einen maßgeblichen Einfluss auf die Erfüllung der Leistungsziele der jeweiligen Perspektive besitzen. Um ein einheitliches Verständnis der Zielausrichtung zu generieren und das BMC zu operationalisieren, wurden die einzelnen Steuerungsgrößen in einem ersten Schritt in Workshops definiert sowie anschließend bewertet. In diesem Zusammenhang kommt mit der Kommunikationsfunktion eine weitere wichtige übergeordnete Eigenschaft des BMC zum Tragen. Durch die Verzahnung des Kompetenzmanagements mit der Unternehmensstrategie sind schließlich die strategischen Ziele auf die Ebene des einzelnen Beschäftigten zu überführen (North et al. 2018). Nicht zuletzt zeigte der Dialog zwischen dem Management und der operativen Ebene, dass häufig unterschiedliche Auffassungen bezüglich der Relevanz und Priorisierung der Steuerungsgrößen existieren. Durch Kommunikation und Harmonisierung der meist unterschiedlichen Sichtweisen auf den Leistungserstellungsprozess zwischen dem Management, das eine sehr globale Perspektive („Vogelperspektive") auf den Prozess besitzt, und der operativen Ebene, deren Perspektive stark durch das Detailwissen über den Prozessablauf sowie Fachwissen über die Prozessaktivitäten geprägt ist, werden die multidimensionalen Zielsetzungen des Unternehmens analysiert und festgelegt. Dieser intensive Austausch innerhalb des Unternehmens ist eine wichtige Maßnahme, um die Akzeptanz, das Vertrauen und die Motivation der Beschäftigten zu stimulieren.

Im dritten Schritt wurden die Steuerungsgrößen mit den **Kompetenzen** verzahnt. Hierbei wurde für jede Steuerungsgröße wiederum nach dem Prinzip der Nutzwertanalyse eine Bewertung der zur Zielerreichung erforderlichen Kompetenzen vorgenommen. Grundlage hierfür sind die prozess- bzw. unternehmensspezifischen Kompetenzmodelle mit ihren jeweiligen Kompetenzen, wobei eine simultane Betrachtung der Relevanz und Wichtigkeit der Kompetenzen vorgenommen wurde. Das Konzept und die Verankerung des BMC ist in ◘ Abb. 10.2 dargestellt.

Da kausale Zusammenhänge zwischen den „weichen" Inputfaktoren Kompetenzen und „harten" Erfolgsgrößen (z. B. Umsatz oder Gewinn) nur schwer zu identifizieren

Nachhaltige Implementierung betrieblicher Kompetenzmodelle ...

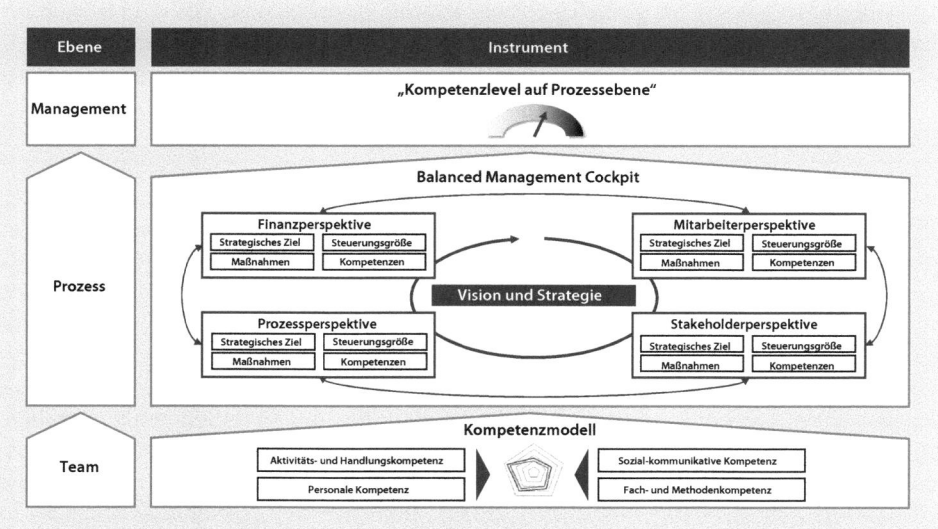

Abb. 10.2 Balanced Management Cockpit. (BMC; in Anlehnung an Kaplan und Norton 1997)

sind, greift das BMC bewusst auf qualitative Steuerungsgrößen zurück, um die auf Prozessebene erforderlichen Kompetenzen entlang der strategischen Ziele zu steuern. Die Messung der Beschäftigtenkompetenzen wird dabei anhand von Abweichungsanalysen durchgeführt und bezieht sich auf die Soll-Ist-Differenzen. Im Umkehrschluss impliziert diese Vorgehensweise die Möglichkeit eines zielgerichteten Kompetenzcontrollings, das sowohl auf Perspektiv- als auch auf Steuerungsgrößenebene Kompetenzpotenziale aufzeigt. Gleichzeitig bietet das BMC die Möglichkeit relevante Kennzahlen auf Prozess- oder Unternehmensebene zu integrieren, um eine ganzheitliche Informationsversorgung sicherzustellen und eine Verzahnung mit dem bereits bestehenden Steuerungssystem vorzunehmen. Somit erfüllt das BMC auch die klassischen Aufgaben des Controllings einer Informationsversorgung mit Daten des Rechnungswesens. Die flexible Ausgestaltung ermöglicht damit eine effektive und effiziente Informationsversorgung und erhöht die Anpassungsfähigkeit an Veränderungen interner und externer Herausforderungen.

Kompetenzen stellen weiche, immaterielle Unternehmensfaktoren dar, die in den zunehmend dynamischem Unternehmensumfeld (z. B. hohe Fluktuationsraten von Beschäftigten) einen immer größeren Einfluss auf die Wettbewerbsfähigkeit von Unternehmen besitzen. Dadurch gewinnt die Steuerung dieser weichen Erfolgsfaktoren für Unternehmen zunehmend an Bedeutung. Das BMC ist ein geeignetes Steuerungsinstrument, das es Unternehmen ermöglicht Beschäftigtenkompetenzen effektiv und effizient zu steuern. Durch die Verzahnung mit der globalen Unternehmensstrategie ist das BMC darüber hinaus geeignet, um gezielt Kompetenzen zu entwickeln bzw. zu erhalten, die für die Erreichung der Unternehmensziele notwendig sind. Durch eine flexible und anpassbare Ausgestaltung lässt sich das BMC sehr gut in bestehende Steuerungsprozesse und Instrumente integrieren. Darüber hinaus ist die Anwendung des BMC nicht auf Unternehmen aus bestimmten Branchen beschränkt und lässt sich auf sämtliche Prozesse der Leistungserstellung im Unternehmen adaptieren. Die

Anwendung ist sowohl für große Unternehmen mit komplexen Strukturen als auch für KMU sinnvoll und erfordert lediglich überschaubare Implementierungskosten.

10.1.3 Instrumente zur Implementierung

Die Ergebnisse beider Tools, des softwarebasierten Kompetenzmeetings und des BMC, fließen in die verzahnten Produkte des Projektes ein (◘ Abb. 10.1). Das Projekt 4C4Learn bringt drei Produkte hervor: einen Selbstcheck-Reifegrad, ein Implementierungshandbuch und eine Online-Plattform.

Für die Implementierung eines Kompetenzmanagements in Unternehmen gibt es keinen One-Size-fits-all-Ansatz, der für alle Unternehmen gleichermaßen genutzt werden kann. Um eine Nachhaltigkeit in der Nutzung von Kompetenzmanagement zu erzielen, scheint es notwendig, die Rahmenbedingungen der Unternehmen zu erheben. Im Rahmen des Projektes 4C4Learn wurde dies durchgeführt, um daraus einen **Selbstcheck-Reifegrad** zu entwickeln. Dieses Produkt bietet anderen Unternehmen die Möglichkeit, eigenständig und leichtgängig Implementierungsvoraussetzungen zu erheben. Mithilfe dieser Erkenntnisse aus der Checkliste, sollen die Unternehmen einen Ansatzpunkt für die Implementierung eines Kompetenzmanagement in ihr Unternehmen haben.

Das **Implementierungshandbuch** stellt ein Produkt dar, das „von Praktikern für Praktiker" geschrieben wurde. Es dient dazu, anderen Unternehmen aufzuzeigen, welche Schritte im Projekt bei der betriebsspezifischen Implementierung eines Kompetenzmanagements bereits durchlaufen wurden. Die Praxispartner stellen darin ihre spezifischen Fälle und Lessons Learned vor und geben einen Ausblick.

Auf der **Online-Plattform** werden nicht nur die Tools und Produkte für interessierte Unternehmen zur Verfügung gestellt, sondern auch die Ergebnisse des Projektes veröffentlicht. Eine Systematisierung erfolgt dabei entlang eines prototypischen Phasenverlaufs für ein solches Implementierungsvorhaben. Dieser organisationale Coachingansatz wird nachfolgend in ▶ Abschn. 10.2 dargestellt.

10.2 Unternehmenscoaching als technologiegestützter Implementierungsansatz von Kompetenzmodellen in der betrieblichen Praxis

Zur nachhaltigen Verankerung des Kompetenzmanagements in KMU wurde im Projekt 4C4Learn die Methodik eines Unternehmenscoachings pilotiert. Beim **C**ustomized **C**orporate **C**ompetence **C**oaching (4C) geht es um die kontinuierliche Beratung und Begleitung von KMU bei der Implementierung eines Kompetenzmodells in den Strukturen, Prozessen und Entscheidungssystemen, um im Ergebnis ein selbst gesteuertes Kompetenzmanagement zu etablieren.

Unter einem **Coaching** wird gemeinhin eine professionelle Form der Beratung und Unterstützung von Personen mit Managementfunktion und von Fachexperten/-expertinnen in Organisationen verstanden (Rauen 2005; Schreyögg 2012). Die Zielsetzung von Coaching kann mit der Weiterentwicklung von vornehmlich individuellen, teilweise auch kollektiven Lern- und Leistungsprozessen hinsichtlich primär beruflicher Anliegen umschrieben werden (DBVC 2018). Ziel des 4C4Learn-Unternehmenscoachings ist es, Unternehmen zu befähigen, betriebsspezifisch geeignete Kompetenzmodelle zu identifizieren, zu adaptieren, zu implementieren und für die zukünftige Unternehmensentwicklung nutzbar zu machen. Durch die Überführung eines Individualcoachings in ein Unternehmenscoaching wird sichergestellt, dass die Verantwortung der Unternehmen für den Inhalt und Prozess systematisch im Verlauf der Implementierung wächst, sodass diese ihre Entwicklung eigenständig nachhalten.

Mit der Entwicklung und Anwendung eines kompetenzorientierten Unternehmenscoachings wird somit darauf abgezielt, verschiedene Handlungsebenen in Unternehmen zu adressieren sowie technische und strukturelle Voraussetzungen für Innovationsprozesse betriebsspezifisch zu erschließen. Unter Integration von Mensch, Organisation und Technik soll die Methode die langfristige Nutzung und den Eingang von Kompetenzindikatoren in Entscheidungssysteme sicherstellen. Dabei werden Organisationen als **soziotechnische Systeme** gefasst (Sydow 1985; Ulich 2011), um im Coaching zugleich die Strategie, Struktur und Kultur berücksichtigen zu können (Lippmann 2006). Es gilt demnach zu eruieren, welche Strategien und Ziele der Organisation bzw. Teilsystemen zugrunde liegen und welches Selbstverständnis der Organisation vorherrscht (▶ Abschn. 5.2). Des Weiteren sind Verfahrensweisen und Instrumente der Zielerreichung in der Organisation zu ergründen und in Verbindung zu organisationalen Rahmenbedingungen zu setzen. Grundlegendes Prinzip dabei ist die Sensibilisierung des Topmanagements für demografiebedingte personalwirtschaftliche Fragestellungen sowie eine frühzeitige Einbindung der Beschäftigtenvertretungen und der Projektverantwortlichen als Basis für die strategische Verankerung und den Rückhalt für weitere Entwicklungsschritte.

10.2.1 Kompetenzorientiertes 4C4Learn-Unternehmenscoaching

Das kompetenzorientierte 4C4Learn-Unternehmenscoaching repräsentiert den Umsetzungsansatz der in ▶ Abschn. 5.2 dargestellten Nachhaltigkeitskriterien und integriert die in ▶ Abschn. 10.1 beschriebenen Bausteine und Tools. Die unterschiedlichen Begleitungsschritte lassen sich fünf Phasen zuordnen (◘ Abb. 10.3).

Die Grundvoraussetzung für ein Coaching auf Unternehmensebene ist ebenso wie beim Individualcoaching in der wechselseitigen Akzeptanz von Coach und Klient/-in zu sehen (Rauen und Steinhübel 2001). In der **Phase des Einstiegs und Kontakts** liegt der Fokus auf der Konkretisierung der Motivation (Krüger 2014) für die Implementierung eines Kompetenzmanagements. Die Praxispartner des Projektes 4C4Learn haben verschiedene Gründe für die Implementierung eines Kompetenzmanagements, z. B. einen anstehenden Generationswechsel, der mit Kompetenzverlusten einhergehen könnte. In dieser ersten Phase des Unternehmenscoachings geht es darum, erste Informationen zum Thema Kompetenzmanagement bereitzustellen und der Spezifik des jeweiligen Unternehmens entsprechend gerecht zu werden. Dies umfasst auch die Etablierung eines gemeinsamen Verständnisses von Kompetenzen und Kompetenzmanagement. Im Rahmen des Projektes fand dies im Zuge der Auftaktveranstaltungen und Erstgespräche auf verschiedenen Hierarchieebenen statt.

In der anschließenden **Orientierungs- und Konzeptionsphase** werden sowohl die Ziele als auch die Maßnahmen festgelegt. Diese Phase beinhaltet auch die Abstimmung mit den Interessensvertretungen in den Unternehmen und dem Betriebsrat (Krüger 2014). Ein Coaching zielt darauf ab, für den Klienten Nachvollziehbarkeit und

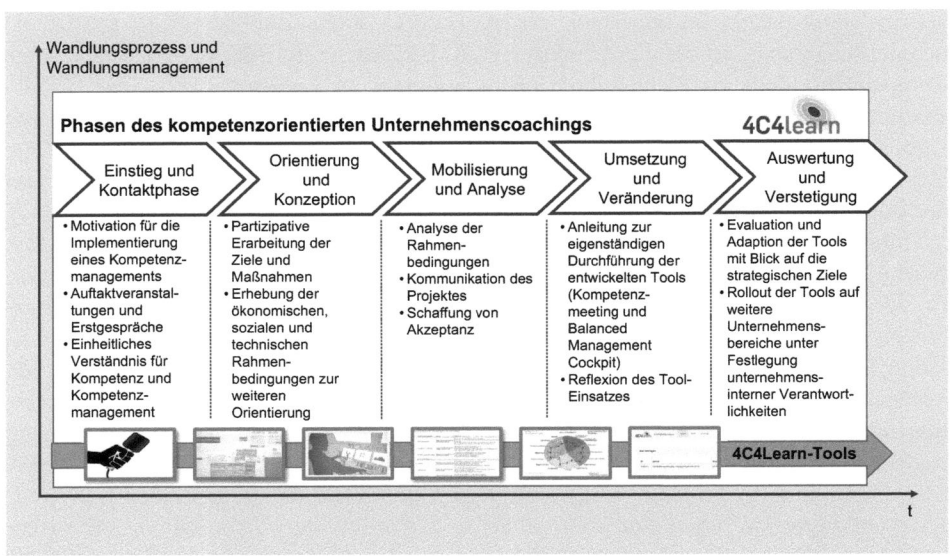

● Abb. 10.3 Phasen des 4C4Learn-Unternehmenscoachings. (In Anlehnung an Krüger 2014; Lippmann 2006; Rauen und Steinhübel 2001)

Transparenz herzustellen (Lippmann 2006). Dies kann auch auf die Entwicklung der Ziele und Maßnahmen übertragen werden. Im Rahmen des 4C4Learn-Coachingansatzes wurden in dieser Phase die Rahmenbedingungen in den Unternehmen erhoben, um das gegenseitige Verständnis zu erhöhen und eine Orientierung für die unternehmensspezifische Implementierung eines Kompetenzmanagements zu generieren.

Der Kompetenzmanagementansatz, dem in diesem Projekt nachgegangen wurde, folgt dem Both-Directions-Ansatz. Dieser ist in der dritten Phase, der **Mobilisierung und Analyse,** verortet. In dieser Phase stehen die Kommunikation und die Akzeptanz der Beschäftigten für den Veränderungsprozess im Mittelpunkt (Krüger 2014). Die Unternehmenspartner des Projektes wurden dazu angeleitet, im Unternehmen Kick-off-Veranstaltungen durchzuführen. Hier wurden die Beschäftigten informiert, um die Akzeptanz für die Teilnahme an diesem Projekt zu erhöhen. Entsprechend des Both-Directions-Ansatzes wurde dabei nicht nur von der Führungskräfteebene nach unten kommuniziert, sondern auch von unten nach oben. Das bedeutet, dass es im Rahmen der Kick-off-Veranstaltungen um die Ziele und Motive der Geschäftsleitungsebene ging (Top-down), aber zugleich auch um Aspekte, Fragen, Wünsche und Herausforderungen der Beschäftigten, die aufgenommen und dann in die Projektausrichtung integriert wurden.

In der anschließenden vierten Phase, der **Umsetzung und Veränderung,** wurden die entwickelten Tools Kompetenzmeeting und BMC umgesetzt. Dieser Phase wird eine große Bedeutung zuteil, und sie hat einen maßgeblichen Einfluss auf den Projekterfolg (Krüger 2014). Die Praxisunternehmen wurden im Sinne des Unternehmenscoachingansatzes dazu angeleitet, diese beiden Tools eigenständig umzusetzen. Diese Tools wurden in Zusammenarbeit mit den Praxispartnern entwickelt, damit sie einen hohen Nutzen für die Praxis haben. Im Rahmen von Coachings wurden die Praxispartner auch darin angeleitet, die Ergebnisse der Tools zu deuten und an die Beschäftigten zu kommunizieren.

Die Umsetzung der Tools ging mit einer Evaluation und daraus resultierenden Adaptionen einher, die sich in die **Auswertungs- und Verstetigungsphase** einordnen lassen. Darin inbegriffen ist auch die Übertragung des Kompetenzmanagements auf andere Bereiche im Unternehmen („Rollout"). Daraus resultiert in der Gesamteinheit ein Kompetenzmanagement für die gesamte Organisation. Die Verstetigung des Kompetenzmanagements sieht auch die zyklische Anwendung des Kompetenzmeetings vor sowie die kontinuierliche Adaption dieses Tools gemäß der strategischen Entwicklungen.

10.2.2 Lessons Learned

Aus dem Projektverlauf kristallisierten sich verschiedene Lessons Learned heraus, die sowohl die Beschäftigten als auch die Unternehmen adressieren.

Die Partizipation der Beschäftigten steht als ein Nachhaltigkeitskriterium im Zentrum des Kompetenzmanagementansatzes des Projektes 4C4Learn. Daraus ergibt sich auch, dass die Beteiligung der Beschäftigten als herausragendes Kriterium zum Gelingen oder Scheitern eines Implementierungsvorhabens zu betrachten ist. Die Beschäftigten müssen früh „ins Boot geholt" werden und in regelmäßigen Abstand über die Entwicklungen im Projekt informiert werden. Dies hat insbesondere bei der Kompetenzthematik eine herausragende Bedeutung. Da Kompetenzen direkt die Beschäftigungsfähigkeit der Mitarbeiter und Mitarbeiterinnen berühren, gilt es, Befürchtungen frühzeitig auszuräumen und den zukunftsgerichteten Entwicklungsaspekt hervorzuheben. Über die bloße Information bedarf es eines Projektteams aus Beschäftigten, die Interesse haben, an dem Projekt mitzuarbeiten, und einen Sinn damit verbinden, Kompetenzmanagement in dem Unternehmen zu implementieren. Dieses Projektteam sollte sich aus Beschäftigten zusammensetzen, die hierarchie- und bereichsübergreifend im Unternehmen tätig sind. Dies erfolgt vor dem Hintergrund, so einen breiten Rückhalt im Unternehmen zu erlangen. Die projektbeteiligten Mitarbeiter und Mitarbeiterinnen agieren als Multiplikatoren in ihren Arbeitsbereichen. Während der Projektlaufzeit kristallisierte sich auch heraus, dass die Zusammensetzung eines Duos aus operativen und strategischen Verantwortlichen ein förderlicher Aspekt für die Projektumsetzung ist. Bei zwei von drei Praxispartnern fand sich solch ein Duo, das nicht nur auf operativer Ebene der Beschäftigten wirkte, sondern auch zur Führungskräfteebene kommunizierte.

Auch bezüglich der Strukturen der Organisation zeigten sich Lessons Learned, die für die eigenständige Umsetzung der Implementierung eines Kompetenzmanagements zu berücksichtigen sind. Der Ansatz der Implementierung sieht eine Verknüpfung von Kompetenz- mit Prozessmanagement vor. Dabei sind die Größe und die Positionierung des Pilotbereichs im Unternehmen entscheidend. Der Pilotbereich sollte weder zu klein noch zu groß gewählt werden, um Handhabbarkeit und Agilität sowie gleichermaßen eine gewisse Reichweite sicherzustellen. Für die strategische Relevanz ist es zudem wichtig, dass der Pilotbereich aus Prozessperspektive nicht zu autonom, d. h. prozessual isoliert, ist. Es sollten ausreichend Schnittstellen mit anderen Unternehmensbereichen und eine strategische Bedeutung der Verzahnung des Bereichs vorliegen, um Effekte hinsichtlich der Steuerungsgrößen und neuen personalpolitischen Weichenstellungen zu erzielen. Eine zentrale Herausforderung zeigt sich dahin gehend, eine Balance zwischen dem postulierten Anspruch auf einen ganzheitlichen Zugang und der Umsetzbarkeit des Implementierungsprozesses herzustellen.

Eine am Reifegrad des Unternehmens orientierte Implementierung von Kompetenzmanagement kann für Unternehmen eine hohe Nachhaltigkeit erzielen. Ausgehend von der Entwicklung in einem einzelnen Pilotbereich kann ein spezifisches Kompetenzmanagement für ein ganzes Unternehmen realisiert werden.

Die Tools des 4C4Learn-Unternehmenscoachings sind für interessierte Unternehmen verfügbar unter: ▶ http://www.kompetenzmanagement.rub.de/.

> **Fazit**
> **Potenziale des kompetenzbasierten Unternehmenscoachings für KMU:** Aus dem Projekt 4C4Learn ergeben sich Hinweise darauf, dass die in diesem Kapitel vorgestellte Vorgehensweise der nachhaltigen Implementierung folgende Vorteile bietet:
> - Sie orientiert die Spezifikation von Kompetenzen an konkreten Prozessen und deren Dynamik. Vermutete Kompetenzen können direkt am Prozess gespiegelt werden, was globale Aussagen über potenziell benötigte Kompetenzen verringert und zu realistischeren Einschätzungen führt.
> - Sie fördert die Konkretisierung von Unternehmenszielen, indem diese auf spezifische Prozesse zugespitzt werden. Diese Zuspitzung erlaubt es, über die Erhebung prozessspezifischer Kennzahlen, Effekte von Kompetenzen erfassbar und messbar zu machen.
> - Sie trägt der Tatsache Rechnung, dass Kompetenzen und Strukturen nicht unabhängig voneinander sind. Vielmehr handelt es sich um eine wechselseitige Beziehung, bei der ggf. Anpassungen an die organisatorischen Rahmenbedingungen in Kombination mit einer Ausweitung des Kompetenzportfolios notwendig werden, um strategische Ziele zu erreichen.
> - Sie verbindet eine strategische Orientierung mit dem operativen Geschehen und schafft damit wichtige Voraussetzungen, um Kompetenzmanagement bei strategischen Entscheidungsprozessen als Grundlage zu nutzen. Durch die direkte Verzahnung mit dem operativen Geschehen werden sonst oftmals auftretende Implementierungshürden von vornherein vermieden.

Förderhinweis
Dieses Forschungs- und Entwicklungsprojekt wurde mit Mitteln des BMBF im Förderschwerpunkt „Betriebliches Kompetenzmanagement im demografischen Wandel" (Förderkennzeichen: 02L12A020) gefördert und vom Projektträger Karlsruhe (PTKA) betreut. Die Verantwortung für den Inhalt dieser Veröffentlichung liegt bei den Autoren.

Literatur

Bach, N. (2000). *Mentale Modelle als Basis von Implementierungsstrategien: Konzepte für ein erfolgreiches Change Management*. Wiesbaden: Deutscher Universitätsverlag.

Campion, M. A., Fink, A. A., Ruggeberg, B. J., Carr, L., Phillips, G. M., & Odman, R. B. (2011). Doing competencies well: Best practices in competency modeling. *Personnel Psychology, 64*(1), 225–262.

Deutscher Bundesverband Coaching (DBVC) e. V. (2018). Definition Coaching. ▶ http://www.dbvc.de/der-verband/ueber-uns/definition-coaching.html. Zugegriffen: 31. Okt. 2018.

Ebner, G., & Krammer, C. (2013). Veränderungsmanagement im öffentlichen Dienst – ein Praxisbeispiel. *Journal für Psychologie, 21*(3), 1–27.

Erpenbeck, J., von Rosenstiel, L., & Grote, S. (2013). Einleitung. In J. Erpenbeck, L. von Rosenstiel, & S. Grote (Hrsg.), *Kompetenzmodelle von Unternehmen* (S. 1–32). Stuttgart: Schäffer-Poeschel.

Fischer, T. M., Möller, K., & Schultze, W. (2015). *Controlling: Grundlagen, Instrumente und Entwicklungsperspektiven* (2. Aufl.). Stuttgart: Schäffer-Poeschel.

Kaplan, R. S., & Norton, D. P. (1997). *Balanced Scorecard. Strategien erfolgreich umsetzen*. Stuttgart: Schäffer-Poeschel.

Kohlgrüber, M., Schnauffer, H. G., & Jaeger, D. (Hrsg.). (2003). *Das einzigartige Unternehmen: mit dem Potenzialscanner strategische Wettbewerbsvorteile entdecken*. Berlin: Springer.

Krüger, W. (2014). Strategische Erneuerung: Probleme und Prozesse. In W. Krüger & N. Bach (Hrsg.), *Excellence in Change: Wege zur strategischen Erneuerung* (5. Aufl., S. 33–61). Wiesbaden: Springer Gabler.

Lippmann, E. (2006). Grundlagen. In E. Lippmann (Hrsg.), *Coaching: Angewandte Psychologie für die Beratungspraxis* (S. 11–46). Berlin, Heidelberg: Springer.

Mabe, P. A., & West, S. G. (1982). Validity of self-evaluation of ability: A review and meta-analysis. *Journal of Applied Psychology, 67*(3), 280–296.

North, K., Reinhardt, K., & Sieber-Suter, B. (2018). *Kompetenzmanagement in der Praxis. Mitarbeiterkompetenzen systematisch identifizieren nutzen und entwickeln. Mit vielen Fallbeispielen* (3. Aufl.). Wiesbaden: Springer Gabler.

Porter, L. W., Lawler, E. E., & Hackman, J. R. (1975). *Behavior in organizations*. New York: McGraw-Hill.

Rauen, C. (2005). Vorwort. In C. Rauen (Hrsg.), *Handbuch Coaching* (3. Aufl., S. 11–19). Göttingen: Hogrefe.

Rauen, C., & Steinhübel, A. (2001). Coach-Modell. ► https://www.coaching-report.de/definition-coaching/coaching-ablauf/coach-modell.html. Zugegriffen: 31. Okt. 2018.

Schreyögg, A. (2012). *Coaching: Eine Einführung für die Praxis und Ausbildung* (7. Aufl.). Frankfurt a. M: Campus.

Sprafke, N., Externbrink, K., & Wilkens, U. (2012). Exploring microfoundations of dynamic capabilities: Insights from a case study in the engineering sector. *Research in Competence-Based Management, 6*, 117–152.

Sydow, J. (1985). *Der soziotechnische Ansatz der Arbeits- und Organisationsgestaltung* (7. Aufl.). Frankfurt a. M: Campus.

Teece, D. J., Pisano, G., & Shuen, A. (1997). Dynamic capabilities and strategic management. *Strategic Management Journal, 18*(7), 509–533.

Ulich, E. (2011). *Arbeitspsychologie* (7. Aufl.). Stuttgart: Schäffer-Poeschel.

Wilkens, U., Keller, H., & Schmette, M. (2006). Wirkungsbeziehungen zwischen Ebenen individueller und kollektiver Kompetenz – Theoriezugänge und Modellbildung. In G. Schreyögg & P. Conrad (Hrsg.), *Managementforschung: Management von Kompetenz* (Bd. 16, S. 121–161). Wiesbaden: Springer Gabler.

Wilkens, U., Sprafke, N., & Nolte, A. (2015). Vom Kompetenzmanagement zum Kompetenzcontrolling. *Controlling – Zeitschrift für erfolgsorientierte Unternehmenssteuerung, 27*(10), 534–540.

Zink, K. J. (2007). *Mitarbeiterbeteiligung bei Verbesserungs- und Veränderungsprozessen: Basiswissen, Instrumente, Fallstudien, Betroffen – und jetzt auch beteiligt*. München: Hanser.

Modulares Kompetenzmanagement – prozessuale und softwaregestützte Einführung und Umsetzung strategischen Kompetenzmanagements

Annegret Melzer, Tobias Sanders, Yvonne Heim und Angelika C. Bullinger-Hoffmann

11.1 Digitalisierung im Kompetenzmanagement – 180

11.2 Analog: Beschreibung der Einführung eines modularen Prozesses zum Kompetenzmanagement – 182
11.2.1 Kompetenz-Map – Vorarbeit zum modularen Kompetenzmanagement und Beispiel einer Prinziplösung – 183
11.2.2 Modulkonzept – Kompetenzmanagement passend zu jedem Unternehmen – 186

11.3 Digital: Fallbeispiel technologiegestützte Umsetzung in der Praxis – 189
11.3.1 Digitales Kompetenzmanagement – 190
11.3.2 Erhebung der Gebrauchstauglichkeit und Prozessgestaltung – 193

11.4 Modulares, digitales Kompetenzmanagement für KMU – 194

Literatur – 197

© Springer-Verlag GmbH Deutschland, ein Teil von Springer Nature 2019
A. C. Bullinger-Hoffmann (Hrsg.), *Zukunftstechnologien und Kompetenzbedarfe*, Kompetenzmanagement in Organisationen, https://doi.org/10.1007/978-3-662-54952-0_11

Zusammenfassung

Dieses Kapitel beschäftigt sich mit den Vorteilen der digitalen Gestaltung von Kompetenzmanagement und fragt zugleich nach der Möglichkeit von kleinen und mittleren Unternehmen (KMU), diese Potenziale zu nutzen. Da digitales Kompetenzmanagement zumeist in Form von Prinziplösungen angeboten wird, ist eine Skalierung dieser mächtigen Methoden auf die speziellen Bedürfnisse von KMU in der Regel nicht oder nur schwer möglich. Daher wird hier ein modulares Kompetenzmanagementsystem vorgestellt, das KMU in die Lage versetzt, nur ausgewählte Methoden der Kompetenzentwicklung einzuführen. Es wird ferner beschrieben, wie dieses zunächst analoge Kompetenzmanagementsystem in ein digitales Kompetenzmanagement-Tool übertragen wird, das es ermöglicht, die Ganzheitlichkeit, Transparenz und Standardisierung von analogem Kompetenzmanagement stark zu verbessern.

Dieses Tool ist im Rahmen einer Realerprobung getestet worden, die mit entsprechenden qualitativen (Workshops, Interviews, Cognitive Walkthrough) und quantitativen Methoden (Fragebogen zur Nutzungserfahrung) begleitet wurde, um die Gebrauchstauglichkeit des Tools und der Prozesse bewerten zu können. Dabei ergab sich, dass sich die Prozesse zum Kompetenzmanagement gut in die getesteten Unternehmen integrieren lassen, obwohl der Implementierungsprozess insgesamt als aufwendig eingeschätzt worden ist. Bei laufender Nutzung des Tools sind die anfallenden Arbeiten als überschaubar und sehr vorteilhaft für den Prozess des Kompetenzmanagements bewertet worden. Die Wahrnehmung des Tools selbst wurde während beider Erhebungsphasen erfasst. Ab der ersten Version konnten dadurch starke Verbesserungen in der Wahrnehmung der Zielgrößen „Attraktivität", „Durchschaubarkeit", „Effizienz", „Steuerbarkeit", „Stimulation" und „Originalität" des Demonstrators festgestellt werden, die nunmehr vergleichsweise hohe Werte aufweisen.

11.1 Digitalisierung im Kompetenzmanagement

Auch der Bereich der betrieblichen Weiterbildung wird von der Digitalisierung beeinflusst. Neue Lernmedien erlauben neue Lernmethoden, z. B. Online- oder Blended Learning, die sich zunehmend etablieren. Andere gesellschaftliche und technologische Einflüsse kommen hinzu, die erstens dafür sorgen, dass weniger Fachkräfte zur Verfügung stehen, und zweitens die Halbwertszeit von Wissen stark verkürzen.

Im Gegensatz zum konventionellen betrieblichen Lern- und Weiterbildungsmanagement weist Kompetenzmanagement einige substanzielle Vorteile auf (▶ Kap. 2). Bei der Bildung von Kompetenzen muss das Gelernte internalisiert und eingeübt sein. Ist dies der Fall, sind die Beschäftigten zu situationsübergreifendem Handeln in der Lage.

Von den Vorteilen des Kompetenzmanagements profitieren die Beschäftigten und das Unternehmen gleichermaßen, denn kompetente, handlungsfähige Beschäftigte helfen, auf unternehmerische Notwendigkeiten, Herausforderungen sowie auf technologische, strukturelle und gesellschaftliche Entwicklungen (Baxter und Sommerville 2011) schneller zu reagieren. Die Entwicklung bzw. Einführung eines Kompetenzmanagementsystems stellt für Unternehmen entsprechend eine attraktive Methode dar, die eigene Organisation des Lernens und der Weiterbildung zu professionalisieren.

Diese Professionalisierung kann substanziell gesteigert werden, wenn die Möglichkeit genutzt wird, diese Prozesse digital abzubilden. **Digital** bedeutet in diesem Sinne die ganzheitliche elektronische Umsetzung der Prozesse. Digitale Prozesse gehen über die reine Nutzung von EDV-Software dahin gehend hinaus, dass die genutzte technologische Lösung den gesamten Prozess möglichst ganzheitlich integriert. Konkret bedeutet das, dass möglichst viele Prozessschritte mit so wenigen Tools, Apps oder Software-Programmen wie möglich abgebildet werden und diese Prozessschritte komplett kompatibel zueinander sind. Einzelne Daten müssen daher nicht manuell zwischen den Schritten importiert und exportiert werden. Über diese Mindestanforderungen hinaus zeichnet digitales Kompetenzmanagement vor allem aus, dass der Zugriff orts-, nutzer- und softwarearchitekturunabhängig möglich ist, was ein kollaboratives Arbeiten an einzelnen Prozessschritten ermöglicht.

In Anlehnung an Baxter und Sommerville (2011) werden die Nutzungsanforderungen und die Gebrauchstauglichkeit als soziotechnische Problemstellung aufgefasst, die eine Berücksichtigung organisationaler, prozessualer und technologischer Anforderungen genauso berücksichtigen muss, wie die Integration aller Stakeholder in den Prozess von Entwicklung und Umsetzung (Melzer und Bullinger 2017).

Bis in einem Unternehmen die eigenen Lern- und Weiterbildungsaktivitäten so weit professionalisiert werden können, dass diese digitalem Kompetenzmanagement entsprechen, müssen im Vorfeld wesentliche Fragen gestellt und beantwortet werden, die sich in folgende Kategorien unterteilen lassen:

1. Kompetenzmanagementprozess:
    - Sind die substanziellen Vorteile des Kompetenzmanagementprozesses im Unternehmen klar und legen diese eine entsprechende Professionalisierung des Weiterbildungsbereichs nahe?
    - Sind diese Vorteile den Akteuren/Akteurinnen in strategischen und operativen Bereichen des Unternehmens klar, die in die Einführung des Prozesses involviert sind?
2. Digitalisierung des Prozesses:
    - Sind die Vorteile der Digitalisierung dieses Prozesses im Unternehmen klar?
    - Gibt es eine geeignete IT-Infrastruktur, die es erlaubt, die genutzten Prozesse digital zu übertragen?

Diese Fragen sind für Unternehmen relativ einfach zu beantworten. Viel grundlegender wiegt die Fragestellung nach den für die Einführung von (digitalem) Kompetenzmanagement notwendigen Ressourcen. Unternehmen jeder Größe unterliegen finanziellen, personellen sowie organisatorischen Beschränkungen, nach denen sie sich bei der Umsetzung von Strategien zu Kompetenzmanagement und Weiterbildung richten müssen.

Kompetenzmanagement ist ein Instrument zur Optimierung von betrieblichem Lernen und Weiterbildung, dessen Umsetzung bislang vor allem von großen Unternehmen angegangen wird, die tendenziell besser in der Lage sind, finanzielle und personelle Ressourcen für Prozessoptimierungen einzuplanen. Die Ressourcenausstattung von KMU erlaubt es in der Regel nicht, ein eigenes, umfangreiches Kompetenzmanagementsystem zu implementieren (Beyer und Holtzblatt 1999).

Daher muss digitales Kompetenzmanagement eine Reihe von Kriterien erfüllen, die wichtig für Großunternehmen, aber unabdingbar für KMU sind:
- Möglichst wenig Arbeitsaufwand bei Einführung und Unterhalt
- Passend zu den eigenen Weiterbildungs- und Beschäftigtenbeurteilungsprozessen
- Früher Nutzen aus der Implementierung des Kompetenzmanagements
- Ganzheitliche, technologische Unterstützung des Kompetenzmanagementprozesses

Im Folgenden wird ein modularer Kompetenzmanagementprozess vorgestellt, der es ermöglicht, die genannten Kriterien praxisnah und ressourcenschonend zu erfüllen. Die Modularität gewährleistet, dass der Prozess vollständig und ganzheitlich ist, dabei aber situationsabhängig und reagibel verwendet werden kann, indem einzelne Teilprozesse unabhängig von anderen Teilprozessen genutzt werden können. Dadurch wird es für Unternehmen möglich, gewünschte Teilprozesse des Kompetenzmanagementprozesses einzuführen. Das entspricht den individuellen betrieblichen Bedürfnissen und ermöglicht einen geringeren Aufwand bei der Einführung sowie eine frühere Amortisierung und Nutzung von entstehenden Vorteilen im Vergleich zur Einführung eines kompletten Kompetenzmanagementsystems. Zur Nutzung der Vorteile des Teilprozesses muss der Gesamtprozess nicht (vollständig) implementiert sein. Auf diese Art und Weise können die Umsetzung und der Erfolg in Teilbereichen des Kompetenzmanagements erprobt und bei positiven Befunden sukzessive weitere Teile des Kompetenzmanagements eingeführt werden.

Bei vorhandenen Lösungen zum Kompetenzmanagement handelt es sich darüber hinaus meist um Prinziplösungen, die nicht oder nicht ohne Weiteres für KMU anpassbar sind (Jokovic und Stockinger 2016). Eine modulare Lösung von Kompetenzmanagement ist unabhängig von der Größe eines Unternehmens anpassbar.

In diesem Kapitel wird die Modularität als Grundlage der erfolgreichen Einführung von digitalem Kompetenzmanagement am Beispiel von KM³ vorgestellt. Es basiert auf einem ganzheitlichen Prozess, der anschließend in einen idealtypischen modularen Prozess untergliedert wird. Beide Prozessmodelle werden in ▶ Abschn. 11.2 beschrieben. In ▶ Abschn. 11.3 wird ein realtypischer Anwendungsfall vorgestellt, der im Rahmen des Projektvorhabens entstand und Einblick darin ermöglicht, wie der Kompetenzmanagementprozess entsprechend digital umgesetzt und unterstützt werden kann. Im Projektvorhaben KM³ wurden das analoge modulare Kompetenzmanagement und der digitale Kompetenzmanagementprozess auf Basis von qualitativen Workshops und Leitfadeninterviews sowie quantitativen Fragebögen gestaltet, die in den Partnerunternehmen durchgeführt wurden. Der digitale Prozess entstand durch die Anpassung des idealtypischen analogen Prozesses an die technischen und organisatorischen Rahmenbedingungen. Der Erörterung, welche Grundlagen und Inhalte des analogen Prozesses auf welche Art und aus welchem Grund in den digitalen Prozess übertragen worden sind, wird in ▶ Abschn. 11.3.2 Raum gegeben. Hier erfolgt auch die Bewertung hinsichtlich der genannten Kriterien, wie Kompetenzmanagement speziell für KMU beschaffen sein muss, um erfolgreich eingeführt werden zu können. Dazu werden empirische Ergebnisse einer Fokusgruppe mit Vertretern und Vertreterinnen von (Branchen-)Verbänden und Gewerkschaften sowie einer qualitativen Interviewreihe vorgestellt.

11.2 Analog: Beschreibung der Einführung eines modularen Prozesses zum Kompetenzmanagement

Der hier vorgestellte idealtypische Kompetenzmanagementprozess ist modular gestaltet, d. h., die einzelnen Prozessschritte sind als eigenständige Module konzipiert, die logisch aufeinander aufbauen und aufeinander folgen, dabei aber auch eigenständigen Nutzen entfalten. Nichtsdestotrotz ist auch KM³ als ganzheitlicher Kompetenzmanagementprozess konzipiert, der seine volle Wirkung durch die Nutzung aller Module entfaltet.

In einem ersten Schritt wird dieser ganzheitliche Ansatz erörtert (▶ Abschn. 11.2.1). Er bildet eine wichtige Grundlage für das Modulprinzip, indem er auf übergeordneter Ebene Sachverhalte und Abläufe beschreibt, die für das Verständnis der Beziehung der Module zueinander wesentliche Bedeutung haben. Basierend darauf werden die einzelnen Prozessschritte in einem zweiten Schritt in Module untergliedert und diese Module beschrieben (▶ Abschn. 11.2.2).

11.2.1 Kompetenz-Map – Vorarbeit zum modularen Kompetenzmanagement und Beispiel einer Prinziplösung

Der Gesamtprozess wurde so konzipiert, dass er dem Konzept der **Kompetenz-Map** entspricht. Im deutschen Sprachraum bilden Kompetenzlandkarten eine Orientierungshilfe, die eine Abbildung und Strukturierung bestehender Kompetenzen darstellt (Leyking et al. 2010; North et al. 2018). Der Einsatz von Kompetenzlandkarten zur Visualisierung von Kompetenzbedarfen hingegen folgt dem englischsprachigen Verständnis der „competency maps". Organisationen werden danach in ihrer Gesamtheit betrachtet, und individuelle Anforderungen an Rollen- und Stellenzuweisungen im Kontext mit den Zielen und Aufgaben der Organisation gebracht (Kumar 2014). Dementsprechend ist eine Kompetenz-Map eine Methode zur systematischen und generischen Visualisierung der Kompetenzen, die innerhalb einer Organisation oder Organisationseinheit vorhanden sind oder benötigt werden (Brödel 2002).

Im Folgenden werden die Phasen der Einführung von Kompetenzmanagement mithilfe der KM^3–Kompetenz-Map detailliert beschrieben (◘ Abb. 11.1). Auf übergeordneter

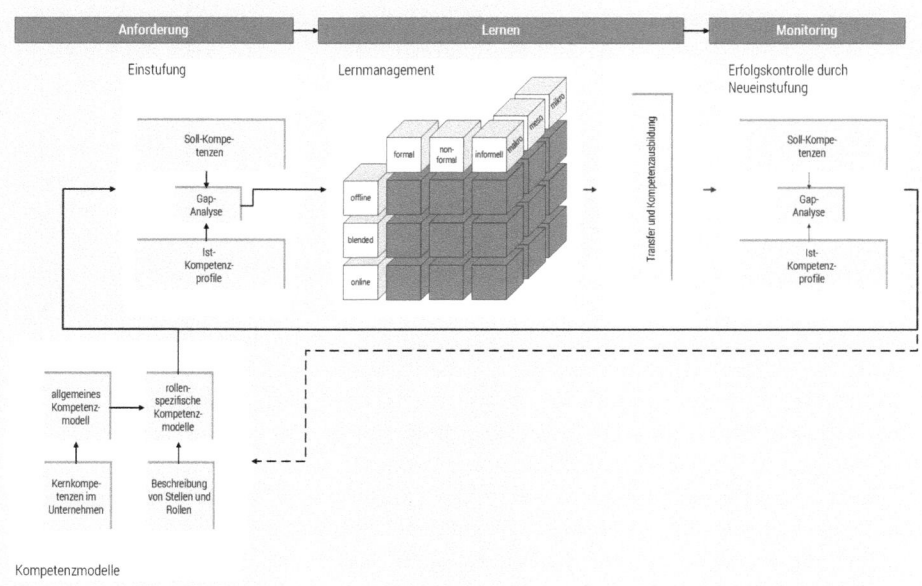

◘ **Abb. 11.1** KM^3-Kompetenz-Map

Ebene wird mit der Definition der in der Organisation bedeutsamen Kompetenzen und Kernkompetenzen begonnen, also der Erstellung der **Kompetenzmodelle**; diese bilden die Grundlage für die **Einstufung** der Beschäftigten. Im Kompetenzmanagementprozess ist das **Lernmanagement** integriert und ein Monitoring durch eine **Erfolgskontrolle und Neueinstufung** vorgesehen.

- **Erstellung der Kompetenzmodelle**

Die Einführung des an der Kompetenz-Map orientierten Kompetenzmanagementprozesses beginnt mit der Feststellung von relevanten **Kompetenzen und Kernkompetenzen** im Unternehmen. Diese ergeben sich im Wesentlichen durch Kompetenzen, die in der Branche üblich und konkret für die Herstellung der Güter und für die Dienstleistungen des Unternehmens notwendig sind. Sie können durch das Management um weitere Eigenschaften ergänzt werden, die für die Unternehmenskultur und -philosophie oder Unternehmensziele wichtig sind. Sämtliche dieser im Unternehmen relevanten Kompetenzen werden in eine Kompetenzklassifikation eingeordnet. In der Literatur werden diese Teilkompetenzen häufig in fachliche, personale, soziale und methodische Kompetenzen systematisiert (Lederer 2014). Durch diese Systematisierung entsteht ein übersichtlicher Katalog von organisationsweit geltenden Kompetenzen, das sogenannte **allgemeine Kompetenzmodell**.

Parallel zur Erstellung des allgemeinen Kompetenzmodells werden konkrete **Stellen- und Rollenbeschreibungen** definiert. Sie beinhalten die den Stellen zugrunde liegenden konkreten Verantwortlichkeiten, Aufgaben, Fähigkeiten und Fertigkeiten. Die so entstandene Sammlung der Arbeitsinhalte der Beschäftigten ermöglicht es, das allgemeine Kompetenzmodell um weitere relevante Kompetenzen zu ergänzen und für jede Stelle im Unternehmen ein **rollenspezifisches Kompetenzmodell** zu erstellen, das die für die Stelle vorgesehenen Kompetenzen und deren Ausprägung beschreibt.

- **Einstufung der Beschäftigten**

Im nächsten Schritt werden die **Soll-Kompetenzprofile** für jede Stelle definiert. Dazu werden die im rollenspezifischen Kompetenzmodell definierten Teilkompetenzen mit sinnvoll voneinander abgegrenzten, abgestuften und eindeutig beschriebenen Ausprägungen versehen. Diese können beispielsweise in einer Skala von 0 („Kompetenz nicht vorhanden") bis 5 („Inhalte werden durch Beschäftigte sehr sicher angewendet und bei Bedarf auf verständliche Art an Kollegen oder Kunden kommuniziert") angeordnet sein.

Im Rahmen der Erstellung der **Ist-Kompetenzprofile** werden die Beschäftigten mithilfe der jeweiligen eingesetzten Methode (z. B. Personalgespräch, 180°-Feedback, 360°-Feedback) eingeschätzt und in das Ist-Kompetenzprofil eingestuft.

Dazu ist es unabdingbar, dass die mit den Soll-Kompetenzprofilen eingeführten Ausprägungen klar und ausführlich, möglichst intersubjektiv, beschrieben sind. Nur so wird gewährleistet, dass alle beteiligten Stakeholder ein geteiltes Verständnis der Kompetenzprofile haben und die Einstufung gelingen kann.

Dieses Ist-Kompetenzprofil wird während der **Gap-Analyse** mit dem Soll-Kompetenzprofil verglichen. Sie kann organisatorisch mit der Einstufung der Beschäftigten, während der Erstellung des Ist-Kompetenzprofils, kombiniert werden. Im Rahmen der Gap-Analyse werden ebenfalls Kompetenzentwicklungsstrategien entwickelt, die entweder reaktiv Defizite des Ist-Kompetenzprofils im Vergleich zu dem Soll-Kompetenzprofil schließen oder proaktiv die jeweiligen Tätigkeiten der Beschäftigten unterstützen bzw. zur Qualifikation auf eine unternehmensinterne Karriere vorbereiten.

- **Lernen**

Aus den Kompetenzentwicklungszielen werden konkrete Lernziele für die einzelnen Beschäftigten abgeleitet. Diese beschreiben konkrete Lerninhalte, die für die Bildung von Kompetenzen grundlegend sind. Um den individuellen Lernpräferenzen und Lerntypen der Beschäftigten gerecht zu werden, wird innerhalb des **Lernmanagements,** die dem Unternehmen zur Verfügung stehenden Lerninhalte in verschiedene Lernformate, -medien und -umfänge untergliedert. Eine Differenzierung entlang der Merkmale Lernumfang, Formalisierungsgrad und technische Umsetzung (z. B. Einsatz von E-Learning-Methoden, die eine stärkere räumliche und zeitliche Unabhängigkeit erlauben) ermöglicht es, für jede Weiterbildungssituation die adäquate Methode zu wählen.

Dem Formalisierungsgrad kommt eine gesonderte Bedeutung zu. Wie eingangs erwähnt ist Kompetenz dem Wesen nach handlungsbasiert und lässt sich entsprechend nur durch konkretes Handeln herstellen. Informelle und non-formale Lernmethoden beinhalten Lernarten, die oft während des Arbeitsprozesses und ad hoc umgesetzt werden, ohne dass sich die Lernenden darüber bewusst sein müssen. Damit steigern sie ihr Wissen und ihre Fähigkeiten bedarfsgerecht und situationsabhängig. Auch das arbeitsintegrierte Lernen wie Learning by Doing oder Learning on the Job ist in den meisten Fällen überwiegend informell oder wird non-formal mit entsprechenden Materialien oder Dokumenten begleitet. Es sind vor allem das non-formale und informelle Lernen, die durch den Praxisbezug stark mit dem Kompetenzbegriff zusammenfallen.

Während der Phase des **Transfers** und der **Kompetenzbildung** wird das erlernte Wissen nun in den Arbeitsalltag integriert und praktisch angewendet. Dieser Schritt ist durch die handlungsbasierte Perspektive des Kompetenzbegriffes für die Kompetenzausbildung wesentlich. Hier sind vor allem Führungskräfte und Teamleitungen in der Verantwortung, mit den Beschäftigten das Gelernte zusammenzufassen und die Beschäftigten entsprechend der Lerninhalte einzusetzen und ihnen entsprechende Tätigkeiten zu übergeben. Es gehört daraufhin zur Aufgabe der Beschäftigten, das praktisch angewendete mit dem theoretisch gelernten Wissen zu vergleichen. Durch bestimmte Methoden wie die schriftliche Dokumentation durch Lernprotokolle oder Arbeitstagebücher, die das Gelernte und die Tätigkeiten vergleichend gegenüberstellen, kann der Internalisierungsprozess unterstützt werden.

- **Erfolgskontrolle und Neueinstufung**

Nach einem angemessenen Zeitraum, der nur situationsabhängig von Beschäftigten und Führungskraft fallweise bestimmt werden kann und der die Phase des Transfers und der Kompetenzbildung notwendigerweise beinhaltet, wird festgestellt, wie sich das Kompetenzniveau verändert hat.

Dazu wird die Einstufung der Beschäftigten im Rahmen der **Erfolgskontrolle durch Neueinstufung** wiederholt und der Erfolg des Lernens unter Kompetenzgesichtspunkten kritisch bewertet. Im Rahmen dieses Prozessschrittes ist eine Bewertung der Lernarten und -inhalte sowie der Methodik des Kompetenzmanagements möglich. Das erlaubt eine Beurteilung hinsichtlich der Qualität des Prozesses und gibt die Möglichkeit, den Prozess generisch zu verändern.

11.2.2 Modulkonzept – Kompetenzmanagement passend zu jedem Unternehmen

Wie in ▶ Abschn. 11.2.1 dargelegt ist die Gesamteinführung eines Kompetenzmanagementprozesses (Prinziplösung) für KMU nur unter großem Aufwand und unter dem Einsatz erheblicher finanzieller und personaler Ressourcen realisierbar. Zudem ist diese selten passend für die individuellen Unternehmensstrukturen. Daher wurde dieser Prozess im Verlauf des Projektes KM³ in verschiedene Module untergliedert, die zu einem großen Teil getrennt voneinander eingeführt werden können und hinsichtlich ihres Inhaltes eigenständige, positive Wirkung auf das Unternehmen entfalten.

In diesem Abschnitt wird das Modulprinzip vorgestellt (◘ Abb. 11.2), das im Vergleich zu Prinziplösungen besser angepasst und damit auf die jeweiligen Bedürfnisse des Unternehmens zugeschnitten werden kann.

Dieses Modulprinzip unterteilt sich in fünf Hauptmodule und 17 Untermodule, die im Folgenden beschrieben werden.

In **Modul 1 – Kompetenzen in Unternehmen** werden zugrunde liegende Begriffe und Definitionen vorgestellt sowie das Kompetenzmanagement inhaltlich vorbereitet. Dazu wird die „theoretische Einführung zu Kompetenz und Kompetenzmanagement" (Modul 1.1) erörtert. Dies dient der Vermittlung eines einheitlichen Verständnisses dieser Begriffe unter den beteiligten Akteuren/Akteurinnen und Stakeholdern.

Im Modul „funktionale Vorteile des Kompetenzmanagements" (Modul 1.2) werden allgemeine und für das konkrete Unternehmen spezielle Potenziale skizziert sowie Kenngrößen (z. B. Innovationsfähigkeit des Unternehmens, Beschäftigungsfähigkeit der Beschäftigten, persönliche und organisationale Resilienz) vorgestellt, die mithilfe des modularen Kompetenzmanagements adressiert und gesteigert werden sollen. Darüber hinaus werden in diesem Modul das allgemeine „Kompetenzmodell und die Kompetenzmodelle" der einzelnen Stellen erstellt (Modul 1.3).

In **Modul 2 – Kompetenzmanagement,** wird die theoretische Vorarbeit aus Modul 1 praktisch umgesetzt. Diese Vorarbeiten gehören zu den obligatorischen Modulen (siehe unten). Hier werden gemäß der geleisteten Vorbereitungen die relevanten Stakeholder instruiert und unterrichtet, die konkreten Soll-Kompetenzprofile für die einzelnen Stellen erarbeitet und im Rahmen der „Kompetenzeinstufung der Beschäftigten" deren Ist-Kompetenzprofile erstellt. Dieses Modul kann durch Modul 3 technisch-digital unterstützt werden. Wesentliches Merkmal dabei ist, dass alle Daten zentral erfasst und von den relevanten Beschäftigten geteilt und bearbeitet werden können. Dazu werden analog zum Einbezug der Stakeholder in Modul 2 die „Rechte und Pflichten" (Modul 3.1) der Personen geklärt, die mit dem Tool interagieren. Innerhalb von Unternehmen bilden Führungskräfte, Beschäftigte der Personalabteilung und Teammitglieder typische Nutzerklassen. Weiterhin wird in diesem Modul die zu nutzende Softwarelösung ausgewählt und der Kompetenzmanagementprozess integriert. Gegebenenfalls können, je nach Funktionalitäten, sogenannte „social features" integriert werden, die es den Beschäftigten ermöglichen, sich über gelerntes Wissen, wichtige Informationen oder Arbeitsinhalte beispielsweise mithilfe von Blogs, Wikis oder Newsfeeds auszutauschen.

Im **Modul 4 – Lernmanagement und Kompetenzentwicklung** wird der „Vergleich der Beschäftigtenkompetenzen mit den notwendigen Soll-Kompetenzen" (Modul 4.1) realisiert. Darauf aufbauend werden in der „Definition der perspektivischen Kompetenzentwicklungsziele" (Modul 4.2) kurz-, mittel- und langfristige Ziele festgelegt, wie das

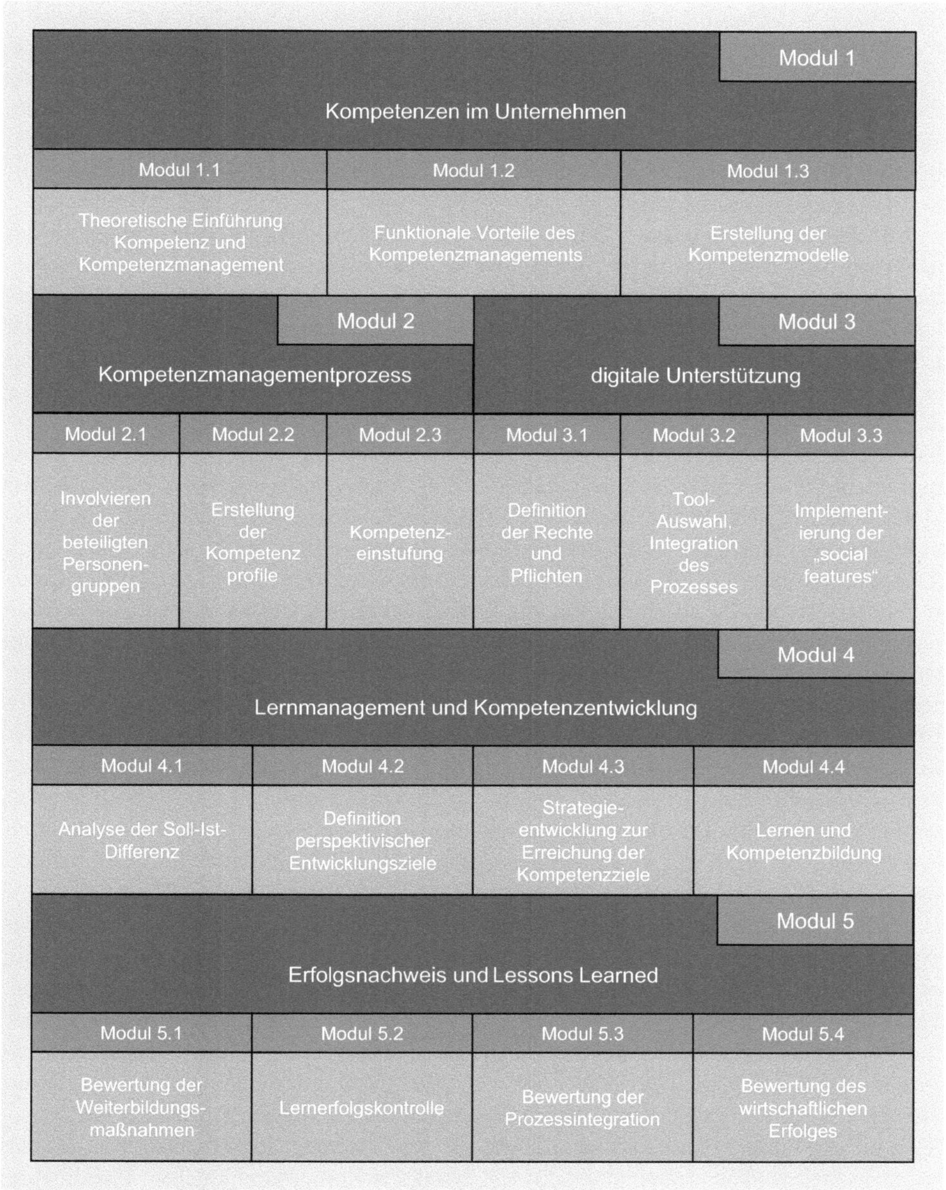

Modulares Kompetenzmanagement – prozessuale …

Modul 1 Kompetenzen im Unternehmen		
Modul 1.1 Theoretische Einführung Kompetenz und Kompetenzmanagement	Modul 1.2 Funktionale Vorteile des Kompetenzmanagements	Modul 1.3 Erstellung der Kompetenzmodelle

Modul 2 Kompetenzmanagementprozess			Modul 3 digitale Unterstützung		
Modul 2.1 Involvieren der beteiligten Personengruppen	Modul 2.2 Erstellung der Kompetenzprofile	Modul 2.3 Kompetenzeinstufung	Modul 3.1 Definition der Rechte und Pflichten	Modul 3.2 Tool-Auswahl, Integration des Prozesses	Modul 3.3 Implementierung der „social features"

Modul 4 Lernmanagement und Kompetenzentwicklung			
Modul 4.1 Analyse der Soll-Ist-Differenz	Modul 4.2 Definition perspektivischer Entwicklungsziele	Modul 4.3 Strategieentwicklung zur Erreichung der Kompetenzziele	Modul 4.4 Lernen und Kompetenzbildung

Modul 5 Erfolgsnachweis und Lessons Learned			
Modul 5.1 Bewertung der Weiterbildungsmaßnahmen	Modul 5.2 Lernerfolgskontrolle	Modul 5.3 Bewertung der Prozessintegration	Modul 5.4 Bewertung des wirtschaftlichen Erfolges

Abb. 11.2 KM³-Modulkonzept

Kompetenzprofil zukünftig beschaffen sein soll. Dabei werden sowohl die Beseitigung von etwaigen Schwächen als auch das Ausbauen der Stärken weiter berücksichtigt. In der „Strategieentwicklung zur Erreichung der Kompetenzziele" (Modul 4.3) werden schließlich konkrete Strategien entworfen, um die im vorhergegangenen Modul definierten Kompetenzentwicklungsziele zu erfüllen. Diese Strategien beinhalten bereits konkrete Lernarten, -methoden oder -inhalte und darüber hinaus einen Plan, wie informelles und non-formales Lernen bei der Zielerreichung helfen kann. Im letzten Teil des Moduls 4 finden das konkrete „Lernen und die Kompetenzentwicklung" (Modul 4.4) statt. Dabei ist insbesondere darauf zu achten, dass Lernende sich nicht nur das zur Zielerreichung relevante Wissen aneignen, sondern dieses Wissen auch konkret praktisch anwendbar ist. In diesem Sinne wurde das Wissen entweder in einem praxisorientierten Lernprozess durch die Lernenden angeeignet oder es wurde nach Aneignung im Arbeitsalltag praktisch angewendet (siehe Moduls 5).

Im **Modul 5** erfolgen der **Erfolgsnachweis des Lernens** und die Reflexion der **Erfahrung mit dem Kompetenzmanagementprozess** (Lernerfolg und Lessons Learned). Während der „Bewertung der Weiterbildungsmaßnahmen" (Modul 5.1) werden die absolvierten Kurse und sämtliche weitere Lernmedien und Lernarten durch die Beschäftigten beurteilt, um die Qualität und den Nutzen zu dokumentieren und zu bewerten. Das geschieht – der postulierten Handlungsorientierung folgend – vor allem in Hinblick darauf, ob und wie das Gelernte in den Arbeitsalltag integriert werden kann. Insbesondere die praxisorientierten informellen und non-formalen Lernmethoden, die als sinnvolles Instrument für die Kompetenzstrategieentwicklung gelten (siehe Modul 4), werden an dieser Stelle dahin gehend beurteilt, ob sie für ein substanzielles, nachhaltiges Lernen geeignet sind. Ferner können in diesem Modul auch „Lernerfolgskontrollen" (Modul 5.2) implementiert werden, um die Qualität der Lernmethoden quantitativ abbilden und die Lernfähigkeit der Beschäftigten durch diese Lernmethoden einschätzen zu können. Von zentraler Bedeutung ist die Betrachtung, wie sich das Kompetenzmanagement in die unternehmenseigenen „Prozesse integriert" (Modul 5.3). Daraus kann, entsprechend der Ergebnisse, die Organisation des Kompetenzmanagements angepasst und optimiert werden. Darüber hinaus können hier die Kriterien, Zielgrößen und Ziele, die in Modul 1.2 erarbeitet wurden, im Rahmen einer „Kontrolle des wirtschaftlichen und nicht wirtschaftlichen Erfolges", überprüft werden (Modul 5.4). Im Sinne einer Evaluation wird der Status der interessierenden Sachverhalte in ihrer ursprünglichen Ausprägung (vor Einführung des Kompetenzmanagements) erfasst.

Jedes Unternehmen kann durch diese Modularität nach eigener Relevanz und Zielsetzung die Schwerpunkte, die ein eigenes Kompetenzmanagementsystem haben soll, setzen. Damit ist eine Anpassbarkeit gegeben, die vor allem für KMU einen attraktiven, ressourcenschonenden Einstieg in professionelles Kompetenzmanagement bilden kann.

Einige dieser Module sind für einen sinnvoll funktionierenden Kompetenzmanagementprozess **obligatorisch,** sie können aber dennoch unter bestimmten Bedingungen ausgelassen oder stark verkürzt werden. So sind die Erfassung der für das Unternehmen wichtigen Kompetenzen für Kompetenzmanagement sowie die Beschreibung der Kompetenzen, die die einzelnen Stellen haben müssen (Modul 1.3: Erstellung Kompetenzmodelle), unabdingbar. Weiterhin ist eine formalisierte Einstufung der Kompetenzen der Beschäftigten notwendig (Modul 2.3).

Bei entsprechenden Vorbedingungen kann es im Einzelfall möglich sein, diese Module nicht oder nur teilweise einzuführen. Auf sie zu verzichten, ohne dass entsprechende Strukturen im Unternehmen vorhanden sind, ist ebenfalls möglich. Der Prozess wäre dann ein Lern- und Weiterbildungsmanagement, ohne dass die Vorteile von Kompetenzmanagement substanziell genutzt werden. Auch Lernen und der Einbezug der relevanten Akteure/Akteurinnen und Gruppen ist ein elementarer Bestandteil von Kompetenzentwicklung. Über ein mehr oder weniger formalisiertes Lern- oder Weiterbildungsmanagement dürften die meisten Unternehmen unabhängig von Kompetenzmanagement verfügen, weswegen der Umfang und die Tiefe der Einführung dieses Moduls stark von der Situation im jeweiligen Unternehmen abhängt.

Die Einführung der Module, die unter Erfolgsnachweis zusammengefasst sind (Modul 5.1 bis Modul 5.4), sind für ein funktionierendes Kompetenzmanagement **nicht essenziell**. Im Sinne einer gelungenen Strategieentwicklung und Prozessplanung (Modul 1.1: theoretische Einführung Kompetenz und Kompetenzmanagement und Modul 1.2: funktionale Vorteile des Kompetenzmanagements), eines ergonomischen Prozessablaufs (Modul 3: digitale Unterstützung und Modul 2.1: Einbezug der betreffenden Personengruppen) sowie einer Überprüfung des Erfolges des Prozesses (Modul 5: Erfolgsnachweis und Erfahrung mit Kompetenzmanagement) ist aber eine Einführung dieser Module sehr sinnvoll. Gegebenenfalls können diese Module, ohne dass entsprechende Vorbedingungen im Unternehmen vorhanden sein müssten, zu einem späteren Zeitpunkt eingeführt werden.

11.3 Digital: Fallbeispiel technologiegestützte Umsetzung in der Praxis

Ein wesentlicher Vorteil von Prinziplösungen für betriebliches Kompetenzmanagement liegt darin, dass diese in der Regel mit einer entsprechenden Software angeboten werden, die in der Lage ist, den gesamten Prozess nutzerorientiert und ganzheitlich darzustellen und zu begleiten. Für einen modularen Kompetenzmanagementprozess ist zumeist eine adäquate digitale Lösung zu entwerfen. Durch die Modularität und die enorme Flexibilität des Prozesses selbst muss dafür allerdings eine entsprechend anpassbare Technologie verwendet werden.

Das vorgestellte modulare Kompetenzmanagement wurde mithilfe eines Software-Tools erprobt, das den Prozess ganzheitlich unterstützt, dabei aber der spezifischen Modularität Rechnung trägt. Dieses auf Microsoft SharePoint basierende Tool wurde im Laufe des Projektes KM³ erstellt und als Demonstrator erprobt. Es fügt sich in bestehende SharePoint-Umgebungen ein und kann als vollständig in die Unternehmens-IT integrierte Lösung bereitgestellt oder nach dem Cloud-Prinzip extern als eigenständiges System genutzt werden. Erreichbar ist es für die Nutzer/-innen als Webanwendung via Internetbrowser. Auf diese Art sind keine lokalen Installationen notwendig, und es werden redundante Dateiverwaltungen mit widersprüchlichen Dateiversionen vermieden. Außerdem ist, je nach Nutzungsmodell und Sicherheitskonzept, ein örtlich unabhängiger Zugriff auf das Tool möglich.

Zur Erstellung des digitalen Kompetenzmanagement-Tools wurde ein Vorgehen gewählt, das an den User-Centred-Design-Prozess (ISO 2010) angelehnt ist. Insbesondere für die Analyse des Nutzungskontextes und für die Evaluation des KM³-Systems werden Methoden der nutzerzentrierten Gestaltung (u. a. Task Analysis, Fokusgruppen mit Key Usern oder Cognitive Walkthrough) eingesetzt (Melzer und Bullinger 2017). Bei der Erfassung der Anforderungen und der Systemgestaltung wurden diese ergänzt durch den Einsatz von Methoden aus der Cognitive Work Analysis, dem Cognitive Systems Engineering sowie dem Contextual Design (u. a. durch die Formulierung normativer Use Cases, der Anfertigung von Storyboards; Beyer und Holtzblatt 1999; Hollnagel und Woods 2005; Wells 2011).

Die Unternehmen, die im Rahmen der Tool-Einführung an der Erprobung teilnahmen, sind dem Industrie- und Dienstleistungsbereich zuzuordnen und haben jeweils unterschiedliche Anforderungen und Bedarfe in die Entwicklung des Tools eingebracht.

11.3.1 Digitales Kompetenzmanagement

In diesem Kapitel wird das KM^3-Tool vorgestellt. Zur technischen Implikation wurde ein dritter Prozess erarbeitet, der auf dem Prinzip des modularen Kompetenzmanagements basiert (▶ Abschn. 11.2.2) und die toolspezifischen Notwendigkeiten und unternehmensspezifischen Rahmenbedingungen der beteiligten Unternehmen aufnimmt. In diesem Sinne handelt es sich bei diesem technisch-praktischen Prozess um eine konkrete Anwendung des allgemeinen Modulprinzips. Die einzelnen Tool-Module können prinzipiell voneinander unabhängig eingeführt und genutzt werden, mit der Ausnahme der oben dargestellten obligaten Module (▶ Abschn. 11.2.2).

Um die Potenziale effizienter Kompetenzentwicklung zu nutzen, empfiehlt sich ein Setting, das Softwareunterstützung nutzt, um die vorhandenen Potenziale durch die Anwendung von Informations- und Kommunikationstechnologien zu inkludieren. Im Rahmen des Verbundprojektes KM^3 wurde eine Softwarelösung erarbeitet, die auf der Modifikation von Microsoft SharePoint besteht. Damit ist eine Reihe von Vorteilen verbunden, die mit der Kombination klassischer Office-Anwendungen nicht erreicht werden könnten. Zum Beispiel sind Informationen, die im System hinterlegt werden in anderen Prozessschritten verfügbar, ohne dass sie manuell übertragen oder mit Links verknüpft werden müssten. Darüber hinaus können Anpassungen im System vorgenommen werden, ohne dass gleichzeitig davon abhängige Dateien mit verändert werden müssten. Außerdem kann durch die serverbasierte Architektur und den Zugriff über beliebige Webbrowser sichergestellt werden, dass das System jederzeit aktuell ist und keine redundanten oder veralteten Dateien im Prozess für Störungen sorgen.

Dazu zeigt ◘ Abb. 11.3. eine technische Interpretation des in ▶ Abschn. 11.2.1 beschriebenen Kompetenzmanagementprozesses, die vor allem auf die Erstellung und des Unterhalts der Softwareunterstützung abzielt.

Dieser Prozess sieht eine **Aufgabenteilung** in verschiedene Akteursgruppen vor: Beschäftigte, Teamleiter/-innen bzw. Führungskräfte, Beschäftigte der Personalabteilung/Personalabteilung und Kursmanager/-innen, wobei Kursmanager/-innen Beschäftigte der Personalabteilung, des mittleren Managements oder ggf. der IT-Abteilung sein können. Sie sind technisch bzw. administrativ mit der Pflege der Weiterbildungsinhalte des Unternehmens betraut.

Der Hauptprozess der digitalen Umsetzung des modularen Kompetenzmanagements umfasst sieben Schritte, von der Erstellung einer Kompetenz im Tool durch Zuweisung einer Skala bis zum Monitoring von Lernfortschritten über das Dashboard und die System-Nutzer-Schnittstelle des Tools. Der Prozess sieht vor, dass Führungskräfte relevante Kompetenzen, die im Arbeitsalltag bedeutsam sind, an die Personalabteilung melden. Über die Relevanz der Kompetenz für einzelne Stellen entscheidet die

Modulares Kompetenzmanagement – prozessuale …

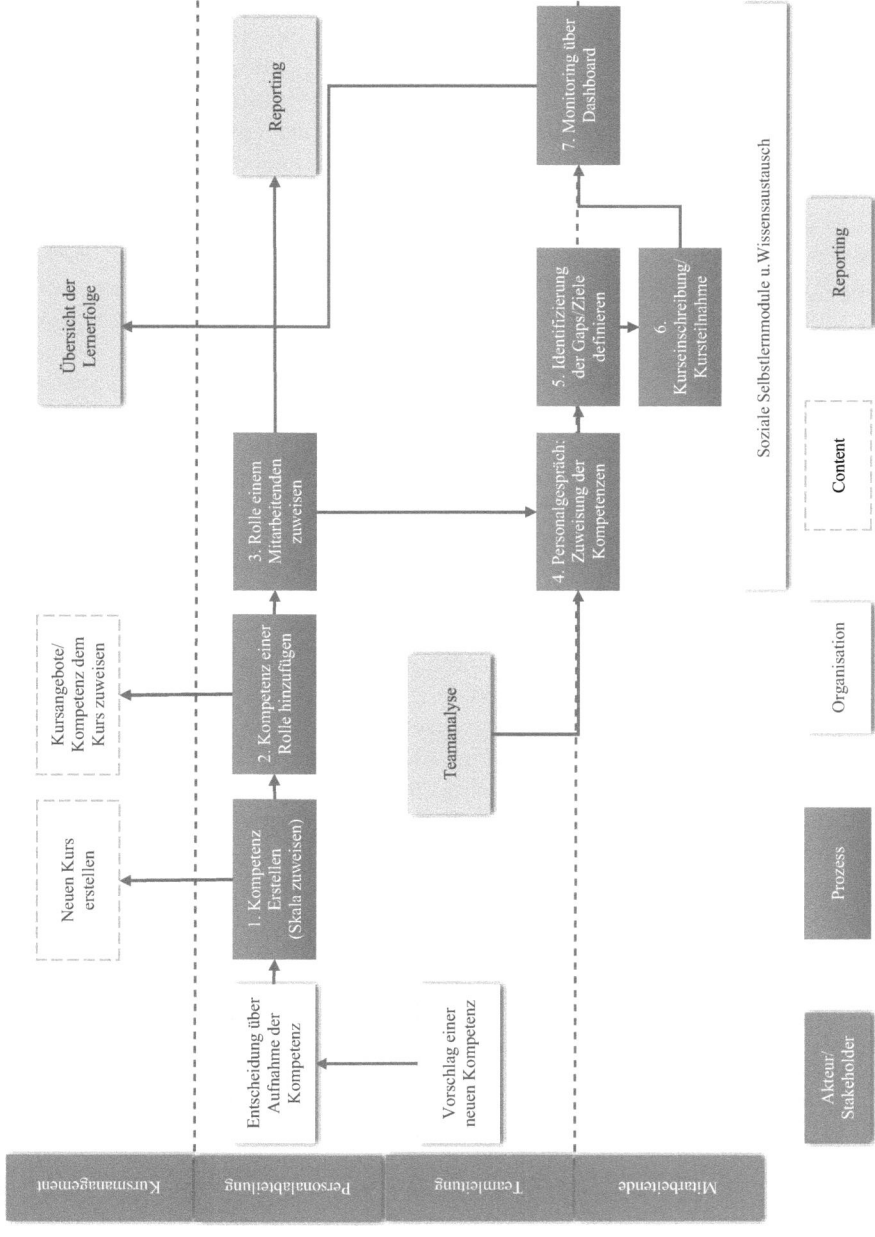

Abb. 11.3 Idealtypischer Kompetenzmanagementprozess

Personalabteilung gemeinsam mit den Fachabteilungen. Bei Kompetenzen von unternehmensweiter Relevanz geschieht das unter Rücksprache mit der Managementebene.

Bei positiver Entscheidung hinsichtlich der Annahme der Kompetenz wird diese vom Personal erstellt und ihre Ausprägungen definiert und klar verbalisiert. Daraufhin wird diese neue Kompetenz allen Stellenprofilen zugeordnet, die diese Kompetenz zukünftig benötigen. Die Kursmanager/-innen integrieren die für die neue Kompetenz notwendigen Lerninhalte und definieren, welche Kurse für welche Ausprägungsstufe abgelegt werden müssen. Daraufhin wird den relevanten Personen die Integration der neuen Lerninhalte (in Abhängigkeit der neuen Kompetenz und deren Ausprägung) mitgeteilt.

Währenddessen ordnen Beschäftigte der Personalabteilung die Beschäftigte den Stellen zu. Dieser Schritt wird in aller Regel nur bei der ersten Einführung des Prozesses notwendig sein oder wenn Beschäftigte intern neue Aufgaben übernehmen. Einzelne Beschäftigte können mehrere Stellen oder Rollen begleiten, indem sie für mehrere Abteilungen arbeiten, neben dem Tagesgeschäft an Projekten arbeiten oder sonstige Aufgaben im Unternehmen übernehmen (Verantwortung für Qualitätsmanagement, Ersthelfer/-innen etc.).

Die Zuweisung der tatsächlichen Kompetenzen geschieht zwischen dem/der Beschäftigten und Teamleiter/-in innerhalb des Personalgespräches. Dies gilt ebenso für die Identifikation der Kompetenzentwicklungspotenziale und die Strategie zur entsprechenden Zielerreichung. Das Einschreiben in betreffende Kurse und das konkrete Lerngeschehen ist dann Aufgabe der Beschäftigten.

Die ersten drei Schritte des Kompetenzmanagementprozesses werden dabei von der Personalabteilung verantwortet, um eine möglichst generalisierbare, praktikable und vergleichbare Beschreibung und Zuweisung von Kompetenzen zu individuellen Personalprofilen zu ermöglichen. Die Rollen werden im nächsten Schritt den Beschäftigten zugewiesen, auf die die jeweiligen Arbeitsprofile passen. Die Verantwortung wechselt dann auf Teamebene, damit die im Teilprozess „Reporting" beschriebenen, individuellen Ausprägungen den Beschäftigten zugewiesen werden können. Aus den nun leicht identifizierbaren Lücken zwischen Soll- und Ist-Stand der Kompetenzen werden die Maßnahmen zur Kompetenzentwicklung abgeleitet. Es erfolgen die Kurseinschreibung und -teilnahme. Soziale Selbstlernmodule und der Wissensaustausch stellen darauf aufbauend zwei innovative Maßnahmen dar, um über formale Kurse hinaus die Entwicklung von Kompetenzen zu ermöglichen. Das individuelle und kontinuierliche Monitoring von abgeschlossenen Maßnahmen erlaubt die Steuerung derselben und liefert Informationen, die zur Präzisierung von Kompetenzbeschreibungen herangezogen werden.

Der Nutzung des SharePoint-Prinzips innerhalb der Erprobung des modularen Kompetenzmanagements wurde der Vorzug gegeben, da dieses System aus verschiedenen relevanten Paketen besteht (Registrierungs- und Einschreibemodul, Lernmanagementsystem, Kompetenz- und Zertifizierungsmodul) und diese Pakete in sich adaptiv konstruierbar sind. Der prozessorientierten Modularität des Kompetenzmanagements wurde so auch durch das Tool entsprochen.

Vor dem Einpflegen mit der Erarbeitung des digitalen Prozesses wurden Lasten- und Pflichtenhefte erstellt. Zur administrativen Umsetzung wurden daraufhin **Anwendungs-**

fälle („use cases", kurz: UC) gebildet, die den digitalen Prozess in acht Einheiten untergliederte, inhaltlich aber mit ihm identisch sind:
- UC 1: Stammdaten eintragen und Kompetenzmodelle anlegen
- UC 2: Erstellung der rollenspezifischen Soll-Profile
- UC 3: Erfassung der Ist-Profile aus dem Personalgespräch
- UC 4: Gap-Analyse zur Identifikation von Defiziten und Potenzialen
- UC 5: Definition der Kompetenzpfade und Lernziele
- UC 6: Individuelles Lernen entsprechend den Lernzielen
- UC 7: Transfer des Erlernten und Entwicklung der Kompetenzen im Arbeitsprozess
- UC 8: Reporting

11.3.2 Erhebung der Gebrauchstauglichkeit und Prozessgestaltung

Um die Qualität dieses digitalen Kompetenzmanagementsystems zu überprüfen, wurde der Demonstrator hinsichtlich seiner Gebrauchstauglichkeit (ISO 2010) und seiner Prozessgestaltung untersucht. Die im Rahmen der Erprobung teilnehmenden Power-User in den Rollen der Führungskraft sowie Beschäftigte gaben ein strukturiertes Feedback mittels ErgoNorm-Fragebogen. Nach erfolgter empirischer Analyse des Datenmaterials erfolgte eine erneute Anpassung des Demonstrators.

Die **Gebrauchstauglichkeit** der generischen und modularen Demonstratorabschnitte wurde in beiden Realerprobungen durch die Nutzer/-innen mithilfe des User Experience Questionnaire (UEQ) bewertet, mit dem Zielgrößen wie Attraktivität, Durchschaubarkeit, Effizienz, Steuerbarkeit, Stimulation und Originalität erhoben wurden. Durch diese Standardisierung wird der direkte, objektive Vergleich zweier Softwareprodukte respektive -versionen möglich (Laugwitz et al. 2006). So konnte eine Steigerung der Gebrauchstauglichkeit hinsichtlich der sechs Zielkategorien dokumentiert werden.

Darüber hinaus wurden während beider Erprobungsphasen qualitative, leitfadengestützte Interviews mit Führungskräften (Erprobungsphase I und II) und Beschäftigten/Lernenden (Erprobungsphase II) durchgeführt, die die Wahrnehmung der Nutzerseite hinsichtlich der Prozessintegration ermöglichten.

Zur Bewertung der Prozessgestaltung der Umsetzung des digitalen Tools wurde in der zweiten Hälfte der Erprobungsphase ein Workshop durchgeführt, der Erfolgskriterien auf Grundlage der zu Beginn erhobenen und dokumentierten Anforderungen definiert. In sieben Kategorien wurde der KM^3-Demonstrator nach 27 Einzelkriterien evaluiert. Umgesetzt wurde diese zweite Evaluationsphase im Rahmen der zweiten Phase der Realerprobung (Melzer und Bullinger 2017). Der Gesamtprozess wurde durch die Anwendungsfälle repräsentiert, die den digitalen Prozess in die wichtigsten Abschnitte und Prozessschritte der Erprobung unterteilt (▶ Abschn. 11.3.1).

Durch datenschutzrechtliche Bestimmungen und betriebsinterne Vereinbarungen resultierten aus der Realerprobungen anonymisierte wissenschaftliche Daten. Dazu konnten Daten aus den im KM³-Demonstrator integrierten Monitoring-Tools in begrenztem Rahmen in die Auswertung einfließen.

Die Ergebnisse zeigen, dass insbesondere die Integration der Stammdaten, z. B. die eines gesamten Teams, bei der Einführung des KM³-Tools als aufwendig eingeschätzt wurde. Das Anlegen einzelner Profile, z. B. bei Erweiterung des Teams, wurde hingegen als Vorteil bewertet. Die weiteren generischen Module des KM³-Tools konnten hinsichtlich ihrer Funktionalität und Flexibilität positiv evaluiert werden. In Bezug auf die Weiterentwicklung des KM³-Demonstrator-Tools zum marktfähigen Produkt lassen sich aus der Erprobung Entwicklungsbedarfe hinsichtlich der Gebrauchstauglichkeit und praxisrelevanter Funktionalitäten wie einem umfassenderen Rollen- und Berechtigungskonzept ableiten (Melzer und Bullinger 2017).

Die digitale Umsetzung von Kompetenzmanagement erleichtert die integrierten Funktionen und Abläufe des Kompetenzmanagements erheblich, da Prozesse und Teilprozesse (teil–)automatisiert erfolgen können.

11.4 Modulares, digitales Kompetenzmanagement für KMU

In den vorangegangenen Abschnitten wurden drei Prozesse vorgestellt, die aufeinander aufbauend die digitale Einführung von modularem Kompetenzmanagement beschreiben. Dazu wurde die KM³-Kompetenz-Map als Variante einer Prinziplösung vorgestellt. Sie illustriert die einzelnen Prozessschritte und den gesamten Prozess. Der Fokus wird hierbei auf das Kompetenzmanagement gelegt. Dementsprechend bildet das Modul 2.2: Erstellung der Kompetenzprofile (Kompetenz-Map) im Rahmen des Modulkonzeptes einen wesentlichen Baustein, da es den Unternehmen wichtige Anhaltspunkte und Einsichten vermittelt und bereits eine unternehmensspezifische Anpassung mit den entscheidenden Teilprozessen im Rahmen des Kompetenzmanagements ermöglicht, die konkret definiert werden.

Der methodische Zuschnitt auf Kompetenzmanagement wird durch die Erstellung des Modulkonzeptes erweitert. Die Kompetenz-Map bildet damit die Grundlage des modularen Kompetenzmanagements in Bezug auf den Themenbereich Kompetenz. Das Modulkonzept erweitert es um die Bereiche Lernmanagement und die Betrachtung der verschiedenen Personengruppen.

Dieses ebenfalls auf generalisierter Ebene geltende Kompetenzmanagementsystem wurde in einem letzten Schritt in einen digitalen Prozess übersetzt, der ein Beispiel der konkreten Anwendung des Modulkonzeptes in Unternehmen gibt. Die digitale Implementierung ist notwendig, um die effektive Umsetzung des Prozesses zu gewährleisten.

Die ◘ Tab. 11.1 zeigt eine Gegenüberstellung der Teilprozesse des modularen Managements mit den Teilprozessen des digitalen Demonstrators.

Modulares Kompetenzmanagement – prozessuale …

Tab. 11.1 Ablaufplan der verschiedenen Vorgehensmodelle, eigene Darstellung

Modul-Nr.-Nr	Titel	Teilprozess des modularen Kompetenzmanagement	1Teilprozess der digitalen Implementierung Demonstrators
1.3	Erstellung der Kompetenzmodelle	– Kernkompetenzen im Unternehmen – Allgemeines Kompetenzmodell – Beschreibung von Stellen und Rollen	– Vorschlag einer neuen Kompetenz – Entscheidung über Aufnahme der Kompetenz – Kompetenz erstellen
2.2	Erstellung der Kompetenzprofile	– Rollenspezifische Kompetenzmodelle – Soll-Kompetenzen	– Kompetenz einer Rolle hinzufügen – Rolle einem Beschäftigten zuweisen
2.3	Kompetenzeinstufung	Ist-Kompetenzprofile	– Personalgespräch: Zuweisung der Kompetenzen
4.1	Analyse der Soll-Ist-Differenz	Gap-Analyse	– Teamanalyse – Identifizierung der Gaps/Ziele definieren – Personalgespräch: Zuweisung der Kompetenzen
4.2	Definition perspektivischer Entwicklungsziele	Gap-Analyse	– Personalgespräch: Zuweisung der Kompetenzen
4.3	Strategieentwicklung zur Erreichung der Kompetenzziele	Gap-Analyse	– Personalgespräch: Zuweisung der Kompetenzen
4.4	Lernen und Kompetenzbildung	– Lernmanagement – Transfer und Kompetenzausbildung	– Neuen Kurs erstellen – Kurseinschreibung/Kursteilnahme – Soziale Selbstlernmodule und Wissensaustausch
5.1	Bewertung der Weiterbildungsmaßnahmen	–	– Monitoring über Dashboard – Reporting
5.2	Lernerfolgskontrolle	Neueinstufung	– Übersicht der Lernerfolge

Fazit
Jeder Teilprozess ist für Unternehmen an verschiedenen Punkten der Einführung von Kompetenzmanagement von Bedeutung. Die Kompetenz-Map gibt einen Überblick über die Organisation von Kompetenzbildung in Unternehmen und ist für Unternehmen ausreichend, die Interesse an den wichtigsten Phasen zur Einführung von Kompetenzmanagement haben. Das Modulprinzip ermöglicht die unternehmensspezifische Einführung von Kompetenzmanagement in seiner Gänze. Bei der praktischen Implementierung des Kompetenzmanagementprozesses bildet es die zu beachtenden Punkte detailreicher ab und ist daher besser als Leitfaden zur praktischen Einführung geeignet.

Der Prozess zur digitalen Einführung ist die konkrete, praktische Ableitung des Modulkonzeptes zur softwaregestützten Einführung von Kompetenzmanagement. Insgesamt ergab die Erprobung des digitalen Kompetenzmanagement-Tools, dass die Einführung von Prozess und Tool als überwiegend positiv wahrgenommen worden ist. Nicht nur, dass dem Thema Kompetenzmanagement und der digitalen Lösung in den befragten Unternehmen mit viel Offenheit begegnet worden ist, auch wurden die Prozesse, Abläufe und die Organisation als überwiegend positiv und gelungen eingeschätzt. Weitere Arbeiten an Demonstrator und Prozess sind bis zur Herstellung der Marktreife im Rahmen der Verwertung geplant. Vor allem die Gebrauchstauglichkeit des Demonstrators hat sich während beiden Erprobungsphasen signifikant verbessert.

Aufgrund des Untersuchungssettings ist eine Abschätzung des tatsächlichen Aufwandes der Einführung nur bedingt möglich, da die beteiligten Unternehmen teils sehr aufwendige, aber zur Entwicklung notwendige Inhalte in das Tool einpflegten, die spätere Anwender/-innen ohne weiteren Aufwand nutzen können. Auch wenn kein methodischer Vergleich mit einer Prinziplösung hinsichtlich des Aufwandes der Einführung realisiert wurde, wurden die partiellen Schwierigkeiten während der Implementierung und die tendenziell schlechte Passung von Prinziplösungen (Beyer und Holtzblatt 1999; Jokovic und Stockinger 2016) für den KM^3-Demonstrator während dem Projektverlauf nicht festgestellt. Die Anpassbarkeit an eigene Prozesse (u. a. Weiterbildung und Beurteilung der Beschäftigten) kann basierend auf den Projekterfahrungen als gegeben angesehen werden.

Während der begleitenden Erhebungen mit assoziierten Partnern wurden außerdem verschiedene Vorteile dieser Kombination aus analogen und digitalen Prozessen offenkundig. Demnach haben viele Unternehmen, vor allem KMU, bislang keine standardisierten Prozesse zur Weiterbildung, Beurteilung der Beschäftigten und/oder zu einem internen Ausschreibewesen von Stellen.

Ferner wird mithilfe dieser standardisierenden Methoden Kompetenzmanagement und -entwicklung über Abteilungen hinweg vergleichbar, und die entsprechenden Abläufe werden für die beteiligten Akteure/Akteurinnen transparenter, einsehbarer sowie leichter verständlich. Dadurch, dass Kompetenzentwicklung mithilfe dieser Methoden nicht ausschließlich Angelegenheit der Personalabteilung ist, sondern verstärkt von Führungskräften und Beschäftigten bilateral organisiert wird, steigt auch die Eigenverantwortung und Selbstregulierung der Beteiligten, die direkt von der Kompetenzentwicklung profitieren. Das wird ebenfalls durch die Bewertung der Verständlichkeit der Prozesse, die durch standardisierte, transparente Prozesse entsteht, möglich.

> Zusammengefasst kann festgehalten werden, dass Unternehmen ohne standardisierte Prozesse im Weiterbildungsbereich bereits von der Einführung von analogen Modulen profitieren – selbst, wenn sie nicht direkt eine Kompetenzentwicklung zum Gegenstand haben. Eine etappenweise, inkrementelle, graduelle Implementierung der weiteren Module kann von da aus realisiert werden. Potenziell interessant ist dieses Vorgehen für Unternehmen, die vor der notwendigen Überarbeitung von Weiterbildungsstrukturen und -prozessen stehen. Das sind vor allem wachsende KMU. In der Regel haben diese Unternehmen die Bedeutung von Beschäftigtenentwicklung über das reine Qualifikationsmanagement hinaus bereits als wichtig erkannt.

Förderhinweis
Dieses Forschungs- und Entwicklungsprojekt wurde mit Mitteln des BMBF im Förderschwerpunkt „Betriebliches Kompetenzmanagement im demografischen Wandel" (Förderkennzeichen: 02L12A060) gefördert und vom Projektträger Karlsruhe (PTKA) betreut. Die Verantwortung für den Inhalt dieser Veröffentlichung liegt bei den Autoren.

Literatur

Baxter, G., & Sommerville, I. (2011). Socio-technical systems. From design methods to systems engineering. *Interacting with Computers, 23*(1), 4–17.
Beyer, H., & Holtzblatt, K. (1999). Contextual design. *Interactions, 6*(1), 32–42.
Brödel, R. (2002). Relationierungen zur Kompetenzdebatte. *Literatur- und Forschungsbericht Weiterbildung, 49,* 39–47.
Hollnagel, E., & Woods, D. D. (2005). *Joint cognitive systems: Foundations of cognitive systems engineering.* Boca Raton: CRC Press.
International Organization for Standardization (ISO). (2010). *Ergonomics of human-system interaction: Humancentred design for interactive systems, ISO 9241-210:2010.* Geneva: International Organization for Standardization.
Jokovic, B., & Stockinger, C. (2016). Kompetenzmanagement in der Arbeitswelt 4.0. *Wissenschaft trifft Praxis, 5,* 48–53.
Kumar, N. (2014). Managing skill gaps through competency mapping – a strategic tool for competitive edge. *International Journal of Management, 3*(1), 134–139.
Laugwitz, B., Held, T., & Schrepp, M. (2006). Construction and evaluation of a User Experience Questionnaire. In A. M. Heinecke & H. Paul (Hrsg.), *Mensch und Computer 2006: Mensch und Computer im Strukturwandel* (S. 125–134). München: Oldenbourg.
Lederer, B. (2014). *Kompetenz und Bildung. Eine Analyse jüngerer Konnotationsverschiebungen des Bildungsbegriffs und Plädoyer für eine Rück- und Neubesinnung auf ein transinstrumentelles Bildungsverständnis.* Innsbruck: Innsbruck University Press.
Leyking, K., Chikova, P., Martin, G., & Loos, P. (2010). Integration von Lern- und Geschäftsprozessmanagement auf Basis von Kompetenzen. In M. H. Breitner, F. Lehner, J. Staff, & U. Winand (Hrsg.), *E-Learning 2010* (S. 107–123). Heidelberg: Physica-Verlag HD.
Melzer, A., & Bullinger, A. C. (2017). Erfolgsfaktor Skalierbarkeit. Digitales Kompetenzmanagement, das mitwächst. *HMD Praxis der Wirtschaftsinformatik, 54*(6), 977–992.
North, K., Reinhardt, K., & Sieber-Suter, B. (2018). *Kompetenzmanagement in der Praxis. Mitarbeiterkompetenzen systematisch identifizieren nutzen und entwickeln. Mit vielen Fallbeispielen* (3. Aufl.). Wiesbaden: Springer Gabler.
Wells, W. H. (2011). Development of a cognitive work analysis framework tutorial using systems modeling language. [Dissertation]. Orlando, Florida: Department of Industrial Engineering and Management Systems in the College of Engineering and Computer Science, University of Central Florida. ▶ http://etd.fcla.edu/CF/CFE0004177/Wells_Dissertation_Final_8Sept2011.pdf. Zugegriffen: 31. Okt. 2018.

# Kompetenzmanagement in der Logistik der Zukunft – ein Umsetzungsbeispiel von der Modellierung und Diagnostik zur unternehmensspezifischen und individuellen Kompetenzentwicklung

Tobias Hegmanns, Natalia Straub, Sandra Kaczmarek, Birte Rudolph, Dirk Sobiech, Sören Müller, Johanna Dehler, Tobias Haertel, Dominik May, Monika Radtke, Daniel Neubauer, Adrian Möllmann und Boris Zaremba

12.1 Einführung – 201

12.2 Betriebliches demografiesensibles Kompetenzmanagement in der operativen Logistik 4.0 – 202

12.2.1 Aufgaben des betrieblichen Kompetenzmanagements und Herausforderungen im Kontext der Industrie 4.0 – 202

12.2.2 ABEKO-Kompetenzmanagement-Assistenzsystem – 204

12.2.3 Betriebsspezifische Einführung und Nutzung des ABEKO-Kompetenzmanagement-Assistenzsystem – 215

12.3	ABEKO-Kompetenzmanagement-Assistenzsystem in der Praxis – 217
12.3.1	Anwendungsfall – die MAHLE Aftermarket GmbH – 217
12.3.2	Betriebsspezifische Einführung und Nutzung des ABEKO-Kompetenzmanagement-Assistenzsystems – 219

Literatur – 230

Kompetenzmanagement in der Logistik der Zukunft …

Zusammenfassung

Das Kapitel beschreibt die Umsetzung des Kompetenzmanagements in der Logistik mithilfe des ABEKO-Kompetenzmanagement-Assistenzsystems anhand des Anwendungsfalls „Distributionslager für Ersatzteile". Nach einer Einführung zum betrieblichen Kompetenzmanagement und den Herausforderungen in der operativen Logistik im Kontext der Industrie 4.0 werden der Aufbau und die Funktionalität der einzelnen Systemmodule erläutert. Im Modul „Kompetenzmodellierung" wird der ABEKO-Kompetenzkatalog, der sowohl jetzige als auch zukünftige Kompetenzanforderungen beinhaltet, fokussiert. Während im Modul „Kompetenz-Gap-Analyse" die Methoden der Kompetenzdiagnostik dargelegt werden, widmet sich das Modul „Kompetenzentwicklung" beispielhaft demografiesensiblen Lernkonzepten sowie den Ergebnissen der Studie „Eingerostet oder Erfahren? Anders oder Anpassungsfähig? Herausforderungen und Chancen für die betriebliche Weiterbildung im demografischen Wandel" und dem daraus abgeleiteten Praxis-Leitfaden zur Gestaltung demografiesensibler beruflicher Weiterbildung. Abschließend wird der Ansatz zur betriebsspezifischen Einführung und Nutzung des Assistenzsystems dargelegt und dessen Anwendung anhand des Unternehmensbereichs „Kommissionierung" aufgezeigt.

12.1 Einführung

Mit der technologischen Entwicklung und dem daraus folgenden Wandel der digitalen Arbeitswelt verändern sich über kurz oder lang die an Beschäftigte gestellten Kompetenzanforderungen und voraussichtlich ganze Berufsbilder – auch in der operativen Logistik.

Aufgrund von sich kontinuierlich und dabei zunehmend schneller wandelnden beruflichen Kontexten ist der Begriff der „Kompetenzentwicklung" im Personalmanagement und in der beruflichen Bildung in den letzten Jahren zunehmend in den Fokus gerückt, sodass die Entwicklung von Kompetenzen als das zentrale Ziel beruflicher Aus- und Weiterbildung als bedeutsamer denn je angesehen werden kann. Um diese Entwicklung für Unternehmen gezielt und operationalisiert zu unterstützen, ist ein umfassendes betriebliches Kompetenzmanagement von Bedeutung, das auch eine fachspezifische Kompetenzmodellierung und eine adäquate Kompetenzdiagnostik umfasst. Für den Bereich der Logistik ist für die Modellierung zunächst zu erheben, welche Kompetenzanforderungen in diesem Bereich für ein erfolgreiches Handeln heute und in Zukunft gestellt werden (▶ Kap. 7). In Anlehnung daran können die vorhandenen Kompetenzen der Beschäftigten diagnostiziert und den Soll-Kompetenzprofilen aus den Anforderungen gegenübergestellt werden. Erst mit diesem Vergleich von Ist und Soll ist es möglich, eine auf die Arbeitsprozesse ausgerichtete Kompetenzentwicklung umzusetzen, die gleichzeitig die Lernenden mit ihren vorhandenen Fähigkeiten, Fertigkeiten und Merkmalen, also ihren individuellen Kompetenzen, berücksichtigt.

In dem vorliegenden Kapitel wird anhand eines konkreten Unternehmensbeispiels die Anwendung des im Verbund entwickelten Kompetenzmanagementansatzes für die Logistik mit dem webbasierten plattformunabhängigen ABEKO-Kompetenzmanagement-Assistenzsystem präsentiert, das die gesamte Kette von der Modellierung über die Diagnostik bis hin zur Kompetenzentwicklung abbildet und damit Anwenderunternehmen beim Kompetenzmanagement methodisch und informationstechnisch durchgängig unterstützt. Basis ist dabei ein umfassender Kompetenzkatalog für heutige und zukünftige Aufgaben in der Arbeitswelt 4.0 in der Logistik. Dieser Katalog ist modular aufgebaut und umfasst insgesamt 26 unterschiedliche Kompetenzcluster, denen wiederum konkrete Kompetenzitems zugeordnet sind. Der modulare Aufbau des Kompetenzkatalogs erlaubt es den Anwenderunternehmen, diesen ihren Bedürfnissen entsprechend betriebsspezifisch anzupassen. Hierbei spielen die Unternehmensstrategie sowie die individuellen Unternehmensprozesse eine bedeutende Rolle, da sie die Basis zur Durchführung der Anforderungsanalyse und Erstellung des betriebsspezifischen Kompetenzkatalogs darstellen. Anhand des Kompetenzkatalogs können die Soll-Kompetenzprofile abgleitet sowie die Diagnose von Ist-Kompetenzprofilen der Beschäftigten erfolgen.

Das ABEKO-Kompetenzmanagement-Assistenzsystem unterstützt dabei die Abbildung und den Vergleich beider Profile und damit die automatisierte Durchführung einer webbasierten und individuellen Kompetenz-Gap-Analyse. Unter Berücksichtigung der diagnostizierten Kompetenzentwicklungspotenziale können individuelle Lernpfade und Kompetenzentwicklungsangebote nach dem Blended-Learning-Prinzip, das die Vorteile der Präsenz- und E–Learning-Formate verknüpft, festgelegt werden, um die Beschäftigten für die zukünftigen Anforderungen in der Logistik zu befähigen. Die bedarfsorientierte Wissensvermittlung wird mit dem Lernatomeansatz sowie der Lerntaxonomie, die sowohl motorische als auch kognitive Lernziele beschreibt, realisiert. Die Lerntaxonomie dient der Erreichung der nächsten Kompetenzniveaustufe, welche an Dreyfus (Novize/Novizin, Beginner, Fachkraft, erfahrene Fachkraft, Experte/Expertin) angelehnt sind (Dreyfus und Dreyfus 1991). Dabei wird das Wissen in kleinen Lernpaketen, sogenannten Lernatomen, dargeboten. Lernatome sind kleinste sinnvolle didaktische Einheiten unterschiedlichen Medienformats.

Der Lernfortschritt wird wiederum an das System zurückgespielt und fließt somit in das weitere Kompetenzmanagement mit ein. Bei der zielgruppenspezifischen Gestaltung der Schulungsangebote spielen demografische Aspekte wie Alter und Migrationshintergrund der Lernenden und die Entwicklung der demografiesensiblen Lernkonzepte eine besondere Rolle.

12.2 Betriebliches demografiesensibles Kompetenzmanagement in der operativen Logistik 4.0

12.2.1 Aufgaben des betrieblichen Kompetenzmanagements und Herausforderungen im Kontext der Industrie 4.0

Die Digitalisierung der Arbeitswelt wird den wirtschaftlichen Erfolg Deutschlands maßgeblich beeinflussen. Im Zuge der sich durch Anwendung der Technologien Big Data, Cloud-Computing, Mobile Computing und cyber-physischen Systeme vollziehenden digitalen Transformation ist eine Restrukturierung von Organisationen, Kompetenzen sowie der IT-Infrastruktur unerlässlich (Spath et al. 2013; VDI 2016).

In der Logistik wird insbesondere die Konsequenz der Einführung digitaler Technologien sowie die Vernetzung durch ubiquitäre Intelligenz für die Wettbewerbsposition der Unternehmen entscheidend, um die Dynamisierung und Komplexitätssteigerung innerbetrieblicher Prozesse als Folge individualisierungsbedingter Kundenwünsche und der Notwendigkeit zur Ausrichtung zum Käufermarkt zu realisieren. Im operativen Bereich, dem sogenannten Shopfloor, werden sich diese Veränderungen demnach stark auswirken und die Umsetzung der Industrie 4.0 maßgeblich gestalten. Mit der technologischen Entwicklung und dem daraus folgenden Wandel der digitalen Arbeitswelt verändern sich über kurz oder lang die an Beschäftigte gestellten Kompetenzanforderungen und voraussichtlich ganze Berufsbilder – auch in der operativen Logistik (► Kap. 7).

Ist die Kompetenzlücke erkannt, dauert es jedoch eine gewisse Zeit, das Personal auf ein adäquates Kompetenzniveau zu bringen. Daher müssen Unternehmen lernen, ihre Kompetenzen realistisch und zeitnah zu beurteilen, um derzeitige und zukünftige Entwicklungen besser einschätzbar machen zu können. Es muss definiert werden, welche Methoden und Konzepte zu einer langfristigen und stabilen Verbesserung des Kompetenzbestands und einer Reduktion der Kompetenzdefizite führen können. Die Aktualität der Kompetenzmodelle spielt dabei eine entscheidende Rolle (North et al. 2018).

Daher ist zur Befähigung der Beschäftigten für die Arbeit 4.0 die proaktive Umsetzung des Kompetenzmanagements sowie die Entwicklung demografiesensibler Konzepte auch in den operativen Bereichen heute wichtiger denn je (Preißler und Völzke 2007; Straub et al. 2014, 2015; Wimmer 2014).

Dabei kann betriebliches Kompetenzmanagement als Managementprozess in Unternehmen beschrieben werden, der das Ziel verfolgt, die Kompetenzen der Beschäftigten zu erfassen, zu messen, zu reflektieren, zu verteilen und zu entwickeln. Dadurch können Kompetenzen in Unternehmen transparent gemacht und so effektiv genutzt bzw. ausgebaut werden (North et al. 2018). Mithilfe von Steuerungselementen, wie beispielsweise Kompetenzmodellen und Kompetenzprofilen, kann eine transparente Kompetenzmessung und nachhaltige Kompetenzentwicklung realisiert werden (Gessler 2006; Kauffeld 2010).

Vor allem in der Logistikbranche muss Kompetenzmanagement im Hinblick auf die steigende Digitalisierung auf der Shopfloor-Ebene fokussiert werden. Den Ergebnissen einer aktuellen Studie zufolge können nur 15 % der befragten Angestellten in der Logistikbranche erklären, was sich hinter dem Begriff „Industrie 4.0" verbirgt und welche Konsequenzen die Digitalisierung auf ihre künftige Arbeitsumgebung hat. Das indiziert, dass vor allem im Logistikbereich besonderer Nachholbedarf in Sachen Weiterbildung zum Thema Industrie 4.0 besteht. Nur 53 % der befragten Logistik-Mitarbeiter/-innen gaben an, dass es bereits Weiterbildungsangebote zum Thema Digitalisierung in ihrem Unternehmen gibt, verglichen mit anderen Branchen, z. B. der Automobilbranche, in der bereits 68 % der Unternehmen Weiterbildungen im Bereich Digitalisierung anbieten, ist die Branche Logistik mit dieser Leistung als Schlusslicht einzuordnen (Pütter 2016).

Es bestehen folgende Herausforderungen in der Weiterbildung im Bereich der operativen Logistik:

» Die systematische Förderung und Weiterbildung Geringqualifizierter spielt in Unternehmen bisher kaum eine Rolle. Geringqualifizierte weisen im Vergleich zu anderen Erwerbstätigen deutlich geringere Teilnahmequoten an beruflicher Weiterbildung auf […]. Zentraler Grund für die geringe Einbindung in betriebliche Weiterbildung ist ein aus Unternehmenssicht negatives Kosten-Nutzen Verhältnis. […] Weitere Hürden zur Inanspruchnahme betrieblicher Weiterbildung sind Hemmnisse auf Seiten der Beschäftigten und fehlende bedarfsgerechte Qualifizierungsmodelle (Weber und Kretschmer 2012, S. 4 f.).

Derzeit wird das Kompetenzmanagement im operativen Bereich in vielen Unternehmen als Kostentreiber ohne direkten Nutzen für das Unternehmen gesehen. Die Weiterbildungsangebote werden in den meisten Fällen für fest angestellte Beschäftigte der mittel bis besser qualifizierten Ebene angeboten. Beschäftigte mit befristeten Arbeitsverträgen oder Leiharbeiter/-innen sowie die gering bis gar nicht qualifizierten, die in der Logistikbranche einen großen Anteil darstellen, werden dabei kaum berücksichtigt (Biehler 2013; Weber und Kretschmer 2012).

Somit stehen viele Unternehmen vor der Herausforderung, das Kompetenzmanagement im Kontext der Industrie 4.0 und des Fachkräftemangels auch in den operativen Bereichen nachhaltig und kostengünstig umzusetzen. Aufgrund der beschriebenen Spezifika der Personalstruktur im operativen Bereich werden sehr hohe Anforderungen an eine effektive Durchführung und Operationalisierung gestellt (Straub et al. 2015). Diese kann durch Entwicklung domänenspezifischer Kompetenzmodelle, die dabei helfen, bedarfsgerecht die richtigen Lehrinhalte und -maßnahmen anzubieten, und durch die IT-basierte Unterstützung in einem Assistenzsystem zum Kompetenzmanagement vereinfacht werden (Straub et al. 2014; Straub et al. 2016a, b).

12.2.2 ABEKO-Kompetenzmanagement-Assistenzsystem

Ein Kompetenzmanagementsystem unterstützt eine Organisation beim Personal- und Bewerbermanagement. Mithilfe des Systems werden Kompetenzen von Beschäftigten beschrieben, systematisch erfasst und bewertet. Des Weiteren erfolgt eine inhaltliche Ausrichtung der Personalarbeit – und damit auch der Personalentwicklung – auf Kompetenzen. Damit wird ein einheitliches Verständnis von Kompetenzen über Organisationseinheiten und -bereiche hinweg ermöglicht. Konkret umfasst ein Kompetenzmanagementsystem ein betriebliches Kompetenzmodell, die Möglichkeit individueller Kompetenzeinschätzungen bzw. -messungen sowie auf das Kompetenzmodell ausgerichtete Personalinstrumente. Anforderungsprofile, Stellenbeschreibungen, Einarbeitungsunterlagen und Stellenanzeigen müssen sowohl inhaltlich gleiche Anforderungen als auch formell einheitliche Formulierungen verwenden und am Kompetenzmodell orientiert sein (Kauffeld 2010; Straub et al. 2016a).

Das ABEKO-Kompetenzmanagement-Assistenzsystem für die operative Logistik stellt einen webbasierten, plattformunabhängigen Methodenbaukasten dar, der aus drei Modulen besteht: Kompetenzmodellierung, Kompetenz-Gap-Analyse und Kompetenzentwicklung, die im Folgenden detailliert beschrieben werden (◘ Abb. 12.1).

Modul „Kompetenzmodellierung"

Kompetenzmodellierung ist der Prozess zur Bestimmung von aufgabenspezifischen Kompetenzen (Schepers 2014). Das wesentliche Element des Moduls „Kompetenzmodellierung" bildet das domänenspezifische Kompetenzmodell für die operative Logistik, das einen prozessorientierten Kompetenzkatalog (Prozess-Kompetenz-Matrix) sowie einen Einstufungsschlüssel zur Beschreibung der Kompetenzniveaustufen beinhaltet und im Rahmen des ABEKO-Projektes entwickelt wurde (Straub et al. 2016a; ► Abschn. 7.2).

Kompetenzmanagement in der Logistik der Zukunft …

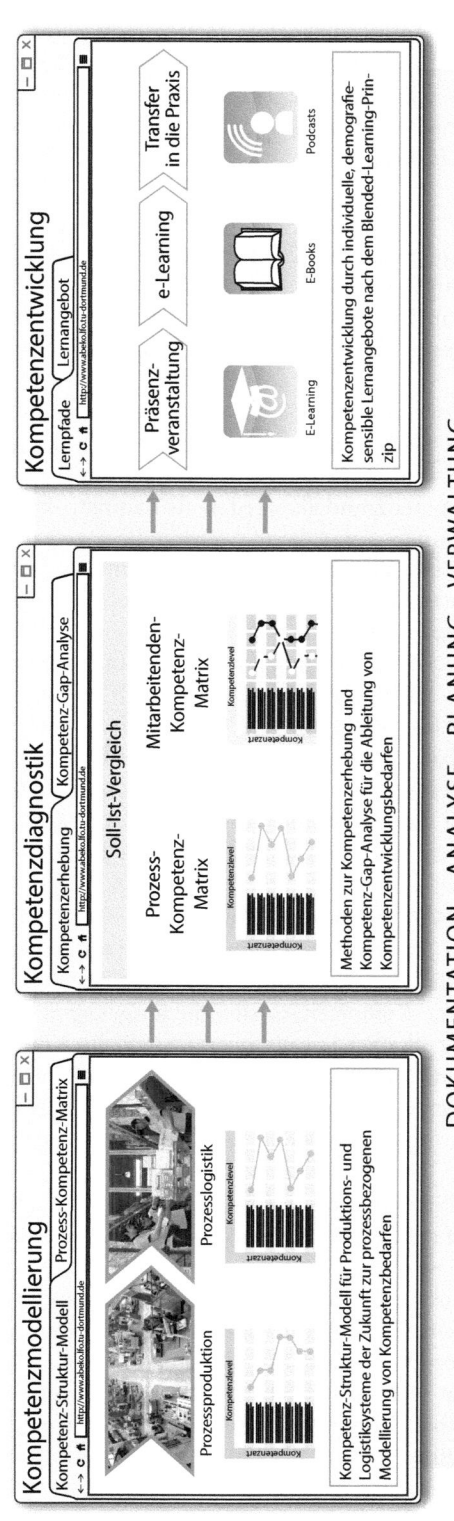

Abb. 12.1 ABEKO-Leitbild. (Aus: Straub et al. 2014, S. 417)

Der ABEKO-Kompetenzkatalog unterstützt eine Modellierung der Kompetenzanforderungen sowie die Erstellung von tätigkeitsbezogenen Soll- und Ist-Kompetenzprofilen im Bereich der operativen Logistik. Dieser ist generisch aufgebaut und ermöglicht einen breiten Einsatz sowie eine betriebsspezifische Spezifizierung, Erweiterung und nachhaltige Aktualisierung.

- **Grundlegende Funktionen**

Bevor das ABEKO-Kompetenzmanagement-Assistenzsystem in einem Unternehmen sinnvoll eingesetzt werden kann, muss der Standardkompetenzkatalog (▶ Abschn. 7.2) betriebsspezifisch angepasst werden. Um diesen ersten Schritt anwenderfreundlich zu gestalten, wurde besonderes Augenmerk auf komfortable und flexible Bearbeitungsmöglichkeiten gelegt.

Die Benutzungsoberfläche ist zweigeteilt. So stehen sich der Standardkompetenzkatalog und der betriebsspezifische Kompetenzkatalog gegenüber. Initial gleichen sich beide Ausprägungen.

Die Hierarchieebenen des Kompetenzmodells werden als Baumstruktur dargestellt. Kompetenzfelder und -cluster können aufgeklappt werden und zeigen die jeweils untergeordneten Elemente. Wird ein Eintrag markiert, werden Beschreibungstexte angezeigt. Die Items sind den logistischen Referenzprozessen der Auftragsabwicklung zugeordnet oder prozessunabhängig.

Im Bereich des betriebsspezifischen Kompetenzkatalogs können sowohl die Texte den betrieblichen Gegebenheiten angepasst werden als auch Elemente entfernt, bearbeitet oder aus dem Standardkatalog hinzugefügt werden. Es können auch eigene Kompetenzcluster und -items ergänzt werden. Die Prozesszuordnungen können für jedes Kompetenzitem angepasst werden. Um besonders spezifische Differenzierungen vornehmen zu können, ermöglicht das System die Anlage von Unterkompetenzitems. Dabei handelt es sich um eine weitere Ebene im Kompetenzmodell.

- **Erstellen eines betriebsspezifischen Kompetenzkatalogs**

Für den ersten Schritt wurde der Standardkompetenzkatalog (▶ Abschn. 7.2) in das System überführt. Dieses zeigt die vier Kompetenzfelder des Katalogs. Zu jedem Kompetenzfeld gehören verschiedene Kompetenzcluster, die ausgeklappt und angezeigt werden können. Diese wiederum enthalten jeweils unterschiedliche Kompetenzitems, die ebenfalls über eine weitere Ebene angezeigt werden können. Für jedes Cluster wird eine Definition und für jedes Item eine Beschreibung abgebildet. Die Items sind zudem verschiedenen Referenzprozessen zugeordnet oder werden zu prozessunabhängigen Items zusammengefasst.

Die Personalverantwortlichen können diese Informationen nutzen, um im ersten Schritt den allgemeinen Kompetenzkatalog mithilfe des Assistenzsystems an betriebsspezifische Besonderheiten anzupassen. Die technische Lösung erlaubt es, durch wenige Mausklicks die relevanten Cluster und Items in den **betriebsspezifischen Katalog** zu überführen oder neue Items anzulegen. In diesem Schritt können auch die Beschreibungen der Items sowie die Prozesszuordnungen entsprechend angepasst werden.

Bei manchen Items kann eine weitere betriebsspezifische Differenzierung sinnvoll sein, um eine bedarfsgerechte Kompetenzentwicklung zu ermöglichen und die betriebsspezifischen Ausprägungen wie verschiedene Fördermittel, Softwareprogramme etc. abzudecken. Die als Unteritems erfassten Kompetenzitems geben bei der Analyse ihre Ausprägung an ihre Elternkompetenz weiter.

Der betriebsspezifische Kompetenzkatalog stellt die Basis für die weiteren Arbeitsschritte im Assistenzsystem dar.

Im zweiten Schritt werden mithilfe des betriebsspezifischen Kompetenzkatalogs und der Prozess-Kompetenz-Matrix **spezifische Kompetenzprofile** für verschiedene Rollen oder Tätigkeiten durch die Personalverantwortlichen erstellt. Die Kompetenzprofile können später im Rahmen des Personalauswahlsystems dazu dienen, die Eignung von Bewerbern für eine Stelle zu ermitteln.

Zur Erstellung der Profile werden diese zunächst mit einer Beschreibung versehen. Anschließend werden alle für ein Profil relevanten Cluster und Items aus dem betriebsspezifischen Katalog ausgewählt und in das Profil übernommen. Um das Kompetenzprofil zu vervollständigen, ist es notwendig, die ausgewählten und ausdifferenzierten Kompetenzitems mit entsprechenden Niveaustufen zu verknüpfen. Diese definieren, in welchem Ausmaß die jeweilige Kompetenz beherrscht werden muss, um das Profil zu erfüllen.

Im nächsten Schritt müssen die **Daten der teilnehmenden Personen** des Betriebes in das Assistenzsystem eingepflegt werden. Das kann entweder über eine manuelle Eingabe oder über einen im Rahmen des Forschungsprojektes entwickelten universellen Schnittstellenadapter geschehen. Dieser Adapter ist so konzipiert, dass er mit unterschiedlichen Human-Resources-Systemen zum Import von Daten verwendet werden kann. Ebenso kann ggf. nach entsprechender Konfiguration auch ein Rücktransfer relevanter Daten in die Human-Resources-Systeme des Unternehmens stattfinden.

Die Personen und Profile werden über eine Maske im Assistenzsystem aufgerufen und einander zugeordnet. So wird definiert, welche Mitarbeiterinnen und Mitarbeiter welche Kompetenzen erlernen bzw. weiterentwickeln sollen.

- **IT-Realisierung**

Das ABEKO-Assistenzsystem bietet eine browserbasierte Benutzeroberfläche, die als JavaServer Faces-Webapplikation (JSF 2.2) erstellt wurde. Durch die Verwendung des Komponentenframeworks PrimeFaces 5.2 wurden Funktionalitäten wie Sortierung und Filterung von Daten innerhalb von Baumansichten („tree views") und Datentabellen („data tables") angeboten und per Ajax und JavaScript realisiert.

Die Webapplikation ist über Java Database Connectivity (JDBC) mit einer Microsoft-SQL-Server-Datenbank (2008) verbunden. Das Datenschema befindet sich in der vierten Normalform.

Modul „Kompetenz-Gap-Analyse"

Im Modul „Kompetenz-Gap-Analyse" wird die Kompetenzdiagnostik abgebildet. **Kompetenzdiagnostik** bzw. Kompetenzmessung ist ein Verfahren, um Kompetenzen von Beschäftigten mithilfe verschiedener qualitativer und/oder quantitativer Methoden zu identifizieren und diese erfassbar, in Kennzahlen ausdrückbar und verwertbar zu machen. Es besteht im Wesentlichen aus den drei Schritten Beschreibung von Tätigkeiten, Ermittlung von Fähigkeiten sowie ihrer abschließenden Bewertung (Preißler und Völzke 2007).

In der Praxis vielfach angewandte Instrumente der Kompetenzdiagnostik sind beispielsweise Selbst- bzw. Fremdeinschätzungen (beide auf Basis von Fragebögen oder Reflexionsberichten; Strauch et al. 2009). Sowohl Selbst- als auch Fremdeinschätzungen können mithilfe des ABEKO-Kompetenzmanagement-Assistenzsystems durchgeführt werden. Die Ergebnisse werden anhand des **Kompetenzeinstufungsschlüssels** automatisch ausgewertet und gespeichert. Grundlage des Einstufungsschlüssels ist die Niveauskala nach Dreyfus und Dreyfus (1991), die der domänenspezifischen Spezifika entsprechend angepasst wurden (Straub et al. 2016a). Die Kompetenzentwicklungspotenziale, sogenannte Kompetenz-Gaps, werden im Rahmen der Kompetenzdiagnostik sichtbar.

Das Modul „Kompetenz-Gap-Analyse" stellt eine Analyseumgebung zur Verfügung, die mithilfe verschiedener Diagrammtypen und Berichte den Kompetenzentwicklungsbedarf zu identifizieren hilft. Um das Assistenzsystem in die Lage zu versetzen, Kompetenz-Gaps ermitteln zu können, ist es erforderlich, zunächst Informationen zur Ausprägung von Kompetenzen der Beschäftigten zu erfassen.

- **Grundlegende Funktionen**

Dieses Programmmodul ermöglicht die Erstellung und Bearbeitung von Selbst- und Fremdeinschätzungen der Beschäftigten. In der Bearbeitungsmaske stehen Auswahlboxen zur Verfügung, mit denen ein Jobprofil, die diesem Profil zugeordneten Personen und der Typ der Einschätzung (Selbst, Fremd1 und Fremd2) ausgewählt werden können. Die zu dem Jobprofil gehörigen Kompetenzitems werden untereinander angezeigt. Der Einstufungsschlüssel (Dreyfus und Dreyfus 1991) kann zu jedem Element mit einem Schieberegler eingestellt werden.

Um den Kompetenz-Gap zwischen den aktuellen Kompetenzen und dem zugeordneten Kompetenzprofil zu ermitteln, kann in einem weiteren Programmteil dieses Moduls festgestellt werden, wie weit das Ist-Niveau der jeweiligen Mitarbeiterin oder des jeweiligen Mitarbeiters vom Soll-Niveau entfernt ist. Wie für die Selbst- und Fremdeinschätzung beschrieben stehen Auswahlboxen zur Verfügung, mit denen ein Job-Profil, die diesem Profil zugeordneten Beschäftigten und der Typ der Einschätzung (Selbst, Fremd1 und Fremd2) ausgewählt werden können. Darunter befinden sich die Auswahl von Diagrammtypen (derzeit Balken- und Spinnennetzdiagramme) und Gruppierungsebenen.

Der Anwender kann so die Gaps zwischen der Ist- (Selbst- oder Fremdeinschätzung) und Soll-Einschätzung auf Basis von Kompetenzitems, -clustern oder -feldern identifizieren. Im Auswertungsbereich des Assistenzsystems werden die Ergebnisse beider Einschätzungen gegenübergestellt, und die etwaigen Gaps zwischen Ist- und Soll-Niveau können visualisiert werden.

- **IT-Realisierung**

Die Einschätzungen bestehen aus Metadaten (wer hat wen wann eingeschätzt, Typ der Einschätzung) und den Kompetenzausprägungen. Die Einschätzungen werden in einer Tabelle gespeichert. Ihnen zugeordnet sind die Kompetenzausprägungen. Eine Kompetenzausprägung beinhaltet eine Referenz auf das bewertete Kompetenzitem sowie die Niveaustufe.

Der Aufbau dieses Programmmoduls macht es erforderlich, dass den beteiligten Personen Zugriff auf ABEKO erteilt wird, um Selbst- oder Fremdeinschätzungen zu bearbeiten. Da dieses Vorgehen in Unternehmen möglicherweise nicht gewünscht ist, können je nach betrieblicher Anforderung Workflows implementiert werden, die personalisierte Links an Beschäftigte bzw. Führungskräfte per E-Mail versenden. Über diese personalisierten Links kann so zentral organisiert werden, wer sich oder welchen Beschäftigten bezüglich welcher Kompetenzen einschätzen kann.

Die Visualisierung erfolgt mit dem JavaScript-Framework Chart JS, das es ermöglicht, eine Vielzahl von Diagrammtypen den Anforderungen der Anwendung anzupassen. Einer Erweiterung von ABEKO um weitere Diagrammtypen steht somit technisch nichts im Wege.

Die Kompetenz-Gap-Analyse erfolgt auf einer Menge von Kompetenzausprägungen. Diese werden im Datenschema zum einen als Jobprofile, zum anderen als Personenkompetenzen oder Einschätzungen geführt. Sie enthalten die Niveaustufe und referenzieren genau ein Kompetenzitem. Die Kompetenzitems sind ihrerseits den Kompetenzclustern und diese den Kompetenzfeldern zugeordnet. Je nach Art der Analyse werden Schnittmengen zwischen den Personenkompetenzen oder Einschätzungen auf einer Seite und Jobprofilen oder den Kompetenzen bestimmter Kompetenzcluster oder -felder auf der anderen Seite gebildet und der Kompetenz-Gap zwischen jedem dieser Kompetenzausprägungspaare als Differenz zwischen ihren Niveaustufen ermittelt. Die Ergebnisse dieses Verfahrens stellen die Daten zur Visualisierung oder zur Ermittlung von individualisierten Lernpfaden zur Verfügung.

Modul „Kompetenzentwicklung"

Kompetenzentwicklung ist als integrativer Bestandteil von Weiterbildung zu betrachten, der auf Basis einer systematischen Kompetenzerfassung erfolgen sollte (Bohn 2007). Sie beschreibt den Prozess der Veränderung des Leistungspotenzials eines Individuums, um eine umfassende berufliche Handlungskompetenz als Einheit von Fach-, Methoden-, Sozial- und Selbstkompetenz herauszubilden und um es zu befähigen, Leistungsanforderungen bestmöglich zu erfüllen (Beck 2004; Erpenbeck und Heyse 2007). Die Aufgabe der Kompetenzentwicklung ist es, durch gezielte Maßnahmen im Rahmen der Qualifizierung Kompetenzen zu erweitern und die Potenziale der Menschen zur Entfaltung zu bringen (Bretschneider 2006).

Für die Kompetenzentwicklung in ABEKO wurde der Blended-Learning-Ansatz ausgewählt. **Blended Learning** meint die sinnvolle Kombination von Präsenzseminaren und E-Learning. Somit vereint es die Vorteile beider Lehrformen. Zum einen bieten E-Learning-Angebote eine flexible, zeit- und ortsunabhängige Wissensvermittlung. Zum anderen können Präsenzeinheiten von den Lernenden sinnvoll genutzt werden, um sich in der Gruppe auszutauschen oder zu diskutieren. Damit findet auch die für einen Lernprozess wichtige soziale Komponente Beachtung. Die E-Learning-Einheiten in ABEKO werden den Lernenden als sogenannte Lernatome, also kleinste sinnvolle didaktische Einheiten, geboten. Meist handelt es sich hierbei um digitale Bildungsangebote.

Die Weiterbildungen in ABEKO wurden nach einem didaktischen Konzept entwickelt, das als allgemeine Hilfe bei der Planung genutzt wurde. Als Grundlage dient hierzu das **ADDIE-Modell** mit seinen fünf Phasen (Niegemann et al. 2008; Kerres 2018):

1. Analyse (Tätigkeitsanalyse, Zielgruppenanalyse, Bedarfsanalyse)
2. Design (Festlegung der Lernziele, Entwicklung von Lernsequenzen und Tests)
3. Entwicklung (Sichtung, Auswahl und Erstellung von Lernmaterialien)
4. Implementierung (Durchführung der Kompetenzentwicklungsmaßnahme)
5. Evaluation (Qualitätssicherung)

Das Konzept berücksichtigt explizit die Individualisierbarkeit von Lernpfaden, sodass die Lernenden nur das lernen, was sie für die Deckung der Lernbedarfe benötigen. Eine weitere Besonderheit ist die demografiesensible Ausgestaltung der Weiterbildungskonzepte. Im didaktischen Konzept finden sich methodisch-didaktische Gestaltungsempfehlungen, die aus der Studie „Eingerostet oder Erfahren? Anders oder Anpassungsfähig? Herausforderungen und Chancen für die betriebliche Weiterbildung im demografischen Wandel" (Dehler und Gurris 2016) abgeleitet wurden, die im Rahmen des Projektes realisiert wurde und in einen Praxis-Leitfaden zur Gestaltung demografiesensibler beruflicher Weiterbildung (Neubauer et al. 2017) mündete.

Damit entsprechende Lernziele definiert werden können, wurde abgeleitet von den ABEKO-Kompetenzniveaustufen eine **ABEKO-Lerntaxonomie** entwickelt. Um sowohl motorische als auch kognitive Lernziele in einer Lerntaxonomie abbilden zu können, wurden die ersten drei Stufen der motorischen Lerntaxonomie nach Bloom mit den letzten Stufen der kognitiven Lerntaxonomie nach Bloom kombiniert (Bloom 1976). Dies widerspricht sicher der ursprünglichen Intention Blooms, motorische und kognitive Lernziele bewusst trennscharf zu formulieren, doch hat dies einen entscheidenden Grund: Aufgrund der zukünftig zu erwartenden Veränderung der Aufgaben der Kommissionier/-innen werden kognitive Anforderungen integraler Bestandteil ihres Jobs sein. Um diese auszubilden, besteht ebenfalls ein Bedarf für Lernmodule, die auf ebendiese kognitiven Lernziele abzielen.

Die ABEKO-Lerntaxonomie umfasst vier Lernziele, die den letzten vier oben bereits vorgestellten Kompetenzniveaustufen zugeordnet werden können:

1. Kompetenzniveaustufe: Novize/Novizin:
   - Der/die Mitarbeitende kennt die im Item beschriebene Aufgabe nicht oder er/sie weiß zwar, dass es sie gibt, kann sie aber nicht ausführen.
2. Kompetenzniveaustufe: Beginner:
   - Der/die Mitarbeitende kann die im Item beschriebene Aufgabe unter Anleitung bewältigen, hat sie schon ein paar Mal bewältigt, ist jedoch noch unsicher.
   - **Lernziel 1** zur Erreichung dieser Niveaustufe: Ausführen unter Anleitung
3. Kompetenzniveaustufe: Fachkraft:
   - Der/die Mitarbeitende kann die im Item beschriebene Aufgabe eigenständig und sicher bewältigen.
   - **Lernziel 2** zur Erreichung dieser Niveaustufe: Sicheres Ausführen
4. Kompetenzniveaustufe: Erfahrene Fachkraft:
   - Der/die Mitarbeitende hat bei der Bewältigung der im Item beschriebenen Aufgabe mehrjährige Erfahrung und kann es anderen beibringen.
   - **Lernziel 3** zur Erreichung dieser Niveaustufe: Sicheres Ausführen mit Vermittlungskompetenz
5. Kompetenzniveaustufe: Experte/Expertin:
   - Der/die Mitarbeitende kennt Zusammenhänge, die über die im Item beschriebene Aufgabe hinausgehen, kennt die Vorgänge davor und danach, kennt das Warum und Wieso.
   - **Lernziel 4** zur Erreichung dieser Niveaustufe: Prozess- und Hintergrundverständnis

- **Grundlegende Funktionen**

Die gewonnenen Informationen über die Beschäftigten dienen der zielgerechten Bereitstellung von Weiterbildungsangeboten; es können je nach Kenntnisstand adäquate Lernprogramme zur Verfügung gestellt werden. Hierbei reicht das Spektrum der Lernformate von der einfachen Präsentation sequenziell ablaufender Lernmedien bis hin zu komplexen demografiesensiblen, kompetenzbasierten Lernpfaden im Blended-Learning-Format, die sich dynamisch am Kompetenzprofil und den Metadaten der Lernenden ausrichten. Nach Abschluss eines Lernprogramms kann durch erneute Gap-Analysen der Erfolg evaluiert werden.

- **IT-Realisierung**

Um die Erkenntnisse der Kompetenz-Gap-Analyse optimal zu verwerten, wurde im Anwendungsfall die Materna TrainingSuite als Lernplattform verwendet. Deren Kernprogramm besteht aus einer Drei-Schichten-Architektur. Die Präsentationsschicht des Seminarverwaltungssystems ORBiS basiert auf einer Implementierung mit SAL (Scalable Application Language) und knüpft an die Logikschicht an, die aus einem Java-Webservice besteht (Materna 2018a). Die darunter liegende Datenhaltungsschicht kann hierbei auf verschiedene Datenbankmanagementsysteme zugreifen. Die auf das gleiche Datenschema zugreifende Webapplikation (Lernwelt) fungiert als Präsentations- und Interaktionsschicht für den Lernenden (Materna 2018b). Es handelt sich um eine in Java geschriebene Webapplikation, bei deren Entwicklung auf proprietäre Standards verzichtet und stattdessen HTML5 und CSS3 verwendet wurden, um eine Kompatibilität auf mobilen Endgeräten zu ermöglichen.

Zur Durchführung von Lernprogrammen müssen je nach Anwendungsfall bereits existierende oder individuell entwickelte Lernmedien zur Verfügung stehen. Die verwendbaren Lernformate sind hierbei von den Möglichkeiten der verwendeten Lernplattform abhängig. Die Lernmedien werden um Metadaten angereichert (z. B. welchen Kompetenz-Gap sie schließen können oder welche demografischen Aspekte sie unterstützen) auf einer Lernplattform als Lernatome bereitgestellt. Das im Anwendungsfall verwendete System ist in der Lage, auf Basis der durch die Kompetenz-Gap-Analyse gewonnenen Daten Entwicklungspfade zu berechnen und in Form von Lerneinheiten (auch Lernatome) zu präsentieren. Je nach Konfiguration können die Entwicklungspfade rein sequenziell oder auch kompetenzbasiert berechnet werden. Das erfolgreiche Absolvieren von Lerneinheiten wird im System hinterlegt und fließt in das weitere Kompetenzmanagement ein.

Demografiesensible Kompetenzentwicklung

Vor dem Hintergrund des demografischen Wandels gewinnt eine demografiesensible Ausrichtung von Kompetenzentwicklung immer mehr an Bedeutung. Dieser Abschnitt widmet sich der Motivation sowie dem Kontext der Gestaltung von Kompetenzentwicklungsangeboten und deren Orientierung an demografischen Zusammenhängen. Dabei wird ein Einblick in die Ergebnisse der im Rahmen von ABEKO durchgeführten Studie „Eingerostet oder Erfahren? Anders oder Anpassungsfähig? Herausforderungen und Chancen für die betriebliche Weiterbildung im demografischen Wandel" (Dehler und Gurris 2016) sowie den daraus abgeleiteten Praxis-Leitfaden zur Gestaltung demografiesensibler beruflicher Weiterbildung (Neubauer et al. 2017) gegeben.

Veränderungen der Bevölkerungsentwicklung in Bezug auf die Alters- und Geschlechtsstruktur, der ethnischen Zusammensetzung und der regionalen Verteilung der Bevölkerung sowie deren Lebensformen werden als demografische Wandlungsprozesse zusammengefasst (Bundesministerium des Innern 2011). Insgesamt wird vorausgesagt, dass die Bevölkerung in Deutschland in den nächsten Jahren schrumpfen wird. Prognostisch gesehen sinkt dabei die Bevölkerung in Deutschland von heute 82 Mio. auf 78 Mio. im Jahr 2030 bzw. auf 68 Mio. im Jahr 2060. In diesem Kontext werden zwei Effekte besonders wirksam werden: Auf der einen Seite wird sich der Altenquotient, also die Anzahl von über 65-Jährigen je 100 Personen zwischen 20 und 65 Jahren, drastisch verändern und bis zum Jahr 2060 von heute 34 auf 65 verdoppeln. Auf der anderen Seite wird die Zahl der Menschen im Erwerbsalter (20–65 Jahre) bereits bis zum Jahr 2030 um 6,1 Mio. sinken (Walter et al. 2013). Daraus ergibt sich ein erhöhter Bedarf an Arbeitskräften in der Zukunft, der einerseits durch den Verbleib von älteren Arbeitskräften im Erwerbsleben und andererseits durch Migration gedeckt werden kann. Spellerberg et al. (2016) beschreiben, dass Deutschland deshalb zukünftig Migration braucht, um das Arbeitskräftepotenzial konstant zu halten. Die Integration von durch Migration auf den deutschen Arbeitsmarkt gelangten Arbeitnehmerinnen und Arbeitnehmern bedarf jedoch besonderer Anstrengung in Bezug auf die Kompetenzentwicklung.

Im Licht der sogenannten Flüchtlingskrise im Jahr 2015 erfuhr das Thema Eingliederung von Menschen mit Migrationshintergrund in den deutschen Arbeitsmarkt einen großen Bedeutungszuwachs. Rund 890.000 Asylsuchende wurden im Jahr 2015 in Deutschland registriert (BAMF 2018). Die Qualifikationsstruktur der Asylsuchenden unterscheidet sich im Vergleich zu der in den vorhergehenden Jahren eingereisten Migranten und Migrantinnen dahin gehend, dass die zugewanderten und damit potenziellen Arbeitnehmerinnen und Arbeitnehmer im Schnitt über ein eher geringes Bildungsniveau verfügen (Brücker et al. 2015). Daher besteht ein „erheblicher Bedarf an Qualifizierung und Sprachförderung." (Brücker et al. 2015). Ein Blick auf die Teilnahme an Weiterbildungen zeigt, dass 52 % der Deutschen ohne Migrationshintergrund an Weiterbildung teilgenommen haben. Bei Deutschen mit Migrationshintergrund waren es lediglich 33 % und bei ausländischen Staatsangehörigkeit ebenfalls nur 34 %. Im Vergleich zu 2007 sind die Prozentpunkte bei allen Gruppen jedoch gestiegen (DGB Bildungswerk e. V. 2014). In diesem Zusammenhang ist zu berücksichtigen, dass Menschen mit Migrationshintergrund überproportional oft einen niedrigen Bildungsabschluss aufweisen, in Berufen mit niedriger Stellung arbeiten oder als Arbeitslose nicht an Weiterbildungen teilnehmen. Hinzu kommen sprachliche Barrieren, die eine Teilnahme an Qualifizierungsmaßnahmen häufig erschweren oder gänzlich verhindern (DGB Bildungswerk e. V. 2014).

Auf der anderen Seite zeigt sich, dass die in vorigen Kapiteln erläuterte Industrie 4.0 durch die zunehmende Komplexität der Arbeitsprozesse im Besonderen höher qualifizierteres Personal benötigt (Spath et al. 2013). Zusammen mit der Prognose der sinkenden Gesamtbevölkerung Deutschlands und einer daraus resultierenden Alterung der Bevölkerung bzw. der Erwerbspersonen sowie der Zunahme der Migration wird deutlich, dass es sich bei Menschen mit Migrationshintergrund und älteren Menschen um besondere Zielgruppen für Weiterbildungsmaßnahmen handelt. Für beide Fokusgruppen ergibt sich vor diesem Hintergrund eine stärkere Notwendigkeit beruflicher Weiterbildung und damit auch ein besonderer Bedarf nach der demografiesensiblen Gestaltung von Kompetenzentwicklungsmaßnahmen in Bezug auf organisatorische, didaktische sowie technologische Aspekte.

> **Exkurs**
>
> **Studie zur demografiesensiblen Weiterbildung**
>
> Für die Aufnahme des Status quo und die Ableitung sowie die Entwicklung von Handlungsempfehlungen zur demografiesensiblen Gestaltung von Weiterbildung wurde im Rahmen von ABEKO eine umfassende Studie zu diesem Thema durchgeführt (Dehler und Gurris 2016). Nach der wissenschaftlichen Analyse des aktuellen Stands betrieblicher Weiterbildungspraxis in Deutschland und aufgeführten Best-Practice-Beispielen wurden in der Studie methodisch-didaktische Empfehlungen für demografiesensible Weiterbildung formuliert. Aufgrund der strukturellen Zweiteilung der Studie sind diese in Form von zwei praxisnahen Checklisten entstanden: „Methodisch-didaktische Empfehlungen für die Weiterbildung älterer Menschen" und „Methodisch-didaktische Empfehlungen für die Weiterbildung von Menschen mit Migrationshintergrund". Trotz dieser zunächst der Übersichtlichkeit halber vorgenommenen getrennten Betrachtung ist auch ein Ergebnis der Studie, dass die getrennte Betrachtung unterschiedlicher demografischer Merkmale (Migrationshintergrund, Alter) bei betrieblicher Kompetenzentwicklung wenig sinnvoll ist. Vielmehr sollte als Oberbegriff der Terminus **demografiesensible Weiterbildung** genutzt werden. Er weist zum einen auf die Bedeutung von älteren Lernenden und Menschen mit Migrationshintergrund als besondere Gruppen betrieblicher Kompetenzentwicklung hin und mildert die eventuell unterstellbare Diskriminierung („alt" und „Migrant") ab. Insgesamt betrachtet kann bei der Untersuchung von beruflicher Weiterbildung bisher nicht von der umfassenden Beachtung demografiesensibler Gestaltungsaspekte gesprochen werden. Wohl aber sind erste Ansätze sichtbar, die es zu stärken und weiterzuentwickeln gilt. Unternehmen sollten die freie Zeit, die durch Effizienzsteigerung und weitreichende Automatisierung von Betriebsabläufen entsteht, nutzen, um ihre Belegschaft konsequent zu qualifizieren, auch um eine neue und eigene Gruppe der „Wissensarbeiter/-innen" aufzubauen, die sich kontinuierlich fortbildet und somit in der Lage ist, auf Veränderungen, die mit einem erhöhten Kompetenzbedarf verbunden sind, zu reagieren. Spath et al. (2009, S. 18) beschreiben Wissensarbeit als „häufig komplex, wenig determiniert und folglich schwer in vorgegebenen Abläufen standardisierbar. Wissensarbeit ist hochgradig sowohl personen- als auch kommunikationsorientiert und wird immer mehr in übergreifenden Teams erbracht. Wissensarbeit schafft ständig neues Wissen und baut auf Erfahrungen anderer auf. Dabei agieren Wissensarbeiter stark autonom und somit wenig direkt ‚anleitbar'." Mit dem Aufkommen der Industrie 4.0 und dem damit einhergehenden veränderten Kompetenzbedarf (▶ Kap. 7) ist das Thema Wissensarbeit auch für die operative Logistik von zunehmender Bedeutung. Ein Beispiel hierfür ist die Veränderung des Berufsbilds von Kommissionierern/Kommissioniererinnen, die heute eher operativ tätig sind, in Zukunft jedoch mehr Wartungstätigkeiten übernehmen werden und einen entsprechenden ganzheitlichen Blick auf Prozesse benötigen.

Die Studie „Eingerostet oder Erfahren? Anders oder Anpassungsfähig? Herausforderungen und Chancen für die betriebliche Weiterbildung im demografischen Wandel" (Dehler und Gurris 2016) lieferte viele Erkenntnisse rund um die Gestaltung von demografiesensiblen Weiterbildungsangeboten (Exkurs: Studie zur demografiesensiblen Weiterbildung).

Nach Abschluss der Studie wurden die beiden in dieser erarbeiteten Checklisten im Rahmen eines Expertenworkshops von Wissenschaftlern/Wissenschaftlerinnen und Praktikern/Praktikerinnen des Projektteams kritisch geprüft, ergänzt und zu einem **Praxis-Leitfaden zur Gestaltung demografiesensibler beruflicher Weiterbildung** für Lehrende weiterentwickelt (Neubauer et al. 2017). Der Praxis-Leitfaden gliedert sich in die folgenden Kategorien, denen jeweils einzelne Gestaltungsaspekte thematisch zugeordnet sind:

1. Lehr-Lernformate und Methoden
2. Sozialform
3. Gestaltung der Unterrichtseinheiten
4. Gestaltung der Lernmaterialien
5. Sprache im Unterricht
6. Ergonomie

Pro Kategorie ergaben sich zwei bis sechs konkrete Empfehlungen. Diese werden im Leitfaden nicht nur beschrieben, sondern es werden auch deren Besonderheiten für ältere Lernende oder Lernende mit Migrationshintergrund aufgezeigt. Zudem werden konkrete Praxisbeispiele angeführt, eine Checkliste in Fragenformat für Weiterbildungsgestaltende aufgezeigt und weitere Hinweise zu vertiefenden Literaturquellen genannt.

Im Folgenden wird beispielhaft die Empfehlung „Ausgewogener Methodenmix" vorgestellt, die der ersten Kategorie „Lehr-Lernformate und Methoden" zugeordnet ist. Ein Auszug aus dem Leitfaden zur Beschreibung dieses Gestaltungsaspektes lautet wie folgt:

> Die gezielte Verwendung unterschiedlicher Methoden in der Weiterbildung sind wichtig […]. Dies erhöht die Wahrscheinlichkeit, jeden Teilnehmenden begeistern und mitnehmen zu können. Im Idealfall nutzen Sie dafür möglichst selbsterklärende, intuitive Methoden (z. B. Gruppenarbeit, Gruppendiskussion, Teamarbeit). Falls Sie neue, nicht selbsterklärende Methoden (z. B. World Café, Kopfstandmethode) verwenden, erklären Sie diese anschaulich und verständlich (Neubauer 2017, S. 8).

Eine beispielhaft abgebildete eintägige Präsenzveranstaltung demonstriert im Anschluss, wie der Methodenmix in der Praxis realisiert werden kann. Nach der Eröffnung durch eine Kennenlernmethode folgt ein Impulsvortrag. Im Anschluss teilen sich die Kursteilnehmenden zu Kleingruppenarbeiten auf, um ihre Ergebnisse im Anschluss wieder im Plenum zu diskutieren.

Die Checkliste beinhaltet für Weiterbildungsgestaltende in der Praxis die wichtigsten Kernaussagen in praktisch handhabbarer Checklistenform zur Überprüfung ihres Unterrichtskonzeptes. Am konkreten Beispiel lauten die Fragen für Gestaltende wie folgt (Neubauer et al. 2017, S. 8):

- „Haben Sie die unterschiedlichen Kompetenzen der Kursteilnehmenden beachtet?
- Haben Sie darauf geachtet, nicht zu viele Methoden einzusetzen (Max. 5)?
- Haben Sie einen chancengerechten Zugang geschaffen? (Chancengerecht bedeutet, altersspezifische Barrieren wie unflexible Angebotszeiten, unangemessene Zeiträume, örtliche Entfernung vom Wohnbereich oder Sprachdefizite bei Menschen mit Migrationshintergrund abzubauen (vgl. BLK 2004)."

Mit dem aus der Studie und dem Expertenworkshop abgeleiteten Leitfaden können Weiterbildungsgestaltende ihre eigenen Veranstaltungen auf eine demografiesensible

Gestaltung hin überprüfen bzw. die Qualifizierung in ihrem Unternehmen demografiesensibel gestalten. Sie haben mit dem Katalog ein Mittel an der Hand, um ältere Menschen und/oder Arbeitnehmerinnen und Arbeitnehmer mit Migrationshintergrund besser für ihre Unternehmen zu qualifizieren.

12.2.3 Betriebsspezifische Einführung und Nutzung des ABEKO-Kompetenzmanagement-Assistenzsystem

Im Rahmen des ABEKO-Projektes wurde in Anlehnung an Gausemeier und Plass (2014), Schaper (2009) und Schepers (2014) ein Ansatz zur betriebsspezifischen Einführung und kontinuierlichen Weiterentwicklung des systembasierten Kompetenzmanagements in der operativen Logistik mithilfe des ABEKO-Kompetenzmanagement-Assistenzsystem entwickelt.

Dieser Ansatz sieht folgende Schritte vor, die sequenziell durchzuführen sind:
1. Untersuchung der Trends und Einflussgrößen
2. Analyse der Unternehmensstrategie
3. Prozessaufnahme und -beschreibung
4. Arbeits- und Anforderungsanalyse
5. Betriebsspezifische Anpassung des Kompetenzkatalogs (Prozess-Kompetenz-Matrix)
6. Erstellung von Soll-Kompetenzprofilen (Prozess-Kompetenz-Profile)
7. Kompetenz-Gap-Analyse
8. Kompetenzentwicklung

Die Grundlage für die betriebsspezifische Anpassung des Kompetenzkatalogs stellt eine umfassende Trend-, Unternehmensstrategie-, Prozess- und Anforderungsanalyse dar, die im Vorfeld durchzuführen ist.

Im ersten Schritt sollen interne und **externe Trends und Einflussgrößen** zukunftsorientierter Unternehmensgestaltung analysiert werden (Gausemeier und Plass 2014). Allgemeine Megatrends sind beispielsweise die Globalisierung, Individualisierung und Wissensintensivierung sowie insbesondere die demografische und technologische Entwicklung. Daraus folgende Trends mit direkter Wirkung auf Produktions- und Logistiksysteme können u. a. die Dynamisierung der Produktlebenszyklen sowie verkürzte Lieferzeiten durch individualisierungsbedingte Kundenwünsche, die Flexibilisierung und Komplexitätssteigerung innerbetrieblicher Prozesse durch Zunahme der Produktvariantenvielfalt sowie Vernetzung und ubiquitäre Intelligenz sein (Wiendahl et al. 2009; Straub et al. 2014). Hierfür können verschiedene methodische Ansätze der strategischen Unternehmensführung angewendet werden.

Basierend auf den Ergebnissen der Analyse kann im weiteren Schritt eine **zukunftsgerichtete Unternehmensstrategie** für das Unternehmen abgeleitet werden. Beispielhafte Szenarien sind: Einführung neuer Geschäftsmodelle bzw. neuer Technologien oder Wertschöpfungsprozesse wie der additiven Fertigung; Einführung neuer Formen der Arbeitsorganisation.

Durch die neue Ausrichtung der Unternehmensstrategie können weitere Geschäftsprozesse in Unternehmen entstehen bzw. bestehende Geschäftsprozesse sich verändern. Im Rahmen der Prozessanalyse sollen im nächsten Schritt die Prozessaufnahme und -beschreibung sowohl bestehender als auch zukünftiger Prozesse durchgeführt werden.

Im Rahmen des Projektes wurde das Prozessketteninstrumentarium nach Kuhn (1995, 1999) zur Prozessbeschreibung verwendet, das aufgrund der umfassenden Potenzialklassenbibliothek und der Selbstähnlichkeit der Beschreibung eine detaillierte Modellierung der Ist- und Soll-Prozesse ermöglicht. Die Prozessanalyse findet nach dem Top-down-Prinzip statt; man beginnt mit den Geschäftsprozessen des Unternehmens und arbeitet sich schrittweise bis zu den Prozessen und Teilprozessen der einzelnen Stellen im Unternehmen vor (Wilk 2011).

Der Kompetenzmodellierung kommt im nächsten Schritt der Arbeits- und Anforderungsanalyse eine besondere Bedeutung zu, da sie die Grundlage dafür bildet, relevante Kompetenzen für Beschäftigte bestimmen zu können (Schepers 2014).

Die **Arbeitsanalyse** wird anhand der Prozessbeschreibung durchgeführt, indem die Aufgabenfelder der Beschäftigten festgelegt und beschrieben werden. Die Arbeitsanalyse zergliedert den Arbeitsplatz hinsichtlich der Arbeitsaufgabe, des Arbeitsprozesses, der Arbeitsaufträge, der Teilschritte, des Arbeitsmaterials und des Zeitaufwands, um damit die aufgabenspezifischen Elemente wie Tätigkeiten oder Verantwortung detailliert aufzunehmen (Schepers 2014). Für die Arbeitsanalyse werden in erster Linie die Arbeitsaufgaben mit den damit einhergehenden Vorgaben sowie die verwendeten Arbeitsmittel (Maschinen, Geräte etc.), Arbeitshilfsmittel (Paletten, Behälter etc.) und Organisationsmittel (Identifikationstechnik etc.) betrachtet, um Rückschlüsse auf notwendige Fähigkeiten und Kompetenzen zu ziehen. Zu diesem Zweck werden in der Arbeitsanalyse weiterhin Aspekte der Umgebungsbedingungen und möglicher Belastungen sowie die Reichweite der Entscheidungsfreiheit und der Grad der Eingebundenheit in soziale Arbeitsstrukturen näher analysiert (Blickle 2014).

Um einen betriebsspezifischen Kompetenzkatalog zu erstellen und den ABEKO-Kompetenzkatalog zielgerichtet anzupassen, ist anschließend eine **Anforderungsanalyse** notwendig. Für diese werden die Ergebnisse der zuvor durchgeführten Arbeitsanalyse zugrunde gelegt und die Anforderungen daraus abgeleitet. Die Anforderungsanalyse ermittelt diejenigen Kompetenzen, die Mitarbeiter/-innen mitbringen müssen, um erfolgreich die geforderten Tätigkeiten ausführen zu können. Bei der Anforderungsanalyse werden die tätigkeitsspezifischen und -übergreifenden Anforderungen sowie das Befriedigungspotenzial der jeweiligen Tätigkeit analysiert (Schepers 2014). Resultat der Arbeits- und Anforderungsanalyse sind in die Zukunft gerichtete Kompetenzanforderungen an die Beschäftigten zur Bewältigung unterschiedlicher Aufgaben im Prozess, die den Zielen der Unternehmensstrategie folgen.

Die weiteren Schritte zur Erstellung des betriebsspezifischen Kompetenzkatalogs erfolgen unterstützt durch das ABEKO-Kompetenzmanagement-Assistenzsystem. Um den ABEKO-Kompetenzkatalog unternehmensindividuell zu spezifizieren und auf zukünftige Bedarfe auszurichten, sind die in ▶ Abschn. 12.2.2 beschriebenen vorbereitenden Schritte notwendig:

- Im Rahmen der betriebsspezifischen Anpassung des Kompetenzkatalogs werden zunächst die Kompetenzcluster und -items auf ihre Relevanz geprüft und die Beschreibungsfelder entsprechend der unternehmensspezifischen Anforderungen spezifiziert.
- Im nächsten Schritte werden die Soll-Kompetenzprofile für die jeweiligen Rollen erstellt und die Personalprofile angelegt bzw. die Personaldaten aus anderen Systemen importiert.

– Die Kompetenz-Gap-Diagnostik sowie die anschließende Kompetenzentwicklung, die im ▶ Abschn. 12.2.2 ausführlich beschrieben sind, schließen den Kompetenzmanagementzyklus ab.

Um die Aktualität des Kompetenzkatalogs und Konformität mit den betrieblichen Geschäftsprozessen sicherzustellen, soll dieser Prozess kontinuierlich wiederholt werden.

Die Einbettung des ABEKO-Kompetenzmanagement-Assistenzsystems in die vorhandene IT-Infrastruktur sowie die notwendigen Schnittstellen zum Datenaustausch wird in der ◘ Abb. 12.2 aufgezeigt.

Im ▶ Abschn. 12.3 wird die Anwendung des Ansatzes in der Praxis beschrieben.

12.3 ABEKO-Kompetenzmanagement-Assistenzsystem in der Praxis

12.3.1 Anwendungsfall – die MAHLE Aftermarket GmbH

MAHLE ist ein international führender Entwicklungspartner und Zulieferer der Automobilindustrie. Der Konzern deckt mit seinen Produkten für Verbrennungsmotoren und deren Peripherie bis hin zu Lösungen für elektrifizierte Fahrzeuge alle wichtigen Fragestellungen entlang des Antriebsstrangs und der Klimatechnik ab: von Motorsystemen und -komponenten über die Filtration bis zum Thermomanagement. Der Konzern hat 2017 mit rund 78.000 Beschäftigten einen Umsatz von rund 12,8 Mrd. EUR erwirtschaftet und ist mit über 170 Produktionsstandorten in 34 Ländern vertreten.

MAHLE Aftermarket, der auf Ersatzteile spezialisierte Geschäftsbereich, nutzt das Know-how aus der Serienfertigung der Erstausrüstung für das Produktprogramm im automobilen Aftermarket. Der Geschäftsbereich beliefert Partner in Handel, Werkstatt und Motoreninstandsetzung mit Produkten in Erstausrüstungsqualität – von Motorenteilen und Filtern über Thermostate bis hin zu Turboladern. Die neuen Produkte der Werkstattausrüstung, umfassende Services und individuelle Schulungsangebote ergänzen das Portfolio. MAHLE Aftermarket ist weltweit mit zahlreichen Logistikzentren und regionalen Niederlassungen an 25 Standorten mit 1574 Beschäftigten vertreten. Der Geschäftsbereich verzeichnete 2017 weltweit ein Umsatzvolumen von 956 Mio. EUR.

Der zunehmende Einsatz neuer Technologien, Stichwort Industrie 4.0, im Logistikbereich verändert auch bei der MAHLE Aftermarket GmbH die Arbeitswelt. Beispielhaft kann der Standort Schorndorf genannt werden, an dem sich das Europa-Zentrallager des Geschäftsbereichs Aftermarket befindet und von dem aus die Kundschaft mit Filtern, Motorenteilen, Turboladern und Thermostaten versorgt werden. Auf der einen Seite verändert der Einsatz neuer Technologien die Arbeitsinhalte- und -anforderungen während sich auf der anderen Seite ebenso neue demografische Herausforderungen innerhalb der Belegschaft ergeben.

Im Rahmen des ABEKO-Projektes wurde der unternehmensspezifische Bereich für die Produktgruppe Filter und insbesondere der Prozess „Kommissionierung" betrachtet. Der Gesamtprozess am Standort Schorndorf für die Einlagerung sowie kundenspezifische Auslieferung von Filtern erstreckt sich vom Wareneingang über die Lagerung und Kommissionierung von Vollpaletten, die Kommissionierung von Einzelkomponenten über die Verpackung bis hin zur erneuten Lagerung im Versandlager sowie dem Versand der

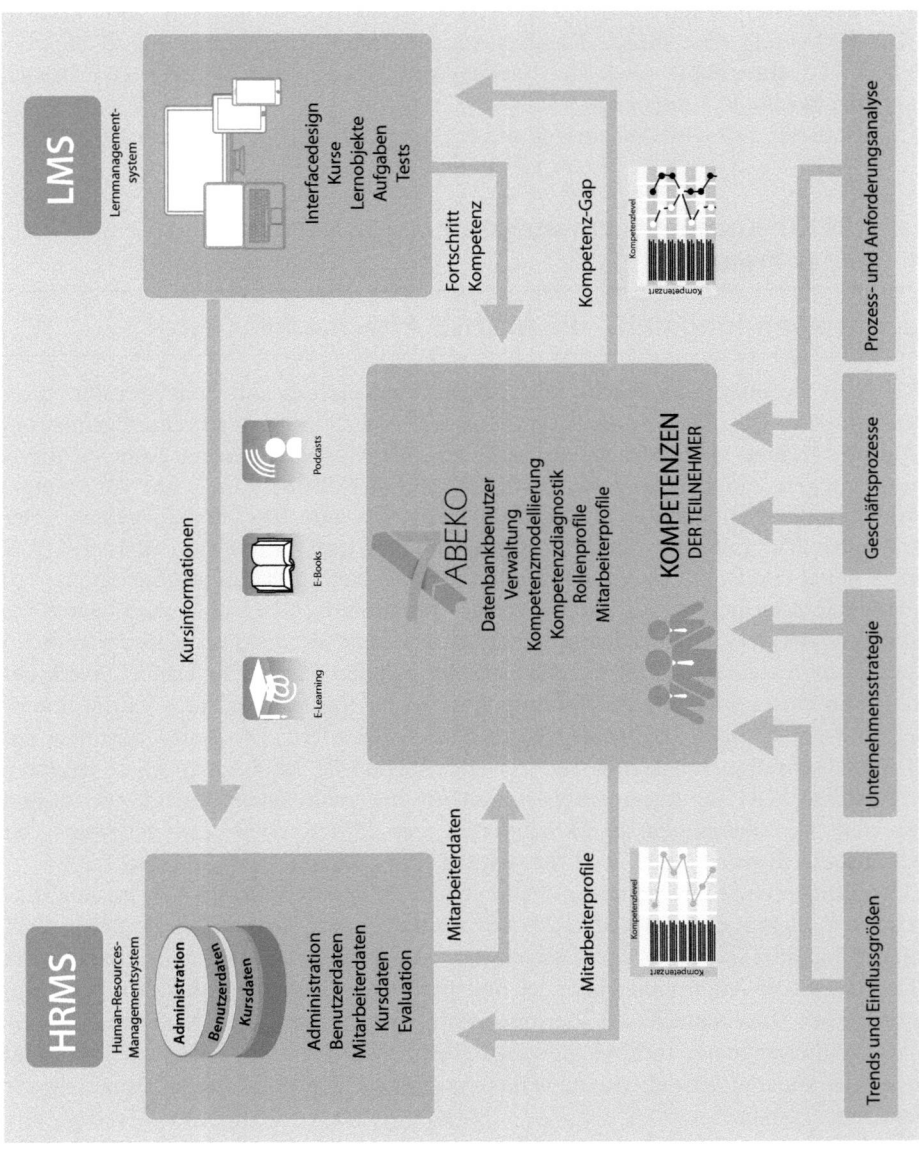

Abb. 12.2 Einbettung des ABEKO-Kompetenzmanagement-Assistenzsystems. (Aus: Henke et al. 2017, S. 49)

Waren an die Kundschaft. Mit dem Versand ist der physische Logistikprozess am Standort Schorndorf abgeschlossen. In die Prozessabwicklung sind die Abteilungen Wareneingang, Kommissionierung/Verpackung und Versand beteiligt. In den Abteilungen arbeiten Lagermitarbeiter/-innen, Schichtführende und Meister/-innen. Die Tätigkeitsprofile dieser einzelnen „Rollen" unterscheiden sich erheblich. In jedem der drei Teilbereiche (Wareneingang, Kommissionierung/Verpackung, Versand) werden spezifische, aber auch teilweise sich überschneidende Kompetenzen für die Bewältigung der Arbeiten benötigt.

Die wesentlichen Anforderungen an Beschäftigte in der operativen Logistik umfassen die genaue Kenntnis über den Ablauf und die Arbeitsschritte des jeweiligen Prozesses bzw. Teilprozesses zur effizienten Bearbeitung von Kundenaufträgen, der damit einhergehende sichere Umgang mit den notwendigen Betriebs- und Hilfsmitteln sowie ein gewisses Maß an sozialen und kognitiven Fähigkeiten. Jeder einzelne Logistikprozess kann zudem noch weitere spezifische Anforderungen an die Beschäftigten stellen.

Untersuchungen bei MAHLE in Schorndorf zeigen, dass die voranschreitende Standardisierung von Prozessen und die Digitalisierung der Arbeitsabläufe fortlaufend mit der Einführung neuer Technologien verbunden ist und sich dadurch Schulungsbedarf ergibt, um die geforderten Kompetenzen von Beschäftigtenrollen sicherzustellen. Hinsichtlich des Bildungsstands haben 30 % der bei MAHLE im Lager beschäftigten Personen eine spezifische Ausbildung im Bereich Lagerlogistik, 45 % der Beschäftigten verfügen über keine Berufsausbildung. Im Hinblick auf die demografische Entwicklung bis zum Jahr 2030 ist abzusehen, dass in Zukunft der Altersdurchschnitt deutlich höher liegen wird als heute. Das vorhandene Bildungsniveau, der demografische Wandel sowie die vorliegenden Sprachkenntnisse stellen daher schon heute eine Herausforderung im Hinblick auf die betriebliche Weiterbildung von Beschäftigten dar.

Die Kompetenzentwicklung von Beschäftigten nimmt hierbei eine Schlüsselrolle ein, um sicherzustellen, dass sie in der Lage sind, die ihnen zugewiesenen Aufgaben termin- und qualitätsgerecht auszuführen. Die Vermittlung von Wissen für Fach- und Führungskräfte findet über eine interne E-Learning-Plattform statt. Der Schulungsbedarf wird hierbei durch die Personalabteilung oder Vorgesetzte definiert. Zur Einarbeitung neuer Beschäftigter auf dem Shopfloor liegt eine schriftliche Tätigkeitsbeschreibung vor. Die Herausforderungen der demografischen Entwicklung bleiben hierbei noch unberücksichtigt, zeigen jedoch die Notwendigkeit auf, diese Entwicklungen bei der Planung und Durchführung von Qualifizierungsmaßnahmen der Beschäftigten zu berücksichtigen.

12.3.2 Betriebsspezifische Einführung und Nutzung des ABEKO-Kompetenzmanagement-Assistenzsystems

Im Folgenden wird die Anwendung des ABEKO-Ansatzes zur betriebsspezifischen Umsetzung des toolbasierten Kompetenzmanagements für das Produktportfolio Filter am Standort Schorndorf anhand der jeweiligen erfolgten Schritte beschrieben (Straub et al. 2016a):

- **1. Untersuchung der Trends und Einflussgrößen**

Die Aftermarketbranche ist durch steigende Kundenanforderungen wie kürzere Lieferzeiten und immer breitere Produktabdeckung sowie durch einen erhöhten Kostendruck gekennzeichnet. Um im Wettbewerb zu bestehen, müssen die logistischen Prozesse effizient ausgeführt werden und gleichzeitig den hohen Qualitätsansprüchen der Kundschaft gerecht werden. Der Einsatz neuer Technologien in diesen Logistikprozessen im Sinne von Industrie 4.0 wird dabei zunehmend wichtiger, weil dadurch den Kundenanforderungen noch besser begegnet werden kann.

Gleichzeitig steigen die Anforderungen, die an die Kompetenzen der Beschäftigten gestellt werden, da vermehrt neue Technologien zum Einsatz kommen. Die Belegschaft wiederum unterliegt einem steten demografischen Wandel. Am MAHLE Aftermarket Standort in Schorndorf durchgeführte Untersuchungen und Demografiestudien für den Raum Stuttgart verdeutlichen hierbei die besondere Bedeutung der demografischen Aspekte in Bezug auf das Alter sowie den individuellen Migrationshintergrund und die Sprachkenntnisse der untersuchten Personengruppen im Tätigkeitsfeld der Lagerlogistik (Straub et al. 2015).

- **2. Analyse der Unternehmensstrategie**

Die Unternehmensstrategie befasst sich mit der langfristigen Planung von Aktivitäten zu Erreichung der Unternehmensziele. Dabei werden die anspruchsvollen Herausforderungen für das Unternehmen MAHLE, die aus den Wechselwirkungen der demografischen Entwicklung auf der einen und dem Wandel der Arbeitswelt in einer Industrie 4.0 auf der anderen Seite entstehen, berücksichtigt. Wichtige Planungselemente und Aktivitäten im Geschäftsbereich Aftermarket sind in diesem Kontext die Digitalisierung und Autonomisierung sowie die organisatorische Neugestaltung des Prozesses „Kommissionierung" am Standort Schorndorf, an dem sich das Europa-Zentrallager befindet und von dem aus Kunden mit Filtern, Motorenteilen, Turboladern und Thermostaten versorgt werden.

- **3. Prozessaufnahme und -beschreibung**

Im Rahmen der Prozessanalyse und -beschreibung wurden Ist-Prozesse aufgenommen und zukünftige Prozessszenarien erarbeitet und mithilfe des Prozessketteninstrumentariums nach Kuhn (1995) modelliert. Dabei wurden die Betriebs-, Hilfs- und Organisationsmittel in den jeweiligen Teilprozessen detailliert beschrieben.

Im Folgenden wird der Prozess für das Produktportfolio „Filter" beschrieben – im Wesentlichen der physische Logistikprozess auf Shopfloor-Ebene – und anhand eines beispielhaften Zukunftsszenarios dargelegt. Insgesamt sind die skizzierten zukünftigen Teilprozesse durch einen erhöhten Automatisierungsgrad gekennzeichnet. Dadurch reduzieren sich die manuellen unmittelbaren Logistiktätigkeiten der Beschäftigten bei gleichzeitig steigender Einzelverantwortung durch Übernahme von Kontroll- und Steuerungsfunktionen für das Logistiksystem.

Beispiel: Beschreibung eines Zukunftsprozessszenarios am Warenprozess Filter

Wareneingang

Im Wareneingangsprozess wird die angelieferte Ware entgegengenommen und unmittelbar nach der Entladung die Richtigkeit der Lieferung, beispielsweise in Bezug auf Typ und Stückzahl sowie Qualität, kontrolliert. Nach dieser Wareneingangskontrolle wird die Ladung durch einen Beschäftigten systematisch erfasst und für die nachfolgenden Prozessschritte bereitgestellt. Zukünftig soll die Entladung und Erfassung automatisiert abgewickelt werden. Schon bei der Verladung registriert das System die Ware als

verfügbar, was wiederum zu einer höheren Kundenzufriedenheit führt, da sich die Durchlaufzeit verringert.
In einem möglichen Zukunftsszenario wird die Ware automatisch vom Lkw mittels einer Förderanlage entladen und anschließend automatisch durch einen autonomen Stapler in die Umpackfläche bzw. Vorzone gefahren. Die Warenkontrolle führt ein Mitarbeiter bzw. eine Mitarbeiterin mittels eines Kleincomputers in Verbindung mit einem Wearable (Google Glass), das alle wichtigen Informationen bezüglich der empfangenen Lieferung anzeigt, durch. Diese Informationen werden elektronisch, beispielsweise per RFID (Radio Frequency Identification), an den zentralen Computer übermittelt.

Lagerung
Die Lagerung erfolgt zurzeit im Kommissionier- und im Vollpalettenlager. Im Kommissionierlager werden die Produkte entsprechend eines Kommissionierauftrages individuell zusammengestellt. Ist der Auftrag abgeschlossen, wird der kommissionierte Auftrag in Form einer Palette über eine Packstraße geführt. Hier werden die Paletten für den Versand verpackt und für die Identifizierung gekennzeichnet. Welche Lagertypen zum Einsatz kommen und wie viele Produkte in einem Behälter sind, kann sich von Produkttyp zu Produkttyp unterscheiden und wird ebenfalls anhand der Kundenanforderungen bestimmt. Inwiefern Filter bzw. einzelne Filtertypen gelagert werden, hängt in der Regel vom Lagerorganisationsgrad ab. Bei der Vollpalettenlagerung entfällt die Vereinzelung, sodass die Palette im Ganzen direkt über die Packstraße in die Versandzone transportiert wird. In beiden Fällen werden Lagerort und Bestandsmenge systemisch erfasst. Für den Prozessschritt der Lagerung steht in Bezug auf die Zukunft eine schnelle und robuste Versorgung im Vordergrund. Auch hier kann die Durchlaufzeit verringert werden.
Das Zukunftsszenario sieht vor, dass der Lagerungsprozess sowohl in weiten Teilen als auch gänzlich automatisiert wird. Das heißt, es soll eine Vollautomatisierung, die sowohl den Transport vom Wareneingang zum Lagerort als auch die Einlagerung selbst umfasst, stattfinden. Während heute schon die Einlagerung der Paletten automatisiert abgewickelt wird, kann in Zukunft auch der Transport der Paletten zum Palettenlager durch autonome Stapler automatisiert werden. Im Hinblick auf die Behälterlagerung wird das Vereinzeln und Verpacken ein Roboter (Roboterarm) übernehmen, wobei die Bereitstellung der Behälter sowie der Transport durch autonome Transporteinheiten ausgeführt werden.

Kommissionierung
Der jetzige Kommissionierprozess gliedert sich in Auftragsannahme durch den Lagerbeschäftigten sowie die Produktentnahme aus dem Lager. Einem Kommissionierauftrag liegt in der Regel ein spezifischer Kundenauftrag zugrunde. Dieser Auftrag wird in Form einer Pick- bzw. Auftragsliste übermittelt und durch einen verfügbaren Beschäftigten bearbeitet, der die in der Auftragsliste aufgeführten Produkte – teilweise mittels einer festgelegten Kommissionierstrategie – an den Lagerorten entnimmt. Anschließend werden die Produkte an die Packstraße übergeben.
In Zukunft wird angedacht, die Bereitstellung der Ware aus dem Lagerort durch das Prinzip „Ware zu Person" umzusetzen. Dies kann in unterschiedlichen Automatisierungsgraden erfolgen:
− Im teilautomatisierten Szenario erfolgt die Kommissionierung durch Beschäftigte nach dem Prinzip „Pick by Vision" mittels Übermittlung der Auftragsliste per Datenbrille. Die Bereitstellung der Ware erfolgt durch den Einsatz autonomer Transportsysteme.

- Im vollständig automatisierten Szenario kann ein ortsfester Pick-Roboter die Kommissionierung vollständig übernehmen. Der Weitertransport zum Versandbereich geschieht ebenfalls automatisch mit einem autonomen Transportfahrzeug oder per Förderband (Straub et al. 2016a).

Verpackung
Die Produkte werden im Verpackungsprozess den Produkt- und Kundenvorschriften gemäß verpackt, konsolidiert sowie im Anschluss dem Versand in einer designierten Versandzone zur Verfügung gestellt. Bereits heute findet die Verpackung von Vollpaletten über eine vollautomatische Packstraße statt.
Im Zuge einer vollständigen Automatisierung kann sich der Verpackungsprozess nahtlos anschließen, d. h., die Produkte, die aus dem Lager kommen, werden sofort verpackt, z. B. über eine Packstraße, wie sie heute schon zum Einsatz kommt, und danach im Versandbereich durch autonome Transportsysteme bereitgestellt.

Versand
Im heutigen Versandprozess wird die Ware an den Kunden bzw. der zuständigen Spedition übergeben und der Warenausgang systemisch erfasst. Die Ware wird mittels Stapler in die Versandzone gefahren und von hier aus übernimmt ein Verladestapler den Transport in den Container oder Lkw.
In Zukunft kann der Transport der fertig verpackten Ware ebenfalls mit autonomen Transportgeräten und/oder Förderband aus der Verpackungszone in die Versandzone gebracht werden und dann den Adressaten übergeben werden. Der Lagerbeschäftigte übernimmt hier eine überwachende Funktion.

Um die im Beispiel genannten Automatisierungen realisieren zu können, bedarf es vor allem geschulten Personals, das die Funktionsweise des Systems versteht und bei Problemen proaktiv eingreifen kann.

- **4. Arbeits- und Anforderungsanalyse**

Im Rahmen der Arbeits- und Anforderungsanalyse wurde insbesondere der Teilprozess „Kommissionierung" betrachtet, indem die Prozessmodelle um eine detaillierte Tätigkeitsbeschreibung und abgeleitete Anforderungen ergänzt wurden.

Durch den geplanten Einsatz neuer Technologien verändern sich Arbeitsinhalte und -anforderungen an die Beschäftigten. Im Rahmen der Anforderungsanalyse wurden ihre Aufgaben und Verantwortungsbereiche festgelegt und hinsichtlich der zukünftigen Kompetenzanforderungen analysiert. Die spezifischen Anforderungen im Bereich Kommissionierung in Bezug auf die Aufgaben der Beschäftigten beziehen sich aktuell fast ausschließlich auf die im operativen Bereich anfallenden Aufgaben. Der für die Kommissionierung zuständige Beschäftigte hat die Aufgabe des Zusammenstellens von Kundenaufträgen mithilfe eines Flurförderfahrzeugs unter Einhaltung von Ziel- und Terminvorgaben und Gewährleistung von korrekter Anzahl und Beschaffenheit der Ware durch (Sicht-)Prüfung. Des Weiteren gilt es für jeden Beschäftigten, die spezifischen Sicherheitsvorschriften des Unternehmens und des Bereichs zu kennen und zu befolgen, Ordnung und Sauberkeit zu wahren sowie bei auftretenden Abweichungen und Mängeln die Probleme umgehend an den/die Schichtführer/in bzw. Meister/-in zu kommunizieren.

In Bezug auf den zukünftigen Kommissionierprozess erweitern sich diese Anforderungen an die Lagerbeschäftigten vermehrt um Überwachungstätigkeiten sowie Störungs- und Fehlerbehebung. Fundiertes Wissen über die Funktionsweise der eingesetzten Betriebs- und Hilfsmittel, Informations- und Datenverarbeitung sowie die Fähigkeiten zur effizienten Problemlösung und das Verständnis der digital ablaufenden (Informations-)Prozesse sind für die Bewältigung der neuen Aufgaben zentral. Die Umstellung und Flexibilisierung der Kommissionierung erfordert ebenso eine verstärkte Selbstorganisation der Beschäftigten zur Verteilung der anfallenden Aufgaben im Kommissioniererteam, wodurch vermehrt kommunikative Fähigkeiten vorausgesetzt werden (Straub et al. 2016a).

Die spezifischen Anforderungen in Bezug auf die Aufgaben des Meisters bzw. der Meisterin im genannten Bereich beziehen sich auf die disziplinarische Verantwortung und Führung der Lagerbeschäftigten, die Steuerung der Lagerverwaltung, die Instandhaltung der Lagereinrichtung und die Beschaffung von Verbrauchsmaterial sowie die Koordination der technischen Dienste. Die Führungsaufgaben von Meister bzw. Meisterin bedingen zusätzlich spezielle Anforderungen. Diese beziehen sich auf die Verteilung von Aufgaben im Rahmen der Zielsetzung, das Festlegen der Aufgabenstellung in Abstimmung mit anderen Bereichen sowie die organisatorische Abwicklung von relevanten Themen, die die einzelnen Beschäftigten betreffen (Personalgespräche führen, Vergütungsanpassung regeln, Mitwirkung bei der Ausbildung, Urlaubsplanung).

- **5. Betriebsspezifische Anpassung des Kompetenzkatalogs (Prozess-Kompetenz-Matrix)**

Auf der Datengrundlage der individuellen, betriebsspezifischen Prozessbetrachtung und Arbeits- und Anforderungsanalyse erfolgt im nächsten Schritt mithilfe der im Modul „Kompetenzmodellierung" beschriebenen Funktionalitäten die Spezifizierung des ABEKO-Kompetenzkatalogs in Bezug auf logistisches Fachwissen sowie allgemeine soziale und kognitive Fähigkeiten, die für die verschiedenen Tätigkeiten bei der MAHLE Aftermarket GmbH benötigt werden.

Hierzu dienen zum einen die Beispielfelder zur näheren Beschreibung auf Ebene der einzelnen Kompetenzitems, die der Katalog inklusive der jeweiligen Prozesszuordnung liefert. Darüber hinaus besteht die Möglichkeit, die einzelnen Items durch das Hinzufügen von Unteritems weiter zu differenzieren. Dies ist zur unternehmensspezifischen Anpassung insbesondere für das Cluster „Mit Arbeits- und Hilfsmitteln umgehen" und die dort verorteten Items „Arbeitsmittel kennen und fachgerecht verwenden", „Hilfsmittel kennen und fachgerecht verwenden", „Mit intelligenten Arbeitsmitteln umgehen (vernetzt/autonom)" sowie „Mit intelligenten Hilfsmitteln umgehen (vernetzt/autonom)" relevant (Straub et al. 2016a). Ein Auszug aus dem betriebsspezifischen Katalog ist in der ◘ Tab. 12.1 dargestellt.

- **6. Erstellung von Soll-Kompetenzprofilen (Prozess-Kompetenz-Profile)**

Im nächsten Schritt erfolgt die Erstellung von rollenspezifischen Soll-Kompetenzprofilen der betriebsspezifischen Beschäftigtenebenen, hier beispielhaft für die Rolle „Beschäftigte Kommissionierung". Den verschiedenen Rollen werden nun spezifische Items zugeordnet, die Kompetenzanforderungen beschreiben. Im Anschluss erfolgt anhand des Einstufungsschlüssels die Bestimmung der betriebsrelevanten Soll-Niveaus, die vorhanden sein müssen, um die verschiedenen Tätigkeiten ausführen zu

Tab. 12.1 Beispielhafter Auszug aus dem betriebsspezifischen Kompetenzkatalog bei MAHLE Aftermarket GmbH – Cluster: „Mit Arbeits- und Hilfsmitteln umgehen"

Item	Beschreibung	MAHLE spezifisch
Arbeitsmittel kennen und fachgerecht verwenden	Fördermittel (z. B. Gabelstapler; Hubwagen; Kräne), Be- und Verladetechnik, Verpackungsmaschinen, Identifikationstechnik etc. Unterschiedliche Maximalbelastungen von Arbeitsmitteln kennen und beachten	Führerschein für die Bedienung verschiedener Gabelstapler (Kommissioniergerät, Schubmast, Schmalgang), zusätzliche Kenntnisse für die Handhabung der vorhandenen Peripherie (Scanner, Terminal etc.)
Hilfsmittel kennen und fachgerecht verwenden	Ladungsträger, Paletten, Behälter, Kartons etc. Unterschiedliche Maximalbelastungen von Hilfsmitteln kennen und beachten	MAHLE spezifische Ladungsträger und Produktverpackungen kennen
Mit intelligenten Arbeitsmitteln umgehen (vernetzt/autonom)	Aufbau und Funktionalität, physische und digitale Prozesse nachvollziehen können, Kenntnis über Sensorik und Aktorik (zellulare Transportsysteme, Robotertechnik, Depalletierungs-, Pack-, Kommissionierroboter)	Voll automatisierte Hochregalstapler, Schmalganglager handhaben, bei Fehlern proaktiv eingreifen
Mit intelligenten Hilfsmitteln umgehen (vernetzt/autonom)	Aufbau und Funktionalität, physische und digitale Prozesse nachvollziehen können, Kenntnis über Sensorik und Aktorik (z. B. intelligente Behälter, Paletten)	/

können. Die Anforderungen an den Grad der Ausprägung der jeweiligen Items werden numerisch mit den Werten 1–5 für jedes Item definiert. Den Werten liegt eine Kompetenzniveaustufenskala zugrunde, die die einzelnen Stufen anhand des generischen Einstufungsschlüssels definiert (Straub et al. 2016a).

- **7. Kompetenz-Gap-Analyse**

Im Rahmen der Kompetenz-Gap-Analyse wird festgestellt, inwiefern das aktuelle Kompetenzniveau vom zukünftigen Kompetenzniveau abweicht (Ist-Soll Vergleich). Für jedes Cluster und jedes dazugehörige Item kann somit ein Schulungsbedarf ermittelt werden, um die Beschäftigten für das vorgesehene Profil bzw. die Rolle zu qualifizieren. Im Folgenden wird das Ergebnis des Vergleichs zwischen heutigen und zukünftigen Kompetenzanforderungen im Kompetenzprofil „Lagerbeschäftigte – Kommissionierung Filterbereich" und „Meister/-in – Kommissionierung Filterbereich" beschrieben.

Es wurde erläutert, dass sich die spezifischen Anforderungen im Bereich Kommissionierung in Bezug auf die Aufgaben des Lagerbeschäftigten aktuell fast ausschließlich auf die im operativen Bereich anfallenden Aufgaben unter Berücksichtigung der spezifischen Sicherheitsvorschriften beziehen (Arbeits- und Anforderungsanalyse). Im Hinblick auf den zukünftigen Prozess lässt sich insgesamt festhalten, dass fundiertes Wissen über die Lagerprozesse sowie über die Funktionsweise der eingesetzten Betriebs- und Hilfsmittel nach wie vor sehr wichtig sind. Im Aufgabenspektrum werden außerdem Überwachungstätigkeiten sowie Kenntnisse in der Störungs- und Fehlerbehebung wichtiger. Informations- und Datenverarbeitung sowie Fähigkeiten zur effizienten Problemlösung und das Verständnis digital ablaufender (Informations-)Prozesse sind ebenfalls für die Bewältigung der neuen Aufgaben zentral. Die Umstellung und Flexibilisierung der Kommissionierung erfordert zusätzlich eine verstärkte Selbstorganisation der Beschäftigten zur Verteilung der anfallenden Aufgaben im Kommissioniererteam, wodurch kommunikative Fähigkeiten an Bedeutung gewinnen. Das Profil der Lagerbeschäftigten wird abgerundet durch einen erhöhten Anspruch an die Fähigkeit, eigenverantwortlich zu handeln und dieses Handeln zu reflektieren. Die Entwicklung der Kompetenzanforderungen für den/die Meister/-in gestaltet sich ähnlich der der Lagerbeschäftigten. Es wird auch vom Meister/-in ein erhöhtes Maß an Kompetenzen und Fähigkeiten verlangt. Hier kann wieder zwischen Fachkenntnissen und Führungsaufgaben unterschieden werden. Zum einen sind natürlich Kenntnisse der physischen Logistik essenziell. Die Qualifikation zum/zur Meister/-in an sich stellt ohnehin fundierte Kenntnisse sicher. Zum anderen kommt dem/der Meister/-in im Zuge der Weiterentwicklung der Lagerbeschäftigten sowie durch den technologischen Wandel im Lager aufgrund der Führungsfunktion auch in Zukunft eine Schlüsselrolle zu.

Für das Kompetenzfeld „Güter lagern und transportieren" ergibt die Auswertung, dass für Lagerbeschäftigte und Meister/-innen mit einer leichten Zunahme des geforderten Kompetenzniveaus zu rechnen ist. Während für die grundlegenden Prozesse der Lagerbewirtschaftung (Warenannahme, Einlagerung, Kommissionierung, Versand) mit eher geringfügigen Erhöhungen des derzeitigen Kompetenzniveaus zu rechnen ist, wird in Zukunft die Nutzung von neuen Technologien in den betroffenen Prozessen des Anwendungsfalls umso wichtiger. Werden in einem zukünftigen Szenario des Anwendungsfalls die konventionellen Betriebs- und Hilfsmittel durch autonome und sogenannte „intelligente" Hardware ersetzt, müssen die Beschäftigten in der Lage sein, mit diesen Betriebs- und Hilfsmitteln umzugehen und diese richtig einzusetzen.

Autonom gesteuerte zellulare Transportsysteme können Güter transportieren und sind sehr flexibel einsetzbar. Die Beschäftigten müssen die erforderlichen Kompetenzen erwerben, solche Systeme einzusetzen und deren Flexibilität für die Kommissionierprozesse zu nutzen.

Die Auswertung für das Kompetenzfeld „Arbeitsprozesse umsetzen und verbessern" zeigt folgendes Ergebnis: Zum einen gibt es einen Bedarf an Kompetenzentwicklung in Bezug auf den Umgang mit digitalen Daten und Systemen. Der Einsatz von „intelligenter" Hardware bedingt auch die Nutzung notwendiger (neuer) Software. Hier wird in Zukunft die Fähigkeit, die verwendete Software und ihre Funktionen zu kennen, fachgerecht zu nutzen sowie für die Arbeit erforderliche Systemdaten effizient zu ermitteln und zu interpretieren, an Bedeutung gewinnen. In Bezug auf das ganzheitliche Prozessverständnis sind für den zukünftigen Prozess erweiterte Kenntnisse für die unternehmensspezifischen und vor allem abteilungsübergreifenden Prozesse erforderlich. Dies ist vor allem darin begründet, dass der Lagerbeschäftigte die Fähigkeit entwickeln muss, den gesamten Unternehmensprozess noch besser zu verstehen, Probleme frühzeitig zu erkennen und adaptiv zu handeln. Die Digitalisierung hat das Potenzial, Transparenz zu schaffen, z. B. durch die Möglichkeit, Informationen schnell abzurufen und zu verteilen. Es ist denkbar, dass „zu viele" Informationen vorliegen können, sodass ein klarer Fokus fehlt, um effektiv mit der Problemlösung zu beginnen. Den Meistern und Meisterinnen fällt hier vor allen Dingen vermehrt die Aufgabe zu, die Fähigkeiten ihrer Beschäftigten, z. B. bei Ausführung der PDCA-Methode (Plan, Do, Check, Act), zu bündeln und zu kanalisieren.

Aus heutiger Sicht handelt es sich bei den in der Logistik anfallenden Tätigkeiten um überwiegend standardisierte Prozessabläufe mit geringen Entscheidungsspielräumen für Beschäftigte. In einem zunehmend sowohl automatisierten als auch digitalisierten Prozess steht zukünftig die Interaktion und Proaktivität der Beschäftigten im Vordergrund. Die Auswertung für das Kompetenzfeld „Mit anderen interagieren" spiegelt diese Entwicklung wider. Hier steigt die ermittelte Kompetenzanforderung sowohl für Lagerbeschäftigte als auch für Meister/-innen. In Zukunft wird im Bereich logistischer Aufgaben eine ausgeprägte Kommunikations- und Kollaborationskompetenz im Team und in der Anleitung anderer/neuer Beschäftigter gefordert. Die Kommunikation, das zielgerechte Verteilen von Informationen sowie die Bereitschaft, mit anderen konstruktiv zusammenzuarbeiten, sind notwendige Fähigkeiten, die die Effizienz der Prozesse sicherstellen. Als Beispiel kann hier das Shopfloor-Management genannt werden. Ein Kernelement dieses Ansatzes ist, Aufgaben und Probleme im Team zu besprechen und zu lösen. Dabei sind Kommunikationsfähigkeiten zur gemeinsamen Problemlösung sehr wichtig – zum einen um Sachverhalte an sich zu beschreiben, aber auch um beispielsweise in einer interkulturellen Gruppe von Beschäftigten diese Sachverhalte verständlich zu machen.

Zuletzt zeigt auch das Kompetenzfeld „Eigenes Handeln reflektieren und sich weiterentwickeln" eine steigende Kompetenzanforderung. Es wird deutlich, dass Beschäftigte nicht nur Tätigkeiten „ausführen", sondern dass auch verlangt wird, sein eigenes Handeln kritisch zu hinterfragen, um Verbesserungsmaßnahmen abzuleiten. Darüber hinaus wird ein gewisses Maß an Lernautonomie zukünftig wichtig. Treiber ist die Geschwindigkeit der technologischen Entwicklung, die dazu führt, dass Technologien immer schneller von neuen ersetzt werden. Beschäftigte müssen sich dann häufiger selbstständig mithilfe von unterschiedlichen Dokumentationen in neue Technologien einarbeiten, den Umgang beispielsweise mit neuen Betriebs- und Hilfsmitteln erlernen und diese Fähigkeiten weitergeben. Weitere wichtige Treiber dieses Kompetenzfelds sind steigende wirtschaftliche und nachhaltigkeitsbezogene Anforderungen. Beide, Lagerbeschäftigte und Meister/-innen, sind in der Pflicht, kundenorientiert und umweltschonend zu handeln und ihr Handeln nicht als isoliert innerhalb des Logistiksystems zu sehen. Dies kann durch eine kluge Wiederverwendung von Ressourcen geschehen, z. B. durch Mehrfachnutzung von Paletten, Kartonagen und anderen Hilfsmaterialien.

Zusammenfassend ist festzustellen, dass nach dem Ist-Soll-Abgleich im Hinblick auf den Zukunftsprozess ein Kompetenz-Gap bei der Rolle „Lagerbeschäftigte – Kommissionierung Filterbereich" und „Meister/-in – Kommissionierung Filterbereich" festzustellen ist. Aufgrund der zunehmenden technischen und prozessualen Komplexität müssen die Beschäftigten ein besseres Verständnis für die Abläufe und Kenntnisse über die eingesetzten Betriebs- und Hilfsmittel entwickeln sowie ihre kognitiven Fähigkeiten verbessern – nur so können die richtigen Entscheidungen getroffen werden. Unter Berücksichtigung dieser diagnostizierten Kompetenzlücken sollten individuelle Lernpfade und Kompetenzentwicklungsangebote entwickelt und festgelegt werden, um die Kompetenzen der Beschäftigten für die zukünftigen Anforderungen in der Logistik zu entwickeln.

- **8. Kompetenzentwicklung am Beispiel MAHLE**

Die Schulung und Weiterbildung von Beschäftigten spielt, insbesondere vor dem Hintergrund der strategischen Unternehmensentwicklung, eine Schlüsselrolle für den Unternehmenserfolg bei MAHLE. Das ABEKO-Kompetenzmodell ist hier ein geeignetes Instrument, um die Kompetenzbedarfe und -entwicklungspotenziale rollenspezifisch sowie mit Blick in die Zukunft zu antizipieren.

Die Entwicklung von Lernmodulen für den Anwendungsfall MAHLE schließt einige vorbereitende Schritte ein. Die Definition und Analyse einer **Zielgruppe** und die Analyse der Zielgruppe hinsichtlich verschiedener Parameter ist ein erster wichtiger Schritt. Sowohl demografische Daten (z. B. Alter, Geschlecht, Nationalität) als auch lernrelevante Daten (z. B. Bildungsniveau, Vorwissen, Lerngewohnheiten, Motivation) werden erhoben. Denn die möglichst genaue Beschreibung der Zielgruppe, für die ein Qualifizierungsprogramm entwickelt werden soll, ist unerlässlich, um möglichst passgenaue Lernangebote zu entwickeln, und liefert erste Hinweise für spezielle Bedarfe bezüglich der Gestaltung der Lehr- und Lernformate. Welche wesentlichen Zielgruppenfaktoren erhoben wurden, ist dem ▶ Abschn. 12.3.1 zu entnehmen (Kerres 2018).

Neben der Zielgruppenanalyse ist die **Auswahl von Inhalten** entscheidend. Erst wenn ein inhaltliches Konzept an zu vermittelnden Inhalten fertiggestellt ist, können entsprechende Lernmodule entwickelt werden, die ebendiese Inhalte vermitteln. Der Inhalt ist ebenfalls eine wichtige – wenn nicht sogar die wichtigste – Determinante für die Wahl des Lernformats und der Methode. In dem Anwendungsfall fiel das Kommissionieren im Filterbereich schnell in den Fokus und wurde zum Inhalt eines Qualifizierungsprogramms erklärt. In Form von mehreren umfassenden Dokumenten, die Arbeitsanweisungen, Einarbeitungsunterlagen und dergleichen umfassten, wurden die Inhalte übergeben und infolge didaktisch und redaktionell strukturiert und aufbereitet.

Der dritte entscheidende Faktor ist das **Lernziel**.

> Die didaktische Konzeption eines Lernangebots hängt wesentlich von dem angestrebten Lernziel ab. Deshalb sind die Ziele, die mit dem Lernangebot verknüpft sind, zu benennen (Kerres 2018, S. 299).

Dies kann ein übergeordnetes Ziel der gesamten Qualifizierungsmaßnahme sein. Es ist aber empfehlenswert, ebenfalls für die Unterkapitel bis hin zur kleinsten didaktisch sinnvollen Einheit Lernziele zu formulieren. Jedes Lernziel ist somit eingebettet in vorangehende und nachfolgende Lernziele. Die vorausgegangenen Lernerfolge sind ein wesentliches Fundament für die erfolgreiche Aneignung des neuen Wissens und Könnens. Gleichzeitig bereitet dieses Wissen auf die noch folgenden Lernschritte vor (Bloom 1976). An dieser Stelle ist abgeleitet von den ABEKO-Kompetenzniveaustufen eine ABEKO-Lerntaxonomie entwickelt worden. Um sowohl motorische als auch kognitive Lernziele in einer Lerntaxonomie abbilden zu können – da dieses Spektrum in Zukunft erwartungsgemäß auf alle Kommissionierer/-innen zukommen wird – wurden die ersten drei Stufen der motorischen Lerntaxonomie nach Bloom mit den letzten Stufen der kognitiven Lerntaxonomie nach Bloom kombiniert.

Zielgruppe, Inhalte und Lernziel sind die drei der wichtigsten Determinanten, um Lernangebote zu entwickeln. Mit der Analyse und Definition aller drei Faktoren bei MAHLE war der Weg geebnet, um ein **methodisch-didaktisches Konzept** für die Lernmodule zu entwickeln.

An erster Stelle steht die grundsätzliche Entscheidung für eine Lernform: online oder offline? E-Learning oder Präsenz oder die Kombination aus beidem? Was ist bei MAHLE üblich, was ist gewünscht? Auch MAHLE ist von dem ökonomisch getriebenen Effizienzgedanken beeinflusst. Es geht darum, in kürzest möglicher Zeit selbstständige Kommissionierer/-innen auszubilden. Im Grunde genommen sind doch die knapper werdenden zeitlichen Ressourcen ein starkes Argument für kurze, aber effektive Lerneinheiten. Eine Antwort darauf kommt aus dem sogenannten Mikrolernen: Lernatome sind kleinstmögliche, didaktisch sinnvolle Einheiten. Es handelt sich um kurze, flexibel einsetzbare und meist webbasierte Bildungsangebote. Für eine schnelle Einarbeitung ohne Informationsverluste stellen Lernatome aufgrund ihrer Kürze eine optimale Möglichkeit der Informationsübermittlung und des Lernens dar.

Beim Praxispartner MAHLE fiel die Wahl im Anwendungsfall Kommissionierung daher auf Kompetenzentwicklungsmaßnahmen im Blended-Learning-Format. Ziel der Maßnahmen ist es, den Beschäftigten die nötige Handlungskompetenz für die Ausübung der Tätigkeit im Bereich Kommissionierung zu vermitteln. Dazu benötigen die Beschäftigten neben dem Hintergrundwissen auch praktische Anteile in den Schulungen, um beispielsweise das Fahren eines Gabelstaplers oder den Umgang mit Kommissioniergeräten zu erlernen. Mit sogenannten On-the-Job-Trainings soll daher der Praxisbezug hergestellt werden. Die E-Learning-Einheiten vermitteln das nötige Hintergrundwissen (z. B. über Logistikprozesse, Wartung der Fahrzeuge) und können als Nachschlagewerk genutzt werden, um Informationen nachzulesen und Abläufe noch einmal nachvollziehen zu können. Nach den E-Learning-Einheiten folgen deshalb oft On-the-Job-Trainings, um das Wissen in der Praxis anzuwenden, was gerade bei der praktischen Tätigkeit eines Beschäftigten in der Kommissionierung wichtig ist. Daher kommt die Entwicklung eines reinen E-Learning-Angebotes nicht infrage, sondern es wird stattdessen ein Blended-Learning-Format entwickelt, bei dem praktische On-the-Job-Einheiten sinnvoll miteinander verwoben werden.

Strukturiert und geclustert wurden die Inhalte entlang des Arbeitsprozesses. Der Fokus liegt darauf, eine Tätigkeit Schritt für Schritt zu erklären. So bilden einzelne Lernatome die einzelnen Schritte der Tätigkeit ab. Da ein Tätigkeitsschritt mehrere Items umfassen kann, zielt ein Lernatom auch auf unterschiedliche Items, zum Teil sogar Items unterschiedlicher Kompetenzcluster ab. Eine Vielzahl von Lernatomen dient damit der Entwicklung einer Kompetenz.

Die Strukturierung der Lerninhalte brachte zwei Kapitel hervor: „Grundlagen Kommissionierung" und „Auftragsbearbeitung". Das erste Kapitel des MAHLE-Kurses „Einarbeitung Kommissionieren Filter" umfasst elf Lernatome, das zweite Kapitel zehn. Jedes der 21 Lernatome wurde mediendidaktisch ausgearbeitet. Pro Lernatom bzw. Medium wurden adäquate Medien- und Interaktionsformate ausgewählt und festgelegt. Alle Medien werden detailliert beschrieben und in Drehbücher überführt. Dies beinhaltet auch die Skizzierung für die Umsetzung. In dieser Granularität wurde ein Kurs für den Anwendungsfall MAHLE prototypisch entwickelt.

Sollte eine vollständige Schulung, bestehend aus vielen Lernmedien, in das System integriert werden, könnte dieses auf die eingespeisten Daten reagieren. Wird ein Gap zwischen Ist und Soll festgestellt, berechnet das Assistenzsystem für jede Person und jedes Kompetenzprofil individuelle Entwicklungspfade. Diese entstehen durch eine gezielte Auswahl genau derjenigen Lernatome, die zur Qualifizierung der benötigten Kompetenzcluster definiert wurden. Das erfolgreiche Absolvieren von Lerneinheiten wird wiederum an das System zurückgespielt und fließt in das weitere Kompetenzmanagement mit ein.

> **Fazit**
> Aus den technologischen, strukturellen und gesellschaftlichen Entwicklungen ergeben sich neue Anforderungen an die Unternehmen und die Kompetenzen ihrer Beschäftigten. Benötigt werden zunehmend Beschäftigte, die durch kreatives Denken, ungewöhnliche Ansätze und die Einbeziehung von Erkenntnissen auch außerhalb ihres Fachgebietes Probleme lösen und Innovationen hervorbringen. Unternehmen, die proaktiv die dafür notwendigen Kompetenzen definieren, identifizieren und entwickeln, werden in Zukunft entscheidende Wettbewerbsvorteile haben. Strategisches Kompetenzmanagement verknüpft zentrale Steuerungsinstrumente, z. B. Kompetenzmodelle oder Kompetenz-Gap-Analysen, mit einem Ermöglichungsrahmen für Kompetenzmessung und selbst organisierte Kompetenzentwicklung. Damit wird es den Unternehmen ermöglicht, das Wissen, die Kompetenzen und die Potenziale der Beschäftigten strategisch weiter zu entwickeln und optimiert einzusetzen.
> Neben den technisch induzierten veränderten Anforderungen an das Kompetenzmanagement von Unternehmen spielt der demografische Wandel eine zunehmend bedeutende Rolle. Das bedeutet, dass neben der Flexibilisierung von Weiterbildung auf inhaltlicher Ebene aufgrund sich stetig wandelnder Kompetenzanforderungen an Beschäftigte Weiterbildungsangebote auch bezüglich der Zielgruppe zunehmend flexibel umgesetzt werden müssen. Der damit verbundene Anspruch ist ein Konzept der Weiterbildung, das es einer heterogenen Zielgruppe, gleich welcher demografischen Zugehörigkeit, ermöglicht, an Weiterbildung und individueller Kompetenzentwicklung zu partizipieren. Hier bieten digitale Formate des Kompetenzmanagements und der Kompetenzentwicklung zugleich besondere Potenziale wie auch besondere Herausforderungen. Beides wurde im Rahmen von ABEKO betrachtet, und in enger Zusammenarbeit mit den beteiligten Partnern wurden Herausforderungen gemeistert, Potenziale weiter ausgeschöpft und das entwickelte System in der Praxis erfolgreich erprobt. Auf diese Weise und mithilfe des entwickelten Assistenzsystems ist die betriebsinterne Kompetenzentwicklung in Unternehmen für die demografischen Herausforderungen von morgen gerüstet.

Weiterführende Literatur und Links

- ABEKO – Assistenzsystem zum demografiesensiblen betriebsspezifischen Kompetenzmanagement für Produktions- und Logistiksysteme der Zukunft: ▶ http://www.abeko.lfo.tu-dortmund.de/

Förderhinweis

- Dieses Forschungs- und Entwicklungsprojekt wurde mit Mitteln des BMBF im Förderschwerpunkt „Betriebliches Kompetenzmanagement im demografischen Wandel" (Förderkennzeichen: 02L12A100) gefördert und vom Projektträger Karlsruhe (PTKA) betreut. Die Verantwortung für den Inhalt dieser Veröffentlichung liegt bei den Autoren.
- Das Verbundprojekt „ABEKO: Assistenzsystem zum demografiesensiblen betriebsspezifischen Kompetenzmanagement für Produktions- und Logistiksysteme der Zukunft" wird mit Mitteln des Bundesministeriums für Bildung und Forschung im Rahmen des Programms Arbeiten – Lernen – Kompetenzen entwickelt. Innovationsfähigkeit in einer modernen Arbeitswelt. Bekanntmachung: Betriebliches Kompetenzmanagement im demografischen Wandel unter dem Förderkennzeichen 01FK13065 gefördert.

Literatur

Beck, S. (2004). *Skill-Management. Konzeption für die betriebliche Personalentwicklung*. Dissertation. Hohenheim: Universität Hohenheim.

Biehler, H. (2013). Fachkräftesicherung in Unternehmen – Hausaufgaben machen! *IMU-Akzente, 20,* 1–2.

Bohn, F. (2007). Erfolgsquellen in deutschen Unternehmen. Warum ein Produktionssystem alleine nicht ausreicht. *REFA-Nachrichten, 1,* 20–25.

Blickle, G. (2014). Anforderungsanalyse. In F. Nerdinger, G. Blickle, & N. Schaper (Hrsg.), *Arbeits- und Organisationspsychologie* (3. Aufl., S. 208–220). Berlin, Heidelberg: Springer.

Bloom, B. S. (1976). *Taxonomie von Lernzielen im kognitiven Bereich*. Weinheim, Basel: Beltz.

Bretschneider, M. (2006). *Kompetenzentwicklung aus der Perspektive der Weiterbildung*. Bonn: Deutsches Institut für Erwachsenenbildung.

Brücker, H., Hauptmann, A., & Vallizadeh E (2015). Flüchtlinge und andere Migranten am deutschen Arbeitsmarkt: Der Stand im September 2015. ▶ http://doku.iab.de/aktuell/2015/aktueller_bericht_1514.pdf. Zugegriffen: 31. Okt. 2018.

Bundesamt für Migration und Flüchtlinge (BAMF). (2018). Das Bundesamt in Zahlen 2017: Asyl, Migration und Integration. ▶ http://www.bamf.de/SharedDocs/Anlagen/DE/Publikationen/Broschueren/bundesamt-in-zahlen-2017.pdf?__blob=publicationFile. Zugegriffen: 31. Okt. 2018.

Bundesministerium des Innern. (2011). Demografiebericht. Bericht der Bundesregierung zur demografischen Lage und künftigen Entwicklung des Landes. ▶ http://www.demografie-portal.de/SharedDocs/Informieren/DE/BerichteKonzepte/Bund/Demografiebericht.html. Zugegriffen: 31. Okt. 2018.

Bund-Länder-Kommission für Bildungsplanung und Forschungsförderung (BLK). (2004). *Strategie für Lebenslanges Lernen in der Bundesrepublik Deutschland (BLK-Materialien zur Bildungsplanung und zur Forschungsförderung, 115)*. Bonn: BLK.

DGB Bildungswerk e. V. (2014). Weiterbilden – Weiterkommen – Teilhaben. Schriftenreihe Migration und Arbeitswelt. Nr. 88. ▶ http://migration-online.de/data/publikationen_datei_1393236907.pdf. Zugegriffen: 31. Okt. 2018.

Dehler, J., & Gurris, S. (2016). Eingerostet oder Erfahren? Anders oder Anpassungsfähig? Herausforderungen und Chancen für die betriebliche Weiterbildung im demografischen Wandel. Dortmund: Technische Universität Dortmund. ▶ https://www.pt-ad.pt-dlr.de/de/1969.php. Zugegriffen: 31. Oktober 2018.

Dreyfus, H. L., & Dreyfus, S. E. (1991). *Künstliche Intelligenz. Von den Grenzen der Denkmaschine und dem Wert der Intuition*. Reinbek bei Hamburg: Rowohlt.

Erpenbeck, J., & Heyse, V. (2007). *Die Kompetenzbiographie. Strategien der Kompetenzentwicklung durch selbstgesteuertes Lernen und multimediale Kommunikation*. Münster: Waxmann.

Gausemeier, J., & Plass, C. (2014). *Zukunftsorientierte Unternehmensgestaltung. Strategien, Geschäftsprozesse und IT-Systeme für die Produktion von morgen* (2. Aufl.). München: Hanser.

Gessler, M. (2006). Das Kompetenzmodell. In R. Bröckermann & M. Müller-Vorbrüggen (Hrsg.), *Handbuch Personalentwicklung* (S. 23–41). Stuttgart: Schäffer-Poeschel.

Henke, M., Hegmanns, T., Straub, N., et al. (2017). Abschlussbericht ABEKO. ▶ http://www.abeko.lfo.tu-dortmund.de/images/pdf/Abschlussbericht%20ABEKO.pdf. Zugegriffen: 31. Oktober 2018.

Kauffeld, S. (2010). *Nachhaltige Weiterbildung. Betriebliche Seminare und Trainings entwickeln, Erfolge messen, Transfer sichern.* Berlin: Springer.

Kerres, M. (2018). *Mediendidaktik. Konzeption und Entwicklung mediengestützter Lernangebote* (5. Aufl.). München: Oldenbourg.

Kuhn, A. (1995). *Prozeßketten in der Logistik. Entwicklungstrends und Umsetzungsstrategien.* Dortmund: Verlag Praxiswissen.

Kuhn, A. (1999). *Prozeßkettenmanagement. Erfolgsbeispiele aus der Praxis.* Dortmund: Praxiswissen.

Materna. (2018a). Die Lernwelt: Der Zukunft einen Schritt voraus. ▶ https://www.materna-tmt.de/trainingsuite/lernwelt/. Zugegriffen: 31. Okt. 2018.

Materna. (2018b). Die Schaltzentrale für Ihr Bildungsmanagement: ORBiS ist Ihr gut organisiertes Backoffice und das Herzstück der TrainingSuite. ▶ https://www.materna-tmt.de/trainingsuite/orbis/. Zugegriffen: 31. Okt. 2018.

Neubauer, D., Löcken, J., Haertel, T., May, D., Radtke, M., & Dehler, J. (2017). Praxis-Leitfaden zur Gestaltung demografiesensibler beruflicher Weiterbildung. Dortmund: Technische Universität Dortmund, Zentrum für HochschulBildung zhb. ▶ http://www.abeko.lfo.tu-dortmund.de/images/pdf/Praxis-Leitfaden%20zur%20Gestaltung%20demografiesensibler%20beruflicher%20Weiterbi....pdf. Zugegriffen: 31. Okt. 2018.

Niegemann, H. M., Domagk, S., Hessel, S., Hein, A., Hupfer, M., & Zobel, A. (2008). *Kompendium multimediales Lernen.* Berlin, Heidelberg: Springer.

North, K., Reinhardt, K., & Sieber-Suter, B. (2018). *Kompetenzmanagement in der Praxis. Mitarbeiterkompetenzen systematisch identifizieren nutzen und entwickeln. Mit vielen Fallbeispielen* (3. Aufl.). Wiesbaden: Springer Gabler.

Pütter, C. (2016). Erste Erfahrungen: Wie Mitarbeiter die Digitalisierung erleben. CIO. Artikel vom 29. März 2016. ▶ https://www.cio.de/a/wie-mitarbeiter-die-digitalisierung-erleben,3255246. Zugegriffen: 31. Okt. 2018.

Preißler, R., & Völzke, R. (2007). Kompetenzbilanzierung – Hintergründe, Verfahren. *Entwicklungsnotwendigkeiten. Zeitschrift für Weiterbildungsforschung, 30*(1), 62–71.

Schepers, S. (2014). Kompetenzmodellierung im Kontext der Organisationsgestaltung. In P. Nyhuis (Hrsg.), *Berichte aus dem IFA* (Bd. 05). Garbsen: TEWISS-Technik und Wissen GmbH.

Schaper, N. (2009). Aufgabenfelder und Perspektiven bei der Kompetenzmodellierung und -messung in der Lehrerbildung. *Lehrerbildung auf dem Prüfstand, 2*(1), 166–199.

Spath, D., Kelter, J., Rief, S., Bauer, W., & Haner, U.-E. (2009). Office 21 – Zukunft der Arbeit. Office 21-Studie. Information Work 2009. Über die Potenziale von Informations- und Kommunikationstechnologien bei Büro- und Wissensarbeit. ▶ http://www.office21.de/content/dam/office21/de/documents/Publikationen/FraunhoferIAO-Studie_Information_Work2009.pdf. Zugegriffen: 31. Oktober 2018.

Spath, D., Ganschar, O., Gerlach, S., Hämmerle, M., Krause, T., & Schlund, S. (2013). *Produktionsarbeit der Zukunft – Industrie 4.0.* Stuttgart: Fraunhofer.

Spellerberg, A., Haß, H.-J., Knieling, J., & Wiese von Ofen, I. (2016). Demographischer Wandel: Migration, Internationalität und Integration. Empfehlungen des Beirats für Raumentwicklung. ▶ https://www.researchgate.net/publication/292157561_Demographischer_Wandel_Migration_Internationalitat_und_Integration_Empfehlungen_des_Beirats_fur_Raumentwicklung. Zugegriffen: 31. Okt. 2018.

Straub, N., Hegmanns, T., & Kaczmarek, S. (2014). Betriebliches Kompetenzmanagement für Produktions- und Logistiksysteme der Zukunft. *Zeitschrift für wirtschaftlichen Fabrikbetrieb, 6,* 415–418.

Straub, N., Kaczmarek, S., & Drotleff, U. (2015). Demografiesensibles Kompetenzmanagement Entwicklung eines Assistenzsystems zum demografiesensiblen betriebsspezifischen Kompetenzmanagement für Produktions- und Logistiksysteme der Zukunft (ABEKO). *Industrie Management, 3,* 57–60.

Straub, N., Kaczmarek, S., Hegmanns, T., May, D., Haertel, T., Möllmann, A., et al. (2016a). Kompetenzmodell für die operative Logistik in der Arbeitswelt 4.0. *Zeitschrift für wirtschaftlichen Fabrikbetrieb, 10,* 645–649.

Straub, N., Kaczmarek, S., May, D., Radtke, M., Neubauer, D., Haertel, T., & Hegmanns T. (2016b). Kompetenzmodell für die operative Logistik in der Industrie 4.0 – ein Spannungsfeld zwischen Status Quo und zukünftigen Anforderungen. 62.GfA „Arbeit in komplexen Systemen. Digital, vernetzt, human?!", 02.–04. März 2016, Aachen.

Strauch, A., Jütten, S., & Mania, E. (2009). *Kompetenzerfassung in der Weiterbildung – Instrumente und Methoden situativ anwenden*. Bielefeld: W. Bertelsmann.

Verein Deutscher Ingenieure (VDI). (2016). Neues VDI-Gremium "Digitale Transformation". *Bauphysik, 38*(2), 123. ▶ https://doi.org/10.1002/bapi.201690009.

Walter, N., Fischer, H., Hausmann, P., Klös, H.-P., Lobinger, T., Raffelhüschen, B., Rump, J., Seeber, S., & Vassiliadis, M. (2013). Die Zukunft der Arbeitswelt. Auf dem Weg ins Jahr 2030. Bericht der Kommission "Zukunft der Arbeitswelt" der Robert-Bosch-Stiftung. ▶ https://www.bosch-stiftung.de/sites/default/files/publications/pdf_import/Studie_Zukunft_der_Arbeitswelt_Einzelseiten.pdf. Zugegriffen: 31. Okt. 2018.

Weber, B., & Kretschmer, S. (2012). Perspektiven für Weiterbildungsforschung und -politik: Weiterbildung und Sicherung des Arbeitskräftebedarfs im demografischen Wandel. ▶ https://www.bibb.de/dokumente/pdf/stst_foko_120309_arbeitskraeftebedarf_im_demografischen_wandel_kretschmer_weber.pdf. Zugegriffen: 31. Okt. 2018.

Wiendahl, H.-P., Reichardt, J., & Nyhuis, P. (2009). *Handbuch Fabrikplanung, Konzept, Gestaltung und Umsetzung wandlungsfähiger Produktionsstätten*. München: Hanser.

Wilk, G. (2011). *Stellenbeschreibung und Anforderungsprofile*. Freiburg: Haufe.

Wimmer, E. (2014). *Kompetenz Management in der Industrie, Managementkonzepte* (Bd. 36). München: Rainer Hampp.

Kompetenzmanagement und Zukunftstechnologien – der Blick nach vorn

Inhaltsverzeichnis

Kapitel 13   Von Kompetenzbedarfen zu Kompetenzmanagement unter Unsicherheit – 235
Yvonne Heim, Tobias Sanders und Angelika C. Bullinger-Hoffmann

Von Kompetenzbedarfen zu Kompetenzmanagement unter Unsicherheit

Yvonne Heim, Tobias Sanders und Angelika C. Bullinger-Hoffmann

13.1 Kompetenzmanagement und Zukunftstechnologien – Quo vadis? – 236

13.2 Schaufenster Fokusgruppe – 238
13.2.1 Konkrete Ergebnisse der Verbundprojekte – Fallbeispiele für Kompetenzmanagement mit Zukunftstechnologien – 239
13.2.2 Dimensionen zukünftigen Kompetenzmanagements – 240

Literatur – 244

© Springer-Verlag GmbH Deutschland, ein Teil von Springer Nature 2019
A. C. Bullinger-Hoffmann (Hrsg.), *Zukunftstechnologien und Kompetenzbedarfe*, Kompetenzmanagement in Organisationen, https://doi.org/10.1007/978-3-662-54952-0_13

Zusammenfassung

Die in den Verbundprojekten der Fokusgruppe „Zukunftstechnologien und Kompetenzbedarfe im demografischen Wandel" entstandenen und in den vorausgegangenen Kapiteln dargestellten Ergebnisse werden in diesem Kapitel zusammengefasst und anhand der in ▶ Kap. 2 aufgeworfenen Leitfragen reflektiert. Es werden ausgewählte Dimensionen extrahiert, die es ermöglichen, die Erkenntnisse der einzelnen Forschungsbemühungen zu bündeln und hinsichtlich ihres Nutzens für ein Kompetenzmanagement der Zukunft zu bewerten.

13.1 Kompetenzmanagement und Zukunftstechnologien – Quo vadis?

Die in den vorangegangenen Kapiteln dargelegten Erkenntnisse legen nahe, dass die erfolgreiche Einführung von Zukunftstechnologien mit begleitender Kompetenzentwicklung einhergehen muss. Sei es, um sicherzustellen, dass Beschäftigte über die Fähigkeiten verfügen, diese im Arbeitsprozess zu nutzen, oder dass Vorbehalte und Ängste beim direkten, haptischen sowie indirekten, kognitiven Kontakt mit neuen technologischen Lösungen verhindert werden.

Im Dreiklang „Mensch – Technik – Organisation" ist die technologische Entwicklung im Zuge der Digitalisierung die treibende Kraft, die entsprechende Umdeutungen in den Bereichen Organisation und Mensch fordert. Die digitale Transformation ist mehr als eine wirtschaftspolitische Idealvorstellung, und ihre Eigendynamik lässt sich nicht allein durch die Errichtung von Technikfassaden (Hertwig 2014) erklären. Den immer stärker differenzierten Marktsegmenten des Hochtechnologiebereichs stehen zunehmend technikaffine Marktteilnehmende als Nachfrager gegenüber, die ihre Produktion optimieren möchten (Bauernhansl 2015).

Die Potenziale, vor allem bei der Reduktion der Arbeit unter gesundheitsgefährdenden und repetitiven Bedingungen, werden von verschiedenen Akteuren und Akteurinnen innerhalb des Produktions- und Arbeitsalltages gewürdigt. Beispielhaft dafür ist die Entwicklung von Industrierobotern, die beispielsweise Hebe- und Schweißarbeiten mit hoher Wiederholungsrate sehr präzise durchführen. In ihrer jüngsten Generation, den sensitiven Robotern, sind diese Roboter auch in der Lage, direkt mit den Menschen zu kommunizieren. Schutzräume entfallen (Bauernhansl 2015), da Kontakte zwischen Mensch und Maschine gewollt sind und gewollte und ungewollte Berührungen genau detektiert werden (Haag 2015).

Arbeit 4.0 meint aber nicht nur die Einführung konkreter, gegenständlicher Maschinen, damit halten auch neue Softwarelösungen, wie die in diesem Buch beschriebenen webbasierten und arbeitsintegrierten Systeme, Einzug ins Unternehmen. Darüber hinaus werden ggf. Themenbereiche rund um Big Data und Data Mining sowie Internet der Dienste und Dinge für Unternehmen relevant (Bauernhansl 2015), die abschätzen lernen müssen, ob und welche dieser softwarebasierten Angebote für das Unternehmen relevant sind.

Die praktische Relevanz von Digitalisierung und Arbeiten 4.0 für alle Beteiligte im Unternehmen sowie für dessen Strukturen sind unbestritten (Bauernhansl 2015). Neben den in den vorangegangenen Kapiteln vorgestellten Herausforderungen und Potenzialen für die Gestaltung des Arbeitsprozesses sind es auch organisationsinterne Akteure und

Akteurinnen der industriellen Beziehungen und der Arbeitsbeziehungen, die die Inhalte und Arbeitsweisen der digitalen Transformation anpassen müssen. So explorieren Georg et al. (2017) vier Typen mit divergierenden Ausprägungen entlang den Dimensionen „Wissensaneignung" und „Mitgestaltung": die Reaktiven, die Pragmatiker, die Zufriedenen und die Co-Digitalisierer. Auch wenn nicht alle Betriebsräte positiv auf die entstehenden Herausforderungen eingestellt sind, liegen im Prozess der Digitalisierung auch erhebliche Potenziale zur Gestaltung humaner Organisationen, die eine subjektive Aneignung von Arbeit erlauben (Walker 2017).

Prinzipiell hat Digitalisierung Folgen auf allen betrieblichen und organisationalen Ebenen. Dadurch, dass sich Produkte und Gestaltungsprinzipien verändern, ändern sich auch Arbeitsinhalte und damit die Art, wie die eigene Arbeit unter digitalen Bedingungen wahrgenommen wird (Walker 2017). Die Bedeutung des arbeitenden Menschen wird dabei nicht immer in der notwendigen Tiefe betrachtet (Huchler und Rhein 2017), obwohl dieser mitunter als das Kernmoment der Digitalisierung vorausgesetzt wird (Spath et al. 2013) und das Erfahrungswissen beim Umgang mit Maschinen und Anlagen auch unter Arbeitsbedingungen der Industrie 4.0 als unschätzbar wichtig hervorgehoben wird (Hirsch-Kreinsen 2014). Unter digitalisierten Arbeitsbedingungen müssen Beschäftigte die Art, ihre Arbeit zu organisieren und den Arbeitsprozess zu internalisieren, unter vollkommen neuen Bedingungen durchführen. In diesem Sinne ist der Wandel der Subjektivierung von Arbeit (Kleemann et al. 2003), analog zu den veränderten Arbeitsprozessen, für die Beschäftigten mit Aufwand verbunden, der oft mit erschwerter Subjektivierung einhergeht (Huchler und Rhein 2017; Walker 2017). Dieser Effekt wird laut Huchler und Rhein (2017) verstärkt dadurch, dass die Wertigkeit der Beschäftigten bisher nicht hinreichend zur Kenntnis genommen würde und die Rolle des Menschen daher der Herstellung von Beherrschbarkeit und der Reduktion der Komplexität in den Bereichen Technik und Organisation untergeordnet bliebe. In der Realität wird der „Faktor Mensch" oft als lediglich von den „Faktoren Technik und Organisation" beeinflusst wahrgenommen und sein subjektives Potenzial nicht gewürdigt. Eine proaktive Nutzung der Subjektivität der Beschäftigten im Rahmen der Gestaltung der digitalen Transformation in Unternehmen bleibt daher bislang im Wesentlichen aus (Bochum 2015).

Zudem werden Begriffe, wie „Roboterfertigung" und „Automatisierung" durch Beschäftigte als extrem kritisch betrachtet und sind mit Ängsten verbunden, dass der Druck der Märkte allein auf ihnen lastet und für sie das Risiko besteht, auf der Strecke zu bleiben. Auch „Industrie 4.0" weckt zumeist leichte Vorbehalte und wird mit der Spaltung der Gesellschaft assoziiert (BMAS und nextpractice 2016). Diese Ängste und Sorgen entstehen durch den Eindruck, dass prinzipiell jede und jeder durch Maschinen ersetzt werden könnte und die Arbeitsplätze breiter Schichten der Gesellschaft in Gefahr sind.

Frey und Osborn (2017) unternahmen den Versuch, die Entwicklung der Automatisierung im Zuge von Arbeit 4.0 für die Gesellschaft der Vereinigten Staaten abzuschätzen. Ihnen zufolge wären in den nächsten anderthalb Dekaden die Arbeitsplätze von bis zu 47 % der Erwerbstätigen durch die Automatisierung bedroht. Dieser Prozess ist abhängig von der Geschwindigkeit der technologisch-organisationalen Entwicklungen und dem Grad der angestrebten Automation.

Für den bundesdeutschen Arbeitsmarkt sind die entwickelten und dargestellten Szenarien diverser. Diese reichen von der „Entwicklung von Expertsystemen mit

Werkzeugcharakter für qualifizierte Fachkräfte (Werkzeugszenario)" bis hin zur „Einschränkung der Autonomie versierter Fachkräfte durch das Vordringen avancierter Technik bei Anlagen und Maschinen in der Logistik (Automatisierungsszenario)" (Windelband und Spöttl 2012, S. 217). Ein prominentes Szenarienkonstrukt geht einerseits von der „polarisierten Organisation" (Hirsch-Kreinsen 2014) aus. Sie ist dadurch gekennzeichnet, dass die Tätigkeiten, die nicht automatisiert werden können, entweder „unterhalb" der automatisierten Ebene oder „oberhalb", vor allem im administrativen, operationalen oder kreativen Bereich, angesiedelt sind. Dem würde tendenziell ein technologiezentriertes Automatisierungskonzept zugrunde liegen, das eine weitreichende Substitution von menschlicher Arbeit durch automatisierte Arbeit voraussetzt (Hirsch-Kreinsen 2014). Andererseits könnten sogenannte „Schwarm-Organisationen" entstehen, die sich dadurch auszeichnen, dass das Beschäftigungsniveau relativ einheitlich und tendenziell hoch ist und die entsprechenden Beschäftigten betriebsintern hervorragend vernetzt sind. Dem könnte das komplementäre Automatisierungskonzept zugrunde liegen, dass auf eine gleichberechtigte, kollaborative Arbeitsteilung von Mensch und Maschine abzielt (Hirsch-Kreinsen 2014). Auch wenn Szenarien, die die menschliche Arbeit bereichern, wie Werkzeugszenario und Schwarm-Organisation durchaus eine humane Gestaltung von Arbeit im 21. Jahrhundert erlauben, stehen die erodierenden Szenarien wie das Automatisierungsszenario und die polarisierte Organisation im Raum und tragen zur Verunsicherung der Beschäftigten bei.

Welche Szenarien und Vorhersagen sich auch in ihren Rein- und Mischformen durchsetzen, in jedem Fall müssen mithilfe der Kompetenzentwicklung die Beschäftigten auf die digitale Transformation in Unternehmen und Organisationen vorbereitet werden, da eine neue Arbeitswelt neue Formen von Kompetenzen braucht. Die Kompetenz, mit digitalen Systemen umzugehen, sie zu überwachen und sich diese Systeme anzueignen, ist eine von vielen und eine zukünftig zentrale Schlüsselqualifikation, die es Beschäftigten nicht nur erlaubt, ihren Arbeitsalltag zu absolvieren, sondern effizient Erfahrungswerte im Umgang mit den digitalen Systemen und der digitalen Organisation aufzubauen. Wenn sich Kompetenzmanagement als Methode der betrieblichen Steuerung von Lernen weiter im Wirtschaftssystem etabliert und die zukünftigen Gestaltungsspielräume, die durch die Digitalisierung entstehen, konsequent genutzt werden, entsteht damit für Unternehmen die Möglichkeit, gesellschaftliche und technologische Entwicklungen nicht nur zu erfahren, sondern konkret zu gestalten.

Für eine nachhaltige Umsetzung in der betrieblichen Realität ist es notwendig, die Komplexität, die Kompetenzmanagement bisher auszeichnet, auf ein Maß zu reduzieren, das es jedem Unternehmen ermöglicht, die Vorteile von Kompetenzentwicklung zu nutzen. Daher müssen vor allem die Fokus- und Adaptivlösungen weiterentwickelt und als wissenschaftliche Konzepte praxisgerecht aufbereitet werden. Kompetenzmanagement der Zukunft muss adaptierbar, skalierbar und ein selbstverständlicher Teil der Unternehmenskultur sein.

13.2 Schaufenster Fokusgruppe

In ▶ Kap. 2 wurde erörtert, welchen internen und externen Rahmenbedingungen moderne Unternehmen ausgesetzt sind und welche funktionalen Vorteile Kompetenzmanagement gegenüber Weiterbildungsmanagement aufweist, um diesen Herausforderungen begegnen zu können respektive sich Gestaltungsspielraum zu schaffen und diesen im Sinne der Wettbewerbsfähigkeit zu nutzen. Es sind die funktionalen Vorteile, die Kompetenzmanagement gegenüber konventionellem Weiterbildungsmanagement aufweist, die Möglichkeiten für reaktives und proaktives Handeln der Unternehmen bieten.

Die Verbundprojekte der Fokusgruppe „Zukunftstechnologien und Kompetenzbedarfe im demografischen Wandel" haben dieses Themenfeld aus je eigener Perspektive wissenschaftlich untersucht und praktische Lösungen erarbeitet, wie Kompetenzmanagement in Zukunft aussieht. Der ▶ Abschn. 13.2.1 gibt Einblicke in konkret entstandene Projektergebnisse, indem die Leitfragen aus ▶ Kap. 2 aufgegriffen werden. In ▶ Abschn. 13.2.2 werden dann aus diesen Ergebnissen Dimensionen generiert, die es ermöglichen, die zukünftige Entwicklung von betrieblichem Kompetenzmanagement einzuschätzen.

13.2.1 Konkrete Ergebnisse der Verbundprojekte – Fallbeispiele für Kompetenzmanagement mit Zukunftstechnologien

Die Projektergebnisse in diesem Abschnitt werden die in ▶ Abschn. 2.3 dargestellten Leitfragen mithilfe der Projektergebnisse beantwortet.

- **Wie können die neuen Kompetenzanforderungen konkret als Soll-Kompetenzen bzw. Kompetenzmodell bestimmt sowie durch Technologieunterstützung dokumentiert und verwaltet werden?**

ABEKO erarbeitete einen empirisch fundierten, domänenspezifischen Kompetenzkatalog, der in einen digitalen, webbasierten Kompetenzkatalog überführt wurde. Hier können interessierte Unternehmen die als relevant erachteten Soll-Kompetenzen auswählen und in den unternehmensspezifischen Kompetenzkatalog übertragen.

In dem Projekt **KM³** wurde ein Tool generiert, das die generische Erarbeitung unternehmensspezifischer Soll-Kompetenzen definiert und mit Ausprägungsstufen bzw. erforderlichen Niveaustufen versieht. Auf dieser Basis können Rollen- und Jobbeschreibungen innerhalb des Unternehmens definiert werden.

- **Wie können Zukunftstechnologien eingesetzt werden, um Ist- und Soll-Kompetenzen technologiegestützt abzugleichen und die Auswahl von geeigneten Maßnahmen zu unterstützen?**

In **4C4learn** wurde eine Erfassung von Ist-Kompetenzen entwickelt, die auf Abteilungs- oder Gruppenebene angesiedelt ist und digital durch grafische Elemente transparent und nachvollziehbar auf einen Blick verwaltet werden kann.

Das **KM³**-Tool erlaubt u. a. eine digital unterstützte, vergleichende Darstellung individueller Ist-Kompetenzen in Abhängigkeit der für die Stelle notwendigen Soll-Kompetenzen. Diese Differenz wird als Gap dargestellt und um Vorschläge ergänzt, wie sie kompensiert werden kann. Das schließt neben analogen Lernmethoden moderne digitale Lernmethoden (z. B. E-Learning, Blended Learning, Webinare, Virtual Classroom) ein. Prinzipiell können weitere analoge (z. B. Literatur) und digitale (z. B. Wikis, Blogs, Foren, Videos, Audio) informelle und non-formale Lernmethoden angebunden werden.

- **Wie werden diese Maßnahmen mit den Zukunftstechnologien durch digitales Lernmanagement neu organisiert?**

Die Vielfalt an Lernmöglichkeiten wird durch **ABEKO** in digitale Lernwelten gebündelt. Der Bereich der traditionellen, auf Frontalunterricht fußenden Weiterbildung wird zunehmend mit neuen, verschiedenen und innovativen Methoden des Lernens bereichert. Dadurch wird ABEKO der Individualität der Lernenden und der Existenz verschiedener Lerntypen gerecht.

- **Welche neuen Lernmethoden werden durch die Zukunftstechnologien ermöglicht?**

In dem Projekt **ArKoH** wurde eine Lernmethode entwickelt, die das Lernen am Arbeitsplatz durch den Einsatz spielerischer Methoden unterstützt. Dieses digital implementierte Serious-Gaming-Lernformat ist auf den Hafen als Arbeits- und Lernort zugeschnitten und erlaubt ein authentisches und erlebnisreiches Lernerlebnis, das Lernende aktiviert und so prozessbedingte Wartezeiten effizient zu nutzen hilft.

- **Wie gestaltet sich digitales Kompetenzmanagement, wenn alle Einzelschritte der Kompetenzentwicklung digitalisiert werden?**

Im Projekt **KM³** wurde eine webbasierte Plattform entwickelt, die es den mit Weiterbildung betrauten Verantwortlichen erlaubt, die Planung und Verwaltung von Kompetenzentwicklungsprozessen ganzheitlich in das System einzupflegen. Das Tool unterstützt administrativ alle Schritte und Phasen des Kompetenzmanagements sowohl für die Organisatoren der Weiterbildung als auch für die Lernenden selbst. Sie haben mit dem Zugang zum Tool die Möglichkeit, erheblich mehr und besser verfügbare Dokumentationen zu ihrem Kompetenzstand, der Lerngeschichte und den potenziellen Aufgaben, die dadurch übernommen werden können, einzusehen.

- **Wie kann Kompetenzmanagement organisationsübergreifendes realisiert werden?**

Das Projekt **AlFaClu** ist der Frage nach der Organisationen im Cluster Optik nachgegangen, deren Mitglieder in Fragen der Fachkräftesicherung und -entwicklung kooperieren, obwohl auf anderem Gebiet, vor allem dem der Rekrutierung, Wettbewerb besteht. Der Lösungsansatz besteht in der Schaffung von Koordinationsmechanismen über die Organisationsgrenzen hinweg. Ein wichtiger Gestaltungsansatz ist ein Arbeitskreis, in dem sich Fachkräfte regelmäßig mit Personalverantwortlichen aus verschiedenen Organisationen des Clusters Optik treffen, um gemeinsam Wege zu finden, den Herausforderungen der Fachkräftesicherung zu begegnen.

Dafür wurden ebenfalls diverse Handreichungen generiert und Instrumente wie die Altersstrukturanalyse, der Demografielotse, die Einführung und das Management von altersgemischten Teams sowie eine Vermittlungsbörse Rent-a-Rentner entwickelt.

13.2.2 Dimensionen zukünftigen Kompetenzmanagements

Das Vorgehen der einzelnen Verbundprojekte war dabei wesentlich von der Betrachtung der Triade „Mensch – Technik – Organisation" geprägt. Die Projekte hatten die Beschäftigungsfähigkeit der Menschen zum Gegenstand, die mit dem Einsatz moderner, digitaler Technologien verbessert werden kann. Dazu ist es notwendig, dass Organisationen entsprechende Rahmenbedingungen bilden, die effiziente Abläufe der digital unterstützten Kompetenzentwicklung ermöglichen.

Basierend auf den in ▶ Abschn. 13.2.1 vorgestellten Projektergebnissen lassen sich folgende Dimensionen formulieren, die geeignet sind, die zukünftige digitale und analoge Entwicklung von Kompetenzmanagement abzuschätzen (◘ Tab. 13.1):
— Branchen
— Unternehmensgröße
— Ergebnisse
— Technologien

- **Kompetenzmanagement für jedes Unternehmen**

Es hat sich gezeigt, dass die am Markt vorhandenen Lösungen zum Kompetenzmanagement durch ihre von Unternehmen unabhängige Funktionsweise von den beteiligten Unternehmen als nicht adäquat eingestuft werden. Die Verbundprojekte konnten dem im Wesentlichen mit zwei Vorgehensweisen gerecht werden. Die Projekte, die in einer spezifischen Branche tätig waren, wählten die Strategie, die Arbeitsweise und Ergebnisse genau auf Unternehmen dieser Branche zuzuschneiden. Dadurch entstanden Lösungen zur Kompetenzentwicklung, die von allen Unternehmen der Branche sehr gut adaptiert werden können. Die Projekte ohne spezifische Branche legten ihr Augenmerk darauf, Vorgehensmodelle und Lösungen zu entwickeln, die unternehmensunabhängig angepasst werden können.

Beide Vorgehensmodelle haben Vorteile, die für Großunternehmen innovative Alternativen zu Prinziplösungen darstellen und KMU erst den Einstieg in Kompetenzmanagement ermöglichen. Trotz der tendenziell geringeren Ausstattung mit finanziellen und personalen Ressourcen sind auch KMU dadurch in der Lage, den Weiterbildungsbereich im Unternehmen umzustrukturieren.

- **Für jeden Zweck ein Instrument**

Im Rahmen der Verbundprojekte sind sehr unterschiedliche praktische Ergebnisse erarbeitet worden, die von einer Vorgehensbeschreibung zur Entwicklung von Kompetenzmodellen zu weiteren Methoden zum Kompetenzmanagement wie Coaching- und Beratungsangebote sowie arbeitsplatzintegrierte oder innovative Lernmethoden (E-Learning, Inverted Classroom, Webinare, Game-Based-Learning) reichen. Diese verschiedenen praktischen Ergebnisse sind Ausdruck der Diversität des Themenfelds Kompetenzentwicklung, die es den Unternehmen wiederum ermöglicht, sich die Methoden bzw. Medien auszuwählen, die optimal zum Kontext des Unternehmens passen. Die prinzipielle Komplexität von Kompetenzmanagement wird durch die Anzahl der verschiedenen Ansätze reduziert, da für jede Situation leicht zu rezipierende Medien zur Verfügung stehen.

Diese Methoden und Ergebnissen wurden in den meisten Fällen in digitale Umgebungen implementiert. Diese umfassen zum einen Online-Plattformen zur Bereitstellung von Informationen und Lerninhalten zum Thema Kompetenzmanagement, zum anderen die digitale Integration des Lernens in den Arbeitsprozess durch die Nutzung mobiler Endgeräte. Die digitalen Methoden, die der Kompetenzentwicklung dienen, sind überwiegend webbasiert. Dadurch entstehen im Kompetenzmanagement diverse analoge und digitale Wege zur Vorbereitung und Umsetzung von Methoden, die der Kompetenzentwicklung dienen.

Tab. 13.1 Übersicht der Schwerpunkte

Vergleichsdimension	4C4Learn	ABEKO	AlFaClu	ArKoH	KM[3]
Branchen	Unspezifisch; Produktion und Dienstleistung	Spezifisch; Produktion und Logistik	Spezifisch; Optik und Lasertechnik	Spezifisch; Hafen	Unspezifisch; Produktion und Dienstleistung
Unternehmensgröße	KMU	Unspezifisch	Unspezifisch	KMU	KMU
Ergebnisse	Kompetenzmodelle; Methoden zum Kompetenzmanagement; Coaching, Schulung und Unternehmensberatung	Kompetenzmodelle; Methoden zum Kompetenzmanagement; innovatives Lernen	Coaching, Schulung und Unternehmensberatung	Arbeitsplatzintegrierte Lernmethoden; innovatives Lernen	Kompetenzmodelle; Methoden zum Kompetenzmanagement; innovatives Lernen
Technologien	Konventionell analog; digital webbasiert; Online-Plattformen	Konventionell analog; digital webbasiert; Online-Plattformen	Konventionell analog	Konventionell analog; digitale Integration des Lernens in den Arbeitsprozess	Digital webbasiert; Online-Plattformen zur digitalen Integration des Lernens in den Arbeitsprozess

Fazit

Bei Kompetenzmanagement handelt es sich um eine vergleichsweise junge Methode der Bildung und Verteilung von Kompetenzen in Unternehmen. Die in diesem Band dargestellten Ergebnisse der Forschungsprojekte zeigen die Vorteile von Kompetenzmanagement gegenüber klassischen Modellen der Weiterbildung auf. Darüber hinaus werden die positiven Einflüsse auf die unternehmerischen Prozesse aufgezeigt und erörtert, wie sich die jeweiligen Methoden der Kompetenzentwicklung in die Strukturen der Unternehmen eingliedern lassen und welche konkreten Vorteile aus der Umsetzung für Unternehmen resultieren.

Die Motivation zur Einführung betrieblicher Kompetenzmanagementprozesse liegt in der daraus resultierenden Steigerung der Innovations- und Wettbewerbsfähigkeit. Der Nachweis, wie stark der Einfluss von Kompetenzmanagement auf die Zielfaktoren der Innovations- und Wettbewerbsfähigkeit ist, kann inhaltlich nicht von Verbundprojekten erbracht werden. Beide Zielgrößen setzen sich aus dem Zusammenwirken zahlreicher einzelner Einflussgrößen zusammen. Dies stellt eine inhaltlich-methodische Limitation dar, da im Rahmen der Forschungsvorhaben eine methodische Aufschlüsselung unmöglich ist und das Kernziel in der wissenschaftlich fundierten Erstellung praktisch anwendbarer Methoden zur Kompetenzentwicklung lag. Zukünftige Forschungsbemühungen sollten jedoch untersuchen, welchen Anteil das Kompetenzmanagement an der Innovations- und Wettbewerbsfähigkeit von Unternehmen hat und wann es zum Tragen kommt.

Darüber hinaus wird technologiegestütztes Lernen in vielen Unternehmen zur Konzeption neuer Lernmethoden verwendet; dennoch fehlt es bislang an theoretischen Grundlagen, die den Einsatz fundiert erklären könnten. Das trifft besonders auf die Evaluation dieser Lernmethoden zu (Bochum 2015).

Neben den methodisch-empirischen Inhalten, die zukünftig von Interesse sein werden, sind einige Herausforderung für die Wissenschaft und Praxis festzustellen, die ebenfalls zu fokussieren sind:

- Kompetenzmanagement der Zukunft besteht neben Prinziplösungen auch aus Fokuslösungen, die für eine Branche maßgeschneidert sind und daher die größtmögliche Anpassung erreichen, und Adaptivlösungen, die tendenziell baukastenartig sind und die größtmögliche Passung erreichen, indem Unternehmen die wesentlichen Momente der Prozesse eigenständig auswählen und umsetzen.
- Kompetenzmanagement der Zukunft ist anpassbar und leichtgewichtig, sodass auch KMU die Möglichkeit haben, Potenziale, Chancen und Vorteile von Kompetenzmanagement zu nutzen, um die reaktive und proaktive Handlungs- und Wettbewerbsfähigkeit zu verbessern.
- Kompetenzmanagement der Zukunft ist reich an Varianten und Spielarten von praktischen Zugängen zum Kompetenzmanagement, die es Unternehmen ermöglichen, die aus den Unternehmens- und Branchenkontexten jeweils passenden Zugänge zu wählen.
- Kompetenzmanagement der Zukunft ist neben analogen Prozessen digital unterstützt und zu einem Großteil webbasiert. Das erlaubt nicht nur, diverse Medien zur Umsetzung zu verwenden, die auf den Einsatz im Unternehmen zugeschnitten sind, sondern lässt Kompetenzentwicklung und – management generell durch die digitale Lösung besser in die administrativen und operativen Prozesse der Unternehmen integrierbar werden. Kompetenzmanagement ist so flexibler, anpassbarer sowie räumlich und zeitlich unabhängiger als bisher.

Literatur

Bauernhansl, T. (2015). Die Vierte Industrielle Revolution – Der Weg in ein wertschaffendes Produktionsparadigma. In B. Vogel-Heuser, T. Bauernhansl, & M. Ten Hompel (Hrsg.), *Handbuch Industrie 4.0. Allgemeine Grundlagen* (Bd. 4, S. 1–31). Berlin: Springer Vieweg.
Bochum, U. (2015). Gewerkschaftliche Positionen in Bezug auf ‚Industrie 4.0'. In A. Botthof & E. A. Hartmann (Hrsg.), *Zukunft der Arbeit in Industrie 4.0* (S. 31–44). Berlin: Springer Vieweg.
Bundesministerium für Arbeit und Soziales (BMAS), & nextpractice. (Hrsg.). (2016). *Wertewelten Arbeiten 4.0. Forschungsbericht*. Bremen: Bundesministerium für Arbeit und Soziales.
Frey, C. B., & Osborne, M. A. (2017). The future of employment: How susceptible are jobs to computerisation? *Technological Forecasting and Social Change, 114*, 254–280.
Georg, A., Katenkamp, O., & Guhlemann, K. (2017). Digitalisierungsprozesse und das Handeln von Betriebsräten. *Arbeit, 26*(2), 251–274.
Haag, M. (2015). Kollaboratives Arbeiten mit Robotern – Vision und realistische Perspektive. In A. Botthof & E. A. Hartmann (Hrsg.), *Zukunft der Arbeit in Industrie 4.0* (S. 59–64). Berlin: Springer Vieweg.
Hertwig, M. (2014). Technikfassaden in hoch-technisierten Unternehmen? Entkopplung bei der Einführung von E-Business in Unternehmen der Automobilzulieferindustrie. *Berliner Journal für Soziologie, 24*(1), 31–57.
Hirsch-Kreinsen, H. (2014). Wandel von Produktionsarbeit – „Industrie 4.0". *WSI-Mitteilungen, 6,* 421–429.
Huchler, N., & Rhein, P. (2017). Arbeitshandeln und der digitale Wandel von kleinen und mittleren Unternehmen. *Arbeit, 26*(3–4), 287–314.
Kleemann, F., Matuschek, I., & Voß, G. G. (2003). Subjektivierung von Arbeit – Ein Überblick zum Stand der soziologischen Diskussion. In M. Moldaschl & G. G. Voß (Hrsg.), *Subjektivierung von Arbeit* (S. 53–100). München: Hampp.
Spath, D., Ganschar, O., Gerlach, S., Hämmerle, M., Krause, T., & Schlund, S. (2013). *Produktionsarbeit der Zukunft – Industrie 4.0*. Stuttgart: Fraunhofer.
Walker, E. (2017). Subjektive Aneignungspraktiken digitaler Technologien und die zugrunde liegenden Gerechtigkeitsansprüche der Beschäftigten. *Arbeit, 26*(3–4), 315–342.
Windelband, L., & Spöttl, G. (Hrsg.) (2012). *Diffusion von Technologien in die Facharbeit und deren Konsequenzen für die Qualifizierung am Beispiel des „Internet der Dinge". In Berufs- und wirtschaftspädagogische Analysen – aktuelle Forschungen zur beruflichen Bildung* (S. 205–219). Opladen: Budrich.

If you have any concerns about our products,
you can contact us on
ProductSafety@springernature.com

In case Publisher is established outside the EU,
the EU authorized representative is:
**Springer Nature Customer Service Center GmbH
Europaplatz 3, 69115 Heidelberg, Germany**

Printed by Libri Plureos GmbH
in Hamburg, Germany